U0526632

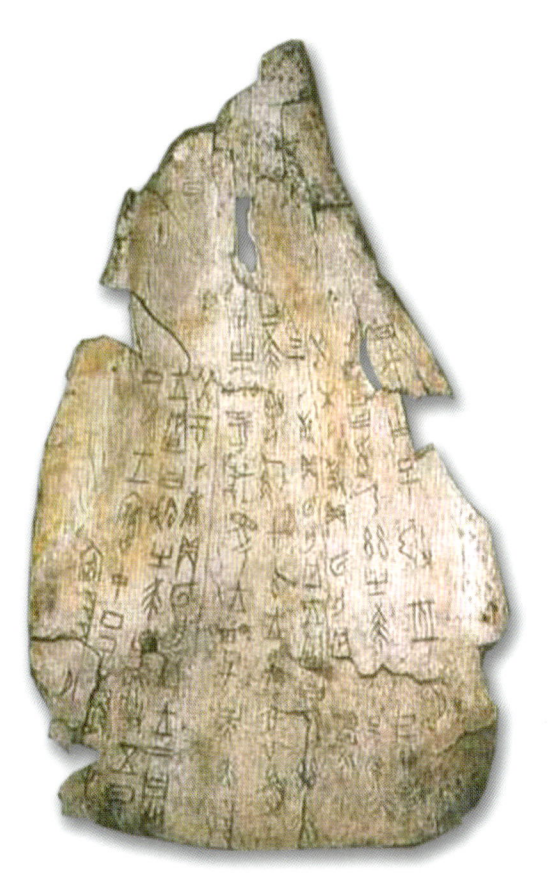

甲骨刻辭

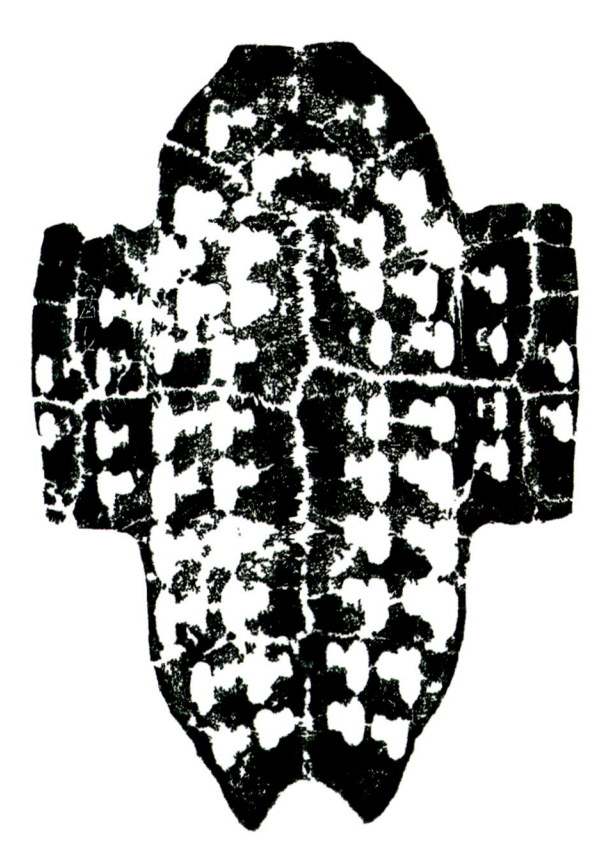

龜腹甲背面之鑽鑿（拓本）

史牆盤

虢叔旅鐘

秦杜虎符

亡終三孔布幣

石鼓文

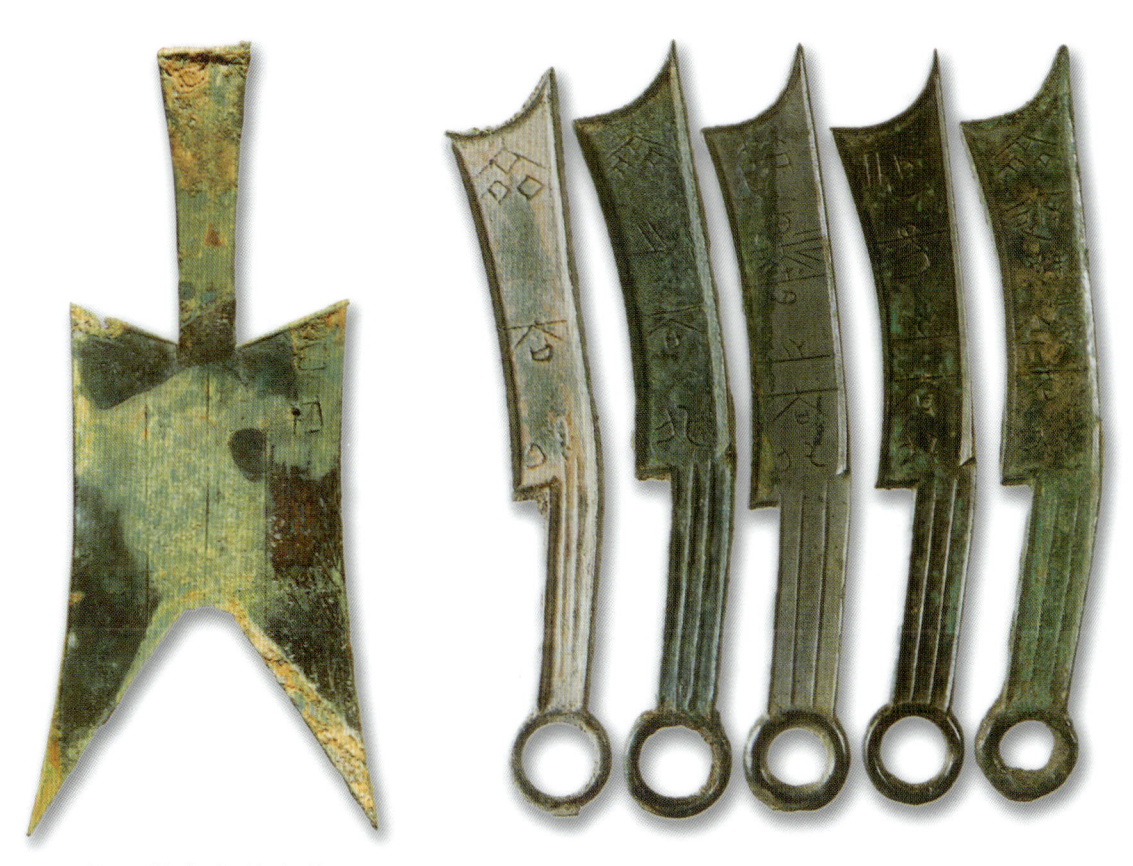

甘丹聳肩空首布幣　　　　　齊國刀幣

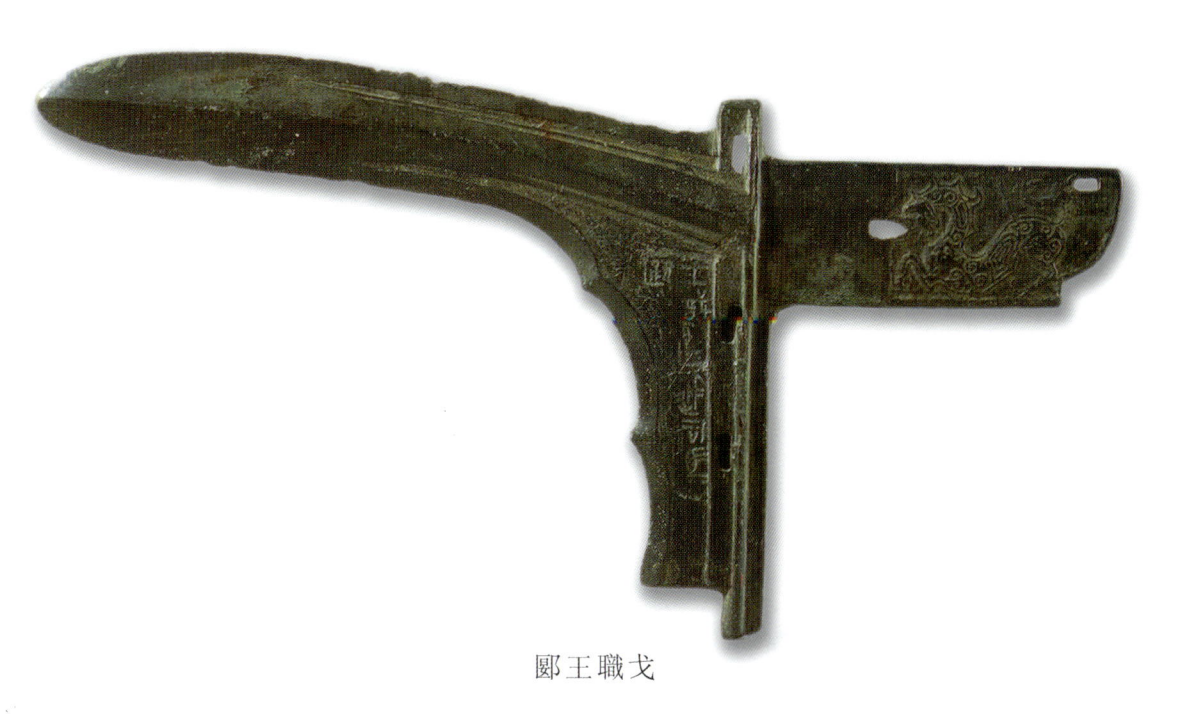

郾王職戈

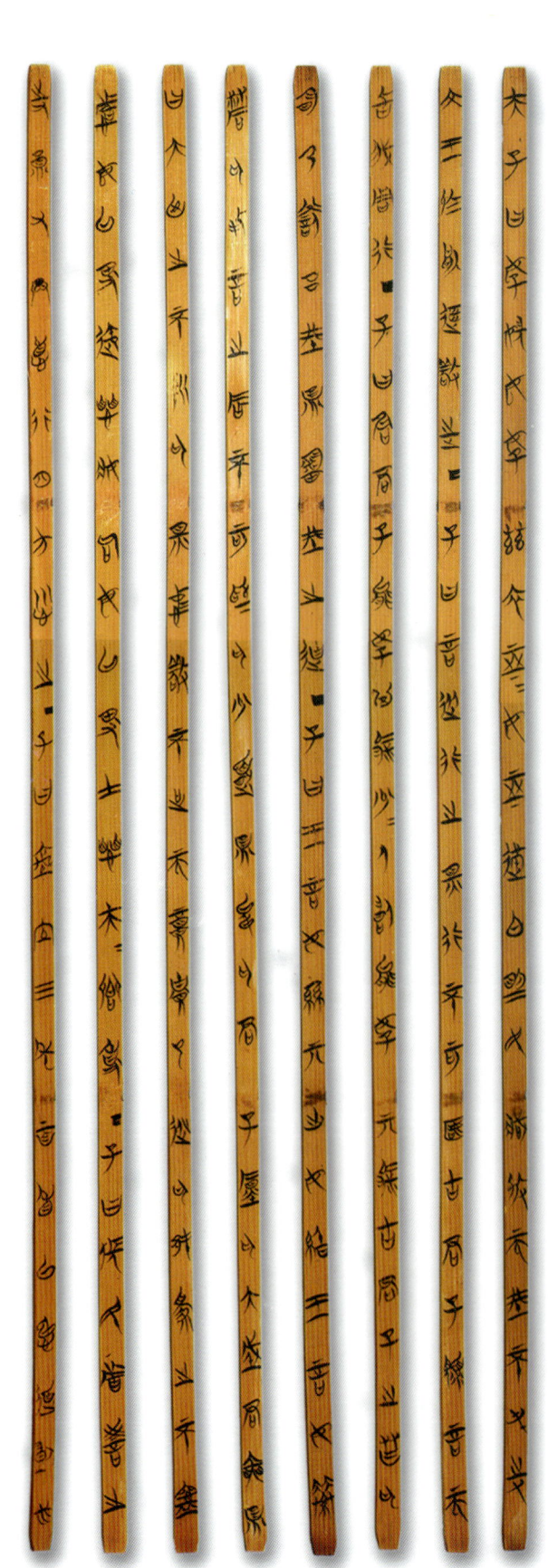

燕國璽印

郭店楚簡

古文字學概要

（修訂本）

陳世輝 湯餘惠 著

目　　録

前　言 …………………………………………………………（1）

上編　古文字基礎

第一章　緒　論 …………………………………………………（3）
第一節　古文字和古文字學 ……………………………………（3）
　一　什麽是古文字、古文字學 …………………………………（3）
　二　爲什麽要研究古文字 ………………………………………（4）
第二節　漢字的起源和演進 ……………………………………（6）
　一　漢字的起源問題 ……………………………………………（6）
　二　漢字發展的三個階段 ………………………………………（9）
　三　古漢字的性質 ………………………………………………（13）

第二章　古文字研究的經典著作——《説文解字》…………（17）
第一節　許慎的文字進化觀 ……………………………………（17）
　一　《説文解字》對古文字研究的重要意義 …………………（17）
　二　許慎的文字進化觀 …………………………………………（21）
第二節　"六書"解説 ……………………………………………（25）
　一　指　事 ………………………………………………………（26）
　二　象　形 ………………………………………………………（29）
　三　形　聲 ………………………………………………………（32）
　四　會　意 ………………………………………………………（36）
　五　轉　注 ………………………………………………………（40）
　六　假　借 ………………………………………………………（42）
第三節　整理古文字的首創方案——部首分編法 ……………（45）

  第四節 怎樣利用《說文》 …………………………………………… (49)
   一 關於《說文》的注本 ………………………………………… (49)
   二 《說文》的體例和怎樣在《說文》中查找古文字 …………… (50)

第三章 古文字資料概述 …………………………………………… (53)

  第一節 甲骨文 ……………………………………………………… (53)
   一 商代甲骨文的發現與研究簡史 …………………………… (53)
   二 商代甲骨文的内涵 ………………………………………… (58)
   三 商代甲骨文的分期與斷代 ………………………………… (60)
   四 占卜甲骨的使用過程 ……………………………………… (64)
   五 商代甲骨文的閱讀要領 …………………………………… (65)
   六 周人的甲骨文 ……………………………………………… (68)
  第二節 青銅器銘文 ………………………………………………… (70)
   一 青銅器銘文研究簡史 ……………………………………… (70)
   二 青銅器的種類和青銅器的分期 …………………………… (77)
   三 青銅器銘文的斷代 ………………………………………… (82)
  第三節 甲骨文、金文以外的古文字資料 ……………………………… (87)
   一 簡帛類 ……………………………………………………… (87)
   二 玉石類 ……………………………………………………… (94)
   三 古璽類 ……………………………………………………… (98)
   四 陶文類 …………………………………………………… (103)
   五 貨幣類 …………………………………………………… (107)
   六 兵器類 …………………………………………………… (112)

第四章 考釋古文字的方法 ………………………………………… (119)

  第一節 考文識字的基本方法 …………………………………… (119)
  第二節 釋讀古文字的輔助方法 ………………………………… (126)

下編 古文字資料選讀

一 甲骨文 ……………………………………………………… (135)

 1 《合集》9950 正 …………………………………………… (135)

2	《合集》5203	(135)
3	《合集》6086	(137)
4	《合集》6096 正	(137)
5	《合集》6168	(138)
6	《合集》6201	(139)
7	《合集》6409	(139)
8	《合集》6610 正	(140)
9	《合集》293	(141)
10	《合集》923 正	(141)
11	《合集》6484 正	(141)
12	《合集》1520	(143)
13	《合集》19809	(144)
14	《合集》10228 正	(144)
15	《合集》20348	(145)
16	《合集》21065	(145)
17	《合集》22214	(146)
18	《合集》5600	(148)
19	《合集》10349	(148)
20	《合集》10178	(149)
21	《合集》16191	(149)
22	《合集》17393 正	(150)
23	《合集》17451	(150)
24	《乙編》6664	(151)
25	《通纂》539	(152)
26	《通纂》540	(152)
27	《合集》7084	(153)
28	《丙編》93	(153)
29	《丙編》147	(155)
30	《丙編》81	(155)
31	《丙編》3	(158)
32	《丙編》284	(160)

33	《乙编》7731	(162)
34	《合集》14294	(162)
35	《粹编》1043	(164)
36	《通纂》778	(164)
37	《通纂》44	(165)
38	《粹编》224	(165)
39	《通纂》40	(166)
40	《屯南》624	(166)
41	《屯南》2623	(167)
42	《合集》27503	(168)
43	《合集》28093	(168)
44	《合集》26936	(170)
45	《粹编》935	(170)
46	《粹编》1332	(171)
47	《合集》31983	(172)
48	《通纂·别一·何氏》12	(172)
49	《粹编》88	(173)
50	《合集》30398	(174)
51	《合集》32718	(175)
52	《合集》32384	(175)
53	《屯南》2772	(176)
54	《粹编》1453	(177)
55	《粹编》148	(178)
56	《粹编》194	(179)
57	《合集》33296	(179)
58	《合集》34081	(179)
59	《屯南》867	(180)
60	《粹编》20	(180)
61	《屯南》930	(181)
62	《合集》35347	(183)
63	《合集》35361	(183)

64	《合集》36426	(183)
65	《合集》36511	(184)
66	《合集》36522	(185)
67	《合集》36975	(186)
68	《粹編》896	(186)
69	《西周》27（H11：3）	(187)
70	《西周》29（H11：113）	(188)
71	《花東》449	(189)

二　金　文 ......(191)

72	天黽父乙鼎	(191)
73	魚父癸鼎	(192)
74	乍父甲鼎	(192)
75	乍父乙卣	(192)
76	乃孫乍且己鼎	(192)
77	乙亥父丁鼎	(193)
78	乍册般銅黿	(194)
79	利簋	(195)
80	天亡簋	(196)
81	何尊	(197)
82	克罍	(199)
83	大盂鼎	(200)
84	大保簋	(203)
85	井侯簋	(204)
86	令鼎	(205)
87	臧簋	(207)
88	班簋	(208)
89	雍侯視工簋	(211)
90	裘衛盉	(212)
91	五祀衛鼎	(214)
92	史墙盤	(216)
93	卯簋	(219)

94	頌鼎	(221)
95	獄簋	(223)
96	散氏盤	(224)
97	毛公鼎	(226)
98	兮甲盤	(233)
99	虢季子白盤	(235)
100	秦公鐘	(237)
101	邵黛鐘	(240)
102	欒書缶	(242)
103	競之定豆	(242)
104	驫羌鐘	(243)
105	嗣子壺	(244)
106	繁陽上官皿	(246)
107	陳侯因齊敦	(247)
108	坪安君鼎	(248)
109	郾王職壺	(249)
110	楚王酓忎鼎	(250)

三 其他古文字資料 (253)

權量類 (253)

| 111 | 商鞅方升 | (253) |
| 112 | 高奴銅權 | (255) |

符節類 (256)

113	新郪虎符	(256)
114	龍節	(256)
115	鄂君啓車節	(257)

兵器類 (259)

116	攻盧王姑馯烏雅劍	(259)
117	九年鄭令矛	(260)
118	五年呂不韋戈	(261)
119	襄城公戈	(262)
120	九年牺軍張戈	(263)

| 121 | 旮具寶戈 | (263) |
| 122 | 八年弩機 | (264) |

璽印類 …… (264)

123	亞酒軍鉨	(264)
124	大　寶	(265)
125	南門出鉨	(265)
126	高寶之鉨	(266)
127	卑醬匠匋悍鉨	(266)
128	右庫䀢事	(267)
129	内　府	(267)
130	陽城縈	(268)
131	喬　戒	(268)
132	宜　官	(269)
133	又千白萬	(269)
134	日敬毋治	(269)
135	自　厶	(270)

貨幣類 …… (270)

136	甘　丹	(270)
137	纋　坪	(270)
138	屯　留	(271)
139	平　窑	(271)
140	皮　氏	(272)
141	旮　奴	(272)
142	甾一釿	(272)
143	平　州	(273)
144	橈比坣忻	(273)
145	齊之呑朊	(274)
146	西　周	(274)
147	垣	(275)

陶瓦類 …… (276)

| 148 | 西周陶文 | (276) |
| 149 | 綦母綑陶盆 | (276) |

150	挪	(277)
151	塙闗不敢	(277)
152	陳棱敀亳	(277)
153	蒦圖南里人緐	(278)
154	燕　陶	(278)

玉石類 ··· (279)

155	石鼓文·汧殹	(279)
156	石鼓文·吾車	(281)
157	秦詛楚文	(282)
158	秦宗邑瓦書	(286)
159	行氣銘	(288)
160	侯馬盟書	(289)

簡帛類 ··· (290)

161	秦青川木牘	(290)
162	睡虎地秦簡（節選一）	(292)
163	睡虎地秦簡（節選二）	(293)
164	楚帛書（丙篇）	(295)
165	仰天湖楚簡（節選）	(299)
166	信陽楚簡（節選）	(300)
167	郭店楚簡《老子》甲本（節選）	(301)
168	郭店楚簡《窮達以時》（節選）	(302)
169	上博簡《緇衣》（節選）	(304)
170	上博簡《相邦之道》（節選）	(305)
171	清華簡《尹誥》	(306)
172	清華簡《繫年》（節選）	(309)

漆器類 ··· (311)

173	八年相邦薛君、丞相殳漆豆	(311)

引書簡稱表 ··· (312)

後　記 ··· (314)

修訂說明 ·· (315)

前　言

　　近年來，古文字學如同其他學科一樣，得到了迅速的發展，正在呈現出一派繁榮景象。這一方面是由於黨和國家對科學文化事業的重視，另一方面也由於古文字學在考古、歷史、文字和語言等學科的研究和發展中，日益顯示出它的重要作用。

　　我們看到，許多矢志鑽研古文字的青年刻苦攻讀，孜孜以求，不捨晝夜；也看到不少與之有關的社會科學工作者，正抽出相當的時間和精力，潛心研討古文字，從中汲取營養，期望在他們所從事的工作中開創出學術研究的新境界。作爲專業古文字工作者，對此我們深感歡欣，並清楚地意識到有爲初學古文字的朋友們寫一點東西的必要。擺在讀者面前的這本書，是在我們編寫的古文字學講義稿本的基礎上修改增潤而成的一本入門讀物。如果它能給讀者帶來一些有益的幫助，那將是我們的願望。

　　顧名思義，古文字學自然是以古文字爲研究對象。不過古文字究竟包括多大的範圍，至今還没形成一致的看法。多數人主張截止於秦代的小篆，即認爲小篆是古文字的末流，而隸書則是今文字的初始。但近年來古文字的範圍已呈現擴大的趨勢。秦漢的簡牘、帛書，魏晉的碑刻等等，一概被當作古文字材料加以研究和利用。"古"與"今"本來就是相互對立的時間概念，凡屬以往自可稱之爲"古"。不過，我們在這本書裏大體上還是宗奉着傳統的觀念。漢代人把隸書稱爲今文，而把秦以前的文字統稱爲古文。小篆在漢代雖偶爾使用，但當時並不以小篆爲今文。從漢字形體發展的階段看，漢代人關於古今文字的斷限是有道理的。

　　由商周時代的甲骨文、金文到秦代的小篆，儘管程度不盡相同，但都注重文字形體的象形性和表意性，構成文字的多是圓轉的曲綫，而隸書則將曲綫離析演化爲横直撇捺等簡單的筆畫，漢字的表意性明顯地削弱了，淡薄了。由篆到隸，儘管不曾從根本上改變漢字的表意性質，但確是一個重大的轉折。隸書在後來發展爲楷書，唐宋時期楷書臻於成熟，此後便再没有多大的改變。所以，把古今漢字的分野劃在篆隸之間是比較恰當的。本書把研究的對象限定在先秦時代甲骨文、金文、陶、石、璽、貨幣、簡帛、兵器以及秦代小篆的範圍之內，而極少涉及後世的東西，正是基於上述的想法。

談到古文字學，人們往往聯想到許慎的《說文解字》。這部最富權威性的經典著作統治中國"小學"界長達兩千年之久，直至今日仍然是語言文字工作者案頭必備的工具書。對古文字研究來說，它不僅保存了大量的古文字形、音、義的資料，是考求金文、甲骨文和其他古文字的階梯；在理論上，作者許慎還提出了較之以往更為完備的"六書"說，為探討古漢字的造字方法，分析字形結構提供了有力的武器。《說文》一書的價值是不容低估的。我們甚至不能想象，假如沒有《說文》，今天的古文字研究將會是何種面貌。我們在這本入門讀物裏專闢一章介紹《說文》，旨在使讀者能更深入地瞭解它的精髓，以便在古文字研究中更好地發揮它的效用。

學習古文字，識字是不可缺少的一步。識字以哪種方法為好？值得探討。根據以往的經驗，孤立地去講某字即今之某字，讓初學者去硬記，講起來固然省事，但效果並不見得好。毛病是沒有理解，很容易忘記。鑒於此，本書把識字和講解"六書"合併一起進行。每講一"書"，都儘可能多地徵引古文字的實例，並與小篆形體對比考索。這樣，既可以使初學者瞭解常見古文字的形、音、義，通曉其構形原理，明確《說文》的得失，又可以使古文字理論的講授變得充實生動，避免泛泛空談。實踐證明，這樣做可以收到一舉多得的功效。

關於古文字考釋方法的探索，是古文字學的一個重要課題。許多著名學者，如王國維、陳夢家、于省吾、唐蘭和楊樹達等人都有過專門的論述。他們在實踐中所總結出來的一些考文釋字的方法，如偏旁分析法、歷史比較法、辭義推勘法、辭例比較法，等等，對古文字考釋確有重要的指導意義。但是有一個事實很值得深思：就考釋文字而言，老一代的成就偏重於商周時代的甲骨文和金文，於晚周文字似乎遠不及前者輝煌。我們應當在此基礎上繼續努力，同時對晚周文字的考釋方法有所發現。

事實上，晚周文字的情況要比商周文字複雜得多。舉例來說，"="這個文字符號在商周古文裏一般代表數目字的"二"，西周金文裏同時用以表示重文或合文，這都是我們所熟知的。然而在晚周文字裏就不那麼簡單，除上述功用外，還有其他用途，如在"夫"裏是"大夫"二字合文的標誌，在""

字裏代表了馬頭以下省略的部分，在"問"字裏是填充空檔的飾筆，在◇裏代替了命字所從的口旁，在◇字裏則與差字所從的工旁相當。同一文字符號兼有多種用途，這在早期古文字中是不多見的。與之相反，若干形、音、義不同的文字符號有時却可以通用，例如晚周"盧"字中間所從的"田"，往往可以寫作⊕、⊞、⊕、△、○、△等形。顯然，遇到此類情況，如果單靠偏旁分析或形體比較之類的傳統方法，不僅不能濟事，反而會徒生疑竇。考釋晚周文字，墨守已有的方法看來是遠遠不夠了。文字通例、地域性特點和裝飾性筆畫的研究，對於晚周文字有着相當重要的意義。近年來，這幾方面理論的探討已有不小的收獲。相信在其指導下，晚周文字的考釋工作一定會取得新的進展。

　　古文字是一門艱辛複雜的學問。識字僅僅是一個開端。文字隸定了却説不清底藴的情況實非罕見。商代甲骨文中某些語詞究竟是何含義，至今不能確知。倘能起古人而問之，説不定是極簡單的事，不消三言兩語便可以説得明明白白。關鍵是我們對於古代社會、古人語言尚缺乏足够的瞭解。有人説古文字的工夫在字外，不能説没有一定道理。當然，這樣説並不意味着古文字學高不可攀。曾有青年詢及治古文字學的途徑，我們謹以三事相告：一、批判地吸收前人的全部成果。二、密切結合歷史文獻和考古材料。三、多讀、細讀、熟讀出土古文字材料。其中第三條尤爲重要，因爲這是熟諳古代文字、語言和社會歷史情況的最直接的辦法。爲此，本書編入了古文字資料選讀部分，選收不同時期有代表性的各類器物銘文，並略加詮釋，以備初學者參考。

作　者

上 編

古文字基礎

第一章 緒 論

第一節 古文字和古文字學

一 什麼是古文字、古文字學

我國是一個歷史悠久的多民族國家，有光輝燦爛的古代文明。遠在 6000 年前，漢民族的文字就已經萌芽。此後，經過了漫長的歲月，發展成爲商代的金文和甲骨文，進入古漢字的成熟期。這種比較成熟的文字，在西周和春秋時期日益完善起來，形成了早期漢字的字形體系。西周和春秋時的文字以青銅器銘文爲代表，這就是後世所謂的大篆。春秋末年以後戰國之世，由於列國分立，文字的形體紛紜複雜、百花齊放，給正規的大篆以很大冲擊。秦代爲了統一這種"文字異形"局面，國家製定和推行了標準文字小篆。秦代是小篆與隸書並用的時期，西漢之後小篆則退出了社會交際舞臺。東漢以後，隸書又演變成真書（楷書），真書是今天簡化漢字的前身。我國有文字記載的歷史，主要就是用上述不同形態的漢字寫成的。由此可見，漢字對中華民族的發展，對人類文明的前進，是起過並且正在起着巨大作用。數千年來，漢字自身的形態雖然幾經變化，但是生命力至今仍然十分旺盛。在漢字之外，我國歷史上不同時期、不同地域的一些兄弟民族，也還創造和使用過不同類型的文字。不過，那些文字的出現都比漢字晚得多，其時間早者，可以追溯到漢代，多數則是唐代以後才有的。歷史上兄弟民族使用過的文字是豐富多彩的：東北的金政權創製了女真文字，遼政權創製了契丹文字；西北的大夏政權創製過西夏文字；元王朝創製過蒙古八思巴字。這些文字早已廢棄，成爲已死的文字。古時新疆一帶的兄弟民族，是借用已有的文字符號記錄自己的語言，他們的文字有佉盧文、于闐文、突厥文、回鶻文等，這些文字也早已成爲歷史的遺跡。而古藏文、古蒙文則發展成爲今天藏族與蒙古族的通行文字。在南方的彝族，有他們的文字彝文，納西族有他們的文字納西象形文字（舊稱麼些文字），這兩種文字在解放前後還使用着。歷史上兄弟民族使用過的文字不下二十餘種。由此可見，在我國文化史上，文字的類型是繁多的。就整體來說，漢族的古文字與兄弟民族的古文字一起，構成了中華民族的古文字。因此，中國古文字學的研究範圍，應該包括歷史上兄弟民族古代文字的各個分支。然而，由於在各民族的古文字中，以漢字的歷史最古，使用的時間最長，應用的範圍最廣，使用的人數最多，漢字已經自然成爲中華民族的通用文字。因此學術界通常把古漢字直稱爲古文字；而把歷史上兄弟民族使用過的文字，統稱爲民族古文字。這樣看來，古文字學應當是探索漢字產生、闡明古漢字發展與演變、研究並解讀地下出土古文字資料的學科。嚴格地説，這乃是中國古文字學一個最大的分支。

應當看到，古文字專指古漢字還有其歷史根源。遠在漢代，人們就把當時不通行的先秦文字稱爲"古文"或"古文字"。東漢的學者許慎在《説文·叙》中説："郡國亦往往於山川得鼎彝，其銘即前代之古文。"班固在《漢書·郊祀志》中説："張敞好古文字。"可見"古文字"一詞是古已有之。我們把先秦的古漢字稱爲古文字，也是沿用了這一傳統説法。

關於古文字的下限問題，目前學術界尚無明確而一致的看法。從廣義上説，楷書以前的漢字均可稱爲古文字，也就是説，秦漢的隸書也屬古文字範圍之内。然而從文字形體特點考察，我們傾向於把小篆作爲古文字的終結。

二　爲什麼要研究古文字

漢字是世界上最古老的文字之一，在世界文化史上佔有重要的位置。漢字不僅形成的時間特別早，而且能適應社會交際的需要發展成爲今天的通用文字。漢字不但能很好地爲中國各民族服務，而且在世界的交往中也是一種主要的交際工具。古代巴比倫人使用的楔形文字和古埃及人的象形文字，雖然和漢字有同樣久遠的歷史，但是不久便被淘汰了。與之相反，漢字却能長久地沿續下來使用到今天。可以説，漢字是一個奇跡。我們爲了揭示漢字的科學性質，確立漢字在世界文化史上的地位，就必須對古文字做全面的研究。近些年來的研究成果表明，漢字比起拼音文字，無論是利用電子計算機記憶，還是人的大腦記憶，都有自己的長處，可見漢字的形成和存在都是包藴着科學原理的。我們研究古文字的目的之一，就是要闡發它的科學性，充分肯定它在中華民族文明史和世界文明史上的重要地位。

中國先秦史的研究必須利用古文字。我們知道，先秦典籍主要是用篆體的古漢字寫成的，兩漢時的典籍是用隸體的古文字寫成的，我們現在所見的《詩經》、《尚書》等史料遠非本來面目。要訂正這些史料中的錯誤，證明它的可信程度，補充它的不足，就只有依賴地下出土的古文字資料（當然考古發掘得到的其他資料同樣有重要價值）。比如：《史記·殷本紀》記載殷王朝的先祖有"報丁、報乙、報丙"，甲骨文發現之後，王國維、董作賓、郭沫若等人通過綴合整理出較完整的殷商世系，"三報"的順序卻是"匚乙"、"匚丙"、"匚丁"。這一方面訂正了《史記》的錯誤，另一方面還表明"報"字原來是寫作"匚"的。如果沒有甲骨文，《史記》這個錯誤恐怕永遠也無法得到糾正。研究商史離不開甲骨文，研究兩周史就不能離開金文。比如，根據《尚書·牧誓》的記載，武王滅商是在"甲子"之日的早晨，這已被1978年陝西臨潼發現的西周初年銅器利簋所證實。利簋銘文記載："珷（武王的專用字）征商，唯甲子朝。"可見《牧誓》雖然經過兩千多年的輾轉傳抄，所記的滅商時間仍是可靠的。這足以說明古文字資料對商周史研究的重要性。我們在古文字中看到的史料是多方面的，諸如政治經濟、思想倫理、戰爭軍事、科學技術等等，幾乎無所不包。如有關冶金史的資料，據春秋時期的青銅器銘文所記的金屬就有近十種。近些年來，連續發現了多批戰國的古文字資料，又給古代史研究增加了新內容。由此可見，先秦史的研究是不能離開古文字的。

古文字與考古的關係也至為密切。考古工作者，往往是新出土的古文字資料的直接獲得者。一處墓葬或遺址，如果有古文字資料出土，常常可以解決年代、器物主人等關鍵性問題。一個田野考古工作者具有古文字知識，就可以對出土的古文字資料親自去研究，從而大大加快整理和研究工作的速度。比如，1978年湖北隨縣發掘一座大墓，據器物上的古文字知道這是曾侯乙之墓。這座墓葬出土了大量文字資料，編鐘銘文有2800多字，竹簡文字有6000多個，加上其他器物上的文字共一萬多個。這也是考古工作應當研究的一項內容。以往的考古發掘表明，不僅是長江流域和黃河流域，就是邊遠的省份也時常有古文字資料出土。現在考古工作者對古文字學日益重視起來。古文字學實際上是一種邊緣學科，它既可以歸屬在語言文字學之內，又可以歸屬在歷史考古學之內。

古籍的整理與研究也要利用古文字。先秦兩漢的典籍流傳到今天，不少地方已經不是昔日的原貌，其中某些字句出現了不同的寫法和講法。怎樣去明辨是非和進行取捨？利用古文字資料是一種重要方法。古籍整理所涉及的文字、聲韻、訓詁都與古文字有直接關係。這些學問舊稱"小學"，晚近有些學者也還沿用這一名稱。比如楊樹達的《積微居小學述林》，講的就是古籍中文字、聲韻、訓詁等問題。如果離開古文字，整理先秦典籍遇到的"小學"問題很多都不能得到合理的解決。有時出土的古文字資料就是一部古籍，需要我們去整理與研究。可見古文字資料與先秦典籍是相輔相成的。于省吾説："我們有時看到敦煌發現的古鈔本或宋元刻本，其文字偶有異同，便視同秘笈，詫爲瑰寶，然而我們今天所見到的大量古文字，如果與地上史料相印證，基本可以恢復先秦典籍的真面目，較之古鈔本與宋元刻本的珍貴又當如何呢？"① 我們認爲，要想提高先秦典籍的整理水平，必須注意利用古文字資料；要想使舊時所謂的"小學"更新換代也非結合古文字不可。

對古文字本身進行研究也是一項重要課題。這種研究是多層次的，可以是原始資料的粗加工，也可以是某項資料的專題研究或全面研究。以甲骨文而論，迄今爲止還有一些常用字没有考釋出來，對盤庚卜辭的存在與否尚無肯定的意見，等等。要解决這些問題，還必須付出艱苦的勞動。在諸多方面的研究中，文字是基礎。這個基礎不穩，其他研究都要隨之動搖。有時一個字的考定，是要經過許多學者的努力，集中多人的智慧才能完成的。甲骨文有個常見字寫作"㞢"，或寫成"屮"，早期研究卜辭的學者王國維釋爲"之"，後來郭沫若發現這個字的用法和"又"、"有"相同，就改讀成"又"，否定了王氏的説法。目前都是按郭氏的説法來讀這個字的。但是，這個字的本義是什麽？到底和"又"有什麽異同？"有祐"可以寫成"㞢又"，却不見寫成"㞢㞢"，這又是爲什麽？可見甲骨文的釋讀工作是一項很艱難的任務。這是以甲骨文爲例來説明文字研究的必要性，在它種古文字資料中，也存在類似的情況。

第二節　漢字的起源和演進

一　漢字的起源問題

文字是記録語言的符號，是語言的載體。然而語言的發生却比文字早很

---

① 于省吾：《從古文字學方面來評判清代文字、聲韻、訓詁之學的得失》，《歷史研究》，1962（2）。

多。語言是伴隨着人類同時出現的，它的發生可以追溯到五六十萬年以前。文字則不然，它是文明的標記，是人類社會發展到一定階段的産物。中國歷史上傳説，文字是倉頡造的。我們認爲，倉頡應當是代表一個歷史階段，猶如"燧人氏"代表鑽木取火，"神農氏"代表農業種植那樣，都不是某位聖明個人的名字。倉頡所代表的歷史階段，應當就是文字的發明並應用於文獻記録的時候。在此之前，文字還有一個萌芽期。據現有的考古發掘資料來看，漢字的萌芽發生在 6000 年前，[①] 陝西西安半坡出土的陶器刻劃和圖繪爲我們提供了這方面的信息。半坡遺址屬於新石器時代的仰韶文化，用放射性同位素碳-14 測定，這個遺址大約是公元前 4000 年前的。這比歷史上傳説的黄帝時代大約還早 1000 多年，傳説中造字的倉頡就是黄帝的史官。由此可見，文字由萌芽狀態發展到應用於文獻記録，曾經過了一個長遠的歷程。

現在我們來看一下漢字的萌芽。據統計，在半坡出土的陶器上有各種刻劃符號 100 餘個（包括重複的）。這些符號的作用還不清楚，其中I、II、X 等與目前所知的最早文字——甲骨文很相似。這些符號都是單獨使用的，看不出與語言究竟有什麽聯繫。不過其中 I、II、X 等類似數字的符號，有可能就是數字的前身。因爲，半坡這種類似數字的符號，在其他時間晚的遺址中也屢有發現。陝西姜寨、青海樂都柳灣和山東城子崖出土的陶器上都有這樣的符號。[②] 姜寨也屬仰韶文化，年代比半坡稍晚。柳灣屬甘肅馬廠類型文化，時間約爲公元前 2000 多年，和屬於龍山文化的城子崖遺址年代相近。這些相同或相似的符號，在年代不同的遺址中重複出現，應當不是偶然的，這反映出那些符號在新石器時代的使用已較爲普遍。

我們認爲，一種符號如果不斷地使用，經常和語言中的一定概念聯繫在一起，"約定俗成"，漸漸有了固定的讀音和含義，就會成爲文字。這種變化最初也可能是很緩慢的。符號變爲文字是一個質變，這種質變是在漫長的歲月裏逐漸完成的，它不是一個突變。早期陶器上的那些符號，有的發展成爲後世的文字，有的則在後世仍作符號使用，這是一個發展與分化的過程。開始時是較低級的事物，後來經過分化，有的發展成爲高級事物，有的則仍按低級形態發展

[①] 《人民日報》1987 年 12 月 13 日報導，一批距今約 8000 年的甲骨契刻符號，在河南省舞陽縣賈湖新石器時代遺址出土。這對研究龜卜起源和文字萌芽都有非常重大意義。

[②] 陝西姜寨陶文符號見《文物》1975（8）；青海樂都柳灣陶文符號見《考古》1976（6）；山東城子崖陶文符號見《城子崖》（1934 年）一書。

下去。某些符號發展成爲文字，實現了由低級向高級的轉變；某些符號未能變爲文字，就仍作爲低級形態存在或者消亡。有人認爲，這些符號與文字根本無關，認爲後世也有類似的符號。這是不確切的。因爲在特定的時間與空間，某些符號就有可能變成早期的文字。條件不同了，後世的符號就不會再變爲文字。也有人認爲，這些符號有的就是文字。這也是不妥當的。因爲現在還沒有辦法證明這些符號已經具備文字的特徵與功能。只能說，半坡陶器上的刻劃符號，是文字的萌芽，是文字的來源之一。

在半坡的陶器上，除了刻劃符號之外，還有生動的繪畫，有些繪畫是出現在彩陶上的。這對研究文字的起源有同樣重要的價值。半坡出土的兩件彩陶盆，一件畫着人面形和魚形，另一件畫着人面形和网形。魚形作 🐟，网形作 ⊠，所畫着的乃是現實存在的事物。這和甲骨文魚字作 𩵋、𩵋，青銅器銘文作 𩵋；甲骨文网字作 𠕁、𠕁，是很相近的。它們都是具體實物的寫照。這説明在西安半坡的彩陶圖繪裹已經孕育着某些文字形體。由圖繪的魚形與网形是很容易發展成爲"魚"字與"网"字的。上面的比較只想説明圖畫與象形文字的關係，並不是説甲骨文的"魚"字與"网"字是由半坡陶器上的圖繪直接變成的，它們在時間上還有一段很長的距離。儘管如此，卻可以説明圖繪也是漢字的來源之一。

類似象形文字的符號是發現於大汶口文化的陶器上。在距今 4000～4500 年左右的山東莒縣陵陽河遺址出土的陶尊外壁接近口沿部位有以下四個圖形符號：

A. 🌄　　B. ⌐　　C. ◡　　D. ⎔

此外，在山東諸城前寨遺址還發現一個缺殘的圖形符號，殘形復原當與例 A 相同。這些圖形符號與商代的甲骨文和金文的某些文字形體頗爲相近，因此有些古文字學者索性把它們當成文字考釋，如于省吾把 A、C 釋爲"旦"字，把 B、D 釋爲"戌"字。[①] 唐蘭把例 A、C 釋爲"炅"字，讀爲"熱"。[②] 李學勤把以上四例分別釋爲："炅山"、"戌"、"炅"和"斤"，説"炅"字見於《説文》，義爲日光，同時在某些文獻中用作"熱"字的另一種寫法。[③] 我們認爲

---

① 于省吾：《關於古文字研究的若干問題》，《文物》，1973（2）。
② 唐蘭：《從大汶口文化的陶器文字看我國最早文化的年代》，《光明日報》，1977年7月14日。
③ 李學勤：《論新出大汶口文化陶器符號》，《文物》，1987（12）。

A與C形體雖有繁簡，應當是一個相同的象形符號；B與甲骨文戌、戍的形體很相近，D則略同於甲骨文的"斤"字。雖然如此，將這些象形符號指爲文字，仍嫌根據不足，因爲它們都是單獨使用，看不出和語言之間有什麼聯繫。這些象形符號應當是作爲標記使用的。

上舉大汶口文化陶器的象形符號爲探索漢字的形成過程提供了可貴的資料。商代的甲骨文雖然與它沒有直接關係，但是甲骨文應當就是在類似這樣的象形符號的基礎上發展而來的。

綜上所述，漢字起源於兩個基因，一是刻劃符號，另一是象形圖繪。這兩方面的因素在西安半坡仰韶文化的遺物中早已並存。在山東大汶口文化後期的陶器上，已經有了圖畫因素轉變爲象形文字的跡象。原始的刻劃符號和象形圖繪，經過社會生活和長時間的淘洗，使之有些演化成漢字。這兩者在漢字起源問題上很難說誰先誰後，應當說一開始就是同時存在的。

二　漢字發展的三個階段

這裏我們簡要地回顧一下漢字發展的歷史。在談這個問題之前，有必要先説明一下漢字的構成。構成漢字的基本部件是偏旁。如"李"與"柳"二字，每個字都是由兩個偏旁組成。"李"由木、子組成，"柳"由木、卯組成，這裏每個偏旁又都是獨立的字。舊時把"李"、"柳"這類由兩個偏旁組成的文字叫作"字"，把木、子、卯這類單一構造的叫作"文"。《説文》所謂"倉頡之初作書，蓋依類象形，故謂之文，其後形聲相益，即謂之字"，就是這個意思。[①] 段玉裁在《説文解字注》中説："析言之，獨體曰文，合體曰字。統言之，則文字可互稱。"[②] 我們現在把這兩類字都統稱爲文字。由於漢字的歷史長久，形體變化的幅度有時很大，我們今天所看到的分離出來的某些偏旁並不是一個字。例如《説文》的部首中，彑（許説爲豕之頭）、内（許説爲獸足蹂地），這樣的偏旁並非一個完整的文字。這是由於許慎受了當時通行的隸書影響，肢解了篆書的形體，把完整的象形字割裂開來而造成的。我們研究古文字，對偏旁應儘量追溯它最原始的構形。文字是由偏旁組成，構成偏旁的又是什

---

① 許慎：《説文解字·叙》。
② 段玉裁：《説文解字注》，54頁，上海，上海古籍出版社，1988。

麽？是筆畫。筆畫在現代漢字中是固定的，而在古文字中卻不是一個固定的參數。例如"天"字，在現代是四畫，而在商代的甲骨文中"天"字作🧍、🧍、🧍，無法計算筆畫，只能把整個形體作爲一個單位。這也就是説，古文字與現代漢字不同，它是無法計算筆畫的。現在讓我們再回到"李"、"柳"二字上來，這兩個字在書寫時會產生如下兩個問題：一、每個字用什麽樣的筆勢和筆體寫？二、偏旁的位置怎樣安排？前者一般稱字體或書體，後者稱爲字體結構或形體結構。如🔣、🔣與"李"、"柳"，這是字體的不同，是篆體與楷體的不同。"李"、"柳"又可以寫成"杍"、"桺"，這是字形結構的不同，是偏旁位置的不同配合。由此可見，通常所説的文字形體是有兩種不同的含義，可指體勢、書體而言，也可指字的形體結構而言。爲了避免把這兩者混淆起來，在談到文字體勢、書體時，最好不用"形體"一詞。當用篆體或篆書、隸體或隸書的名稱，文字的形體應當只指文字的書體。

　　如前所述，漢字自從使用到現在並未曾間斷過，今天的漢字是從古文字發展而來的。縱觀漢字的歷史，可以分爲三個大的階段。這三個階段是：篆體——隸體——楷體。它們各以自己的字體爲特點，相互間呈現明顯的差異。先秦時期所使用的是篆體系統的文字，或稱篆書體系。這是第一階段的文字。目前只能認爲它是以商代的甲骨文與金文爲起點，更早期的文字還未發現。它的末流是戰國文字和秦代的小篆。第二階段爲兩漢的隸書，這是隸書系統，或稱隸書體系。隸書在秦代已經出現，可稱秦隸或古隸。《説文·叙》説："秦燒滅經書，滌除舊典，大發隸卒興役戍，官獄職務繁，初有隸書，以趣約易"。這在地下出土的文物中已得到證實。1975年湖北雲夢睡虎地秦墓出土竹簡1100餘枚，簡文爲墨書的隸體，總字數約4萬。[①] 由此可見，東漢許慎的説法是可信的。由於秦代的統治時間短，官方製定的小篆未能徹底推行，隸書的使用卻很廣泛。伴隨秦與漢的朝代更替，小篆很快就讓位給隸書。因此可以説，秦代是由篆體文字演進到隸體文字的過渡時期。秦代對文字的演進起了一種促進作用，它結束了戰國以來文字的混雜局面，爲隸書登上社會舞臺打開了通道。兩漢的隸體文字，後來又演進成隋唐通行的真書，也就是楷體字。這種字體經過宋元一直延續到今天，這是漢字的第三階段。現在因爲有了簡化漢字，就把宋元以來的真書稱爲繁體字。漢字的演進主要分成上述的三個階段。

---

① 雲夢睡虎地秦墓編寫組：《雲夢睡虎地秦墓》，12~26頁，北京，文物出版社，1981。

先秦的篆體文字演變到隸體文字的軌跡若何呢？郭沫若曾做過精辟的論述，他說："在字的結構上，初期的隸書和小篆没有多大的差别，只是在用筆上有所不同。例如，變圓形爲方形，變弧綫爲直綫，這就是最大的區别。畫弧綫没有直綫快，畫圓形没有方形省。因爲要寫規整的篆書必須圓整周到，筆劃平均。要做到這樣，每下一筆反復回旋數次，方能得到圓整，而使筆劃粗細一律，這就不能不耗費時間了。改弧綫爲直綫，一筆直下，速度加快是容易瞭解的。變圓形爲方形，表面上筆劃加多了，事實上是速度加快了。要把圓形畫得圓整，必須使筆來回往復，那决不是兩三筆的問題了。此外，當然還有些不同的因素，如省繁就簡，變連爲斷，變多點爲一劃，變多劃爲數點，筆劃可以有粗細，部首可以有混同。……這樣寫字的速度便自然加快了。"① 這裏把篆體與隸體的不同幾乎都歸納出來。總的來說，隸體是解散篆體，重新安排了文字的體勢與結構。這一次變革使第一階段的古文字面目全非，把原來以象形爲基礎的文字改造成以筆畫爲基礎。從文字的進化觀點來看，這是由象形文字向字符化跨出了一大步。隸變突破了傳統"六書"理論的束縛，使指事、象形、會意這"三書"在現實的文字中失去了大部分的依據。隸變的結果，使先秦文字與漢代的通行文字之間產生明顯的界限，有了古文字與今文字之分。我們現在所見秦權量上詔書和秦代的兵符，是研究篆體變爲隸體的中間資料。秦詔書的文辭是："廿六年，皇帝盡并兼天下，諸侯黔首大安，立號爲皇帝。乃詔丞相狀、綰：法度量則，不壹歉疑者，皆明壹之。"這是秦始皇統一天下之後的文字，應當是李斯等人製定的小篆樣本。秦虎符的銘文是："甲兵之符，右在王，左在新郪。凡興士被甲用兵五十人以上，會王符乃敢行之。燔燧事，雖母（毋）會符，行殹（也）。"這是秦并兼天下之前二三十年之物，文字的體勢和詔書基本一致。可見李斯等人製定的小篆是有藍本的。這兩種資料是比較典型的小篆，很多字已經是把篆體的圓筆變成方折，把弧綫變成直綫，呈現出隸書筆意。1975年在湖北省雲夢睡虎地的秦墓中出土大批秦簡，簡文用秦代的隸書寫成，證明了秦代是篆書與隸書並用的時代。郭沫若說："秦代度量衡上和若干兵器上的刻文，和《泰山刻石》等比較起來是草率急就的，無疑是草篆，大約也就是秦代的隸書吧。"② 把有些鑄得潦草的秦代度量衡銘文稱爲"草篆"是很合理的，因爲它可以看到小篆蜕變爲隸書的痕跡。因此我們才把小篆看成

---

①② 郭沫若：《古代文字之辯證的發展》，《考古》，1972（3）。

是篆書演化成隸書的過渡階段。

　　如上所述，篆體文字演變成隸體，這是漢字形體的第一次變革。隸體再變爲楷體，那是第二次變革，這已不屬於古文字研究的範圍。要附帶指出的是：現在書法界和社會上經常把文字分爲真、草、隸、篆四體。從古文字學角度看，草書不是通行在歷史某一時期的主要字體，它是作爲一種輔助的字體，作爲次要的交際工具而使用的。在篆書通行的年代有草篆，在隸書通行的漢代出現了章草。章草對隸體來說，只是一種輔助的交際手段而已。可見，只有篆、隸、楷才是文字發展的三個階段，草體是依附於這三種字體的補充交際手段。我們要研究的篆體系統古文字，按照目前流行的說法有三個分支：甲骨文、青銅器銘文、戰國文字。我們認爲，甲骨文、青銅器銘文，這是把書寫材料和文字特點結合起來命名的，戰國文字是用時代來命名的，它們命名的方法是不統一的。這三個分支出現與存在的時間有的是交錯的，有的是平行的。它們的關係如下表：

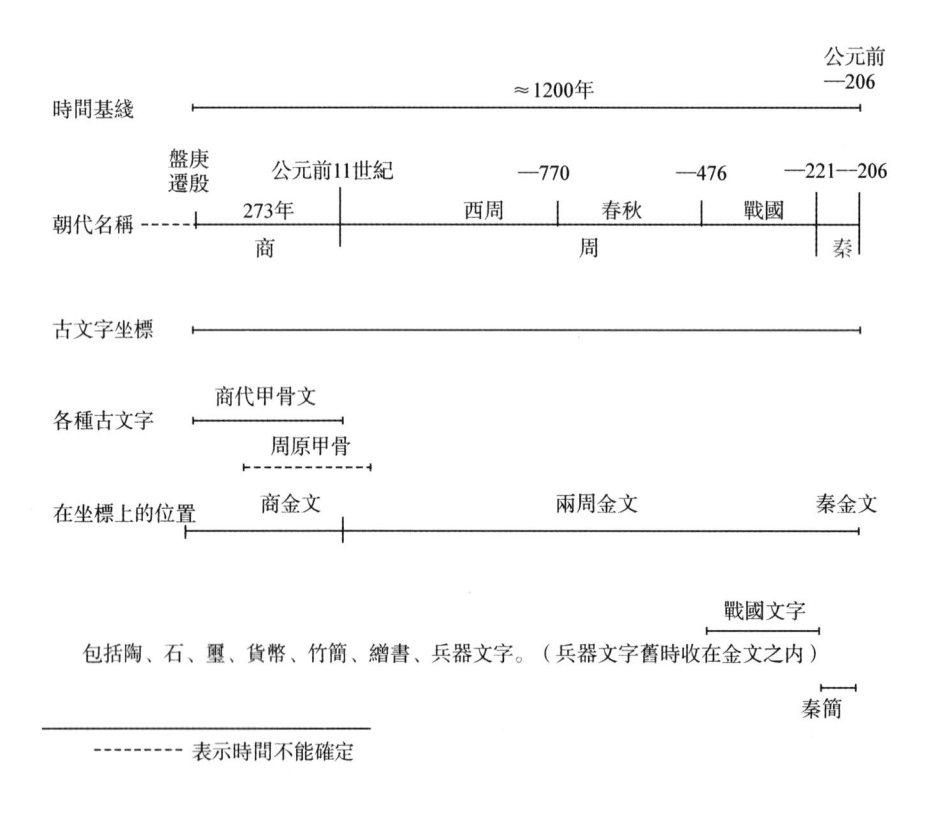

時間基綫	≈1200年	公元前—206
朝代名稱	盤庚遷殷 273年　公元前11世紀　　—770　西周　　—476　春秋　　—221 戰國　—206	商　周　秦
古文字坐標		
各種古文字在坐標上的位置	商代甲骨文　周原甲骨　商金文　兩周金文　秦金文	戰國文字　秦簡

包括陶、石、璽、貨幣、竹簡、繒書、兵器文字。（兵器文字舊時收在金文之內）

────── 　
---------- 表示時間不能確定

　　從上表不難看出，商代甲骨文和商代的金文是並行的，商代甲骨文與周原甲骨文有一段時間裏是交錯的。所謂的戰國文字，也包含有戰國的金文在內。

因此，三個分支的説法，乃是簡便的分法。關於兩周文字，郭沫若曾這樣説："兩周所留下來的金文，是官方文字，無分南北東西，大體上是一致的。但晚周的兵器刻款、陶文、印文、帛書、簡書等民間文字，則大有區域性的不同。"① 可見所謂戰國文字這一分支只是晚周的民間文字而已。唐蘭在《古文字學導論》中是採取殷商系文字、兩周系文字（止於春秋）、六國系文字、秦系文字的四分法。兩周系文字也還有與六國系文字在內容上的重複問題。我們對各類先秦古文字的理解，應有明晰的時間觀念。

三　古漢字的性質

目前學術界對古漢字的性質有不同的説法，大致可分爲表意説、表音説和意音説三類。這些迥然不同的意見很能開闊我們的眼界。我們認爲，古漢字（即古文字）是一個較爲廣泛的概念。從商代的甲骨文、金文發展爲兩周文字，再演化成秦代的小篆，約有 1200 年的歷史。在這不短的時間中，文字本身出現各種變化，不斷產生新字和新的異體。在這樣複雜的延伸着的文字鏈條中可以尋出各種各樣的例子。因此，對古漢字有種種不同的看法是不足爲奇的。我們覺得，研究古漢字的性質，要從動態上把握它，首先確定它的基礎是什麽。這裏我們根據甲骨文來分析一下古漢字的性質。甲骨文是今天所見最早的漢字，這應當是探討古漢字性質的起點。

我們知道，文字是記錄語言的符號，因此，對於記錄語言的符號——文字來説，它和思想、語言是一個不可分割的統一體。文字是通過語言用一定的書寫形式表現思想的。對漢字來説，字義反映一定的思想，字音代表一定的語言，字形是兩者的具體表象。一些舊有的文字學書籍，把形、音、義作爲漢字的三要素提出來，這雖然有一定道理，但是未能反映出這樣的實質。應當説，字義是文字的内容，字音與字形是它的存在形式。字音是訴諸聽覺的，字形是訴諸視覺的。漢字的發展與演變主要是形、音、義這三者的對立與統一所決定的。如果再就它的存在形式——形與音來説，字音是通過字形表現出來的，字形應當是矛盾的主導方面。因此，探討古漢字（即古文字）的性質只能是從字形入手。下面我們考察一下甲骨文的字形，看它是怎樣記錄語言的：

---

① 郭沫若：《古代文字之辯證的發展》，《考古》，1972（3）。

1. 同一字的形體，有時繁縟，有時簡略；有時刻成單綫條，有時畫作圖形，它們可以等效地記錄語言。如下列甲骨文"虎"字作 A，又作 B，這是把復綫變成單綫；再進一步簡化作 C，變成了篆書的體勢。此外，還有一種圖畫式的寫法作 D，這簡直是一幅絕妙的虎形圖，口中的劍齒和腹部下垂的肌肉都

A.   B.   C.   D.

表現得淋灕盡致。這些繁簡不同的"虎"字在記錄語言時它們的功能是一樣的。這說明某些字是可以直接寫成實物圖形的。這一點充分地表現了甲骨文的象形性質。我們在接觸這個字時，不只是看到一個代表"hǔ"（虎字的今音）音的符號，而且還從形體上知道了這個字的含義。這是象形字與非象形的其他類型文字的根本區別。如果忽視這一點，就無法對世界上各種類型文字進行分類。正因爲在甲骨文、金文等古文字中，簡單的形體和實物的圖形在記錄語言時有等效作用，所以甲骨文的一些字在商代金文和西周前期金文中往往鑄成實物的圖形。例如甲骨文"牛"字作Ψ、Ψ，在金文中寫成圖形；甲骨文"刀"字作，金文中又寫成圖形。金文中的"刀"字，和出土的商周青銅刀形象是一樣的。研究文字的學者都把這種現象解釋成在族徽中保存着圖繪文字或文字畫，這樣說法未能揭示出其實質。應該看到，筆畫化的寫法和圖形式的寫法可以等效地記錄語言，所以才有這種共存的現象。

2. 語言中的大量基本詞匯是用這種直觀的象形文字記錄的。基本詞匯是語言的基礎之一，是構成其他詞匯的核心。可以說，一種文字怎樣記錄基本詞匯，這集中地表現了文字的性質。現在把《甲骨文編》中所見的當時基本詞匯（僅錄新版《甲骨文編》的《正編》）摘要於下：

（1）宗教性質的：示、福、祭、祝、卜、宗、褮（燎）；

（2）政事、生產、生活方面的：史、冊、玉、若、芻、蓐、各（佫）、正、逐、尋（得）、多、行、農、龐、爲、及、尹、秉、取、友、攴（啓）、牧、隻（獲）、受、刀、夆（登）、邕、既、即、矢、射、侯、京、乘、舞、采、出、生、見、邑、封、鄉、爼、旅、族、安、賣（寶）、网、伐、俘、疑、衆、望、衣、老、舟、歙（飲）、令、壺、執、立、并、至、門、戈、武、戉、弓、蠱、田、劦（協）、車；

(3) 動物、植物類：牛、鳥、鳴、羊、角、虎、兕、象、馬、鹿、麋、犬、魚、龜、蚰（昆）、蟲；木、禾、黍、米；

(4) 人體方面的：口、齒、止、癶（拱）、又（右）、ナ（左）、廾、目、自、人、企、頁、首、大、矢（仄）、交、耳、女、子；

(5) 自然界：天、莫（暮）、日、昔、旦、明、夕、火、水、灾、泉、雨、雲、虹、土、阜。

這 140 餘字是當時使用的一部分基本詞匯。其中有名詞，也有動詞。經過 3000 餘年，大多數仍然是現代漢語詞匯的"建築材料"。在甲骨文那時的語言條件下，這些字既是一個單字，同時又是一個詞。一種事物的名稱和由此事物產生的行為動作往往用同一個字表示。例如"食"字，既指食物，又表示進食；"火"指火焰，也表示火焚；"尹"是主管政務的官吏，"尹"字也是主管的意思，等等。楊樹達把這種現象稱為"名動相因"。這樣一來，上面列舉的那些基本詞匯，有的就起着一身而二任的作用。我們試分析一下這些基本詞匯，它們都是用事物的形象直接記錄語言的，都是"看圖識字"性的文字，而不是圖形與字義無關的單純表音性文字。當然有些字現在必須經過考釋才能知道它的含意，這是歷史造成的。在當時來說，卻是人人可以明白的社會生活直接寫照。那時，人們看到"祭"字，就會讀出"祭"（今音 jì）音和聯想到祭祀的場面，不會誤解成和 jì 音相同的其他事物，這就是因為"祭"字的形體起着決定性的約束作用。人們在讀到 𤉢（豕）字就覺得這是實際豕的寫照。由此可見，甲骨文的象形性質是非常明顯的。

3. 形聲類型的字是由象形字派生的。在甲骨文中，除上述象形字外，還有兩種類型的文字，一種是形聲字，另一種是假借字。我們知道，形聲字是由形符和聲符兩部分組成，聲符表示字的讀音，形符表示意義或類屬。我們認為這種類型的字，表示含義的形象是起主導作用的。甲骨文中有"祀"、"汜"、"杞"諸字，它們都是以"巳"字為聲旁的。要區分它們的含義，只能根據各自的形旁——示、水、木。可見是形旁決定了字義。又如甲骨文"屯"字作 𐅁、𐅀，"萅"（春）字作 𦱤。"春"字由林、日、屯三個偏旁組成，"屯"是聲旁。"屯"與"春"在古時的讀音相同，從讀音上根本無法把二字分開。只有看到"春"字的形體，才知道這是表示萬木復蘇的春日。組成"春"字的偏旁"林"與"日"，是兩個象形字，它們起着限制字義的作用。從這樣的角度來看，形聲字乃是象形字派生出來的。當然這不意味着表音的聲旁可有可無，沒有表音的部分，形聲字就不復存在，這也是顯而易見的。

這里也附帶説一下假借類型字的問題。假借字是指借一字的形與音而表示另外含義的字。如甲骨文"東"字作◈、◈、◈，像囊橐形，是"橐"本字，借作方位詞東方的"東"，屬於假借字。甲骨文中究竟有多少這類字，還無人統計過。對假借字有人只看到出現的次數，不追究實際字數，這種統計方法是有欠缺的。如甲骨文常見"不雨"、"不其雨"，"不"、"其"二字都屬假借字。"不雨"一語中假借字佔50%，"不其雨"一語中假借字佔66.6%，這不能説明實際字數的比例多大，充其量也只能當作文字的使用頻率。我們認爲，假借類型的字也是記錄語言所不可缺少的，但它不能代表甲骨文的基本性質。

根據上面的論述，我們以爲現在所見的最古老漢字——甲骨文的性質是象形的。隨着社會的發展，文字本身不斷在變化，古漢字的這種象形性質逐漸在弱化，這也是不可否認的。

第二章 古文字研究的經典著作——《說文解字》

第一節 許慎的文字進化觀

一 《說文解字》對古文字研究的重要意義

《說文解字》（簡稱《說文》）是釋讀古文字的橋梁。《說文》的作者是東漢時期的許慎。許慎，字叔重，汝南召陵人（今河南偃城附近）。他的事跡，在《後漢書·儒林傳》中有簡單的記載。許慎大抵生於明帝永平元年（公元58年），卒於桓帝建和元年（公元147年），是當時著名的經學家，有"五經無雙許叔重"的聲譽。《說文》成書可能在和帝永元十二年（公元100年），是安帝建光元年（公元121年）由他的兒子許沖獻到朝廷上去的。

《說文》是一部研究古文字的經典。據許慎後記，全書共收錄文字9353個，附有重文1163個（現在所見的《說文》，字數有出入）。這些字分別編排在540部之內。這部書總結了篆書系統古文字的各類問題，提出了具體的研究理論，以獨創的新體裁撰寫成書。這部書既是古文字學的第一部著作，也是中國文字學的一部開山之作，我們研究古文字一刻也不能離開它。

前面已經說過，漢字由篆體變成隸體，再變爲真體（楷書），已失去原有的形狀。我們看慣了楷書字，要辨認篆體系統的古文字，必須解決一個字體轉換的問題。《說文》可以很好地解決這一問題。《說文》是一部把篆體系統文字編輯起來的字典，是一份古人編撰的字體轉換程序。我們有了《說文》就可以系統地瞭解楷體字與篆體字的對應關係，掌握篆體字的結構原理，進而對古文字進行研究。例如，楷體字的某些相同偏旁，在篆體系統的漢字中是有很大差別的。試看下面的比較：

楷體與所從的偏旁		所對應的篆體與偏旁		
奉	夫	🅧	🅧	（半加𠬞）
泰	夫	🅧	🅧	（夭加𠬞）
秦	夫	🅧	🅧	（中加𠬞）
奏	夫	🅧	🅧	（屮加𠬞）
春	夫	🅧	🅧	（屯加艸）
莫	大	🅧	艸	（草）
樊	大	🅧	🅧	（攀）
奠	大	🅧	丌	（基）
兵	大	🅧	🅧	（拱）
契	大	🅧	大	（大）
奚	大	🅧	大	（"大"的另一種寫法）

由此可見，篆體系統的漢字與楷體漢字不僅是字體的不同，構成文字的零部件本身也有差異。這種差異，有時兩者間是面目全非的。《說文》恰恰就是在篆體與楷體之間架上一座橋梁，使人們能夠全面而系統地看到兩者的差別，縮短今天學習篆體漢字的距離。我們學習古文字，小篆是一個最基本的參考點，《說文》則是古代遺留下來的一部小篆教科書。我們熟悉了《說文》中小篆的形體構造規則，對辨別古文字也就有了基礎知識，在一般情況下就可以利用《說文》對古文字進行檢索。由此可見，《說文》乃是研究古文字必須學習的一部重要著作。

更應當指出的是，《說文》對某些難度較大的疑難古文字，有時更顯出其重要性。《說文》中貯存的資料，有的竟是解讀地下出土古文字的唯一根據。比如：春秋時的《陳公子甗》和《魯原父簠》中有一個奇怪的字作𨖷，在《石鼓文》裏又作𨘪。如果沒有已知的資料可供比較，這個字是不易認識的。我們試查《說文》辵部，其中說："𨘪，高平之野，人所登。從辵、备、录。闕。愚袁切。"（反切是唐人加的注音。）這個字，按照古文字的寫法隸定成楷書是"遵"，按照《說文》當作"遵"，基本上是一致的。我們根據《說文》的解釋知道，這個字就是平原的"原"本字。"原"字本來是源泉的"源"字，作平原字用，這是用字時的假借方法。如果沒有《說文》，我們就無法認出古文字的"遼"字。《說文》"遼"下的"闕",是説缺掉對字形的解釋,這表現了許慎的嚴謹治學態度。又如:甲骨文有一字作▨,或寫成▨。試查《說文》,在小篆▨字下有籀文作▨,這一難字就迎刃而解了。

上面兩個例子是字形方面的。有些古文字的字義也賴《說文》保存下來,如甲骨文有個▨字,或作▨,根據甲骨文"執"字作▨,知道▨就是《說文》的幸字。▨字可隸定作"幸",這個字後世已不見單獨使用,只見於"執"、"圉"等字的偏旁。《說文》幸部:"幸,所以驚人也。讀若籋。"這是説,幸可以使人驚懼。我們從甲骨文的"執"字分析,幸像桎梏之形,是一種刑具,這和《說文》的解釋完全符合。如果没有《說文》,"幸"字的古義就無法參證(注意:"幸"字與幸福的"幸"字不同,"幸"小篆作▨,"幸"小篆作▨,在楷書中把"幸"與"幸"寫成一樣)。再如,金文中有個"戔"字,後世書中也不見單獨使用。《牆盤》:"雩武王既戔殷。"查《說文》:"戔,傷也。"《牆盤》的"戔"字正是殺傷的意思。① 又如隨縣曾侯乙墓出土的漆器上有個▨字,隸定當作"匫"。這個字的字義也保存在《說文》中。《說文》匚部:"匫,古器也。"可以證明出土的那件隨葬器應當叫做"匫"。這對古器物的定名是很重要的。

《說文》中不僅保存了最古的字形、字義,也保存了很多古文字的讀音。這不僅能幫助我們讀出疑難的古文字,而且也是研究古聲韻的重要資料。我們知道,在魏晉以前,對難字的注音方法是"直音"(用同音字或音近的字注音),魏晉之後才有反切的注音方法。在《說文》中,許氏把不易讀出的字都用直音方法注上音,這是很難得的。如,弦部:"鷖,彊戾也。讀若戾。"幸部:"幸,讀若籋。"没有《說文》我們就不易讀出"鷖"、"幸"等字。又如甲骨文有▨字,金文作▨或▨。這個字隸定當作丮、𠃬。查《說文》:"▨,持也。象手有所丮據也。讀若戟。"這個字後世也不使用了,賴《說文》得以保存下來("丮"字在後世的偏旁中與"丸"字相同,藝、熟字的"丸"都是"丮"字在楷書中的訛變)。

通過上引的例子可以看出,《說文》是我們釋讀古文字的鑰匙,是認識古文字的橋梁;没有它,不僅難度大的古文字不能辨認,一般的古文字也不能輕

---

① 按,《牆盤》中的"戔"字,吴振武改釋爲"殺",訓爲"克"。說見《"▨"字的形音義》,載《甲骨文發現一百週年學術研討會論文集》,287~300頁,臺北,文史哲出版社,1999。

易地認出來。從這裏可以看出《説文》對古文字研究的重要價值。

《説文》提出了分析古文字形體的完整理論。在《説文》中，許氏對篆書系統的古文字做了全面的整理研究，把他所見到的篆體文字"分別部居"，都收入自己的著作。許慎繼承了前人對漢字構造的解説，提出了分析漢字形體的完整理論。這種理論，奠定了中國文字學的基礎，可以稱之爲文字學的古典理論或經典理論。這個理論，在中國的傳統文化中稱爲"六書"，它一直支配中國文字研究1800餘年。"六書"把篆體系統的漢字概括成"指事"、"象形"、"形聲"、"會意"、"轉注"、"假借"六種形態，這是從古文字的實際中歸納出來的造字原理。到現在，我們解釋古文字還是使用"六書"去做定性分析與定量分析（所謂定性是指出字的屬性、屬於"六書"中的哪一書；定量是指出字的構成，由哪些偏旁組成）。許慎在《説文》中運用"六書"對文字的形體、文字的含義予以説明，對於不能解説的文字，則採取闕疑的態度。可見，《説文》是一部理論聯繫實際的著作。在這部書中，許氏還第一次提出了"六書"的補充條例。如，分析某些小篆時説，某字是"省聲"，某字是"省"，這揭示了古文字的特殊構造方式。我們可以把許氏的這種説解稱爲"六書"的補充理論。這種補充理論對認識古文字有着指導意義。試翻閱一下20世紀以來有關中國文字學的著述，任何一本書都要引用許氏的"六書"，這足以説明"六書"理論的重要性。在20世紀30年代以後，有的文字學家提出對"六書"的改革意見，提出了"三書"[①]的説法，這是創新之舉，但還未能代替這一傳統理論。

許氏創造了按部首整理漢字的新體例。按部首整理漢字，在《説文》之前是没有的。在《説文》出現之前，辭典、字典的編纂方式有兩種，一是《爾雅》式，一是《三倉》式。《爾雅》的編輯方法是把含義相同的詞彙排列在一處，最後加上概括的解釋。如《爾雅·釋詁》説："林、烝、天、帝、皇、王、后、辟、公、侯，君也。""君也"，是對前列諸字的概括性解釋。《爾雅》一書，大約完成於秦漢之時，是《説文》以前的一部辭典。《爾雅》不研究字形，只限於解釋古漢語中某些常用詞彙的含義。從廣義上説，這也應當算是古代的一部字書。《三倉》是李斯的《倉頡篇》、趙高的《爰歷篇》、胡毋敬的《博學

---

① 唐蘭：《古文字學導論》（增訂本），91頁，濟南，齊魯書社，1981。陳夢家：《殷虛卜辭綜述》，77～79頁，北京，中華書局，1988。裘錫圭：《文字學概要》，106～107頁，北京，商務印書館，1988。

篇》的合稱。《三倉》也統稱爲《倉頡篇》。新中國成立前，甘肅居延所出的漢簡，曾發現有《倉頡篇》殘篇。根據這些實物，我們知道《三倉》的編纂方法大致是四字一句，在雙句下押韵。這種編纂方法只適合誦讀，不便於檢索。《爾雅》與《三倉》的編輯方法，都沒有利用漢字字形的特點，都不是科學的編排方法。許慎的《説文》擺脱了這兩種舊方法，獨闢蹊徑，把古漢字按偏旁部首編排起來，使數量逐漸增多的漢字約束在 540 部之內，"若網在綱"有條不紊，這是一個重大的創造。《説文》第一次提出整理漢字的科學方案，成爲後世編纂字書所遵循的一種體例。公元 6 世紀梁陳間顧野王所著的《玉篇》，就是按照《説文》的部首法編成的。近人的《甲骨文編》、《金文編》、《戰國文字編》、《石刻篆文編》等是研究古文字的字典，也都按照《説文》的次第編排。我們還看到，按部首排列法編成的字典，如《康熙字典》之類，就是由《説文》的體例發展而來的。其不同之處，是後來者又加進了筆畫順序。可以説，按部首編排的字典編纂法的創始人是東漢的許慎。

二　許慎的文字進化觀

許慎是東漢的一位經學大師，在他求學時，經籍的傳授早已分爲今文家與古文家兩派，今文經是秦漢以來儒生與弟子口耳相傳繼承下來的，因爲是用漢代通行的隸書記録成文的，所以叫做今文經。古文經大致有兩個來源，一是西漢時魯恭王拆除孔子舊宅得到的古本，這就是"壁中書"；另一是漢初收集起來的先秦古籍。許慎在《説文·叙》中説："壁中書者，魯恭王壞孔子宅而得《禮記》、《尚書》、《春秋》、《論語》、《孝經》。又北平侯張倉獻《春秋左氏傳》。"這兩類經籍大多是用戰國文字寫成的，這種文字漢時已被淘汰，只有少數人懂得，因此稱之爲古文經。今文經與古文經的研習者，爲了爭奪學術上的地位，互相詆毁，在勢力上此起彼伏。東漢的許慎是推崇古文而輕視今文的學者，他在《説文·叙》中指責當時對古文的非議。他説："世人大共非訾，以爲好奇者也。故詭更正文，鄉壁虚造不可知之書，變亂常行以耀於世，諸生競説字解經誼，稱秦之隸書爲倉頡時書，云父子相傳，何得改易。"許氏所著《説文》，完全是以古文經爲根據的。他説："今叙篆文，合以古籀，博采通人至于小大，信而有證。稽譔其説，將以理群類，解謬誤，曉學者，達神恉。""其稱《易》孟氏，《書》孔氏，《詩》毛氏，《禮》、《周官》、《春秋左氏》、《論語》、《孝經》皆古文也。"從這裏可以看出，許慎是一位以古文經學家的身份傳播文化的學者。許慎對文字進化的看法可以說是繼承和總結了傳統的觀點。其要點如下：

1. 關於文字產生的歷史回顧。許慎說："古者庖犧氏之王天下也，仰則觀象於天，俯則觀法於地，視鳥獸之文與地之宜，近取諸身，遠取諸物，於是始作《易》八卦，以垂憲象。及神農氏，結繩為治而統其事，庶業其繁，飾偽萌生。黃帝之史倉頡，見鳥獸蹏迒之跡，知分理之可相別異也，初造書契，百工以乂，萬品以察。"他認為文字的產生過程是：

庖犧　　神農　　黃帝

八卦──→結繩──→文字

我們認為，這基本上反映了歷史上文化發展的順序，應當予以肯定。這種看法是許慎對戰國以來文字產生觀點的一個總結和概述。最早的八卦應是與結繩類似的記事方法，與殷周出現的八卦有所不同。關於八卦、結繩和倉頡造字的說法，見於如下各書：

《世本》："伏犧畫卦。"

《易·繫辭》："上古結繩而治，後世聖人易之以書契。"

《荀子·解蔽》："好書者眾矣，而倉頡獨傳者，一也。"

《韓非子·五蠹》："倉頡之作書也，自環為私，背私為公。"

《呂氏春秋·君守》："倉頡作書。"

從上引資料看，倉頡的著作權是慢慢固定下來的。《繫辭》相傳是孔子所作，書中只說"聖人"，並未具體說是某一位。到《荀子》則說"好書者眾"，倉頡是其中之一。在戰國末年的韓非書中，倉頡就固定為文字的發明人了。到西漢時，《淮南子》更繪聲繪色地說："昔者倉頡作書，而天雨粟鬼夜哭。"文字雖非倉頡一人所作，許慎的說法也不是他的杜撰，這乃是傳統的文字產生觀。

2. 關於篆書及其流變。《說文·敘》中說："及宣王太史籀著大篆十五篇，與古文或異。至孔子書《六經》，左丘明述《春秋傳》，皆以古文。"可見，許氏以為宣王時刊定過大篆，春秋以後大篆演變為古文，大篆與古文是周代文字的兩個不同發展階段。今天看來，周代文字有兩個不同的階段，但其分界不在西周與春秋之間，而在春秋與戰國之間。"史籀"、"大篆"的名稱，除見於《說文》外，也見於《漢書》。《漢書·藝文志》記有"史籀十五篇"，注釋說：

"周宣王時太史，作大篆十五篇，建武時亡六篇矣。"還説："《史籀篇》者，周時史官教學童書也，與孔氏壁中古文異體。"這説明漢人認爲《史籀篇》是周時的識字課本，這種課本在建武時還大部存留着，是用大篆書體寫成的。其實，篆書這一名稱是漢人後加上去的，周代並無此名稱，文字和文字的書寫都稱作"書"。郭沫若説："篆書之名始於漢代，爲秦以前所未有，究竟因何而名爲篆書呢？我認爲這是對隸書而言的"，"施於徒隸的書謂之隸書，施於官掾的書便謂之篆書。篆者，掾也；掾者，官也。……故所謂篆書，其實就是掾書，就是官書。"[①] 可知周代並無篆書的名稱，這個名字的由來也無可考。我們以爲，篆書的稱謂或許由鐘上的花紋而得名。《周禮·考工記·鳧氏》："鐘帶謂之篆，篆間謂之枚。"可見晚周雖未發現篆書的名稱，但已有"篆"這個字。據鐘的實物知道，鐘帶多由回旋婉轉的紋飾所組成，這種回轉的紋飾與篆書的體勢有相似的特點，因此秦漢間人就用"篆"來命名這一字體。由常理來分析，這種命名的方法也甚屬可能。在漢代，篆書是一個新名詞，它和"古文"一詞包括先秦的字體。我們現在沿用了篆書的名稱，把金文、戰國的民間文字、秦代的小篆都包括在篆書之內，統稱爲篆體系統的文字。同時，也把秦漢所不知的甲骨文包括在裏邊，因爲這是周代文字的前身。

關於先秦文字的分類，《説文·叙》説："秦書有八體：一曰大篆，二曰小篆，三曰刻符，四曰蟲書，五曰摹印，六曰署書，七曰殳書，八曰隸書。"今天看來，這八體大都可以與出土的實物相印證，它們應按如下分類：

  大篆、小篆、隸書——字體。

  刻符、摹印、署書、殳書——以書寫對象、用途命名。

  鳥蟲書——藝術字體。

大篆即考古學所説的青銅器銘文，也稱金文、鐘鼎文。小篆是秦代的法定文字，現在所見秦權、秦量和秦始皇的紀功刻石都屬於這種字體。隸書是兩漢通行的字體，秦代開其先河，許慎在《説文·叙》中有明白的記載。刻符，傳世有秦虎符。郭沫若《兩周金文辭大系》即載有秦新郪用兵的虎符，其字體屬小篆。摹印，施於璽印的文字。"摹"是規劃的意思，因爲刻治璽印須講求布局、格式，故名。摹印的字體以藝術字爲多，筆畫與小篆比較，很不規範。署書，現在還未見實物。段玉裁在《説文解字注》中説："凡一切封檢題字皆曰署；

---

 ① 郭沫若：《古代文字之辯證的發展》，《考古》，1972（3）。

題榜亦曰署，册部：扁者，署也。"可見署書是署名、簽署用的，這不會有特別的字體，只是一種不同的使用程式而已。什麼是殳書？段玉裁的説法也值得重視，他説："言殳以包凡兵器題識，不必專謂殳。"地下出土的古兵器很多帶有銘文，殳書當指戈、矛、戟等兵器的銘刻。秦書八體的事實説明，秦代的文字改革是有限的，對前代遺留下來的專用文字和民間的隸書，不僅未能取消，而且作爲秦書的組成部分被保留下來。許慎接受了秦漢以來對篆書演變的看法，從實際出發，對秦代的文字使用情况作了客觀的論述，這對我們研究古代文字的發展史很有參考價值。根據《説文·叙》的記載，漢代還有"六書"（六種書體）的説法，包括有："一曰古文，孔子壁中書也；二曰奇字，即古文而異者也；三曰篆書，即小篆，秦始皇使下杜人程邈所作也；四曰佐書，即秦隸書；五曰繆篆，所以摹印也；六曰鳥蟲書，所以書幡信也。"（《説文·叙》王莽時的"六書"）字體隨着社會的推移，也發生了某些變化和分歧，許慎把這些都寫下來，使後世對古文字有一個歷史性的瞭解。

3. 文字正統觀。許慎認爲，篆書是文字的正統，篆書的模式不可改變，也就是説這個正統不可改變。許氏説："壁中書者，魯恭王壞孔子宅而得《禮記》、《尚書》、《春秋》、《論語》、《孝經》。又北平侯張倉獻《春秋左氏傳》。郡國亦往往於山川得鼎彝，其銘即前代之古文，皆自相似。雖叵復見遠流，其詳可得略説也。而世人大共非訾，以爲好奇者也。故詭更正文，鄉壁虛造不可知之書，變亂常行以耀於世。諸生競説字解經誼，稱秦之隸書爲倉頡時書，云父子相傳，何得改易。……皆不合孔氏古文，謬於史籀。俗儒啚夫翫其所習，蔽所希聞。不見通學，未嘗睹字例之條。怪舊埶而善野言，以其所知爲秘妙，究洞聖人之微恉。……蓋非其不知而不問。人用己私，是非無正，巧説邪辭使天下學者疑。"由此可見，許氏是尊奉篆書而貶低隸書的。他並未認識到由篆書變爲隸書是文字進步，還企圖用篆書去代替隸書，這是很片面的。當然，許氏這種想法根本無法實現。因爲隸書早已成爲社會上的通行文字，隸書早已取代了篆書的合法地位。現在看來，許慎寫作《説文》雖然是爲復古思想所支配；但是，他卻爲後人留下一份寶貴的文化遺産。應當感謝許慎，没有他這部篆體文字的字典，我們研究起古文字來就不會象現在這樣順利和方便。可以這樣看待許氏的歷史作用：他是當時的文字復古主義者，是古文字的保守派；同時，他又是文字學史上的功臣，爲保存古代文字付出了辛勤勞動。在今天，我們是可以把"文字改革"與"古文字研究"這兩項社會任務分開來對待的；但在許慎所處的時代，他無法認清隸書代替篆書是一次重大的文字改革，而篆書的整理卻是屬於古文字研究方面的工作。

第二節 "六書"解說

在《説文》中，許氏提出了一套完整的古文字構造原理——"六書"。這是他對歷史上文字理論的總結和發展。前面已經説過，古文字的基礎是象形的，所以古人常常根據字形説解字義。如見於《左傳》的有：

醫和曰："於文，皿蟲爲蠱"。

楚子曰："夫文，止戈爲武"。（宣公十二年）

伯宗曰："故文，反正爲乏"。（宣公十五年）

戰國時人韓非子説：

"倉頡之作書也，自環爲私，背私爲公。"（《五蠹》）

這種分析字形的方法，加以歸納和概括，就會形成文字構造的理論。至遲在戰國時文字構造理論基本已經形成。《周禮·保氏》説："保氏掌諫王惡，而養國子以道，乃教之六藝……五曰六書。"可見"六書"的名稱出現得很早。《周禮》中並未指明"六書"的具體內容，到漢代，流傳下來的是大致相同的看法。《周禮·保氏》的《鄭注》説："六書：象形、會意、轉注、處事、假借、諧聲。"班固《漢書·藝文志》説："六書謂象形、象事、象意、象聲、轉注、假借，造字之本也。"許慎在《説文》中，把這種造字理論更表述爲："一曰指事。指事者，視而可識，察而可見，上下是也。二曰象形。象形者，畫成其物，隨體詰詘，日月是也。三曰形聲。形聲者，以事爲名，取譬相成，江河是也。四曰會意。會意者，比類合誼，以見指撝，武信是也。五曰轉注。轉注者，建類一首，同意相受，考老是也。六曰假借。假借者，本無其字，依聲託事，令長是也。"許氏不僅對當時存在的"六書"名稱加以歸納，提出自己的説法；而且他更給"六書"規定了界説，舉出了例字。這就奠定了中國文字學的基礎。許氏系統地整理出一部篆體文字的字典，在書中貫徹了自己的文字學觀點，建立了自己的編纂體例，體現了理論與實踐的統一，這超過了以往任何一位文字學者的成就。在撰寫《説文》的過程中，許氏還提出了一些分析古文字的補充條例，這些原理的提出，對認識古文字的結構有重要作用。比如，許氏提出的"省聲"説，對於瞭解形聲字的讀音是一項很大的理論性闡述。

下面我們把《説文》的"六書"與地下出土古文字結合起來進行逐一的剖析與研究。

一　指　事

許慎給指事字下的定義是："指事者，視而可識，察而可見。"許氏更舉"上、下"二字爲例，作爲分析、研究指事字的參考。郭沫若説："中國文字的起源應當歸納爲指事與象形兩個系統，指事系統應當發生於象形系統之前。"

于省吾認爲指事字可以立爲一類。我們認爲，在古文字中是有指事字的，所謂指事字，應當包括下列兩項：

1. 純屬符號性質的。這種指事字基本上是由早期的符號演變而來的。《説文》："丄，高也。此古文上，指事也。""丅，底也。指事。"甲骨文"上"、"下"作⌒、⌒，青銅器銘文作二、二。甲骨文有時把"上"、"下"二字寫在一起，作✕，我們稱之爲合書或合文。上邊或下邊的短畫，表示物體所處的地位，這是用抽象的方法創造的文字。數字一二三四，《説文》作一二三四，甲骨文作一二三三，青銅器銘文作一二三三，"四"字春秋以後作四，與《説文》相同；而《説文》中的籀文"四"字作亖，則與甲骨文和早期金文相合。這些數字也是指事字。郭沫若説："十位數字中，於文字之結構上可判爲二系，一至三爲一系，五至十又爲一系，是也。"① "數生於手，古文一二三四作一二三三，此手指之象形也。"② 手指的一二三三是象形的，但是由此抽象出的數字一二三三則爲指事。甲骨文"十"、"二十"、"三十"、"四十"作｜、∪、∭、∭，這也屬符號一類的指事字。

2. 在象形字上加指事記號。

《説文》："刃，刀堅也。象刀有刃之形。""刀"字是象形，用符號"·"指示其刃處。"·"只是指事的符號，不是獨立的字，不表示具體意義。因爲《説文》把這類指事字解釋作"象某之形"，所以後世有些學者以爲是象形字。

"牟，牛鳴也。從牛，象其聲气從口出"。

---

① 郭沫若：《卜辭通纂·考釋》，228頁，北京，科學出版社，1983。
② 郭沫若：《甲骨文字研究·釋五十》，《郭沫若全集·考古編》第一卷115頁，北京，科學出版社，1982。

"芈，羊鳴也。從羊，象聲气上出，與牟同意。"這兩個字與"鳴"字的區別是，"鳴"從口從鳥，是兩個獨立的偏旁，屬會意字，而"牟"、"芈"則僅有一個獨立的偏旁。

"寸，十分也，人手卻一寸。動脈謂之寸口。從又從一。""又"即右手的"右"字，象形，"一"是指事符號。

"亦，人之臂亦也。從大，象兩亦之形。"甲骨文作 ，這是"腋"本字。"大"像人形，兩·指示腋處。"臂"亦即"臂腋"。在典籍中根本找不到使用本義的例子，只有《說文》中保存了這字的古義。

"曰，詞也。從口乙聲，亦象口气出也。"甲骨文作 ，《說文》說"象口气出"是對的。一短畫表示气從口出，"一"是指事符號。

"甘，美也，從口含一，一道也。"甲骨文作 ，口中加一短畫，表示口中有物。"甘"字與"含"字古時本爲一字，"一"是指事符號，表口含之物。口含之物甘美，所以古時"甘"、"含"是一字。

"本，木下曰本，從木，一在其下。 ，古文。"戰國文字"本"作 ，用·作指事符號。《說文》以"一"作指事符號。在古文字中·常變爲一橫畫，這是文字的演變的一個通例。

從甲骨文、金文來看，還有少量指事字，有的後世遺失了，還有的被《說文》誤解了。如：

，是金文中的"恖"字，又作 、 。 是"心"字，金文或作 。 字是在心上加·，作指事符號。《說文》："恖，多遽恖恖也。"《段注》："謂孔隙既多而心亂也。故其字入囟部會意，不入心部形聲。假令入心部，則當爲心了悟之解矣。"從金文 字形體看，可以理解爲"孔隙既多"，也可以作"心了悟之解"。如果把 解釋作"多遽恖恖"，那是匆忙的"匆"本字；解釋作"心了悟"，那就成爲聰明的"聰"本字。 字是在心上加指事符號·構成的，這是一個指事字，後來被形聲字"恖"字代替了。

、 ，是金文中的"朱"字，這是"株"本字。這個字的構形是在木字中間加指事符號·，表示木干處。《說文》：" ，赤心木，松柏屬，從木，一在其中。"小篆的構形與金文是一脈相承的，但《說文》的解說是後起的字義。

，金文中"孔"字這樣寫。《說文》：" ，通也，從乙從子。乙，請子之候鳥也。"金文㝃字，小篆訛變爲㝃。許氏據小篆説解字義，當然要產生誤會。㝃字的構形是在子字上加指事符ˇ，表示小兒頭上的囟門。囟門就像窗孔，所以"孔"有孔洞的意思。孔洞的地方則通達，所以《説文》訓"孔"爲"通"。據金文看來，㝃是指事字，孔洞的意思很明顯；《説文》當通講，那不是本義，而是引申義。

上面這三個古文字中的例子説明有的指事字後世遺失了，有的則被《説文》誤解了，這也是我們研究指事字不可不注意的。

由於指事的造字方法較爲抽象，所以有很大的局限性。因此，用指事方法造出的文字並不多。清代的文字學者王筠在《説文釋例》中據《説文》列出相當多的指事字，不少是不可信的。指事字所用的符號是·一ˇ等少量幾個，沒有固定的讀音和準確的含義。如果一個字分離不出指事符號，那它就不是指事字，而是其他類型的字。從上邊這些例子可以看出，在古文字中指事字是存在的。許慎在《説文》中把指事字立爲一類，是符合實際的。

于省吾提出，古文字中還有一種"附劃因聲指事字"。[①] 這種指事字不僅利用象形字的字形，還利用了該字的字音。例如：

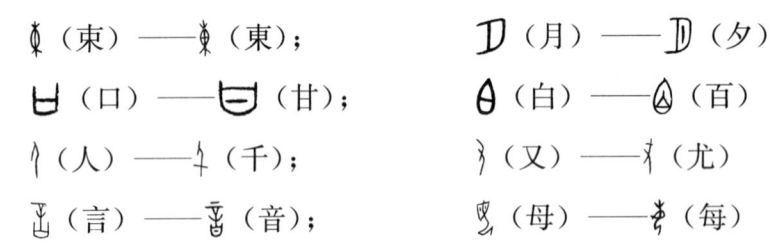

㨔（束）——㨔（東）；　　𝅘𝅥（月）——𝅘𝅥（夕）
𠙴（口）——𠙵（甘）；　　𐎀（白）——𐎀（百）
𠆢（人）——𠂉（千）；　　㣺（又）——㣺（尤）
言（言）——音（音）；　　母（母）——每（每）

這互相對應的二字，後者是由前者加指事符號發展而來。與一般指事字不同的是，後者的讀音與前者也有聯繫，二字或音同或音近，所以取名爲"因聲指事字"。于省吾提出的新觀點，對研究文字的發展與演化有着理論意義，是對傳統"六書"的補充。

"六書"的出現，本來是戰國秦漢人根據篆書系統文字歸納出來的，它並未能涉及古漢字的所有問題。特別是，他們還未能看到我們今天所能見到的甲骨文，所以他們説解文字很多是不知其源。于省吾是從甲骨文、古金文出發，結合《説文》，進一步考察文字的構造，才提出這樣一種新看法，這是合乎認識發展規律的。

---

① 于省吾：《甲骨文字釋林》，445頁，北京，中華書局，1979。

二　象　形

許慎給象形字下的定義是："象形者，畫成其物，隨體詰詘，日月是也。""詰詘"也寫作"佶屈"，是曲折之意。象形的特點是其直觀性，象形字應當是一望即知爲某物。但是，由於文字演變，很多象形字在小篆中早已失掉本來面目。即使變化不大的象形字，由於社會生活的變遷，也不易爲後人瞭解。象形字是把實物綫條化、筆畫化，最初的寫法不甚嚴格，只着眼於表現實物的特徵。《説文》講的"隨體詰詘"就是這個意思。到小篆裏，字形完全固定下來，字形固然是規範化了，但是許多字也同時變得不象形了。下面結合古文字，把《説文》中的象形字摘録出一些來：

楷書	小篆	甲骨文	楷書	小篆	甲骨文
牛			井		
口			皀		
行			郭（墉）		
侖			京		
册			木		
孔			貝		
臣			豆		
卜			禾		
目			宀		
自			人		
隹			丘		
羌			允		
刀			首		
其			豕		
工			兕		
于			象		
壴			酉		

上面舉的是部分象形字。小篆中這些字基本上與甲骨文、金文相近，許氏的說解也很可取，然而還有很多象形字，許氏已經不很清楚，做了錯誤解釋。這是不可避免的。因爲他所見的資料主要是戰國時流傳下來的，文字形體有了很多訛變，用這樣訛變的資料追溯造字之源，自然是靠不住的。另外，戰國以來的陰陽五行學說流傳在社會上，漢代的讖緯思想滲透到學術界，給原始的文字學蒙上許多神秘色彩。許氏當然擺脫不了這種時代影響。現在我們不來批評《說文》中的緯書說，重點分析一些不合甲骨文、金文的例子。

"小，物之微也。從八，｜見而分之。"甲骨文"小"字作小或小，作小者後世變爲"小"字，作小者後世變爲"少"字，原來本是一字。這個字像沙形，是原始的"沙"字。因爲沙粒微小，所以這個字就兼有"小"義。

"止，下基也。象草木出有址，故以止爲足。"甲骨文"止"作止、止，像人足趾形，是"趾"本字。《說文》止部："止，蹈也。從反止，讀若撻。"甲骨文中，"止"字反寫與正寫沒有區別，許氏所說是秦漢以後的分化。

"屰，不順也。從干下屮，逆之也。"金文作屰，像倒人，順逆的意思非常清楚，是古"逆"字。

"丰，艸蔡也。象草生之散亂也，讀若介。〔古拜切〕"丰是契刻的"契"本字。《說文》："栔，巧栔也。從刀丰聲。""契，刻也。從栔從木。"都是以丰爲聲符的後起形聲字。

"易，蜥蜴，蝘蜓，守宮也。象形。秘書說：'日月爲易'。"甲骨文作易，很難分析。周初青銅器德簋銘文"易"作易。這個字像器滿外溢之形，據此才知道"易"字的本義。

"白，西方色也。陰用事物色白，從入合二，二陰數。"甲骨文、金文作白。這個字是獨體象形，不能如許氏那樣拆開分析。"白"字本像人面形。在甲骨文、金文中，侯伯的"伯"字寫作"白"，這是引申義。作白色的"白"字用，這是屬於"六書"中的假借。

"卩，瑞信也。……象相合之形。"甲骨文作卩，這個字像人跪跽形，是"跽"本字。因爲"跽"、"節"音近，許氏誤把這個字當成"節"本字。

"不，飛鳥上翔，不下來也。從一，一猶天也。象形。"甲骨文不字作🙰、🙰，像植物的根形，是"柎"本字。許氏的說解是根據小篆來分析的，這是很不對的。

"申，神也。七月陰气成體，自申束，從臼，自持也。……𦥔，籀文申。"甲骨文作🙰、🙰，這是電本字，像雷電閃耀屈伸的形狀。作干支用是假借。

上面舉出一些《説文》對象形字的錯誤解釋，作我們分析象形字的參考。由此可見，從商代的甲骨文發展到秦代的小篆，有許多象形字已經失掉了原來面目，給文字形體的研究帶來許多迷惑和誤解。

另外，值得提出的是，于省吾在研究了古文字中的象形字之後，對象形字的構成提出了一種新的分析方法。他指出，古文字中"有部分表音的獨體象形字。"① 于省吾舉出下面的例子：

一、《説文》羌作羗，並謂："羌，西戎牧羊人也，從人羊，羊亦聲。"按《説文》據已訛的小篆，誤分羌字爲人與羊兩個偏旁。甲骨文前期羌字均作🙰，乃獨體象形字，本象人戴羊角形，並非從羊。……羌爲獨體象形字，上部作⍝形，既象人戴羊角形，同時也表示着以羊省聲爲音讀。

二、甲骨文秾字作🙰，研契諸家均誤釋爲往來之來。實則，秾字上部作禾省，下部爲來省聲，後世代以從禾來聲的秾字而秾字遂廢。……秾本爲獨體象形字，但其下部作來字的省體，也表示了秾字的音讀，然而不得謂爲從禾來省聲的形聲字。

三、甲骨文眉字有的作🙰形，象目上有眉形。又眉字也作🙰或🙰形，隸定作㕣。㕣字上部作品，象人的眉形，這和見之上部作◯，象横目以視，𥄎之上部作𠃊，象舉目以視，頗有相似之處。見𥄎㕣三字都是獨體象形字，但是，見和𥄎的上部只是象目之横與豎，而㕣字的上部作品，不僅象眉形，同時也表示着㕣字的音讀。

他説：

具有部分表音的獨體象形字，是界乎象形和形聲兩者之間，可稱作"獨體形聲"，這類文字可能將來仍有發現。由此看來，本文對於六書的範

---

① 于省吾：《甲骨文字釋林·釋具有部分表音的獨體象形字》，北京，中華書局，1979。

疇，已經初次作出突破。

從上面這三個例子可以看出，于省吾對象形字的分析是很深入細密的。我們知道，不是先有"六書"而後據"六書"再去製造文字；而是先有文字，再歸納概括出"六書"的理論來。因此，文字結構模式是錯綜複雜的。

三　形　聲

許慎給形聲字下的定義是："形聲者，以事爲名，取譬相成，江河是也。"形聲字就是一個字由形旁與聲旁兩部分組成。形旁也稱形符，聲旁又稱聲符。"江"、"河"二字的水旁就是形旁，"工"與"可"就是聲旁。《說文》中的形聲字約佔十分之八。這種造字方法彌補了指事、象形造字法的局限性，與假借方法共同構成古漢字的兩條長臂，不僅可以伸向語言的各個角落，而且有比較靈活的應變能力。一直到今天，漢字還保持旺盛的生命力，就是依靠這種巧妙的功能。比如，爲適應近代化學的需要，就造出了"氧"、"氫"、"氦"、"氖"等形聲字；爲適應現代物理學的需要，就造出了"气"、"氘"、"氚"等形聲字，可見形聲造字法應變能力之強。形聲造字法帶來的公害是，使漢字字數急劇增多，異體字也隨時隨地都在產生，字數急劇膨脹，這使得漢字的學習難度加大。形聲字的弊病，在漢賦中已經表現得很突出了，如司馬相如的《子虛賦》形容水聲、水勢的形聲字有：洶湧、滂濞、潭浮、潝汨，漏測、泌瀄、澈冽、澎濞、沆瀁、滯沛、瀺灂、濿淈、淯溱、汩㴖、灝溘、滉瀁等等，這些字不僅大多數不見於先秦文字，而且很多字後代也都不再使用。我們在看到形聲造字法優勢的同時，也要看到這種開放式方法的缺陷。

唐代的賈公彥在《周禮疏》中把形聲字分爲六種程式，即一、左形右聲，江河；二、右形左聲，鳩鴿；三、上形下聲，草藻；四、上聲下形，婆娑；五、外形內聲，圃國；六、外聲內形，闆闈（唐蘭說應改爲聞問）。

這是根據字形已經較爲規範的楷書來立論的，古文字則大不相同。在古文字中，如"訟"字，金文作㕣或作訟，"諆"字作䛄或諆；再如"械"字作戒或械，"篆"字作篆或篆，形旁與聲旁位置都不是固定的。可見用楷書的特點來分析古文字是行不通的。前面已經說過，《說文》是認識古文字的橋梁，我們研究古文字，要以《說文》爲基點。《說文》中的形聲字較易分辨，許氏在列出字形後都指明某形某聲：

"禧，禮吉也。從示，喜聲。"段玉裁注："行禮獲吉也。"

"祿，福也。從示，彔聲。"段玉裁注："《詩》言福祿多不別。"

"祥，福也。從示，羊聲。"

"福，祐也。從示，畐聲。"

上列的形聲字，"礻（示）"爲形符，喜、彔、羊、畐爲聲符。在一般情況下，這類字是很好認定的。

由於形聲字不是一時一地所造，所以出現同字異形的現象，現在叫異體字。如《說文》口部：

"嘯，吹聲也。從口，肅聲。歗，籀文嘯從欠。"

"哲，知也。從口，折聲。悊，哲或從心。"

"咳，小兒笑也。從口，亥聲。㜽，古文咳從子。"

"唾，口液也。從口，垂聲。涶，唾或從水。"

"吟，呻也。從口，今聲。䪩，吟或從音；訡，或從言。"

上面的異形字，是形符不同。聲符不同或形符和聲符兩者皆不相同的異形字，如：

"吻，口邊也。從口，勿聲。䫇，吻或從肉昏。"

"萉，枲實也。從艸，肥聲。𧀻，萉或從麻賁。"

"蘐，令人忘憂草也。從艸，憲聲．萲，或從煖，藼，或從宣。"

後者是聲符不同，前二者是聲符、形符都不相同。像這樣形符或聲符不同的異形字，都可找出一定的對應關係，或形旁有意義上的連屬，或聲旁有語音上的通轉。

小篆中這種現象，對我們研究古文字有借鑒作用，如甲骨文"春"字作 𣇷 或作 𣆶，從日、木，屯聲，或從日、從艸，屯聲，與《說文》"蔦"或作"樢"，形符的變化方式相同。金文"瑚"作 𤪒 或 𤩊，也是屬於形符變化一類的異形字。在考釋古文字時，把形符或聲符做某種變換，常常可以在《說文》等字書中查出該字，因此我們要充分把握這種形符或聲符的變換現象。

在形聲字中，還有兩個偏旁都起聲符作用者，這也算形聲字的一種結構模式。如："師，二千五百人爲師，從帀從𠂤，𠂤四帀，眾意也。"《說文》的解釋很牽強。在甲骨文中"𠂤"就作師旅的"師"字用；西周金文中太師的"師"作"師"，師旅的"師"作"𠂤"，戰國文字"師"則寫成"帀"。"帀"字漢代讀"匝"，戰國時既然當"師"字用，必然可讀"師"音。由此可見，"師"字的兩個偏旁同音。又如："𠫫，墜也。從韋，次、朿皆聲。"（𠫫字或作𤎮、䃣、齍。墜通𡐦。《說文》："𡐦，齍也。"）據《說文》"次"、"朿"皆爲聲符，爲二聲一形。

還有一種形聲字是在象形字上加聲符，或加形符，這種形聲字的出現當然要比原象形字爲晚。如：

"星，萬物之精，上爲列星，從晶生聲。一曰象形，從口，古口復注中，故與日同。🌟，古文星；曐，曟或省。"甲骨文"星"作🌟、🌟，又作🌟、🌟，後者是在前者上面加一聲符"生"，已出現了象形字上加聲符的現象。《說文》"晶"字即"星"本字，甲骨文中"晶"、"星"是一字，後世分化爲兩個字。

"齒，口齗骨也。象口齒之形，止聲。🦷，古文齒字。"甲骨文作🦷、🦷，象口中有齒形。戰國文字作🦷，是在象形字上加"之"爲聲符。上面兩個例子是象形字上加聲符的。在象形字上加形符者，如：

"雲，山川气也。從雨，云象雲回轉形。云，古文省雨。ʔ，亦古文雲。"甲骨文"云"作🌫、🌫，像雲回轉形，與《說文》古文"云"相同。加"雨"爲"雲"，是增加一形符。

"電，陰陽激耀也。從雨，從申。"按，甲骨文"申"作⚡，是"電"本字。加"雨"爲"電"，與"雲"字構造方式相同。這種形聲字，原始象形字爲本字，加聲符形符者爲後起形聲字。

在分析形聲字時，有一類省聲的形聲字最易使初學者誤解。如：

"徽，衺幅也。一曰三糾繩也。從糸，微省聲。""省聲"就是說聲符有部分省略或省減。"徽"字的聲符是"微"字，而組成"徽"字時，"微"字的中間省去下體，以形符糸字安置在中間。如果不瞭解省聲這一原理，我們將無法找到這類形聲字的聲符。下面再舉些例子：

"融，炊气上出也。從鬲，蟲省聲。𩰫，籀文融不省。"按，現在簡化字"虫"讀 chóng（"虫"古讀 huǐ）。"蟲"讀 chóng。"融"字的聲符是"蟲"，非"虫"。

"麇，麞也。從鹿，囷省聲。麕，籀文不省。""麇"字的聲符是"囷"，"囷"省作"禾"，並非禾苗之"禾"作聲符。

"疫，民皆疾也。從疒，役省聲。"同理，"疫"字的聲符是"役"省略做聲符，並非殳矛之"殳"做聲符。

"犖，駁牛也。從牛，勞省聲。"如果把"犖"與營、榮、螢各字比較，很容易產生誤解以爲它們的"𤇾"旁相同，讀音相似。其實"犖"與"勞"同音，與"𤇾"無關。如果不知道"犖"是"勞"省聲，便無法解釋"犖"字的讀音。

在認識《說文》中的省聲字時，要注意其中不正確的說解。一種不正確的解釋是把非省聲字當成省聲。如：

"赴，趨也。從走，仆省聲。"按，"仆"從"卜"聲。卜，芳遇切；仆，芳遇切，本是同音。赴，當從"卜"聲，不當說是仆省聲。

"𠖒，反頂受水丘。從丘，泥省聲。"按，"泥"從水、尼聲，奴低切。"𠖒"字也是奴低切。泥、尼、𠖒音讀相同。因此，可以說"𠖒"從"尼"聲。像上面這樣的例子，許氏認爲是省聲字那是不合理的。《說文》中對省聲字的另一種不正確解釋是對字形的割裂。如：

"叚，椎物也。從殳，耑省聲。"青銅器銘文"叚"作𣪠，像以工具鑿取礦石，是"鍛"本字。這個字用"六書"來分析屬會意，不屬形聲。許氏因爲不知"叚"字的最早形體，根據小篆做了錯誤論斷。他說"耑省聲"，是想要解釋"叚"字爲什麽讀 duàn，恰恰是在這一點上做出曲解。

"商，從外知內也。從㕯，章省聲。"甲骨文"商"作𠾑、𠾑。許氏割裂了字形，說法不可據。

上面這幾個例子是《說文》所載"省聲"錯誤的又一種型，我們閱讀《說文》時應當注意。

在形聲字中，《說文》還有一種"亦聲"的說解。通常是說"從某，某亦聲"。如："禮，履也。所以事神致福也。從示從豊，豊亦聲。"這類形聲字，研究《說文》的學者叫做"會意兼形聲"。他們說，做聲符的偏旁同時有表意的功能。"禮"字從"豊"得聲。《說文》說："豊，行禮之器也。從豆，象形。"禮、豊二字不僅讀音相同，"豊"還表示了"禮"的字義。像這類的形聲字，《說文》中很多，如：

"詔，告也。從言、從召，召亦聲。"（《說文》："召，評也。"）

"愷，康也。從心、豈，豈亦聲。"（《說文》："豈，還師振旅樂也。一曰欲也，登也。"）

"誼，人所宜也。從言、從宜，宜亦聲。"等等，不多舉。

形聲字中這種聲符中兼義的字，也是形聲字的一種模式。後人推闡了這種現象，演繹成"右文說"。據《夢溪筆談》載，宋朝王子韶（字聖美）提倡右文說，主張聲符中有義，認爲"戔，小也。水之小者曰淺，金之小者曰錢，歹之小者曰殘，貝之小者曰賤，皆以戔字爲義。"從語言學觀點看，這種見解有一定的道理。

最後有必要指出，我們分析形聲字的聲符時，要以古音爲準，不能以現代的讀音爲準。因爲我國歷史悠久，幅員遼闊，這造成了古今字音差異很大。所謂古音還有中古與上古的不同，研究先秦的古文字，當然不能以唐宋的字音爲準。這里舉例來說明一下這種差異：

例字	漢語拼音	唐宋反切
台	tái	與之切
菭（今作苔）	tái	徒哀切
枲	xǐ	胥里切（從木台聲）
治	zhì	直之切
怠	dài	徒亥切
紿	dài	徒亥切
詒	yí	與之切
貽	yí	與之切
始	shǐ	詩止切

上面這些字，據形聲方法來分析，都是從"台"聲的。但是今音與唐宋時的讀音呈現出差異。而先秦古音，應認爲它們的讀音是相近似的。怎樣證明？這是可以根據古籍中一些資料來推論。《詩·豳風》說："殆及公子同歸。"《毛傳》："殆，始也。"這說明先秦時"殆"、"始"是同音的。《穀梁傳》僖公元年："惡公子之紿。"何注："欺紿也。"《說文》："詒，相欺詒也。"這說明"紿"、"詒"是同音的。聯繫起來看，這些字在先秦時的讀音應當說基本上是相近的。可見研究古文字也必須懂得一些古音。

四 會 意

許慎給會意字下的定義是："會意者，比類合誼，以見指撝，武信是也。"

合誼即合義，指撝意思是指向。這是說把兩個偏旁合起來，以見所指之意。《説文》中的會意字都標明從某某，形聲字則標明從某、某聲。根據這個通例可以說，一個合體字，如果偏旁中没有聲符，就是會意字；反之，偏旁中有聲符，即爲形聲字。在古文字中，會意字都是由兩個象形字構成的。甲骨文中的會意字是古文字中的典型，最能説明早期會意字的象形性質。因爲文字不斷發展，抽象會意字也相應地出現。首先我們來分析一下武、信二字。《説文》給會意字下的定義無疑是合適的，但是這兩個例子却不符合古文字的實際。先看"武"字。《説文》："武，楚莊王曰，夫武，定功戢兵，故止戈爲武。"《左傳》的原文是："夫文，止戈爲武，定功戢兵"（宣公十二年）。"文"是文字，把止、戈二個偏旁結合在一起表示"武"義。《説文》就是根據《左傳》的説法，用"定功戢兵"來解釋武力的"武"。然而，古文字中從止的會意字，止字都表示行動，而没有制止、停止之意，試看下面這些例子：

正，甲骨文作 ᙆ、ᙆ，金文作 ᙆ，變作 ᙆ，是征行的"征"本字。口表示城邑，邑字作 ᙆ。"正"字從止從口，取意向城邑前進。

出，甲骨文作 ᙆ、ᙆ，金文作 ᙆ，變作 ᙆ。像脚（止）從洞口或門口走出形。止表示向前方行進。

之，甲骨文作 ᙆ，金文作 ᙆ。"之"字在古籍中訓往，像足（止）由起點（一）向前。

步，甲骨文作 ᙆ、ᙆ，金文作 ᙆ，像雙足（止）承遞前進。

各，甲骨文作 ᙆ、ᙆ，金文略同。這是"各"本字，古籍中也寫作"格"，格訓至。像足有所至。

走，金文作 ᙆ、ᙆ，像人奔跑形。

逐，甲骨文作 ᙆ、ᙆ，像足逐豕形。

韋，甲骨文作 ᙆ。韋、衛、圍在古文字中是一個字，因此"韋"也作 ᙆ、ᙆ。這個字既是防衛的"衛"，又是包圍的"圍"。

武，甲骨文作 ᙆ，金文作 ᙆ。根據上面對從止會意字的分析，武所從的止字一定是前進、行進的意思。由此看來，"武"字是武力行動的意思。《説文》對這個字的解釋雖然不確，但説這是一個會意字還是對的。

再説"信"字。《説文》："信，誠也。從人、從言，會意。ᙆ，古文，從言省。"戰國古文字資料中"信"字作▦（中山王方壺），從言、身；▦（古璽），從口、千①，更早的"信"字還未有實例。這足以説明《説文》的"信"字出現較晚。由此可見，"武"與"信"是產生於不同時代的兩個字，"武"字的會意是具體的，"信"字的會意已經變得抽象了。因爲"武"是直接地表示征伐，而"信"是屈折地表示觀念、思想。從這兩個字的分析中，可以體會到如何去理解會意字。隨着文字的進化，較爲抽象的會意字後世還時有創造，如："不正"組成"歪"，"不好"組成"孬"，"四方木"爲"楞"，等等。下面試把《説文》中的會意字和地下出土古文字結合起來做一些分析：

"辠，犯法也。從辛從自。言辠人蹙鼻苦辛之憂。秦以辠似皇字，改爲罪。""辠"字見於《詛楚文》。據郭沫若考證，《詛楚文》是秦惠文王時刻石，爲公元前326年遺物。可見先秦時罪犯的"罪"字是寫成"辠"的。

"杲，明也。從日在木上。"日昇起在地平綫是"旦"，再高出木梢是"杲"。

"杳，冥也。從日在木下。"日降木下是"杳"，没於艸中是"莫"（暮）。

"臭，禽走，臭而知其跡者犬也。從犬從自。""臭"是古"嗅"字。

"旦，明也。從日見一上，一，地也。"甲骨文作▦、▦，金文作▦、▦。像太陽將離地面。

"▦，禮器也。從廾持肉在豆上，讀若鐙同。"金文作▦，像豆中盛米、雙手進奉的形狀。從肉與從米都表示奉獻之物。

"鼓，郭也。春分之音，萬物郭皮甲而出，故謂之鼓。從壴，支像其手擊之也。"甲骨文作▦、▦，金文作▦，與《説文》相合。

"寒，凍也。從人在宀下，以艸薦覆之，下有仌（冰）。"金文作▦。"寒"字楷書看不出會意。

"臽，小阱也。從人在臼上。"金文作▦。上爲人形，下像陷阱，是古"陷"字。

"耑，物初生之題也。上象生形，下象其根也。"甲骨文作▦、▦，金文"耑"字偏旁作▦。"耑"即端倪的"端"本字。

---

① 一説此"信"字是從人、口，與《説文》的古文構造相同。

"矦，春饗所射矦也。從人從厂，象張布矢在其下，，古文侯。"甲骨文作，金文作，像張布射矢。

上引鼓、耑、矦幾個會意字，許氏不僅解釋説從某某，還説像某之形，可見會意字是一種複合式象形字。

"友，同志爲友。從二又，相交友也。"金文作、，有反正兩種寫法，像兩手相助。

"尹，治也，從又丿，握事者也。"甲骨文作，像手持筆，因此"尹"有主事之意。

"秉，禾束也。從又持禾。"金文作。

"及，逮也。從又從人。"甲骨文作，金文作，與《説文》相合，像用手把人抓住，相及之意很明顯。

"埶，種也。從坴，丮持亟種之。"甲骨文作，金文作或，像操持園蓻和樹蓻之形。

"兵，械也。從廾持斤，并力之貌。"甲骨文作，像雙手持斧斤形。

"閒，隟也。從門從月。"金文作，像月亮由門隙透入閒（今作間），是間隙之意。

"具，共置也。從廾從貝省。古以貝爲貨。"金文作，從從貝，像雙手進奉貨貝。

"折，斷也。從斤斷草。，篆文折從手。"甲骨文作、，像斧斤砍斷草木。《説文》篆文已訛誤爲從斤從手。

"祭，祭祀也。從示，以手持肉。"甲骨文作、，許氏的解説非常確切。

"奠，酒器也。從酋，廾以奉之。"金文作、，"酋"是"酉"字加飾筆，像酒尊形。

"巜，害也。從一雍川。《春秋傳》曰：川雍爲澤，凶。"甲骨文作、，又作，像河流雍塞爲災。字的構形，也可以説是從屮（才）聲。注意：不可與州（）字混淆，字中間的部分，表示水中可居住之處。

"光，明也。從火在人上，光明意也。"甲骨文作，金文作、，與《説文》相合。

上面這些會意字，是解釋得正確與基本正確者。《説文》中解釋錯的也很多，我們學習與引用時一定要注意辨別。舉例如下：

"辱，恥也。從寸在辰下。失耕時於封疆上戮之也。辰者農之時也。故房星爲辰，田候也。"按，"辱"是"耨"本字，像手持蚌器。"辰"是"蜃"本字，甲骨文"蓐"字作 可證。

"昔，乾肉也。從殘肉，日以晞之，與俎同意。，籀文從肉。"許氏把"昔"字看成"腊"字初文，不可據。甲骨文"昔"作 、 ，指洪水氾濫之日，因此可以會出往昔、昔日之意。

"乘，覆也。從入桀，桀，黠也。軍法曰乘。"甲骨文作 、 ，像人登於高枝上，乘上的意思至爲明顯。

"食，亼米也。從皀、亼聲。或説亼，皀也。"甲骨文作 、 ，像簋屬食器而有蓋。

此外，在甲骨文、金文中有些會意字是很清楚的，然而根據訛變的小篆來解答，根本不知其爲會意。如：

"奔，走也。從夭，賁省聲。"金文作 ，訛變作 ，石鼓文作 ，又作 。從夭從三止，像人奔跑超塵。

"爲，母猴也。其爲禽好爪。"甲骨文作 、 ，像用手牽象形，因此"爲"有作爲之意。在《説文》中象這樣的字例很多，我們利用《説文》時一定要結合古文字資料進行對比研究，這樣才能避免以訛傳訛。

五　轉　注

許慎給轉注下的定義是："轉注者，建類一首，同意相授，考老是也。"歷代的《説文》學者對轉注做了許多不同的解釋。清人王筠在《説文釋例》中説："象形、指事、會意、形聲，四者爲經，造字之本也。轉注、假借爲緯，用字之法也。"這種主張以爲"六書"可分爲"四體"、"二用"，轉注乃是一種用字之法，非造字之法。姜亮夫主張轉注是造字之法。他説："轉注字是合二三個形而得一個新字，其二三形中，以一形爲主，既用其義（與語族共通義），尤重其音，然後以差别義類之偏旁注入而得新的分别專字，是語言結合中的語義差别之運用。"① 姜亮夫又把自己的話簡化爲："以一形爲主，既用其義，又用其音，而别加偏旁者爲轉注。粗枝大葉的也可以説轉注實即形聲之聲中有義者。"他接着舉出《説文》示部中四十三字爲例，説這都是轉注字。如"禧"字，它的偏旁喜字，不僅表音，同時也兼表義。很顯然，這是把"右文説"的原理推廣，認爲帶有這種性質的字都是轉注字。于省吾説："六書中的轉注是屬於義訓的範疇，但自來各家説法分歧，有形轉、音轉、義轉之别，今不備述。《説文·叙》稱：'轉注者，建類一首，同意相授，考老是也。'（以古文字驗之，考、老初本同名，"老"爲"考"的分化字，許氏知其流而不知其源。）依照許氏所説，是以同一偏旁而音通義同者爲準。清戴震《答江慎修論小學書》以文字的互訓爲轉注。我認爲轉注的定義，許氏説的是狹義的，戴氏所説是廣義的。清代學者之論六書，以象形、指事、會意、形聲爲四體，以轉注、假借爲二用。凡文字之音近或音同者均可互借，凡文字之義同者均可互注，必如是才能够充分發揮'二用'的效能。因此可知，戴氏以文字的互訓爲轉注是正確的。"② 于省吾在這裏指出，許氏所説是狹義的轉注，是以同一偏旁而音通義同者爲準。這樣的轉注字如：

　　火，燬也。〔呼果切〕

　　燬，火也。從火，毁聲。〔許委切〕

　　焜，火也。從火，尾聲。〔切委切〕

這三個字同屬火部，"燬"、"焜"同音同義，與"火"字音近義同。燬與火、焜與火都可以説是狹義的轉注字，"燬"與"焜"應當是異體字。至於所謂互注即轉注，這樣的字是非常多的。如：

　　纏，繞也。　　繞，纏也。

　　欸，歔也。　　歔，欸也。

　　擠，排也。　　排，擠也。

這種廣義的轉注只有一個條件，即可以互訓，互訓就是雙方的位置能相互變換。在古書的訓釋中，有時二字是不能互换的。如《爾雅·釋詁》説："初、哉、首、基、肇、祖、元、胎、俶、落、權輿，始也。"這些字，有的是可以

---

① 姜亮夫：《古文字學》，130～140頁，杭州，浙江人民出版社，1984。
② 于省吾：《從古文字學方面來評判清代文字、聲韵、訓詁之學的得失》，《歷史研究》，1962（6）。

互訓的，有的則不能互訓。如"祖"與"胎"、"首"與"落"就不能互訓。"始"前諸字，據《爾雅》都可訓"始"，這是被解釋字。而"始"字卻不能反過來被所有的字訓釋。這是因爲，古代的語言中單音詞佔絕大多數，古文字中一個字就是一個詞。一個字所表示的語言概念，範圍有大有小，有的大概念可以包括小概念，而小概念則無法表示大概念的容量。"始"字應當説就是一個大概念，它表示一切事物的發生與起點，而另外的字大多表示某種小範圍事物的開始，"始"與其他各字並不是都可以互訓的。如果把《爾雅·釋詁》的訓釋字與被訓釋字這雙方叫轉注字，那是不妥當的。至於把轉注説成是造字法，這也有含混的地方。因爲，説轉注能造出新字的理論，在分析字形時，還得用前"四書"（指事、象形、形聲、會意）來解釋；離開這四書，對字形就無法説明。可見這個説法也有欠妥之處。我們認爲，要解釋什麽是轉注字，可以把于省吾的主張作爲基點，用比較對照的方法去作説明。

六　假　借

許慎對假借的定義是："假借者，本無其字，依聲託事，令長是也。"清代《説文》大家段玉裁對假借的解釋很得《説文》的要領，他説：

> 託者，寄也。謂依傍同聲而寄於此。則凡事物之無字者，皆得有所寄而有字。如漢人謂縣令曰令長。縣萬户以上爲令，減萬户爲長。令之本義發號也，長之本義久遠也。縣令、縣長本無字，而由發號、久遠之義引申展轉而爲之，是謂假借。許獨舉令長二字者，以今通古，謂如今漢之縣令、縣長字即是也。原夫假借放於古文本無其字之時。許書有言以爲者，有言古文以爲者，皆可薈萃舉之。以者，用也。能左右之曰以。凡言以爲者，用彼爲此也。如"來，周所受瑞麥來麰也。"而以爲行來之來。"烏，孝鳥也。"而以爲烏呼字。"朋，古文鳳，神鳥也。"而以爲朋黨字。……"西，鳥在巢上也。"而以爲東西之西。……是"本無其字，依聲託事"之明證。本無來往字，取來麥字爲之。及其久也，乃謂來爲來往正字，而不知其本訓。此許説假借之明文也。其云古文以爲者，灑下云："古文以爲灑埽字。"疋下云："古文以爲《詩·大雅》字。"丂下云："古文以爲巧字"。……哥下云："古文以爲歌字。"……此亦皆所謂"依聲託事"也。而與來、烏、朋、……西六字不同者，本有字而代之，與本無字有異。然

或假借在先，製字在後，則假借之時本無其字。①

段氏這些解釋，除了遵照《說文》把"令""長"二字講錯之外，其餘都是可取的（令、長二字作縣令、縣長之用，是字義的引申，並非假借）。段氏把假借分成兩種情況：一是"本無其字，依聲託事"者；另一是"依聲託事"者。我們可以淺近一點說，所謂"依聲託事"的假借，就是在古書注釋中説的通假、通借或古字通，是古人寫別字（白字）。現在使用漢字是不能寫別字的，而古人寫別字則是合乎習俗的。清人王念孫在《經義述聞》序中説："訓詁之旨存乎聲音，字之聲同聲近者經傳往往假借。學者以聲求義，破其假借字而讀以本字，則渙然冰釋。如其假借之字而強為之解，則詰籟為病矣。"王氏所説，是指古人寫別字，是"依聲託事"的用字方法。這種假借，在古書中俯拾皆是。這裏我們引于省吾的《楚辭新證》中的一條為例："《大招》：'醢豚苦狗。'王注：'醢，肉醬也。苦，以膽和醬也。世所謂膽和者也。'王夫之説：'苦，苦酒，亦酢也。'……苦與枯古通用。《莊子·人間世》：'此以其能苦其生者也。'《釋文》謂：'苦，崔本作枯。'枯典籍也借作辜或殆。《周禮·掌戮》：'殺王之親者辜也。'鄭注：'辜之言枯也。'《荀子·正論》的'斬斷枯磔'，枯磔即辜磔。……《説文》：'磔，辜也。'段注：凡言磔者，開也，張也，刳其胸腹而張之，令其干枯不收。基於上述，'苦狗'之苦也通作枯、辜、殆，由於聲符相同故通用。苦狗就是枯肉、乾肉，典籍中謂之腊或脯。"② 這條《楚辭》借"苦"為"枯"，或説假"苦"為"辜"，就是古人寫別字。這是本有其字、"依聲託事"的用字方法，它與"六書"之一"本無其字，依聲託事"的假借不同。"六書"的假借，是一種發明性質的假借。如：東西南北的"東"字，這是一個表示方位的名詞。東方的"東"字怎樣造？用象形、指事、會意、形聲這四種造字的方法都無法表現。於是古人就想出一種方法，用同音的字去表示這個方位。"東"字甲骨文作𠅏、𠅑、𠅒。《説文》東部："東，動也。從木。官溥説：從日在木中。"無論説是"從木"，或説"日在木中"都是不對的。甲骨文東字不從日，也不從木，是橐囊的形狀，是"橐"本字。東方的"東"字無法造，古人就用音近的橐囊象形字——"東"來表示東面的方位。由此可見，這種辦法是古人的一項發明。推廣了這種方法，就可以把象形、指

---

① 段玉裁：《説文解字注》，十五卷上。
② 于省吾：《澤螺居詩經新證·楚辭新證》，304頁，北京，中華書局，1982。

事、會意、形聲四種方法不能製造的文字,用同音假借的方法生產出來。從這種意義上來說,也可以認爲是創造了新字。因爲"本無其字",用"依聲託事"的辦法使之出現了。嚴格來說,這是借用同音字表示語言中的一些抽象詞匯。如前面講過的,古漢語中,單音詞佔絕大多數,所以古人把語言中的詞和記錄語言符號的字就合二而一了。古人從這種認識出發,就把借同音字記新詞的方法看成了造出一個新字。在甲骨文中已經出現很多"本無其字,依聲託事"的假借字,如:

1. 名詞①

方位名詞:東(🜚)、西(🜚)、南(🜚);

抽象的宗教名詞:吉(🜚);

干支名稱:甲子(🜚)乙丑(🜚)丙寅,(🜚)、丁卯(🜚)……

2. 代詞

其(🜚),之(🜚)、丝〔兹〕(🜚)、我(🜚);

3. 介詞

才〔在〕(🜚)、以(🜚)、于(🜚);

4. 動詞

用(🜚)、㞢〔又、有〕(🜚)、冬〔終〕(🜚);

5. 形容詞

白(🜚)、黄(🜚);

6. 否定副詞

不(🜚)、亡(🜚);

7. 連詞

粱(🜚);

8. 語首助詞

隹〔唯、惟〕(🜚)

這種最初借去充當新詞的字,常常是不再繼續使用它的本義,人們把這種現象叫做"久假不歸"。這時,由於記錄語言的需要,就又造一個後起的形聲字充

---

① 〔 〕內相當於現在的通行字。( )內爲古文字。

當原來的字使用。如：

東——橐；莫——暮；北——背

冬——終；無——舞；萬——蠆

隹——惟、唯；不——芣；眾——涕

我們知道，文字總是不斷地發展變化的，因此，這些後起的形聲字，它們不是同時出現的，而是陸陸續續製造出來的。

綜上所述，"六書"中的前"四書"，可以創製出字形來，這是造字的方法。我們研究古文字的字形，要使用這"四書"來做解釋，來做定性與定量分析，這是必須熟練掌握的最基本的古文字學理論。轉注和假借這"二書"雖然不能造出新的字形，但是也是解釋古文字不可缺少的兩種手段，這是解釋字義的必要方法。我們理解轉注和假借"二書"時，要注意分辨清楚它們在不同層次上的内容與含義。

第三節 整理古文字的首創方案——部首分編法

把文字按部首分編寫成一部字典，這是許慎的一項創造。這項創造不僅是空前的，同時也為後世指出了整理漢字的一個新途徑。許氏在這部字書中，對不同類型的古漢字都儘量予以收錄，他在《說文·叙》中說的"博采通人，至于小大"，這是可信的。許氏用"六書"理論把像一盤散沙似的古漢字加以整理與分類，歸納成540個部首。這是歷史上第一次出現的漢字元素表。與此同時，許氏把9353個小篆和1163個不同類型的重文（異體字），分編在這540部之内，為古漢字的檢索提供了方便。可以想見，在古代沒有這部字典之前，查找一個單字是多麼不易！單就這一點來說，許慎對文化史的貢獻，對中華民族文明的促進作用已經是很瞭不起的。在《說文》中，540個部首也是經過仔細的安排。許慎以字形為主要依據，按字形的相關聯、相近似把部首排列起來，相近似的部首排完再另起一類。比如，走、止、屮、步、此、正、是、辵、彳、夊、延、行這些部首是依次排列的，因為這些字都和行走有關，字形也有某些相同之處。知道這些，對我們研究古文字也會有幫助。不過，許氏因為受時代的局限，也不可避免地給他的部首編排法塗上唯心主義色彩。他認為萬物生於"一"，因此，"立一為耑（端）"，"畢終於亥"。這是在科學的道路上混雜着陰陽五行的迷信觀點。清人段玉裁的《說文解字注》對540部的排列曾逐一說明，下面舉出數則：

一，部一。

二，部二。古文上字，蒙一而次之，短畫在長畫之上，有物在一之上也。其別於二字者，二兩畫長短均也。各本二篆作⊥，非。

示，部三。次示者，示從二，蒙二而次之也。二者，古文上。

三，部四。蒙示有三垂，而以三次之。

王，部五。蒙三而次之，從一貫三也。

玉，部六。亦蒙三而次之。

珏，部七。蒙玉而次之。凡並之、重之而又有屬者，則別爲部。如珏之屬有班、瑴是也。並之、重之而無屬，則不別爲部，如秝在示部之末是也。

《說文》的540部，就是這樣"同條牽屬，共理相貫，雜而不越，據形系聯"。① 部首的540部主要是形體偏旁，它還包括少量的表音偏旁在內。如丩部："丩，相糾繚也。一曰瓜瓠結丩起。象形。凡丩之屬皆從丩。〔居虯切〕""茻，草之相丩者。從茻從丩，丩亦聲。〔居虯切〕""糾，繩三合也。從糸丩。〔居黝切〕"可見"丩"字是聲符，這種聲中含義的說法爲後世"右文說"的先驅。如果把偏旁的規格統一，根據形符安排部屬，"茻"字則應當收在茻部，"糾"字應當收在糸部。還有句部也屬這種情況。

從古文字角度看來，還有一點必須指出：這540部中，有些部首根本不是一個獨立的偏旁，只是組成偏旁的筆畫。這是因爲，許氏進行定量分析時所依據的是小篆，而古文字進化、改造成爲小篆，有很多字已失掉本來面目，單純變爲篆書的筆畫。商周的古文字與小篆是不同層次的文字，在古文字中根本不能拆開的形體，在小篆中有的已變爲由筆畫組成。如：

"禸，獸足蹂地也。象形，九聲。《尔疋》曰：'狐貍貛貉醜，其足蹯，其跡禸。'凡禸之屬皆從禸。蹂，篆文，從足柔聲。"金文"萬"作𧰟，"禹"作𤴓，偏旁禸本來是不可拆開單獨存在的。

"𠄌，鉤逆者謂之𠄌。象形。凡𠄌之屬皆從𠄌。讀若橜。"

"丿，右戾也。象左引之形。凡丿之屬皆從丿。〔房密切〕）"

上面這兩個部首也不是獨立的偏旁。

"厂，抴也。明也。象抴引之形。凡厂之屬皆從厂。虒字從此。""厂"同

---

① 許慎：《說文解字·叙》。

樣是不能獨立的。

　　像上面那些部首，只是構成文字的筆畫，不是組成文字的偏旁。這些筆畫，有的也可以說是標記符號，有的則連符號也不是。這是我們研究古文字必須認識到的問題。許氏對這類部首的建立，是不自覺地受了隸書的影響。隸書的特點就是肢解了篆體，把以象形為基礎的古文字變成不同筆畫的種種結構。由此可見，時代精神對人們思想的影響是多麼深刻。生在隸書通行的時代，要抵制隸書的侵襲那是根本做不到的。

　　還有一點必須注意：在許氏收羅的文字中，也有少量能分離出來的部首沒有被分離出來。如橐部：

　　"橐，囊也。從束圂聲。凡橐之屬皆從橐。"

　　"橐，囊也。從橐省，石聲。"

　　"囊，橐也。從橐省，襄省聲。"

　　"𣌾，車上大橐。從橐省，咎聲。"

　　"槖，囊張大貌。從橐省，匋省聲。"

這些字都說是從"橐"省，其實從這些字中能分出一個像包束形的偏旁——𠂇。這些字，連"橐"在內，都是從𠂇某聲的形聲字。如果能分離出來一個"𠂇"偏旁，對我們研究商周古文字是非常有利的。試看下面的古文字：

　　　　（天亡簋）

　　　　（毛公鼎）

　　　　（散氏盤）

　　　　（石鼓文）

這是周代的。再看商代甲骨文：

　　　　（束字）

　　　　（東字）

　　　　（不識）

　　　　（不識）

無論從《說文》本身和商周古文字來看，"𠂇"可成為一個偏旁是毫無問題的。可惜許氏沒有把這個偏旁分離出來。再一個例子如：

　　支部："㩻，𠂆也。從支，從厂，厂之性𠂆。果熟有味亦𠂆，故謂之㩻，從未聲。〔許其切〕"

47

又部："叜，引也。從又犛聲。〔里之切〕"
里部："釐，家福也。從里犛聲。〔里之切〕"
水部："漦，順流也。從水，犛聲。〔俟甾切〕"
犛部："犛，西南夷長髦牛也。從牛，犛聲〔里之切〕。"
犛部："氂，犛牛尾也。從犛省，從毛。〔莫交切〕"
（在不同本子的《說文》中，犛與氂的讀音互換。）

在金文中：

釐，《克鼎》："錫釐無疆"。

犛，《墻盤》："繁趠多犛"。

可見"犛"應當立爲一個部首，不應把這個字加以肢解放在攴部。甲骨文有"犛"字，作 ᶜ 、 ᶜ 、 ᶜ 等形，像手持工具（攴）抽打穀麥之類農作物。這是一個會意字。"釐"字有美好的意思，有賞賜的意思，就是由這原始的字義引申而來。由此可見，"犛"字也是一個可以獨立的偏旁。

再舉一個與古文字很有關係的例子：

受部："𤔔，治也。幺子相亂，受治之也。讀若亂同。一曰理也。"
辛部："辭，訟也。從𤔔，𤔔猶理辜也。𤔲，籀文從司。"
攴部："𢿾，煩也。從攴從𤔔，𤔔亦聲。
乙部："亂，治也。從乙，乙治之也。從𤔔。（"𢿾"與"亂"典籍中無別。）

周代金文：

𤔔，《毛公鼎》："𤔔𤔔四方"。

𤔔，《毛公鼎》："𤔔𤔔大命"。

𤔔，《毛公鼎》："朱𤔔㠯𨐌"。

𤔲，《靜簋》："𤔲射學宮"，
《曶鼎》："𤔲卜吏（事）"。

𤔔，《兮甲盤》："政𤔔成周"。

辭，《散匜》："從辭從誓"。

在《說文》與古文字中有這些從"𤔔"之字，如果許氏能建立一個"𤔔"字的部首，這將對後世有很大的裨益。像這樣的情形還可舉出一些。儘管許氏的540個部有一些不足之處，但是與他的開創之功相比，那是瑕難掩瑜的。因此可以認爲，許氏所創立的部首編排法和他的"六書"理論以及《説文解字》的正文，是一個完美的整體。這不僅是中國文字學的開山之作，而且也是古代第一部關於漢字的科學著作。

第四節　怎樣利用《說文》

一　關於《說文》的注本

　　許慎所著的《說文》流傳到今天已經將近 1900 年的歷史，在這樣長的歲月裏，歷代學人從《說文》得到不同程度的收益，他們對《說文》的傳播也做過不同程度的貢獻。在東漢末年，鄭玄注《儀禮》、《周禮》、《禮記》已經開始引用《說文》。晉代呂忱著《字林》一書，就是根據《說文》寫作的（南宋以後此書佚亡）。唐代訓詁大家陸德明、孔穎達、李善等人注釋經典和古籍都大量引用了《說文》。很可惜，隋唐和以前的刻本與寫本《說文》，沒有流傳下來。現在僅是有少量唐寫本的殘存字。南唐末至宋初的徐鉉、徐鍇兄弟二人是《說文》的功臣，弟弟徐鍇（楚金）著《說文繫傳》，注疏《說文》，對後世的小學研究有很多啓發；哥哥徐鉉（鼎臣）增訂《說文》，對後世的《說文》流傳有很大的功績。我們今天所看到的《說文》，就是幾經重刊的這兩種本子。由於《說文繫傳》是通釋性的著作，清人研究《說文》不喜歡在這個基礎上去做考證和訂補，寧願利用徐鉉整理的白文本《說文》重起爐竈，另建體例。因此徐鍇的《說文繫傳》不如徐鉉的增訂本《說文》流傳廣泛。世稱徐鉉的增訂本《說文》爲大徐本，清代的學者研究《說文》，就是以宋刊的大徐本爲基礎。

　　由於受清代小學家的影響，在今天，《說文繫傳》幾乎被大徐本《說文》湮沒。其實《說文繫傳》有些疏解還是很有獨到之處的。晚近所公認的清代注釋《說文》有四大家，段玉裁著《說文解字注》、朱駿聲著《說文通訓定聲》、桂馥著《說文解字義證》、王筠著《說文句讀》四者競相比美。這四部《說文》的注解，各有自己的側重面。在這四部書中，要以段玉裁的《說文解字注》的聲望爲最高。段氏書成之後，專門著書評訂段書的就有好幾家。于省吾說："在段氏之後，有的學者曾作'訂段'、'匡段'和'段注箋'等工作，也是必要的，可是，或加以過分的抨擊，終究抹殺不了段氏的成績。用'述而不作'之義來評比四家，則桂、王、朱三家偏於述，而段氏偏於作。凡獨抒己見，成一家言的叫'作';對於材料作分類和系統編排的叫"述",這是述與作不同之點。"① 可見段氏的《說文解字注》是略高一籌的。我們使用《說文》,可以翻閱這些名著,可以從中選擇自己所需的注本。另外,丁福保把研究《說文》的著作剪貼、分類編輯在一起,在每一字的後邊附上古文字,作成一部《說文解字詁林》。這是檢索《說文》各字形、音、義的一部很方便的工具書。

二 《說文》的體例和怎樣在《說文》中查找古文字

首先,要熟悉小篆的偏旁、部首。對《說文》所列的540個部首不僅能辨別,還要會讀、會寫,這樣才能把真書(楷書)和古文字相應的字聯繫起來。小篆是橋梁,要充分重視它的作用。與此同時,也要會分析古文字的形體結構,從宏觀上與微觀上把握所要研究的古文字字形。要做到這一點,必須多看甲骨文、金文、戰國文字等原始資料。

其次,也應當瞭解一些《說文》的編寫體例。如:

示部:"示,天垂象見吉凶,所以示人也。從二;三垂,日、月、星也,觀乎天文,以察時變。示,神事也。凡示之屬皆從示。⚇,古文示。

"禧,吉也。從示其聲。禧,籀文從基。"

"天垂象見吉凶"和"吉也"是解釋字義的。"從二(上);三垂,日、月、星也"和"從示其聲"是說解字形的。"⚇,古文示"和"禧,籀文從基"是《說文》收錄的重文。"古文",許氏指"壁中書"等資料;"籀文"即許氏所謂"史籀著大篆十五篇"中的文字。在今天看來,這都是春秋戰國時的古文字。段玉裁對《說文》的通例每有深刻的闡發,可供我們學習參考。例如:

凡篆一字,先訓其義,若"始也"、"顛也"是;次釋其形,若"從某、某聲"是;次釋其音,若"某聲"及"讀若某"是。合三者以完一篆,故曰形書也。(一部元字注)

凡言"亦聲"者,會意兼形聲也。(一部吏字注)

凡言"讀若"者,皆擬其音也。凡傳注言"讀為"者,皆易其字也。注經必兼茲二者,故有"讀為",有"讀若"。"讀為"亦言"讀曰","讀

---

① 于省吾:《從古文字學方面來評判清代文字、聲韻、訓詁之學的得失》,《歷史研究》,1962(6)。

若"亦言"讀如"。字書但言其本字本音，故有"讀若"，無"讀爲"也。（示部禜字注）。

《說文》言"一曰"者有二例：一是兼采別説，一是同物二名。（艸部蘿字注）。

凡言"某與某同意"者，皆謂其製字之意同也。（羊部𦍌字注）

許重復古，而其體例不先古文、籀文者，欲人由近古以考古也。（《說文·叙》"今叙篆文合以古籀"注）

像這樣概括《説文》體例的注釋，對我們閱讀許慎《説文》有着提綱挈領的作用。我們讀大徐本《説文》有時是不易讀懂的，應當把段注作爲主要參考，再對比其他各種注本。

我們研究《説文》是爲了釋讀古文字，而不是像清代小學家那樣去研究《説文》本身。因此，要在《説文》中查找古文字，必須對古文字的偏旁變化有一定的瞭解。古文字的構形比較複雜，例如甲骨文的形體結構有兩大特點：一是偏旁位置和筆畫不固定；一是組成某一字時，同屬、同類的偏旁常常可以通用。

1. 寫法不固定：

	小篆	甲骨文
天		
帝		
玉		
喪		
馬		

"喪"字可以是兩口、三口、四口，"馬"字可用單綫條，也可用雙綫勾勒。甲骨文的筆畫和結構多是這樣不甚固定。

2. 同屬同類的偏旁效應相等：

	小篆	甲骨文	
莫			（艸木同屬）
邁			（彳辵止同類）
洹			

水、川同爲水類，草與木同屬植物，彳、辵、止同是表示行動一類的，它們在

偏旁中可以起相同的作用。

　　我們根據甲骨文的這兩個特點，把偏旁變換一下，有時就可以在《説文》中查找到欲求證的古文字。甲骨文有🦶、🦶二字，由於"止"與"辵"同類，即可確定"𠂤"與"豕"乃是《説文》的"追"、"逐"二字。關於古文字的偏旁結構，甲骨文、金文、戰國文字各有一些特點，這在第四章中還要加以討論。總之，在《説文》中查找古文字的方法主要是使用偏旁分析，找出古文字與小篆的對應關係，確定其爲《説文》中的某一字。

第三章　古文字資料概述

第一節　甲骨文

一　商代甲骨文的發現與研究簡史

商代甲骨文是最早的古文字資料。這種古文字從 1899 年在河南安陽小屯的殷墟發現到現在，已有百餘年的研究歷史。對於這種文字，典籍中毫無記載。因爲它是刻在龜甲和獸骨上的，所以取名爲甲骨文。無獨有偶，1977 年在陝西岐山鳳雛村的古周原宫殿遺址，又發現了許多周人的甲骨文。這是新中國考古工作的一項重要收穫，它開闊了人們對甲骨文的眼界。[①] 這兩種甲骨文性質相同，年代銜接，有同樣珍貴的歷史價值。今天商代甲骨文的研究已經成爲一個獨立的學科，稱爲甲骨學。這個學科不僅在國內，而且在世界上也是一個重要的人文科學研究項目。

發現甲骨文的小屯村，位於安陽西北五里，在洹水的南岸。這裏史書稱之爲"殷墟"。《史記·項羽本紀》"項羽乃與（章邯）期洹水南殷墟上"中的"殷墟"即指此地。小屯村民最初發現甲骨，以爲是中藥的龍骨，以很低的價錢賣到藥材店去。羅振常《洹洛訪古游記》一書記載早年甲骨出土的情况云："此地埋藏龜骨，前三十餘年已發現，不自今日始也。謂某年某姓犁田，忽有數骨片隨土翻起，視之，上有刻劃，且有作殷色者，不知爲何物。北方土中，埋藏物多，每耕耘，或見稍奇之物，隨即其處掘之，往往得銅器、古泉、古鏡等，得善價。是人得骨，以爲異，乃更深掘，又得多數，姑取藏之，然無過問者。其極大甲骨，近代無此獸類，土人因目之爲龍骨，携以視藥鋪。藥物中固

---

① 參見王宇信：《西周甲骨探論》，北京，中國社會科學出版社，1984。

有龍骨、龍齒，今世無龍，每以古骨充之，不論人畜。且古骨研末，又愈刀創，故藥鋪購之，一斤才得數錢。骨之堅者，或又購以刻物，鄉人農暇，隨地發掘，所得甚多，檢大者售之。購者或不取刻文，則以鏟除削之而售。其小塊及字多不易去者，悉以填枯井。"① 可見有大量甲骨文未及問世已被毀滅，這實在是很可惜的。當時一位古董收藏家王懿榮認出這是一種有價值的古物，幾次從商人手中重價購買。王氏還考定這是商代卜骨，其上文字在篆籀之前。此後劉鶚、羅振玉等人相繼搜求和研究這種古代文物，甲骨漸爲世人所知，售價也隨着昂貴起來。在 1899~1928 年的 30 年中，國內各家收集到的甲骨大致如下：

王懿榮所得	約	1500 片
孟定生、王襄所得	約	4500 片
劉鶚所得	約	5000 片
羅振玉所得	約	30000 片
其他各家所得	約	4000 片

令人痛惜的是，在此期間甲骨也大量流入外國文化侵略分子之手，甲骨遭到了我國古代其他文物同樣的厄運。現在世界各國博物館內所藏的甲骨，絕大部分是這一時期的出土物。據陳夢家《殷虛卜辭綜述》的統計是：

時間	收購者	片數
1903	（美）方法斂	400
1904	（英）庫壽令	1800
1906	方法斂	120
1908	方法斂	400

現收藏處	片數
（美）卡内基博物院	438
（美）普林斯頓大學	119
（美）其他	366
（英）倫敦博物院	484
（英）蘇格蘭博物院	760
（英）金璋	484

---

① 羅振常：《洹洛訪古游記》，宣統三年二月二十三日條，上海譚隱廬書店，1930。

（德）柏林民俗博物館	711
（加拿大）多倫多博物院	3000
（日）林泰輔	600
（日）三井	3000
（日）河井	500
（日）中村	500
（日）田中	400
（日）富岡	700
（日）東京帝大	100
（日）京都人文研究所	3128
（日）其他	179

另據王宇信《建國以來甲骨文研究》的統計是：

庫壽令、方法斂所得	約 5000 片
明義士所得	約 35000 片
日本人所得	約 15000 片

加拿大的明義士原是駐安陽長老會的牧師，披着傳教士的外衣，干着掠奪中國古代文物的勾當。他從 1914 年開始收集甲骨，得到的實惠最多。明義士所得甲骨有一批現在加拿大多倫多博物院，還有部分未來得及劫走，新中國成立後收歸國有。從上面這些統計數字得知，在此期間出土的甲骨竟有半數以上被外國人巧取豪奪而去。隨着甲骨在社會上的流傳，學者也開始了對甲骨文的研究，著錄的書籍日漸增多。1903 年劉鶚出版了《鐵雲藏龜》，他在《自序》中說這是"殷人的刀筆文字"。《鐵雲藏龜》是第一部甲骨文的著錄書，有開創的功績。1904 年孫詒讓據這批資料作《契文舉例》（1917 年印行），這是第一部甲骨文考釋著作。他在《序言》中說："其文字，大致與金文近，篆畫尤簡省，形聲多不具；又象形字頗多，不能盡識。"孫氏對甲骨文進行了較系統的研究，認出了 185 個常用的易於釋讀的單字，這在當時來說是一個很重要的貢獻。1910 年羅振玉出版《殷商貞卜文字考》，他的考釋比孫氏前進一步，因為他接觸很多實物和拓本，避免了資料不足引起的弊病。此後羅氏刊印了下列甲骨資料書：《殷虛書契前編》八卷（1912 年）（收錄甲骨 2221 片）、《殷虛書契菁華》一冊（1914 年）（收錄甲骨 68 片）、《殷虛書契後編》上、下兩卷（1916 年）（收錄甲骨 1105 片）、《殷虛書契續編》六卷（1933 年）（收錄甲骨

2018片）。在這一段時間裏，王國維是把甲骨文結合殷商史研究的一位有成就的學者。他在1917年所作的《殷卜辭中所見先公先王考》、《殷周制度論》、《戩壽堂所藏殷虛文字考釋》都是很重要的作品。陳夢家在《殷虛卜辭綜述》中，比較孫詒讓、羅振玉和王國維的學術成就時説：

> 羅氏對於卜辭辭句的通讀與分類，是他勝過孫氏處；王氏又從辭句的通讀與分類，更進一步結合卜辭於史地和禮制，亦即是歷史的考證。羅氏在《貞卜》序中所舉的考史、正名、卜法的三個目標，他自己只做到正名的基礎，卜法的研究一直到科學發掘以後才開始，而考史一目是王氏首先建立根基的。聯繫正名與考史，以紙上史料與卜辭相印證，是王氏所特別着重的。
>
> 然而就審釋文字而言，他所釋的字數雖不多，卻還有其特殊的貢獻的。孫、羅所釋，是比較容易審釋的字，有了一般的《説文》、金文的修養，是可能釋出來的。王氏所釋的字數只寥寥十餘字，然他認識了早期的"王"字，對於卜辭全體的認識是很重要的。他的"旬"字"昱"字的認識，解決了佔據很多數量的卜旬卜辭。
>
> 王氏説："書契文字之學自孫比部而羅參事而余，所得發明者不過十之二三，而文字之外若人名、若地理、若禮制，有待於攻究者尤多。"（《類編》序）這個結語是很公允的。然而，此十分之二三者，雖然經過了他們的努力，在今天看來還有不少需要補充修正的，還有不少還需要重新審釋的。這十分之二三，還是比較容易發明的，而其他十分之七八，尚有待於將來。①

從1899到1928年可以看成是甲骨文研究的初期，這時由於國家的落後、村人的無知，致使大量甲骨流失到域外。這一階段濫掘的甲骨文有一半以上是依賴拓本保存下來，這應當説是不幸中的幸事。在甲骨文研究的初期，對較易辨認的文字已經釋讀出來很多，但有些誤解直到今天也還需要重新審定。

在甲骨學史上，都把1928年中央研究院在安陽的發掘作爲科學方法發掘的開始。因爲這時是以考古學作指導來發掘的，出土的甲骨等文物也爲國家研究機構所佔有。從1928至1937年中央研究院在小屯先後進行了十五次發掘。在這些次考古中，發掘了很多商代晚期的遺址、墓葬；也獲得了大量的甲骨。後來，中央研究院出版的《殷虛文字甲編》（1940年）就是從前9次發掘中得

---

① 陳夢家：《殷虛卜辭綜述》，60~61頁，北京，中華書局，1988。

到的6513片中選取帶字龜甲2467片、帶字獸骨1399片編輯成書的。在第13至15次發掘中，共得甲骨18405片，後來編印成《殷虛文字乙編》上、中、下三冊，共收入甲骨9105片。值得特別提及的是，在第13次發掘時有一個編號爲YH$_{127}$的灰坑内竟出土甲骨17096片。這應當是一座甲骨的廢料庫。其中有龜甲300多版，一塊最大的龜腹甲，長44釐米，寬35釐米，背面有鑽孔204個，據鑒定這種龜類產於較遠的地方。在這些甲骨中，只有牛骨八塊，其餘全是龜甲，似乎殷人埋藏甲骨是有意分開處理的。

自1928年中央研究院在安陽科學發掘開始，甲骨文的研究有了很大的進展。這表現在：

一、郭沫若開始了甲骨文研究，他的著作有：《卜辭中之古代社會》（1930年）、《甲骨文字研究》（1931年）、《卜辭通纂》（1933年）、《古代銘刻匯考》（1933年）、《古代銘刻匯考續編》（1934年）、《殷契粹編》（1937年）。在這些著作中，郭氏提出了許多新穎的見解。他奠定了科學的甲骨文研究的基礎。

二、董作賓根據安陽小屯出土的新資料，建立了甲骨文分期的學說。他的著作有：《卜辭中所見之殷曆》（1931年）、《大龜四板考釋》（1931年）、《甲骨文斷代研究例》（1932年）、《殷曆譜》（1945年）。董作賓對甲骨文的斷代，做出了很大的貢獻。他的五期分法和十項斷代標準，在甲骨學界具有深遠影響，數十年來一直支配着甲骨學界。在郭、董二氏稍後，唐蘭、于省吾對甲骨文字的釋讀，胡厚宣對資料的蒐集和研究也都很有成就。

當然，董作賓的斷代學説並非沒有可商之處，近年來伴隨考古工作的開展，甲骨研究者在分期斷代工作中又取得了不少成績。關於甲骨斷代研究的新成果，如李學勤的《殷墟甲骨分期的兩系説》（《古文字研究》第十八輯）、林澐的《小屯南地發掘與殷墟甲骨斷代》（《古文字研究》第九輯）、黃天樹《殷墟王卜辭的分類與斷代》（臺灣文津出版社，1991年）等均值得重視。

新中國成立後，甲骨文研究有了良好的社會條件，甲骨文研究局面大爲改觀。大約有以下幾個方面：

一、利用甲骨文資料對商代社會歷史進行科學的探討。

二、對甲骨文的出土地殷墟有計劃地進行科學發掘。1973年考古所在安陽小屯南地的發掘中一共出土甲骨7100餘片，其中有刻辭的4800餘片。

三、陸續出版了多種甲骨文資料匯編和研究著作，重印了1949年以前重要的甲骨文書籍。新出版的甲骨文重要書籍有：胡厚宣的《戰後寧滬新獲甲集》（1951 年）、《戰後南北所見甲骨錄》（1951 年）、《戰後京津新獲甲骨集》（1954 年）、《甲骨續存》（1955 年），孫海波的《甲骨文編》（1965 年），郭沫若主編的《甲骨文合集》（1979 年），中國社會科學院考古研究所編的《小屯南地甲骨》（1980 年）；彭邦炯等的《甲骨文合集補編》（1999 年），中國社會科學院考古研究所編的《殷墟花園莊東地甲骨》（2003 年），曹瑋的《周原甲骨文》（2002 年），等。（以上屬資料）

陳夢家的《殷虛卜辭綜述》（1956 年），李學勤的《殷代地理簡論》（1959 年），于省吾的《甲骨文字釋林》（1979 年），唐蘭的《殷虛文字記》（1981 年），于省吾主編的《甲骨文字詁林》（1996 年），等。（以上爲論著）

二　商代甲骨文的内涵

甲骨文在一些著作中或稱契文、殷契、卜辭。已有的研究成果表明，稱契文或卜辭都概括不了這種古老的文字資料。因爲在這種資料中除契刻者外，還有少量書寫者；除占卜的卜辭外，還有一定數量的記事刻辭。這樣看來，稱爲甲骨文是最恰當的。甲骨文的内涵可簡單表示於下：

$$\text{甲骨文} \begin{cases} \text{刻　辭} \begin{cases} \text{卜辭} \\ \text{記事刻辭} \end{cases} \\ \text{書寫者} \begin{cases} \text{卜辭} \\ \text{記事之辭} \end{cases} \end{cases}$$

陳夢家以爲甲骨文中的記事刻辭可歸納成三類。他説：

　　甲骨刻辭，最大多數是占卜的卜辭，但也有少數的非卜辭的刻辭，可以分爲三類：

　　1. 卜事刻辭　　　　　由於刻在甲骨不同的地位，可分爲：
　　甲橋刻辭　　　　　　刻在腹甲的甲橋上
　　背甲刻辭　　　　　　刻在背甲的反面
　　甲尾刻辭　　　　　　刻在腹甲的右尾
　　骨臼刻辭　　　　　　刻在牛胛骨的臼部
　　骨面刻辭　　　　　　刻在牛胛骨骨面寬薄的一端下方
　　2. 記事刻辭　　　　　凡不關乎卜事的記事，都屬此類，如：
　　己卯，媚子寅入宜羌十（《菁》3）

癸卯，宜于義京羌三人、卯十牛（《甲》3361）

庚辰，令犬佳來，犬以龜二若令（《前》8.8.3）

《菁》3……和卜辭刻在一面，但《甲》3361刻在牛胛骨的左下端，則是有意的避開通常刻卜辭的地方。

3. 表譜刻辭　　　　　可以分爲：

干支表　　　　　　（《燕》165，《下》1.5，《綴》314）

祀譜　　　　　　　（《粹》113、114）

家譜　　　　　　　（《庫》1506，《燕》209，《乙》4856）

以上多刻在牛胛骨上，也有少數刻在龜甲上的。甲子表很多，常爲習刻之作。[①]

由此可見，甲骨文中有多項記事刻辭。這是我們閱讀甲骨文字不可不注意的。

關於甲骨文中的書寫之辭，有朱書與墨書兩種，字形均比同版的刻辭爲大。這種書寫之辭都是在背面。它所寫的是卜辭，也有記卜事而寫於甲橋上的。在同一片上的書辭與刻辭有的並不是一時所作。

另外，刻辭也有塗朱與塗墨的現象，陳夢家稱爲塗辭。在同一版中，往往是大字填朱，小字填墨。如《乙》6664龜甲的上半正面大字填朱，小字塗墨；《乙》6665上甲的反面大字填朱，小字塗墨。塗辭的目的尚有待研究。

甲骨文所記的具體內容，郭沫若在《卜辭通纂》中分爲干支、數字、世系、天象、食貨、征伐、畋游、雜纂等八項。《甲骨文合集》則分爲階級和國家、社會生產、思想文化、其他等四大項二十一個小類。前者是一種自然分類法，後者則是在分類時進行了粗略的加工。

殷墟甲骨文所包括的年代，學者都公認爲是商代晚期盤庚遷殷至帝辛亡國這273年間的遺物。《史記·殷本紀》《正義》引《竹書紀年》："盤庚自奄遷於北蒙，曰殷墟，南去鄴四十里。""自盤庚徙殷至紂之滅，二百五十三年更不徙都。"《正義》又說："是舊鄴城西南三十里有洹水，南岸三里有安陽城，西有城名殷墟，所謂北蒙者也。"《史記》所記正相當河南安陽的小屯村。據考證，《正義》所引《竹書紀年》253年應改爲273年。現在根據《史記》把商王世系錄之於下：

---

① 陳夢家：《殷虛卜辭綜述》，43～44頁，北京，中華書局，1988。

```
微(上甲)— 報丁(匚乙)— 報乙(匚丙)— 報丙(匚丁)— 主壬(示壬)— 主癸(示癸)— 天乙(大乙、唐)
                                                                    │
  ┌太丁(大丁)— 太甲(大甲)— ┌[沃丁]     ┌小甲                ┌仲丁(中丁)— 祖乙(且乙)
  ├外丙(卜丙)              └太庚(大庚)─├雍己                ├外壬(卜壬)
  └[中壬]                              └太戊(大戊)─────────  └[河亶甲]
                                                                    │
                          ┌[陽甲]                  ┌祖庚(且庚)  ┌廩辛(且辛)
  ┌祖辛(且辛)─ ┌祖丁(且丁)─├盤庚                    │             │
  └[沃甲]     └南庚       ├小辛       ┌武丁────────┤             ├庚丁(康丁)──武乙
                          └小乙───────┘            └祖甲(且甲)──┘                │
                                                                                  │
  └文丁(文武丁)────[帝乙]────[帝辛]
```

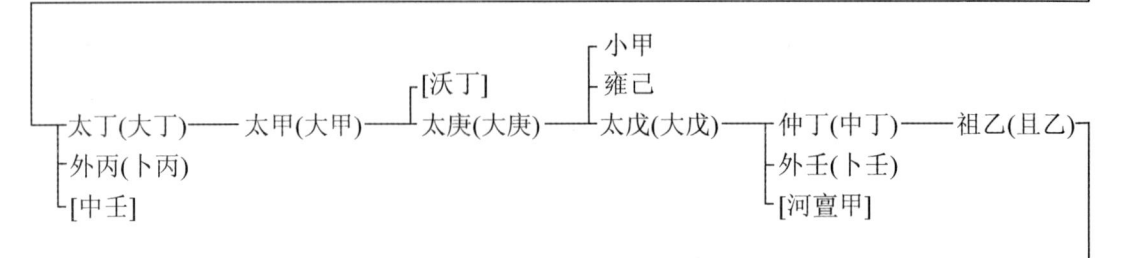

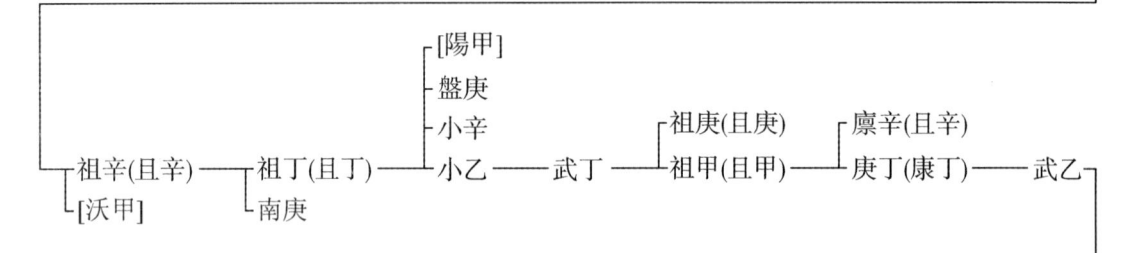

( )表示甲骨文與《史記》不同

[ ]表示甲骨文未見

三　商代甲骨文的分期與斷代

如前面所述，甲骨文是盤庚遷殷後 273 年間的遺物，這期間經歷了八世十二王。對每片具體的甲骨文經過分析研究，辨明它出現的時期與世代稱爲分期與斷代。把甲骨文的年代作系統研究，提出劃分標準的首推董作賓。在此之前，王國維已注意到考訂甲骨文年代問題；與此同時郭沫若也在《卜辭通纂》中論及這類問題。董作賓在 1932 年作《甲骨文斷代研究例》，把甲骨文分爲五期：

　　第一期　盤庚、小辛、小乙、武丁（二世四王）
　　第二期　祖庚、祖甲（一世二王）
　　第三期　廩辛、康丁（一世二王）
　　第四期　武乙、文丁（二世二王）
　　第五期　帝乙、帝辛（二世二王）

董作賓據以分期的有十項標準，包括：世系、稱謂、貞人，坑位、方國、人物、事類、文法、字形、書體。陳夢家在《殷虛卜辭綜述》中説，這十個標準，世系、稱謂、占卜者（即貞人）是首先條件，是第一標準。根據第一標準可以得到兩種標準片，一是不具卜人名而可由稱謂決定年代的，這種卜辭不多；一是具有可定年代的卜人名字者，這種卜辭爲數甚多。根據這兩種標準片可以進一步認定不同時代的字體、詞匯、文例。因此，字體、詞匯、文例乃是第二標準。有了上面兩個標準，再參照刻辭的内容進行研究，這就涉及"事類"。事類是第三標準。我們認爲陳夢家依次提出的這三個標準，同時也是開始進行研究的實踐步驟。比如，在毫無斷代依據之前，或是要檢查某項斷代意見是否正確時，必須按照這樣的順序先建立起存貯斷代材料的"信息庫"。現在，經過一些學者的研究，我們已掌握了基本的斷代材料，在進行斷代時應當首先熟悉這些材料。以卜人（即貞人、占卜者）而論，陳夢家在《殷虛卜辭綜述》里建立了這樣一個分組總表：

武丁時期

賓組　賓、殼、争、亘、古、品、韋、永、内、𠁅、山、充、㠱、箙、掃、共，

附屬者　旬、徉、邑、𢻻、己、𤔲、𣏄、亞、𠃓、宁、征、𧺆、齒、戉、何、名、耳、御、樂、俌、卯、離、䒞、昆，

午組　午、兄，

武丁晚期

自組　自、勺、扶，

附屬者　𠂤、𣅔、丁、由、卣、取、界、勿、吼，

子組　子、余、我、𢓊、𢓊、史、𥙥，

附屬者　豕、車、𧗟，

不附屬　史、𧗟、陟、定、羋、宨、𠃓、㞢、專，

祖　庚

出組兄群　兄、出、逐，

出組大群　中、㞢、昆，

祖　甲

出組大群　喜、𡰥、大，

出組尹群　𠂤、尹、行、旅，

附屬者　即、洋、犬、逐，

不屬組　先、坒、寅、夼、凷，

廪　　辛

何組　何、寧、罟、黹、彭、壴、口、狄、徉、逆、卯、糺、叏，

不屬組　教、弔、眹、大、睍，

武　　乙

歷

帝乙帝辛

　　黄、派、櫘、亽、立、𠂤，

在這個表中，陳夢家對卜人名字的隸定不完全合適，有些只是把甲骨文符號變成楷書的符號，但這不影響大局，只要查對一下原文就會明瞭。這是一項很重要的斷代依據，我們只要在甲骨文中見到相同的卜人名字，就會知道相應的時代。其他各種斷代材料的應用做此。

　　值得我們特別注意的是，隨着甲骨文資料的不斷發現和研究水平的日益提高，以往的斷代根據也已有所訂正和增益。還以卜人爲例，陳夢家所歸納出來的卜人名字爲董作賓《甲骨文斷代研究例》的四倍，而董作賓所定爲第四期的卜人，按陳夢家的研究結果多屬武丁晚期。

　　近些年來，甲骨文的分期與斷代又有了新的進展。第一個重要問題是關於歷組卜辭的年代問題。這是由婦好墓的發現引起的。1976年冬，安陽小屯村的西北村頭發現一座中型貴族墓葬，這就是轟動一時的婦好墓。在這座墓中，出土青銅器440件，不少器物上鑄着"婦好"的名字。這引起了甲骨學者的關注。因爲，在甲骨文中，按照過去的分期法第一期與第四期都有婦好的名字。在第一期中記載婦好的卜辭有二百餘條，在第四期中也有五六條。那麼這座墓中的婦好究竟應當是甲骨文中哪一期的？對這個問題李學勤提出了一個新看法，他認爲這座墓的婦好屬於武丁時期，並認爲第一期的婦好與第四期"歷組卜辭"中的婦好是同一個人。李學勤的意見，後來得到不少學者的支持。這樣一來，從前認爲是第四期的"歷組卜辭"就有可能提到第一期。現在這個意見還沒有被甲骨學界一致公認。

　　第二個問題是，文字形態的研究提到了重要的地位。以往的甲骨文分期斷代研究表明，卜辭中還有很多不記貞人的。如果只根據稱謂與世系去考定，還有很大的游移性。比如某片甲骨上只有一個稱謂"父丁"，試查商代的世系，在盤庚遷殷後的諸王中，可以是盤庚、小辛、小乙稱呼祖丁，也可以是祖庚、

祖甲稱呼武丁，又可以是武乙稱呼康丁或帝乙稱呼文丁。另外，還有很多卜辭是不記世系與稱謂的，這就使陳夢家所謂的第一個斷代標準（世系、稱謂、占卜者）無法憑依。由此可見，唯有字體是甲骨文斷代中始終都能觀察到的。對字體的觀察，應當説以往的甲骨學者都曾注意到。陳夢家在《殷虚卜辭綜述》中就列舉武丁卜辭"貞"字的十種不同寫法：①

一 二 三 四 五 六 七 八 九 十

但是，過去都未把文字作爲斷代的重要標準。由於近些年對甲骨文分期斷代研究的深入，文字本身才成爲一項重要的依據。目前在分期斷代中充分利用甲骨文文字形態的例子很多，比如對自組卜辭年代的論證，對無名組卜辭所包含若干小組的分離，都是靠文字本身的研究來進行的。

第三個問題是，中國社會科學院考古研究所編輯的《小屯南地甲骨》一書的《前言》中，提出了分甲骨文爲三期的看法。這三期是：早期（武丁、祖庚、祖甲、廩辛），中期（康丁，武乙、文丁），晚期（帝乙、帝辛）。與這類似的看法，陳夢家在《綜述》中也説過："已出土於安陽小屯的殷代卜辭並少數的記事刻辭可以分爲以下九期：……但在實際分辨時，常有困難，所以我們一則提出早、中、晚三期大概的分期，同時也保留了董氏五期分法。"② 陳夢家的意見是"大概"的，而考古研究所的意見是明確的。考古研究所特別重視康丁卜辭："康丁卜辭在全部卜辭中處於重要地位。卜辭發展到康丁時代，在文例、字體各方面都起了很大變化，有些變化一直延續到文丁時代，形成了康、武、文卜辭的共同特點。過去許多人總是將康丁卜辭與廩辛卜辭放在一起，稱爲第三期卜辭。實際上，廩、康卜辭共同點固然不少，但康、武、文卜辭的關係更爲密切。"③ 這就是考古研究所把廩辛、康丁卜辭分屬不同期別的理由。這樣的分期法，應當説也是近些年來在斷代研究方面的一個重要見解。與此同時，他們還不同意李學勤等人把歷組卜辭提早到武丁時代；他們認爲，歷組卜辭是武乙、文丁之物，屬於他們所定的中期。

---

① 陳夢家：《殷虚卜辭綜述》，150 頁，北京，中華書局，1988。
② 陳夢家：《殷虚卜辭綜述》，138 頁，北京，中華書局，1988。
③ 中國社會科學院考古研究所：《小屯南地甲骨·前言》，31 頁，北京，中華書局，1980。

四　占卜甲骨的使用過程

因爲甲骨文主要是契刻的，所以瞭解一下甲骨的使用過程對研究文字會很有裨益。

殷人占卜用骨取材於當地，用龜則由較遠的海濱產龜地運來。在記事刻辭中有很多運送占卜用龜的記載。《殷虛文字乙編》4519 片的甲橋刻辭爲"雀人龜五百"，"雀"是武丁時的一位首領，他一次竟送來五百隻龜，可見王室是儲存着大量龜甲的。

甲與骨在占卜前都先經過整治，龜殼係從上下甲之間（即凸起的背甲與較平的腹甲間）剖分爲二。上下甲之間，原來是由分在左右的對稱牆狀甲片連接，此處名爲甲橋（甲橋的位置是在龜的前後足之間）。上下甲鋸開後，留甲橋在腹甲上。這是龜甲剔治的大致情形。占卜用的卜骨，主要是使用牛的肩胛骨，也間用鹿骨、羊骨等。1973 年在安陽小屯發掘的 H99 坑，就是一個放置骨料的窖穴，內里存放着未經加工的牛胛骨。可見牛胛骨的使用也是先命人收集在一起以備隨時取用的。肩胛骨不分左右都可用來占卜。胛骨的上端名曰"骨臼"，這是一個登錄記事刻辭的地方。郭沫若首先指出了這種刻辭的性質。[①] 爲使骨臼與骨面平整，將骨臼的圓形削成月牙形。這是卜骨整治的大致情形。

經過整治的甲骨，在占卜前還有一項預備工序，即施加鑽鑿。鑽鑿是指在甲骨背面加工出窠槽。此窠槽由一個圓形的和一個橢長形的鄰接而構成。圓者名鑽，橢長者名鑿。鑿的深處是甲骨最薄的地方，占卜時在它的正面會出現裂痕。這裂痕就是卜兆的"兆幹"（直裂的兆紋）和"兆枝"（橫裂的兆紋）。爲了要使甲骨正面出現卜兆，占卜時要在背面的鑽鑿處進行烘烤，這叫作"灼"。灼的位置是在鑿的緊旁，這就能使正面顯出卜字形的兆幹與兆枝。若背面鑽在鑿左，則正面兆枝向右；反之，鑽在鑿右，則正面兆枝向左。甲骨的卜兆大致有一定的方向，背甲、腹甲，左半向右，右半向左；胛骨，右骨向右，左骨向左。這些是屬於占卜的方法，也是甲骨學中研究的一個課題。如果能對此做精細的分析與詳密的統計，一定可以發現許多現在還隱蔽着的問題。我們研究文字，對甲骨中的卜兆痕跡不能不認真觀察，兆幹與兆枝的裂隙常常會干擾文字

---

① 郭沫若：《骨臼刻辭之一考察》，《郭沫若全集·考古編》第一册，北京，科學出版社，1982。

的釋讀。

商代的占卜，就是灼龜、辨兆，然後刻辭記錄以作日後的參驗。《說文》說："卜，灼剥龜也。象龜兆之縱橫。"這是合乎甲骨文的實際的。又說："兆，灼龜坼也。""貞，問卜也。""占，視兆問也。"這些占卜術語在甲骨文中也都能得到印證。商人使用甲骨占卜的大概過程就像上述那樣。

五　商代甲骨文的閱讀要領

在第二章第二節中，我們已聯繫《說文》的小篆分析了很多甲骨文單字，識字這是閱讀甲骨文的一項最重要基礎。甲骨文中究竟有多少個單字，已經釋讀出的是多少，目前還沒有精確的統計。陳夢家在《綜述》中說總數約有 3000 至 3500 字，前人考釋出的不超過 1000 字，不識者約 2000 字。他還認爲，釋讀出的 1000 字還有少量有問題。孫海波編纂的《甲骨文編》把已識字和可以隸定的字收入正編，未識的字收入附錄。1964 年的增訂版《甲骨文編》，正編與附錄都統一編號，正編爲 1723 字，附錄爲 2949 字，共計爲 4672 字。在正編 1723 字中，見於《說文》的 941 字，佔一半稍强。[①] 這樣的統計數字有如下問題：一、在正編的不見於《說文》的單字中，有些字還見於其他字書，有些字則是隸定出來的不識字。這就把已識字與未識字混雜在一起。二、正編的統計中，還把一個字的不同用法編錄在不同的部目里，這就是所謂的"重出"。比如一個"又"字，既作爲"右"手字收在又部，還作爲"佑助"字收在口部。一個"蓳"字在"蓳"、"觀"兩處都編號。應當說這是統計文字的用法，而不是統計單字的個數。《甲骨文編》中有很多像這樣一個單字佔有兩個號數的現象。由此可見，《甲骨文編》的號數並不能確切地回答出甲骨文有多少單字和有多少已識字。我們現在舉一個例子來看一看《甲骨文編》正編的文字收錄情況。該書卷二口部列出 52 字，其中已識的有：口、喙、吹、名、君、命、召、問、唯、啓、咸、吉、周、唐、喬、各共爲 17 字。僅能隸定的有：咅、啇、㖞、㘝、㗊、㗊、呇、另、舌、昌、書、䎛、䛐、㖷、嗨、㫃、舌、吽、虐、䛐、嘼、魯、㘫、吾、杏、習、書、缶、㗊、䚯、䔄、呭、𠱤、杏共有

[①] 劉釗、洪颺、張新俊編纂的《新甲骨文編》（2009 年版），正編的字頭數已增至 2350，正編見於《說文》的字數也增至 1170。

34字，是可識者的一倍。應當説明的是，這是就孫氏的統計來説，而在孫氏只能隸定而不識的單字中，有些已經考證出。如昌即"敗"字，䧹、䊫當讀爲"列"字等等。我們認爲，對甲骨文字的統計是一項當務之急。目前對於字數問題，只能像于省吾在《甲骨文字釋林》中所説的那樣回答："截至現在爲止，已發現的甲骨文字，其不重複者總數約4500個左右，其中已被確認的字還不到三分之一，不認識的字中雖有冷僻不常用者，但在常用字中之不認識者，所佔的比重還是相當大的。而且已識字仍有不少被研契諸家誤解其義訓、通假者。"①

關於甲骨文的特點，我們在第一、第二章中已有一些論述。這種文字，它是以象形爲基礎的，在記錄語言時已非常熟練地使用了象形、形聲、假借這三種類型的字。我們爲什麽反復强調甲骨文的象形特點呢？因爲，第一，在現有的4500個左右的甲骨文單字，《甲骨文編》收在附録中的是將近3000字，這3000個字大部分是不認識的，它們基本上都是象形的。如果我們能充分注意這一點，就會對甲骨文在漢字發展史上所處的階段有較客觀的認識，相應地作出更科學的評價。甲骨文裏這些奇形怪狀的象形字本身表明，那時還是大量創製各式各樣象形字的時候，不是象形字被淘汰、被後起形聲字所代替，也不是假借的用字方法成了壓倒優勢的時候。我們爲了表示這時文字的特點，把甲骨文中這種現象稱爲文字的首次膨脹階段。這是很實際的也是很需要思考的文字學理論問題。第二，甲骨文字筆畫不固定，偏旁的位置與方向往往不固定，這都是由象形性質所決定的。比如，甲骨文字的筆畫不是固定的，"未"作 ✢、✢，"寅"作 ✢、✢，"辰"作 ✢、✢，"寮（燎）"作 ✢、✢，"雨"作 ✢、✢，"羊"作 ✢、✢；偏旁的位置和方向也是可以變動的，"友"作 ✢、✢，"㠯"作 ✢、✢，"及"作 ✢、✢，"各"作 ✢、✢，"正"作 ✢、✢等等，例不勝舉。瞭解了象形字的特點，才能去推考文字的本義。

有了分析文字的基礎知識，還要多去觀察契刻程式和研究篇章結構。一篇完整的卜辭可以分爲四個部分，如《殷虚書契菁華》的第二片：

　　①癸巳卜，㱿貞：②旬亡𡆥（咎）？③王固（占）曰：虫（有）求，其虫（有）來嬄（艱）。④气（迄）至五日丁酉，允虫（有）來嬄自西。沚𢦏告

---

① 于省吾：《甲骨文字釋林·序》，北京，中華書局，1979。

曰土方玨（征）于我東啚（鄙），戋二邑，呂方亦侵（侵）我西啚田。
①爲"前辭"，記占卜日的干支和卜人的名字。這條卜辭是"癸巳"這天占卜的。殻是卜人的名字。②是命辭，即命龜之辭。前辭中的貞字，也有的學者連下面讀，讀爲"貞旬亡田（咎）"。《説文》："貞，卜問也。"命辭也可稱貞辭。"旬亡田"是卜問一旬之内有無災咎。③是占辭，據卜兆以判斷吉凶。"王固（占）曰"，是商王親自視卜兆之後説的意思。④是驗辭，所記爲占卜的日後應驗。在卜辭中契刻前三部分的甚多，有驗辭的爲數較少。試看下面的例子：

"貞不其受黍年。"（《後》上 31、12）這條卜辭省略了干支和卜人名，前辭部分只剩下一個貞字；如連下讀，則只有命辭（貞辭），而無占辭與驗辭。

"癸亥卜，王、吉。"（《甲骨文録》200）這條卜辭中"癸亥卜，王"是前辭，"王"，即"王貞"之省語，命辭省略不書，不知所問爲何事。"吉"是占辭，即視卜兆而得的結論。在占辭之後，沒有驗辭。

殷人占卜，對一件事往往從正反兩個方面卜問，卜辭則相對應地分刻兩處，這種程式叫作"對貞"。如對下雨的卜問：

"其雨，不雨"（《續》4.17.4）

"雨，不雨"（《簠》天象 65）

"雨，不其雨"（《庫方》974）

"雨"和"不雨"是對貞，加"其"字使語氣加重。"其"字的古音和含義與現代漢語的"該"字相同。"其雨"、"不其雨"即該雨、不該雨。掌握卜辭中對貞這一特點，有時就可以綴合出一條完整的刻辭，或辨識出殘缺的文字。

一片大的甲骨經常刻有許多條卜辭，怎樣找出每一條卜辭的開端，把它們分成不同的條目？可以説，甲、乙、丙、丁、戊、己、庚、辛、壬、癸和子、丑、寅、卯、辰、巳、午、未、申、酉、戌、亥等干支字是一種"指示信號"。在刻辭中，每遇記日的干支一般都是一條卜辭的開頭。如果沒有記日的干支，則可以從"貞"字開始讀。因此，要閱讀卜辭，對十干和十二支的寫法與干支的排列次序應當特別熟悉。在卜辭的干支中最當注意的是"子"、"巳"二字。甲骨文"子"作 ⿳⿲、⿳⿲、⿳⿲、⿳⿲，相當於《説文》中的籀文 ⿳⿲（子）字。在青銅器銘文中，《召伯虎簋》"四月甲子"的"子"作 ⿳⿲，《傳卣》"五月既望甲子"的"子"作 ⿳⿲，字形是一脈相承的。① 由此可見，殷周文字中"甲子"的"子"

---

① 參見郭沫若：《卜辭通纂》，220 頁，北京，科學出版社，1983。

字是《説文》的籀文"子"。甲骨文的"巳"字作　、　、　、　，和小篆的"子"字相同。就是說，在卜辭里己巳、辛巳、癸巳、乙巳、丁巳的"巳"字都寫成後世的"子"字。這點最容易發生誤會。在宋人的金文著録書中已經出現了這種錯誤，他們把干支的乙巳、癸巳誤釋作乙子、癸子。直到發現了甲骨文的干支表才澄清了這個問題。另外，子孫的"子"字，無論甲骨文或金文都是寫成後世的"子"字。至於干支中爲什麼有兩個"子"，目前還没有一致公認的解釋。

在占卜的甲骨上，除記載有關卜問的内容外，還記一些占卜的術語或記號。在卜辭的近旁，常記有一、二、三、亖等數字，可稱之爲"兆序"，是標記占卜順序的。在記載兆序的同時，還穿插記有"一告"、"二告"、"不　"等占卜術語，可稱之爲"兆記"，這是記載甲骨呈顯卜兆狀況的。《詩經·小雅·小旻》："我龜既厭，不我告猶。"古籍中猶、繇、繇、籀相通假，"猶"字指卜辭（古書中寫作"卜詞"）。甲骨文"一告"、"二告"等的"告"字與《詩經》的"告"字用法相同，是指告知卜兆而言的。

在非科學發掘出土的甲骨文中雜有少量贗品，這也是閱讀甲骨文應當知道的。在甲骨問世之初被誤當成龍骨，文字是被削去後出售到藥材店的。稍後，甲骨文的性質漸爲世人所知，則文字越多售價越高。因此，古董商人每每假刻文字，甚至以當日的家畜骨骼經過處理去冒充真品。像這樣的作僞現象，當時在甲骨文與青銅器銘文中都較爲常見。在舊有的著録甲骨文書中，以《庫方》（1935年）一書中的僞品最多。該書是甲骨文的摹本，據統計，全僞刻者70片，部分僞刻者44片。[①] 在新出的著録書中，《英國所藏甲骨集》（1985年）中可以看到僞刻的實例。《英國所藏甲骨集》的作者，他們有辨僞的能力，收入這部分僞刻的甲骨文（全部僞刻與部分僞刻皆有），大概是爲了保存這種資料的原貌供人們去做對比研究的。

在研究古文字的著作中，對甲骨文的書籍常使用簡稱，這可以參看本書的《引書簡稱表》。

六　周人的甲骨文

周人甲骨文的發現，是新中國成立後考古學界的一大收穫。在20世紀50

---

① 　陳夢家：《殷虚卜辭綜述》，652頁，北京，中華書局，1956。

年代的幾次考古發掘中，學術界已發現有西周甲骨與甲骨文存在，但是爲數甚少。儘管如此，這已開闊了人們的視野，把甲骨文的研究從商代擴展到了西周。事隔若干年，1977年春考古工作者在陝西岐山鳳雛村發掘出大量周人的甲骨，這使周人甲骨文的研究進入了一個新階段。岐山鳳雛村古時屬於"周原"，是周人滅商之前的定居點和根據地。1977年春，在鳳雛村發掘西周宮殿遺址時，共清理出甲骨17000餘片，引起學術界很大的震動。在整理這批甲骨時，清洗出有字的甲290餘片，文字共計903個，合文12個。對周人甲骨文的研究，應當說是古文字學界、歷史學界的一個新課題。

周人甲骨文的字跡甚小，有的與殷墟第五期甲骨文的小字相似，有的約爲第五期甲骨文的1/2或1/4大小。周人甲骨文的文字和殷墟甲骨文一脈相承，和西周金文繼承了殷商金文是完全一致的。

關於周人甲骨文的年代問題，目前意見還不一致。李學勤認爲，鳳雛村甲骨中確相當於周文王時的，有H11：1、82、84、112（指發掘整理時的編號，可參閱王宇信《西周甲骨探論》第六篇）四片卜甲。H11：1和84兩片已作釋文，H11：82和112兩片也曾目驗過。合觀四片卜甲，占卜的地點有文武丁祕和文武帝乙宗，即文丁、帝乙的宗廟。所祀對象有成唐（湯）、太甲和武丁，均爲商王。所卜之事涉及"曺周方伯"辭中所稱的"王"自係商紂王，而"周方伯"最可能是指文王而言，這幾片卜甲是確實的帝辛卜辭，但其鑿是方形的，屬於周人的鑽鑿類型，與殷墟常見的不同。鳳雛村卜甲中年代最晚的，H11：108、131、135、172、188五片文例相同，不似卜辭，而與殷墟甲骨常見的署辭接近。這五片署名"不栺"的卜甲，其年代不會早於昭王。由此可以估定這一批甲骨年代的下限。[①] 根據《史記》可知，殷周之際的史實是："西伯曰文王"。在武王滅商前，周人的首領稱西伯；西伯死後，太子發繼位稱武王。這批周人甲骨，如果有文王之前的，那就不能統稱爲"西周甲骨"；如果下限可到昭王，那就不能稱爲"先周甲骨"，因此，在其年代沒有十分明確之前，名爲"周人甲骨"較好。這批甲骨中的很多文字問題現在正進行研究，相信隨著資料的增加和研究的深入，它的時代很快就會明瞭。

在周人的甲骨中還有一個很引人注意的問題：除了與占卜有關的刻辭外，

[①] 王宇信：《西周甲骨探論·李序》，北京，中國社會科學出版社，1984。

還刻有一種符號。這種符號作🀆、🀆等形。① 類似的記號在殷墟也發現過。郭沫若把殷墟發現的這類符號解釋爲人名，他還説："這種文字保留在周彝銘中的有好幾例。"② 唐蘭説，這種文字是用數目字當作字母來組成的，可能是曾經住過現豐鎬地域的一個民族的文字。③ 李學勤也注意到這是一種記數詞，認爲和殷代的卜辭不同，它可以使人聯想到《周易》的"九"、"六"。④ 張政烺認爲這是由數目字所組成的"八卦"。他按奇數是陽爻，偶數是陰爻的方法，排比出這種記號所代表的《周易》卦名。⑤ 比如🀆，根據甲骨文數字的寫法可譯爲"八七八七八五"，按相反的順序則爲"五八七八七八"。《周易》一書以"—"爲陽爻，以"--"爲陰爻，叠六爻爲一卦。依張説，五和七是陽爻，八爲陰爻。因此，"八七八七八五"是易卦☷，反之"五八七八七八"則爲☷。目前張説被多數學者所接受。我們知道，古代文獻所記占卜有兩種方式，一是用龜，稱爲"卜"；另一是用蓍草，稱爲"筮"。《左傳·僖公十五年》："龜，象也；筮，數也。"杜注："言龜以象示，筮以數告。"周人甲骨上的數字記號，應當就是卜筮時的蓍數。它與八卦的成熟階段還有一段距離。從《易經》上所看到的那樣完密的形式，大概要完成於春秋戰國之際。周原甲骨的發現與研究，人們對這種奇異的記號開始有了近乎客觀的認識。

第二節 青銅器銘文

一 青銅器銘文研究簡史

青銅器銘文舊稱鐘鼎款識。這是指鑄在或刻在青銅器物上的古文字。青銅實質上是銅與錫或鉛的合金。我國上古時把金屬銅稱爲"金"，因此我們又把青銅器銘文叫作金文。我國發明冶煉技術甚早，考古發掘表明，公元前兩三千

---

① 參見王宇信：《西周甲骨探論》，322、323頁，北京，中國社會科學出版社，1984。
② 郭沫若：《古代文字之辯證的發展》，《考古》，1972（3）。
③ 唐蘭：《在甲骨金文中所見的一種已經遺失的中國古代文字》，《考古學報》，1957（2）。
④ 李學勤：《談安陽小屯以外出土的有字甲骨》，《文物參考資料》，1956（11）。
⑤ 張政烺：《試釋周初青銅器銘文中的易卦》，《考古學報》，1980（4）。

年的古代文化遺存中就有青銅製成的物件。河南偃師二里頭商代早期遺址曾出土一批青銅器，包括戈、爵、鈴、戚、鏃、錐、刀、鑿、錛、魚鈎等器具。這是我國發現青銅器時代最早的商遺址之一。在同屬於商代早期的鄭州二里崗古遺址中，常有成套的青銅禮器出土。這説明，商代早期的青銅器使用已經具有一定的規模。青銅器製造技術的發展和文字的應用，這是青銅器銘文產生的物質基礎。

早期的青銅器銘文都是鑄在器物上的，晚期刻款才流行起來。1975～1976年，中國社會科學院考古研究所在河南安陽小屯的殷墟五號墓發掘出大量青銅器，有 20 多件器物上鑄有"婦好"的銘文。這座墓葬就是轟動一時的婦好墓。"婦好"二字常見於第一期甲骨文，是商王武丁的一個后妃名字。這可以證明簡單的青銅器銘文在商代武丁時已經出現。絕對年代再早的銘文，現在還沒有準確的資料。據此推斷，商代的青銅器銘文和商代的甲骨文其出現的時間是相近的。

早期的青銅器銘文，一般只有二三字；在商代的末期才出現長達四五十字的銘文。武王滅商之初，青銅器銘文的作風没有什麼改變，後來周人才逐漸形成了自己的風格。在西周中期，青銅器銘文的篇幅與格調都和商朝有了明顯的不同；到西周晚期，更出現了毛公鼎那樣 497 字的鴻篇巨製。東周的銘文，有兩極分化的現象。一者着力追求從前那種繁縟典雅的文風，春秋時的叔夷鐘、戰國時的中山王方鼎、中山王方壺可爲代表。這種類型的銘文，是正宗的廟堂文字，是古文字中的"官樣文書"，不分大江南北和黃河上下都是一樣的；一者向簡單方面發展，刻款的銘文日趨流行起來。有些潦草的刻款，訛誤、訛變得很厲害，不易辨認。有些刻款乃是產品的説明書，所記多是重量、容量等文字。它從一個側面表現了戰國時的"文字異形"。

青銅器銘文和甲骨文雖然都是最古的漢字，但是，周秦典籍對甲骨文並不見記載，而對青銅器銘文則不乏記述。如：

《墨子·非命下》："書之竹帛，鏤之金石，琢之盤盂。"

《左傳·襄公十九年》："大伐小，取其所得以作彝器，銘其功烈以示子孫，昭明德而懲無禮也。"杜注："彝，常也。謂鐘鼎爲宗廟之常器。"

《禮記·大學》："湯之盤銘曰：'苟日新，日日新，又日新。'"鄭注："盤銘，刻戒於盤也。"

等等，在先秦典籍中這類資料給後世瞭解青銅器銘文以很大方便。因此，漢代學者們儘管對商代的古文字一無所知，而對周秦的青銅器並不陌生。

西漢末年的張敞，是歷史上第一位釋讀青銅器銘文的學者。據《漢書·郊祀志》，"美陽得鼎，獻之有司"，張敞把銘文譯成當時通行的隸書。鼎銘是："王命尸臣，官此栒邑，賜爾旂鸞、黼黻、琱戈。尸臣拜手稽首曰：敢對揚天子丕顯休命。"今天看來，張敞所譯是基本正確的。"尸"字在青銅器銘文中常見，寫作?、?，銘文中有"南尸"（競卣）、"尸伯"（𢶒卣）、"尸司王臣"（孟鼎）等稱謂。這個字從字形上看是"尸"毫無可疑，據此可以推斷漢末張敞的釋讀是對的。不過讀爲"尸"本字，在銘文中講不通。清末的古文字學家吳大澂有《字說》一書，其中有一篇《夷字說》，指出金文中的"尸"字當讀爲"夷"。尸伯即夷伯，南淮尸即南淮夷，從而解決了字義的問題。現代學者郭沫若、于省吾都接受了這一說法。"栒邑"在今陝西中部。"栒"字在多友鼎銘中作"𥭣"。"旂鸞"當是"鸞旂"的誤倒，金文常見"鸞旂"一詞。"琱戈"應是"戈琱𢦒"（師旂簋）或"戈彤沙琱𢦒"的省稱。郭沫若在《殷周青銅器銘文研究》中對這一詞組有考證，"戈琱𢦒"是說戈上帶有花紋。"拜手稽首"、"敢對揚天子丕顯休命"是金文中的熟套語。從上面的對比可以看出，西漢末張敞所譯的，確是一篇西周晚期的金文。張敞可稱爲一位研究青銅器銘文的先驅。到東漢時，因爲去古未遠，學者對周秦的金文還有較多見識的機會。許慎曾說："郡國亦往往於山川得鼎彝，其銘即前代之古文。"[①] 可見當時有不少青銅器出土。然而由於漢代通行的是隸書，篆書在日常生活中較少使用，所以對前代的古文，也只有經過傳習才能辨識。因此，可以說青銅器銘文的研究從兩漢就開始了。

現在回顧起來，在典籍中記載的周秦金文，最先應當是漢代學者釋讀和轉錄的。由於他們對前代的古文字已經不甚熟悉，在譯寫過程中難免產生許多錯訛和牽強附會之處。比如，前面提到的"湯之盤銘"，就是一項很值得懷疑的材料。[②] 在先秦文獻中存在不少這類問題，是研究者不可不注意的。

在唐代，書法家李陽冰、文學家韋應物和韓愈對篆書都很有研究。李氏修正小篆筆法刊定過《說文》，韋、韓都曾爲石鼓文賦詩。於此可以想見當時學術界是有一定的古文字水平的。開元十三年，萬年人獲寶鼎五，獻於朝廷四

---

① 許慎：《說文解字·叙》。
② 參見郭沫若：《金文叢考·湯盤孔鼎之揚榷》，82～88頁，北京，人民出版社，1954。

隻。鼎上都有銘文，記載着"垂作尊鼎，萬福無疆，子孫寶用。"在咸平三年，乾州獻古鼎，狀方四足，有古文 21 字，文曰："維六月初吉，史信父作鬻甗，期萬年，子子孫孫永寶用。"① 是唐代也屢有先秦古器物出土，對青銅器銘文中一些與小篆相同的文字大多能够釋讀。

　　從宋代開始，對青銅器和銘文有了系統的研究，出現不少專門著作。今天所見的有：呂大臨的《考古圖》（1092 年）、王黼等的《博古圖錄》（1123 年後）、《續考古圖》（1162 年後，作者不詳）、薛尚功的《歷代鐘鼎彝器款識法帖》（1144 年）、王俅的《嘯堂集古錄》（1176 年）和王厚之的《鐘鼎款識》（1123 年後），前三種是圖形與銘文一併收錄的。對每件器物摹寫其形制、記載容量與重量，對出土地與流傳也有記載。近代的青銅器著錄書籍大體也是用這種編排法。後三種只錄銘文，有的附有釋文，有的兼有考證。宋人對圖形與銘文都是先臨摹，作爲底本，然後再移植到石板上或木板上進行刻字。這種用摹刻的方法印出的圖形與銘文，較原物多已失真。根據一些資料知道，唐代已掌握椎拓碑刻的方法，宋人也經常用來拓印石刻。但可惜的是宋人並未把這一方法用於整理著錄青銅器銘文，致使當時出土的一些器物沒能留下實物的拓本。這給後世的研究帶來許多不便。例如，薛尚功《歷代鐘鼎彝器款識法帖》摹錄一篇所謂"成鼎"的銘文，郭沫若把它收入《兩周金文辭大系》。新中國成立之初，在陝西又發現了一具銘文相同的鼎，據銘文所記，應當稱作"禹鼎"。郭沫若對新出銘文加以研究，在重版《兩周金文辭大系》"成鼎"的考釋上寫道："此鼎新近有同銘之器出土，所謂成實是禹字。此當全刪。留此以資比照。"又說："此器全文作廢"。由此可見，資料不可靠會對研究工作造成多麼大的損失。儘管在資料加工方面，宋人的書籍有許多缺欠，但是他們的研究工作還是有很大貢獻的。如對青銅器的命名，現在基本上仍然是沿用宋人所定的名稱。王國維說："凡傳世古禮器之名，皆宋人所定也，曰鐘、曰鼎、曰鬲、曰甗、曰敦、曰簠、曰簋、曰壺、曰尊、曰盉、曰盤、曰匜、曰盦，皆古器自載其名而宋人因以名之者也。曰爵、曰觚、曰觶、曰角、曰斝，古器銘辭中均無明文，宋人但以大小之差定之，然至今日仍無以易其説。知宋代古器之學，其説雖疏，其識則不可及也。"② 此外，有一種商末周初的重要盛酒器，名爲

---

① 引自阮元：《積古齋鐘鼎彝器款識・商周銅器通説》。
② 王國維：《觀堂集林・説觥》，第一册 147 頁，北京，中華書局，1959。

"卣"，也是宋人所定。宋代學者把古器物和古文獻聯繫起來，推考出來衆多的器物名稱，這種方法也是我們現在經常使用的。當然，這些名稱中也有定錯了的，也有需要再探討的。清人錢坫曾考證出，宋人所謂的"敦"字，實際上是"毁"（簋）字。[①] 這一説法已爲晚近的學者所接受（也有少數人仍使用舊名，如王國維的金文著作還把"毁"稱爲"敦"）。

清代的金文研究有劃時代的意義。在北宋之後，元、明兩代的成就不高，到清代則有明顯的發展。由於清代學者崇尚漢唐的經學，提倡爲經學服務的"小學"，他們争相推究經籍字義的本源，形成了一種清代特有的學術研究方法——考據學。清代的學者用考據的方法，把金文、史學以及"小學"結合起來，使青銅器銘文的研究有很大的進展。同時，清朝皇帝在這種學術風氣的影響下，也滋長了嗜古的情趣。在清代，内府藏青銅器編纂成書的有：《西清古鑒》40卷，清内府刊本（1755年）；《寧壽鑒古》16卷，（1913年刊行）；《西清續鑒》甲編20卷（1910年）和《西清續鑒》乙編20卷（1931年）。這些青銅器的著録書，都是做照宋代《宣和博古圖》的體例，有圖像，有銘文。其刊印方法也是摹刻的，所以較實物有很大的誤差。如《西清古鑒》13.20著録的周毛伯彝，這件銅器在乾隆年間已入清宫。原器幾經風雨，在1972年由北京市物資回收公司從廢銅中揀出。這件銅器在《兩周金文辭大系》中稱作班簋。《大系》所收的銘文就是根據《西清古鑒》。現在把實物與《西清古鑒》的摹寫相比，在圖繪與銘文兩方面都存在明顯的差錯。由此可見，由宋代到清代的摹刻本都存在同樣的弊病，即摹刻走樣、録寫失真。因此我們認爲，摹刻本不能算做第一手資料。在這幾部書中，所收録的並不限於商周彝器，還有古鏡、古錢等。這幾部書中僞器較多，《西清古鑒》約有1/3是僞器。對傳世的古器物辨僞是一項專門的學問，研究古文字對此也要有足够的重視。

在乾嘉考據學的熏陶下，晚清出現了不少有關青銅器銘文的專著。主要有：阮元的《積古齋鐘鼎彝器款識》（1804年）、吴榮光的《筠清館金文》（1842年）、吴式芬的《攈古録金文》（1895年）、方濬益的《綴遺齋彝器款識考釋》（1899年）、吴大澂的《愙齋集古録》（1896年）和劉心源的《奇觚室吉金文述》（1902年）。這些金文書籍所收資料雖有重複、蕪雜的毛病，但還有不少可取之處。研究金文應當從中披沙揀金，去僞存真，利用其

---

① 錢坫：《十六長樂堂古器款識考》。

精華。

孫詒讓的《古籀拾遺》與《古籀餘論》二書，現在仍爲學術界所重視。前者是補正阮元《積古齋鐘鼎彝器款識》的，後者是補正吳式芬《攈古録金文》的，書中提出很多精到的見解。

辛亥革命後至新中國成立之前近40年的時間裏，金文研究大致可分兩個階段。前一階段大抵是繼承清代餘緒，在研究方法上很少突破。在資料的匯集與整理方面，有以下主要著作：鄒安的《周金文存》（1916年），共收1545器，其中有僞刻銘文；《貞松堂集古遺文》（1930～1934年），羅振玉的《遺文》、《補遺》、《續編》，共收2217器；劉體智的《小校經閣金文拓本》（1935年），共收6456器；羅振玉的《三代吉金文存》（1937年），共收4831器。這些資料著録書籍給研究工作提供了很大方便。由於羅氏對古器物和銘文有豐富的學識，他的著作質量較高。

1925年出版了容庚的《金文編》，這是一部金文的字匯。本書把金文中的可識字按《説文》部首編排起來，作爲正編，把不識之字羅列出來作爲附録。這是一項釋讀金文的基礎工作，對古文字研究有很大貢獻。這部書後來在1939年再版、1959年三版。1985年經馬國權等人補充再次印刷出版，所收資料較以前更爲完備。

在20世紀30年代之後，郭沫若開始了甲骨文、金文研究。郭沫若爲了揭示中國古代社會性質，對甲骨文、金文進行了系統研究，獨樹一幟，開拓了一個新局面。他利用地下出土的文字資料，第一次提出了中國古代存在過奴隸社會。他的論點具有劃時代的意義，支配着此後甲骨文和金文的研究。20世紀30年代初，郭沫若埋頭著述，完成了大量文、史方面的著作，其中金文方面的有：《殷周青銅器銘文研究》（1931年）、《金文叢考》（1932年）、《兩周金文辭大系》（1932年）。郭書的特點是：一、金文研究爲歷史科學服務；二、用科學方法把零散的金文資料編輯起來，使之成爲《尚書》、《戰國策》式的地下出土文獻。

新中國成立後，隨着考古事業的發展，青銅器出土日益增多。研究質量不斷提高，學術隊伍逐漸壯大起來。

關於早期的青銅器銘文，1976年殷墟婦好墓出土是一項重要收穫。在這座墓葬中發掘出青銅禮器200餘件，有方鼎、圓鼎、偶方彝、三聯甗、簋、尊、方罍、觥、斝、盉、爵等等各種器物。其中不少帶有銘文，據初步識别，有婦好、婦辛、婦魯、亞㠯、亞其、亞啓、子束泉、戉、官㦰等9組。婦好組最多，有109件。這座墓所出的青銅兵器130餘件，其中有銅鉞4件，大者重9公斤，上面鑄有"婦好"二字。①婦好是商王武丁的后妃，這爲我們推斷青銅器銘文的上限提供了可靠根據。

西周的青銅器銘文以周原出土爲最多。②1975年扶風莊白的一座西周墓出土104件飲食器，其中有一件伯䆁簋，與傳世的彔䆁銅器可做綜合研究。1976年莊白的1號窖藏中共出銅器103件，有銘文者74件。這些銅器爲微氏家族所有，其中墻盤的文辭與格調更是前所未見。1960年扶風齊家村發現一處窖藏，出土銅器39件，有銘文者28件。1978年又在齊家村發現㝬簋等青銅器一批，㝬簋內底鑄銘文124字。有些學者以爲作器者"㝬"即周厲王"胡"。這件銅器與傳世的宗周鐘爲同一人之器，㝬簋的出土對解決宗周鐘的年代有直接意義。1975年初，在岐山董家村發現一處窖藏，出土銅器37件，有銘文者30件。其中的"裘衞"4件銅器和㝨匜，都有長篇的重要銘文。前者記載了商業交易與土地關係，後者記載了大小奴隸主之間的訴訟。這是研究西周歷史的寶貴資料。除上述成批的青銅器之外，爲人們特別重視的還有：1954年江蘇丹徒烟墩山發現宜侯夨簋、1978年陝西臨潼發現利簋、1975年寶鷄賈村發現何尊、1974年扶風强家村發現師𩛥鼎。這些銘文對研究古文字和西周史也都有重要價值。

春秋戰國的金文，也有數次重大的發現。1974～1978年，在河北平山的中山王墓中發掘出一隻鐵足大鼎和一隻方壺、一隻圓壺，三器共鐫刻銘文1099字，這就是舉世聞名的"平山三器"。在中山王墓中還出土一塊王陵的平面圖，即所謂的"兆域圖"。此圖爲銅板所做，有錯金銘文450字。迄今爲止還是第一次發現這樣的文物。1978年在湖北隨縣的曾侯乙墓中，出土大量文字資料，其中65隻編鐘的銘文共計有2800餘字。1955年安徽壽縣蔡侯墓出土的銅器也是一次重要發現。據不完全統計，共有各類銅器486件，其中蔡侯編鐘9件、蔡侯盤1件、蔡侯尊1件、吳王光鑒2件，都有完整的長篇銘文。

---

① 參見中國社會科學院考古研究所：《新中國的考古發現和研究》，228～229頁，北京，文物出版社，1984。

② 參見中國社會科學院考古研究所：《新中國的考古發現和研究》，251、265～270頁，北京，文物出版社，1984。

上面所舉僅是新中國成立後一些比較集中和重要的發現，由於有新資料不斷出土，古文字研究也隨之活躍起來。可以説，每有一批新資料出現就掀起一個研究高潮。如蔡侯墓、婦好墓、曾侯乙墓銅器和平山三器等，都曾是學術界一時討論的中心課題。在這些研究中，各抒己見，探幽索隱，對文字的釋讀有很多創獲。例如，牆盤與平山三器的研究，無論在考史、釋字、通讀等各方面都表現出很高的水平，發表很多篇文章，既有數量又有質量。

1949年以後，金文方面的重要著作應當首推陳夢家的《西周銅器斷代》。這部著作曾在1956年的《考古學報》上連載數期，全文未完因故中斷。從已刊出的部分可以看出，作者是要對所見的西周金文做一次綜合性的清理。本書材料豐富，可與《兩周金文辭大系》的西周部分對比閱讀。1958年出版于省吾的《商周金文錄遺》，可視爲《三代吉金文存》的補編。1959年有容庚的《金文編》修訂第三版，1985年第四版印行，金文字匯進一步完備起來。1984～1994年出版了中國社會科學院考古研究所編的《殷周金文集成》，這是一部金文的大型資料書，可與《甲骨文合集》比美。類似的資料匯編尚有嚴一萍的《金文總集》、鍾柏生等的《新收殷周青銅器銘文暨器影彙編》、劉雨的《近出殷周金文集錄》及其《二集》等。楊樹達的《積微居金文説》是另一種類型的金文著作，它以題跋的形式列出作者對一些青銅器銘文中疑難字句的考釋。由於作者對古代典籍的修養深湛，所以有很多獨到的見解。

綜觀新中國成立以來的金文研究，大致可歸納爲三個方面：一、對新出土資料的著錄與研究；二、對舊有著作的重印；三、對已有金文資料的綜合整理與研究。

二　青銅器的種類和青銅器的分期

宋代以來，著錄青銅器的書籍內容比較龐雜。薛尚功的《歷代鐘鼎彝器款識法帖》收入夏器2件、殷器209件、周器253件、秦器5件、漢器42件。其中有磬、鼓11件是石器，琥璽4件是玉器，並不盡是銅器。由於認識水平的限製，把吳越的鳥書誤當成夏器，這又當別論。清人方濬益的《綴遺齋彝器款識考釋》共收1383件，其中除銅器外，有豆、登、缶、甌等瓦器。劉心源的《奇觚室吉金文述》收錄殷周器387件、兵器71件、秦漢器58件、錢幣錢範 626 件、鏡 42 件，實際上是古器物的匯集。後來羅振玉編《夢郼草堂吉金圖》還沿襲這種習慣，收入殷周器 55 件、兵器 29 件、秦器 14 件、漢魏器 33 件、六朝以後器 21 件。到 1937 年羅氏出版《三代吉金文存》，內容才較爲集中。該書在彝器之外，只收有兵器、車器和門鋪、杖首等少量雜器。所謂三代，實際上不存在夏器，只是商、周二代之器。由此可見，舊時的鐘鼎彝器款識一類書籍，有的是包括金石等古器物的很多門類。現在我們把 1958 年出版的容庚、張維持所著《殷周青銅器通論》一書作爲參考點，看一下青銅器的種類。《通論》把青銅器分爲食器、酒器、水器、樂器四大類，每一大類又分若干細類。如鼎類分爲柱足鼎、扁足鼎、尖足鼎、馬蹄鼎、四足方鼎 5 項，壺類分爲圓壺、橢圓壺、方壺、瓠形壺、卵形壺 5 項，等等。《通論》劃分的大類爲：

1. 食器

（1）烹煮器　包括鼎類、鬲類、甗類；

（2）盛食器　包括簋類、簠類、盨類、敦類、豆類、盧類；

（3）挹取器　包括匕類；

（4）切肉器　包括俎類。

2. 酒器

（1）煮酒器　包括爵類、角類、斝類、盉類、鐎類；

（2）盛酒器　包括尊類、鳥獸尊類、觥類、方彝類、卣類、罍類、壺類、瓶類、罐類、缶類、鐏類、卮類、皿類、區類；

（3）飲酒器　包括觚類、觶類、杯類；

（4）挹注器　包括勺類；

（5）盛尊器　包括禁類；

3. 水器

（1）盛水器　包括盤類、匜類、鑒類、盂類、盆類、釜類；

（2）挹水器　包括斗類、盌類、鉶類。

4. 樂器

（1）鉦類；

（2）鐘類；

（3）鐸類；

（4）鈴類；

(5) 錞于類；

(6) 鼓類。[①]

上面這樣的類別是按器物的實際用途結合形制來劃分的，這可以作爲熟悉青銅器的參考。1984年中國社會科學院考古所編寫的《新中國的考古發現和研究》一書，把飲食器也稱禮器，另列樂器、兵器等項，劃分的就不這麼細密。對青銅器的分類也是一個很值得研究的課題。比如《通論》的食器部盛食器門類中，列有盧類，把"盧"作爲盛飯器。盧類只收嬰次盧一件，說"形似長方盤而圓角。平底大口，四旁有環作耳。基底圍列柱形殘足二十三。口內側銘'王子嬰次之庝盧'七字。"《通論》定"盧"爲盛飯器，是根據王國維的説法。[②]再看一下王氏原文，七字的銘文他只釋出六字，"盧"字前的"庝"字缺釋。在此之後，郭沫若釋出"庝"字，以爲"庝"字從广從火，少聲，當讀作"燎"。燎盧是盛炭火器。[③]《通論》採用王説，不採用郭説。近年來又有這樣的器物出土。1978年湖北隨縣曾侯乙墓發掘出一具完整的"盧"，器物是雙層盤狀。上層盤供煎炒用，下層盤用盛炭火。出土時上層盤內有魚骨，下層盤已爲炭火燒裂變形。可證"盧"是炭火爐竈與平底煎鍋相結合的複式炊器。這就使我們聯想到，嬰次盧爲什麼會有二十三隻柱形殘足，那當是炭火爐盤的支撐器。嬰次盧的"庝"字，從广、從火、少聲，正應釋爲"炒"字。器物自名"炒盧"，本身已經説明是煎炒的用具。由此可見，器物的分類也還需要再進行研究，器物和銘文的關係絕不容忽視。

另外，我們還應當注意到，《通論》所列舉的器物，有很多也不是同時共存的。有的是早期出現，到晚期便絕跡；有的是在晚期才產生出來的，即使是同一類器物，早期與晚期在形制上也會出現某些差別。因此，我們對青銅器的種類也要再做分析研究。郭沫若在20世紀30年代初已指出這是一個值得系統研究的問題。他從考古學、古器物學、古文字學諸方面對彝器形象作了試探。他説：

中國青銅時代大率含蓋殷周二代。殷之末期銅器製作已臻美善，則其濫觴時期必尚在遠古，或者在夏殷之際亦未可知。……據余所見，中國青

[①] 容庚、張維持：《殷周青銅器通論》第五章，北京，文物出版社，1984。
[②] 王國維：《觀堂集林》卷18《王子嬰次盧跋》，第三冊，900、901頁，北京，中華書局，1959。
[③] 郭沫若：《殷周青銅器銘文研究》，104、107頁，北京，科學出版社，1961。

銅器時代大率可分爲四大期。

　　第一　　濫觴期　　大率當於殷商前期；
　　第二　　勃古期　　殷商後期及周初成康昭穆之世；
　　第三　　開放期　　恭懿以後至春秋中葉；
　　第四　　新式期　　春秋中葉至戰國末年。

　　勃古期之器物爲向來嗜古者所寶重，其器多鼎而鬲罕見，多"方彝"無蓋之簋（舊稱爲彝）而無簠，多尊卣爵斝之類而無壺，盤匜所未見，有鐸而罕鐘。形制率厚重。其有紋繪者，刻鏤率深沉，多於全身雷紋之中施以饕餮紋。夔鳳、夔龍、象紋等次之。大抵以雷紋饕餮爲紋繪之領導。雷紋者余意蓋脫胎於指紋，古者陶器以手製，其上多印有指紋，其後傲刻之而成雷紋也。故此時期之器物，美言之可云古味盎然，惡言之則未脫野蠻畛域……。

　　開放期之器物：鼎鬲簠簋多有之，"方彝"絕跡，有器名盨者出；酒器則卣爵斝觚之類絕跡，有壺出而代之；盤匜初見，鐘鎛之類漸多。形制率較前期簡便。有紋繪者，刻鏤漸浮淺，多粗花。前期盛極一時之雷紋幾至絕跡。饕餮失其權威，多縮小而降低於附庸部位。……大抵本期之器已脫去神話傳統之束縛而有自由奔放之精神，然自嗜古者言之，則不免粗率。

　　新式期之器物於前期所有者中鬲甗之類罕見，盨亦絕跡，有敦、簠諸器新出，而編鐘之製盛行。形制可分墮落式與精進式兩種。墮落式沿前期之路綫而益趨簡陋，多無紋繪，其簡陋之極者幾與後來之漢器無別，舊亦多誤爲漢器。精進式則輕靈而多奇構。……讀者如念及近年於山西李峪村、洛陽韓君墓、壽縣楚王墓所出之古器群，即可知余言之非誇誕矣。此期之物近時海外學者多稱爲"秦式"，命名雖云未當，然有疑曾受"斯基泰"藝術之影響者，於事殊有可能。"斯基泰"人於春秋戰國之時曾擴充其版圖於外蒙古北部，與中山、燕、趙諸國壤土相近。杕氏壺新式期之翹楚也，實中山人所作。……新式期之有墮落與精進二式固皎然也。綿延至於秦漢，隨青銅時代之退襢，墮落式日趨於墮落而終至消亡，精進式則集中於鑒鏡而別構成文化之一環矣。

　　……

　　殷人無鐘，鐘乃周人所造，大率起於第二期之末造。然其形制實有所本，即古器中昔人所稱爲鐸者也。

　　鼎之爲物蓋導源於陶器之鬲，其通狀爲圓體二耳三足。勃古期之鼎，口微斂，腹弛，耳在鼎沿直上，足爲直立之圓柱形而較高，多於全身施以雷紋及三饕餮紋，饕餮各含一足而鼓出，故器體分爲三股，此即鬲之三款足之演化，甚顯著也。此時期之器可以《獻侯鼎》及《盂鼎》爲標準。開放期之器則口弛而腹稍斂，耳有附於鼎外者，足較低，彎曲作勢而呈馬蹄形，《克鼎》、《鬲攸從鼎》其標準也。鼎之新式期，其墮落與精進二式之分最爲顯著。墮落沿第三期之路綫而前進，口愈弛，腹愈斂，器愈淺，足愈低愈曲，多無紋，而有蓋。《宋公縊鼎》、《大梁鼎》等其確例也。精進式則花樣繁多，難於概括。……凡新式期之鼎，無論墮落式與精進式，大率耳附外而有蓋，此實爲本期之一特徵。……鼎有體方而四足者，每自名爲鼒，此亦鬲所演化，蓋鬲亦有四足者也。鼒多第二期之物，三期以後罕見。①

這是20世紀30年代初郭沫若對青銅器的分期。在這裏他還以鐘鼎爲例，對器形的演變作了分析與研究。郭氏的分期法，對認識青銅器的源流和研究青銅器銘文，在今天看來仍然是很扼要而適用的。新中國成立後，在考古中經常有商周古墓與遺址發現，因此青銅器方面的資料越來越豐富，這就使郭氏當年爲資料所限無法闡述的問題得到了解決。郭氏在《大系》中説："濫觴期大率當於殷商前期"，"目前尚無若何明確之知識，然爲事理上所必有，蓋銅器脱胎於陶器、石器等之幼稚時期也。此期有待於將來之發掘。"新中國成立以來屬於殷商前期的考古發現甚多，其中鄭州的商代遺址最具有代表性。鄭州的商代遺址，考古界又稱爲早商文化，它和河南安陽的殷墟文化有明顯的差异。早商的銅器一般是器壁較薄，已發現的器物有鼎、鬲、甗、簋、觚、爵、斝、盉、罍、尊、卣、盤等等，它們幾乎都是倣自陶器。早期銅器花紋比較簡單，常見有饕餮紋、雷紋；晚期銅器花紋複雜起來，常見雙層花紋，並出現了雲雷紋爲襯地的三層花紋。以鼎爲例，早期爲圓腹、尖足呈筒狀；晚期則演變爲柱形足。早商的銅器未見有銘文；商代後期漸有銘文，開始時是一兩個字的族徽文字，後來字數逐漸增多。郭氏所説的青銅器濫觴期與現在考古所見略如下表：

---

① 郭沫若：《兩周金文辭大系圖録·序》，北京，科學出版社，1957。

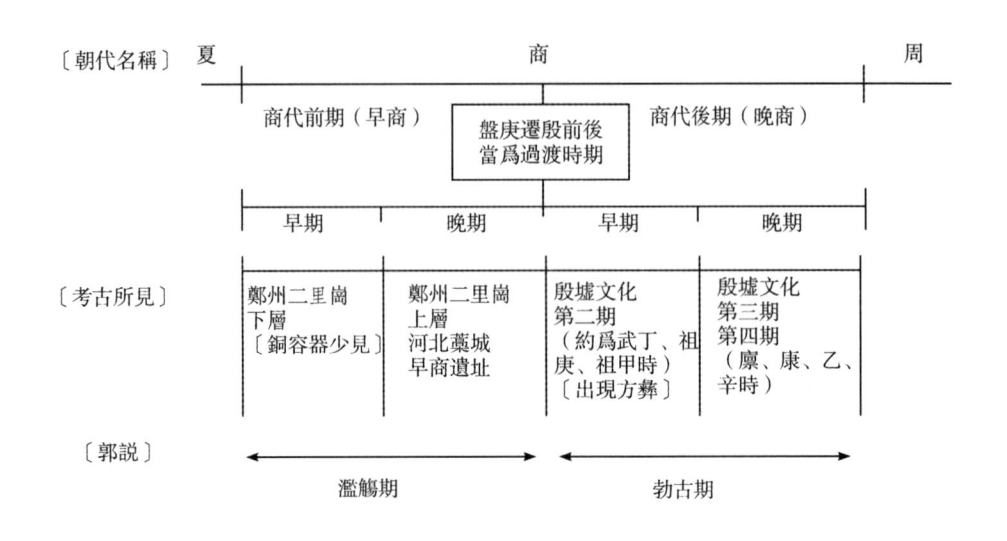

〔朝代名稱〕	夏	商			周
		商代前期（早商）	盤庚遷殷前後當爲過渡時期	商代後期（晚商）	
		早期	晚期	早期	晚期
〔考古所見〕		鄭州二里崗下層〔銅容器少見〕	鄭州二里崗上層河北藁城早商遺址	殷墟文化第二期（約爲武丁、祖庚、祖甲時）〔出現方彝〕	殷墟文化第三期第四期（廩、康、乙、辛時）
〔郭說〕		濫觴期		勃古期	

三 青銅器銘文的斷代

爲了進行古代史、考古學和古文字研究，必須設法推考出所見銘文的寫作時間，這就是所謂的斷代。如果說青銅器分期是以器物類型演變的自然趨勢爲主綫，來考察與分析一段較長時間形制變化的軌跡的話，那麼，銘文的斷代就是以文字爲主綫，以形制、花紋爲參考，來確定一篇銘文的出現時間。郭沫若的《兩周金文辭大系》就是一部兩周青銅器銘文斷代的著作。陳夢家的《西周銅器斷代》，使斷代研究中的某些問題得到進一步的闡發。由此可見，青銅器銘文的斷代一般是以朝代的更替爲時間尺度的。根據以往的研究成果，青銅器銘文可斷代爲：殷商金文、兩周金文、秦金文、兩漢金文。

要在青銅器銘文中分離出殷商金文，可從下述諸方面進行考索：

1. 殷人所特有的親屬稱謂。如殷人稱配偶爲"奭"、"奭"，戊辰彝說"遘于妣戊武乙奭"，此彝必爲殷器。

2. 殷人所特有的祭祀名稱與祭祀程式。《歷代鐘鼎款識》的己酉戍命彝載："在九月唯王十祀，劦日。"同書的兄癸卣載："在九月，唯王九祀，劦日。""劦日"是殷人特有的祭名。同書的乙酉父丁彝載："乙酉，賞貝"，"遘于武乙。"前面引證的戊辰彝載："戊辰""遘于妣戊。"在乙日祭祀日名乙的祖先，在戊日祭祀日名戊的祖先，這是殷人固有的一種祭祀程式。

3. 殷人的標時習慣。在青銅器銘文中，周人記月份在銘文的開首處；殷人則繫年、月於銘文的末尾，順序是先月後年，年稱"祀"。如前引的戊辰彝載："在十月，唯王廿祀，叡日。"兄癸卣載："在九月，唯王九祀。"根據這種標時的方法，可定之爲殷器。

4. 殷代的歷史大事件。比如甲骨文記載，商代末期曾頻繁地征伐"人方"。小臣艅尊載："丁巳，王省夔京，王錫小臣艅夔貝。唯王來征人方。唯王十祀又五，肜日。"（《集成》5990）根據所記的歷史大事件，可定爲殷器。

上面這些依據，可從銘文中直接獲得，利用起來非常簡單。此外，還可根據器物的出土地點來判定。如：宋代所記兄癸卣出於安陽；著名的婦戊鼎出於殷墟武官村，有銘文的婦好銅器出於小屯，等等。這也比較容易判斷銘文的時代性。有時銘文不具備上述的條件，則可根據人名、地名和字體、格調等進行推論，更參證以年代確切的標準器。做這樣的研究，需要掌握甚多的資料，有豐富的實踐經驗。

兩周是金文的鼎盛時期。在西周成、康之後，金文數量不僅日益增多，而且更有長篇銘文出現。20世紀30年代初，郭沫若首先對兩周金文進行了系統的斷代研究。他的方法是：

> 整理之方將奈何？竊謂即當以年代與國別爲之條貫。……國別之徵至易易，於銘文每多透露，可無多言，年代之考訂則戛戛乎其難。

> 余於年代之推定……專就彝銘器物本身以求之，不懷若何之成見，亦不據外在之尺度。蓋器物年代每有於銘文透露者，如上舉之獻侯鼎、宗周鐘、遹簋、趞曹鼎、匡卣等皆是。此外如大豐簋云"衣祀于王不顯考文王"，自爲武王時器；《小盂鼎》云"用牲啻（禘）周王、口王、成王"，當爲康王時器，均不待辯而自明。而由新舊史料之合證，足以確實考訂者，爲數亦不鮮。據此等器物爲中心以推證它器，其人名事跡每有一貫之脈絡可尋。得此，更就文字之體例，文辭之格調，及器物之花紋形式以參驗之，一時代之器大抵可以蹤跡，即其近是者，於先後之相去要必不甚遠。至其有曆朔之記載者，亦於年月日辰間之相互關係求其合與不合，然此僅作爲消極之副證而已。

> 本諸此法，余於西周文字得其年代可徵或近是者凡一百六十又二器，大抵乃王臣之物。其依據國別者，於國別之中亦貫以年代，得列國之文凡一百六十又一器，器則大抵屬於東周。

> 國別之器得國三十又二，曰吳、曰越、曰徐、曰楚、曰江、曰黃、曰郜、曰鄧、曰蔡、曰許、曰鄭、曰陳、曰宋、曰鄀、曰滕、曰薛、曰邾、

曰邶、曰魯、曰杞、曰紀、曰祝、曰莒、曰齊、曰戴、曰衛、曰燕、曰晉、曰蘇、曰虢、曰虞、曰秦。由長江流域溯流而上，於江河之間順流而下，更由黄河流域溯流而上，地之比鄰者，其文化色彩大抵相同。更綜而言之，可得南北二系。江淮流域諸國南系也，黄河流域北系也。……然自春秋而後，民族畛域漸就混同，文化色彩亦漸趨畫一，……是足徵周末之中州確已有"書同文、行同倫"之實際。未幾至嬴秦而一統，勢所必然也。①

郭沫若有感於青銅器銘文年代之不明，潛心研究兩周金文，完成了一部創通條例的著述——《兩周金文辭大系》。他斷代的方式是受《詩經》等先秦古籍的啓發。《詩經》的順序是先《國風》，後《雅》、《頌》；郭沫若用《詩經》的順序，按時代先後，依西周、春秋、戰國次序排列。郭沫若用以斷代的方法是從銘文本身和銘文之間的聯繫去尋找證據。首先找出時代確切的標準器，以此作爲斷代的基點，然後歸納與標準器有關聯的諸器。這些關聯，包括人名、事跡等，最後還要參考形制與花紋。郭沫若利用這種方法對兩周的青銅器銘文進行了細致的分編，實踐證明其結果是很成功的。

20世紀50年代初，陳夢家著《西周銅器斷代》，進一步論述了金文的斷代問題，提出銘文的內部聯繫有如下諸方面：②

1. 同作器者　凡是同一作器者的諸器，應該都是同時代的，但不一定是同時的。譬如作册矢令所作的諸器都是成王時代的，但也有早晚的不同。

2. 同時人　有些器提到周公東征，那麽它們應該都是成王時代的。但我們應該注意，所謂"周公"可能有三種不同的所指：記載周公東征的"周公"是周公旦；記載後人追記或追念周公的，則在周公已死之後；"周公"除周公旦外，他的子孫世爲"周公"。……

3. 同父祖關係　作册矢令是成王時人，他作器"用光父丁"，其子作册大"作且丁寶尊彝"則在康王時。

4. 同族名　同一個族名之器，只表明是一家之物，而不一定是同時的。

---

① 郭沫若：《兩周金文辭大系考釋·序》，北京，科學出版社，1957。
② 陳夢家：《西周銅器斷代》上册，355～357頁，北京，中華書局，2004。

5. 同官名　有些官名在一定條件下也實指某一個人，如壽張出土"大保七器"，都有大保字樣，又有召伯，可推定此"大保"實指召公奭。其他的稱號如"王"、"公"、"侯"等也可以推定其人。

6. 同事　記載伐東夷的諸器，在一定條件下可視作同時代的，如憲鼎、旅鼎、小臣謎簋等。

7. 同地名　在一定條件下表示或長或短的一個時期。如新邑是成王初的一個地名，成王及其後稱爲成周，則凡有新邑之稱者當屬成王初時。凡有宗周及鎬宗之稱者，都屬西周。

8. 同時　令簋記九月才炎賞於王姜，召尊記九月才炎錫於伯懋父。兩器時、地相同，而兩器上的令、王姜和伯懋父都是成王時人，故可定爲成王東征時器。

陳氏又說：

> 各器銘之間的聯繫，並不止於上述各條。
>
> 由於上述各事，若干獨立的西周銅器就一定可以聯繫起來。由於聯繫與組合，不但可作爲斷代的標準，並從而使分散的銘文內容互相補充前後連串起來。

陳氏所述，即郭氏"新舊史料之合證""其人名事跡每有一貫之脈絡可尋"的具體化、條理化。這對研究金文斷代很有參考價值。

對兩周金文斷代，每每要涉及銘文的絕對年代問題。我們知道，周平王東遷後歷史上的年份是可以論定的；東遷之前歷史上的記載是有很多矛盾的。如，以西周恭王在位的年數爲例，《太平御覽》引《帝王世紀》說在位 20 年；後世《皇極經世》諸書推算爲 12 年；《通鑒外紀》說在位 10 年，又引皇甫謐說在位 25 年。[①] 這四種說法誰是誰非，怎樣判別？據趞曹鼎銘文，有一點卻可以肯定，10 年、12 年兩種說法是錯誤的。因爲趞曹鼎說："唯十又五年五月既生霸壬午，龏王在周新宮，王射于射廬。""龏"是古"恭"字，金文中謙恭的"恭"字、恭王的"恭"字都寫作"龏"。銘文說恭王十五年在射廬饗射，可見其在位年數必多於此數或等於此數。因此，20 年、25 年之說有可能性，10 年、12 年之說絕不可據。陳夢家在《西周銅器斷代》中，對各王的年數是這樣擬定的：

---

① 參見郭沫若：《兩周金文辭大系考釋·序》，北京，科學出版社，1957。

西周初期 80 年	武王	公元前 1027～1025	3 年
	成王	1024～1005	20 年
	康王	1004～967	38 年
	昭王	966～948	19 年
西周中期 90 年	穆王	947～928	20 年
	共王	927～908	20 年
	懿王	907～898	10 年
	孝王	897～888	10 年
	夷王	887～858	30 年
西周晚期 87 年	厲王	857～842	16 年
	共和	841～828	14 年
	宣王	827～782	46 年
	幽王	781～771	11 年

陳氏説："以上凡是整數的 10、20、30 都是我們假定的。從夷王起，所定的年代是可靠的。關於西周年代，詳《西周年代考》……。"

近些年來，由於青銅器銘文出土日益增多，其中有不少新資料出現，因此斷代研究也有所進展。李學勤在《西周中期青銅器的重要標尺》一文中提出這樣的看法："銘文中同樣人名，有時不是同一人；即使同一個人，也可能生存於一個以上的王世。……西周金文常見的'周公'、'榮伯'之類實際也是這樣。假設把同樣人名都列諸一王之世，特別是以幾個人名輾轉聯繫，便會把本不同時的器物'濃縮'到一起。《西周銅器斷代》成、康器過多，而昭、穆器太少，與這幾個王的在位年數很不相稱，一部分正是由於這種原因造成的。"[①]他對 1967 年陝西扶風莊白出土銅器群銘文所記載的微氏家族世系進行了排比研究，找出這一家族的連續七世的家譜，以此作爲一個西周中期青銅器銘文斷代的時間標尺。李氏的研究注意到横向聯繫法斷代的不足之處，利用新資料建立起一條西周中期金文斷代的縱向聯繫綫索。由此可見，斷代不僅是方法問題，也關繫到資料問題。

如上所述，斷代也是一項青銅器銘文的基礎研究。我們應當着力去探索，建立起一套嚴密的方法。

---

① 李學勤：《西周中期青銅器的重要標尺》，《中國歷史博物館館刊》，1979（1）。

第三節　甲骨文、金文以外的古文字資料

出土和傳世的古代器物銘文，以甲骨文、金文爲大宗。此外，先秦時代刻寫在他種器物上的古文字資料也相當豐富，如簡牘、帛書、陶文、璽印文、貨幣文、符節文、石刻文、兵器文、漆器文，等等。在這一節裏，我們將擇其要者，分成六類作簡要的介紹。

一　簡帛類

在紙張發明之前，竹簡、木牘和縑帛是幾種主要的書寫材料。我國先秦時代的典籍主要是靠這幾種材料書寫並流傳下來的。

1. 簡冊。簡以竹製的爲多，但也有木製的；竹製的稱爲竹簡，木製的稱爲木簡。大抵南方產竹，多以竹；北方產木，多以木。迄今發現的楚簡，幾乎都是竹簡；甘肅居延發現的漢簡，則多是木簡。

竹簡的製作，通常是把一段段的竹剖開，削治成狹長的竹條，這就是單支的簡。一支簡上寫不了許多字，所以古人通常是把單支的簡編聯在一起使用。編聯成篇的簡叫做"冊"，甲骨文"冊"字寫作卌、卌等形，可以看出簡冊的形象。

竹簡上的文字是用毛筆蘸墨書寫的。新竹含有水份，着墨易於漫漶，字跡不清，所以竹簡必須事先用火烘干。這道工序古人謂之"殺青"，也叫"汗青"、"汗簡"。做成的簡冊用以書寫典籍，因而典籍又有"汗青"的別名。宋代郭忠恕輯錄的古文字典題名《汗簡》，正是利用這樣的名義。

簡冊的使用，始自商代。據《尚書·多士》篇記載："惟殷先人有冊有典。"商代甲骨文有"典"字、"冊"字，掌管文書的史官稱"作冊"，都證明《尚書》的記載是可信的。不過，考古發掘還沒有發現商代以至西周的簡冊實物，主要是年代久遠、不易保存的緣故。以往出土的簡冊幾乎全是戰國以後的遺物。

在古代，先秦的簡冊（古書又作"簡策"），時有出土。數量宏富、影響較大的有兩次，一次是在山東曲阜，一次是在河南汲縣，都是戰國人書寫的古文經書。

西漢武帝末年，居住在山東曲阜的魯恭王擴建宮室，拆除孔子舊宅，在牆壁中得到《尚書》、《禮記》、《春秋》、《論語》、《孝經》，凡數十篇。這幾部古文經書大約是在秦始皇焚書時被人藏入壁中的。東漢時許慎作《說文》，所採用的古文形體，大多來自這批材料。

汲冢竹書，出土於晉武帝太康二年（公元281年）。當時汲郡人盜掘戰國魏襄王墓，① 得竹書數十車。經當時學者束晳、荀勗等人整理，共得古書七十五篇。後來這批古書相繼散佚，流傳至今的只有《穆天子傳》和《竹書紀年》。②

1950年以來，伴隨考古事業的發展，戰國、秦漢簡冊時有出土。截止到2009年底，先秦時代的楚國簡冊共發現了34批。其中比較重要的有：

（1）1951年湖南長沙五里牌406號戰國墓，出土竹簡38支；

（2）1953年湖南長沙仰天湖戰國墓，出土竹簡42支；

（3）1954年湖南長沙楊家灣6號戰國墓，出土竹簡72支；

（4）1957年河南信陽長臺關戰國墓，出土竹、木簡148支；

（5）1965年湖北江陵望山1號戰國墓，出土竹簡207支；

（6）1965年湖北江陵望山2號戰國墓，出土竹簡66支；

（7）1973年湖北江陵籐店1號戰國墓，出土竹簡24支；

（8）1978年湖北隨縣擂鼓墩1號戰國墓，出土竹簡240餘支；

（9）1980年湖南臨澧九里楚墓1號墓出土100餘支竹簡；

（10）1981年湖北江陵天星觀1號戰國墓，出土竹簡整簡70餘支；

（11）1981年湖北江陵九店楚墓56號墓出土205支竹簡；

（12）1986年湖北省荊門市包山2號戰國墓，出土有字竹簡279支；

（13）1986年湖北江陵秦家咀1號墓出土竹簡7支，13號墓出土竹簡18支，99號墓出土竹簡16支；

（14）1987年湖南慈利石板村36號墓出土竹簡4557支；

（15）1989年湖北江陵九店621號墓出土竹簡127支；

---

① 一說魏安釐王。
② 《竹書紀年》一書，據王國維考證，已非汲冢出土十三篇《紀年》之舊。現在我們所看到的《今本竹書紀年》乃是南宋至元明的匯集。清代學者朱右曾匯集古書中所引《紀年》的佚文，編成《汲冢紀年存真》，後來王國維又在朱右曾的基礎上編輯《古本竹書紀年輯校》。這兩種本子世稱《古本竹書紀年》。

(16) 1992 年湖北老河口戰國墓出土竹簡 10 餘支；

(17) 1993 年湖北荊門郭店 1 號墓出土竹簡 805 支；

(18) 1994 年入藏上海博物館的楚簡 1200 餘支；

(19) 1994 年河南新蔡葛陵楚墓出土竹簡 1571 支；

(20) 2000 年入藏上海博物館的楚簡 400 餘支；

(21) 2008 年入藏清華大學的楚簡 2388 支。

以上這些竹簡材料有的已經全部發表，有的只發表了一部分，其餘尚在整理之中。這些楚簡出土的地點比較集中，不出河南、湖北、湖南三省。從國別看，擂鼓墩簡屬於曾（隨）國，其餘均屬楚國。戰國時曾國是楚國的附庸，文化内涵屬於楚文化範疇，所以這批簡册通常也被計入楚簡之列。

從内容看，這些楚簡可以分成三類：遣策、竹書和祭祀祈禱記錄。

遣策是記錄隨葬物品的清單。在爲死者舉行葬禮時宣讀，謂之"讀遣"。之後隨死者及隨葬物品一同入葬。出土的實物，有助於簡文的研究；遣策的文字，也有助於出土器物的識別。考古工作者和古文字研究者，身臨考古發掘工地，以兩者對照考察，每有創獲。

遣策的簡文没有固定的格局。有的一支簡僅記一種隨葬物，有的則依次記錄多種物品。簡單的簡文只寫品名和數量，如仰天湖楚簡：

    一繰（組）繡（帶）　　　　　（22 號簡）

    一鉈（匜）　　　　　　　　　（34 號簡）

    一鎬　　　　　　　　　　　　（38 號簡）

組帶是絲織的衣帶，匜是古人使用的一種盥洗器，鎬是盆盂一類的銅器。略微複雜一些的，則同時記上購贈物品的人名和物品的特徵，如仰天湖 6 號簡：

    何馬之絚（疏）衣，繪（錦）純繪繡。

何馬，購贈者名。錦純錦繡，是這件上衣有特徵的兩個部分（參見選讀 159）。

簡文斷句的地方，往往在字的右下角加上一個標記。不過並不是所有簡文都這樣做，加與不加帶有隨意性。此種標記最早見於春秋末年的侯馬盟書。仰天湖簡還有一種作法是在一支簡的末尾寫上一個"句"或"卩"字，以示在這裏讀斷。長臺關簡還有在一類物品名之前加方形墨丁的作法，顯然都是爲了誦讀遣策的方便。文字以外的符號，秦漢以後又有新的發展，居延漢簡使用的符號已有十餘種。

竹書已發現多種，包括信陽長臺關竹簡、郭店竹簡、上博藏楚簡、清華藏楚簡等。信陽長臺關一號墓共出土兩組竹簡，一組是遣策，另一組是竹書。竹書部分斷殘過甚，已難窺其全豹。學者們根據其中出現的詞語，如"聞之於先王之法"、"皆三代之子孫"、"君子之道必若五浴之溥"、"戔人各上則刑戮至"（參見選讀160）等，推斷可能是一部帶有儒家思想色彩的古書。

郭店楚墓竹簡的內容主要爲道家和儒家的著作。道家著作包括《老子》甲、乙、丙三組和《太一生水》等。儒家作品有《緇衣》、《五行》、《成之聞之》、《性自命出》、《窮達以時》等。

上海博物館藏楚簡内容豐富，已經公佈的第一～七冊簡文中，既有《緇衣》、《周易》、《武王踐阼》、《平王與王子木》等可與典籍對讀的作品，也有《孔子詩論》、《采風曲目》、《容成氏》等已逸的儒家文獻。

清華大學入藏的戰國楚簡包括有《尚書》、《逸周書》、"國語"類史書以及與《周易》有關的典籍等等。

楚簡的内容還有一類，是死者卧病期間卜覡爲其貞卜、祭祀和禱祝的記錄。望山、天星觀及包山楚簡均屬此類。從包山楚簡的簡文内容看，卜筮祭禱記錄共54支簡（簡197—250），内容皆是爲墓主邵㐪貞問吉凶福禍，請求鬼神與先人賜福、保佑。祭禱的對象可分爲鬼神（包括各種神祇、山川、星辰等）和先人（包括遠祖如老僮、祝融等與近祖如楚昭王、文坪夜君等）。[①]

已發現的楚簡文字都是用毛筆書寫在竹簡上的，筆畫兩端尖峭，中間略粗，起筆和收筆處均不藏鋒。就書體而言，當是古人所樂道的"蝌蚪書"。

楚簡文字體式近方而略扁，橫畫多作向上昂起的圓弧形，帶有濃厚的地域色彩。從文字結體看，有些是僅見於楚文字而爲他國所不曾有的。如：

之	於	裏
如	則	必
夜	豢	福
左	坪	組

特殊的文字風格和結體，對於鑑別有銘器物的時代和國別、考釋疑難字，常常具有重要的參考價值。

包山楚簡"癸亥之日"的"癸"字，寫作。相同的寫法又見於楚鄔客

[①] 湖北省荆沙鐵路考古隊：《包山楚簡》，12、13頁，北京，文物出版社，1991。

銅量銘文。這是我們以往所不熟悉的楚文字的一種特殊結體。由此我們便獲得了充分而可靠的證據，對《古璽彙編》1533號私名璽"孫✦"作出新的考證。作爲人名的這個字爲以往所不識，現在可以肯定就是"癸"字；此璽的國別屬楚，其時代爲戰國之世，都是毫無疑義的。

又如，《古璽彙編》一書收有以下兩方私名璽印：

苟✦ （2258）　　　口✦ （3588）

過去我們雖由"苟"字的寫法，疑爲楚人遺物而不敢肯定，現在在包山楚簡裏又看到了其中從羊的一個字，形體結構基本相同，在他國文字裏還未曾出現過。儘管此字尚不能確識，但對這兩方印國別的考訂，無疑是一個值得重視的綫索。

以上所討論的楚簡都是戰國時代楚國的遺物。此外，1975年12月在湖北雲夢縣睡虎地秦墓中還首次發現了數量相當可觀的秦國竹簡，總數共1100多支。出土時，竹簡在棺內分八組存放。簡長23.1～27.8釐米，寬0.5～0.8釐米。簡文用秦隸墨書於篾黃上，也有少數是兩面書寫，字跡大多清晰可辨。但由於編綴的繩索已朽，原來簡册的順序多已散亂。

經整理，雲夢秦簡分爲《編年記》、《語書》、《秦律十八種》、《效律》、《秦律雜抄》、《法律答問》、《封診式》、《爲吏之道》和《日書》（甲、乙），共計九種。其中《語書》、《效律》（原簡無"律"字）、《封診式》和《日書》乙種爲原有標題，其餘爲整理後擬加的。

《編年記》共53簡，起自秦昭王元年（公元前306年），止於秦始皇三十年（公元前217年），簡要地記載了這九十年間的大事。這部戰國晚期年表，與《史記》一書的記載大體一致，但某些史事的年代略有出入。有些史實的記載較史書詳盡，有的則是史書所失載的，可以彌補其不足。

《語書》共14簡，是秦始皇二十年（公元前227年）四月，南郡守騰頒發給所屬各縣、道的文告。《爲吏之道》共50簡，每簡上下分爲五欄，內容龐雜，似爲雜抄的拼合，主要內容是講爲官的一些守則。其中末尾抄錄的魏安釐王二十五年（公元前252年）頒布的兩條魏律，具有重要史料價值。《日書》兩種，共166簡，內容多屬吉凶宜忌，糟粕多於精華。不過對研究當時人的心理意識，仍值得重視。

雲夢秦簡中所佔比重最大的是法律文書。《秦律十八種》、《效律》、《秦律雜抄》、《法律答問》和《封診式》均屬此類，共計600多支簡。據學者們研究，《法律答問》中的部分律文是秦孝公時商鞅創立的，其他大部分是秦昭王至始皇初年所修訂。秦律內容豐富，政治制度、經濟制度、軍事制度以及秦統治階級的意志都以法律條文的形式固定下來，是我國時代最早的一部系統的成文法典。

2. 木牘。木牘是用來書寫記事的木版。《說文》："牘，書版也。"段注說："牘，專謂用於書者，然則《周禮》之版，《禮經》之方，皆牘也。"可見方、版都屬於木牘的範疇。木版係用木材剖割刮製而成，其形或長或方，與竹簡形式或異，而用途則一，因此古人又稱木牘爲木簡。

先秦時代的木牘發現的不多，總共只有三件，其中兩件是家信，一件是記載律令的文書。

兩件家書尺牘，一件殘長16釐米，一件全長23.4釐米。據報導，兩件尺牘正反兩面均有文字，共計527字。據研究，這兩封家信記載的背景，是楚將項燕立昌平君爲王，起兵反秦而被秦軍擊敗的事，寫信的時間是在秦統一六國的前兩年，即公元前223年①。

文書木牘出土於四川省青川縣郝家坪50號戰國墓。長46釐米、寬3.5釐米、厚0.5釐米。正面和背面皆有墨書文字，凡121字。正面記錄秦武王二年丞相甘茂等重修的《爲田律》全文，背面記不修阡陌道路的日辰。牘文涉及先秦時代田畝、封疆、阡陌、除路等方面的制度（參見選讀157），對研究我國先秦土地田畝制度具有重要價值。

這幾件木牘的字體屬於古隸，其字形結構略同秦篆，但文字的組成已經不是曲綫而是近於平直的筆畫，文字形體結構比較簡單。下面略舉數例以資對照：

青川木牘：百 大 正 其 除 又 阝

小　　篆：百 大 正 其 除 又 阝

秦代木牘文字橫畫的起筆處每有頓挫，上舉"百"、"正"二字就是其例。"二"、"之"、"王"等字，橫畫落筆處均較重，和楚文字風格有明顯的差異。後來漢代隸書所謂蠶頭燕尾、一波三折的寫法，便是由此發展而成的。

（三）帛書。帛書的書寫材料是縑帛。由於價格昂貴，帛書的應用似不如

---

① 黃盛璋：《雲夢秦墓兩封家信中有關歷史地理的問題》，《文物》，1980（8）。

簡牘那樣普遍。從出土的情況看，西漢長沙馬王堆帛書算是大宗，已有大部分材料發表。先秦時代的帛書，目前只有一件，就是 20 世紀 40 年代湖南長沙子彈庫出土的戰國楚帛書。

長沙帛書出土於 1942 年（一説 1934 年），是在一座木槨墓中被盗掘發現的。出土不久即流失國外，現藏美國紐約大都會博物館。帛書長 38.7 釐米、寬 47 釐米，略呈方形。整幅文字約有 900 多個，字體爲戰國楚文字。帛書四週還繪有十二個形態各異的月神圖像。帛書最早著錄於蔡季襄的《晚周帛書考證》，係摹本。後來先後又有幾種摹本發表，文字摹寫的工夫互有長短。1973 年澳大利亞學者巴納利用紅外綫技術，重新拍攝了帛書照片，發表於他本人所撰寫的《楚帛書研究》一書。這幀帛書照片所顯示的文字和圖像比較清晰，爲深入研究帛書內容，提供了很大的方便。

帛書文字由三部分內容組成。中間兩篇文字，一篇八行，一篇十三行，一正一倒排列。帛書四週是另一篇，由十二個小段落組成，分別書寫在十二個神像的旁邊。

帛書十三行的一篇記述的是上古神話傳説。其中提到的古代帝王有伏羲、祝融、炎帝、共工等人，同時也説到朝、夕、晝、夜的形成，反映了當時楚人對宇宙、自然的看法。八行的一篇講天象與人世災異之間的關係。帛書四週十二段文字分別叙述一年之中十二個月行事的休咎宜忌。諸如攻城、聚衆、築邑、侵伐、會諸侯、刑首事、戮不義、享祀、出師、娶女、娶臣妾之類。每段之前單起一行，書寫月神名稱，每段開頭先説月名，月名來自月神名。如：一月的月神名是"取於下"，月名叫作"取"；七月的月神名是"倉莫得"，其月名叫作"倉"，等等。

帛書的十二個月名，和《爾雅·釋天》的記載暗合（參見選讀 158）。兹作對比如下：

帛書	《爾雅·釋天》
一月　取	陬
二月　女	如
三月　秉	寎
四月　余	余
五月　敀	皋
六月　叡	且

七月	倉	相
八月	臧	壯
九月	玄	玄
十月	昜	陽
十一月	姑	辜
十二月	荃	涂

其中四月的月名"余"和九月的月名"玄",兩者完全一致,其余各月文字有異,但都是同音假借關係。可見《爾雅》一書的記載是有根據的。

二 玉石類

刻寫在石器、玉器上的古代文字,在古文字資料中佔有相當的比重。始於宋代的舊金石學,便是以銅器和石刻作爲研究的主要對象。所謂石即指石刻。我國的石刻文字起源頗早,但大量刻石並蔚成風氣,當在秦漢以後。秦統一中國,爲了"刻石頌秦德",從始皇二十八年起先後在嶧山、泰山、之罘、琅琊等地刻石頌贊始皇業績。漢、魏以後,漸成風氣。石刻是我國古代寶貴文化遺產的一部分。

刻石文字最早可以追溯到原始社會的後期。1950年以前流失到海外的幾件玉器上刻有文字符號,圖形性很強:上面作鳥形,下面是五峰的山;還有的上面作日形、下面作火形,有的學者分別釋之爲"島"和"炅"。① 這幾件玉器屬於江浙一帶良渚文化的遺物,是我國目前所見最早的石刻文字。

商代後期的石刻文字,考古發掘中也時有發現。在殷墟安陽小屯曾經發掘出一件石簋的斷耳,上面刻有記事文字,云:"辛丑,小臣亞(系)入罕(擒),宜才(在)書以殷(簋)。"書,地名,五期乙、辛卜辭習見,是商王狩獵常去的地方。"宜",祭名,把牲肉陳放在俎几上享祀祖先的祭法叫作"宜"。"宜才書以殷",是説這件石簋曾經被當作祭器在書地使用過。此外,殷墟出土的器物中還有一件刻有"大示㞢"三字的玉佩,一件刻有"小臣出"的石牌和三件刻字石磬。在安陽苗圃北地發現一些刻有組合數字的石器,石器爲長方體,上面有曾經磨礪的痕跡,據研究爲實用的磨石。這些磨石的側面刻有六字

---

① 李學勤:《古文字學初階》,21頁,北京,中華書局,1985。

一組的數字，和以往在周原甲骨和周代早期銅器上所見到的數字卦象符號爲同類性質。報導者認爲是在器物製成之後，付諸使用之前所進行的筮驗的記録。①

西周的石刻所見不多。20世紀初曾出土一件玉戈，②刻有銘文，1919年流失國外，現藏美國華盛頓弗利亞美術館。陳夢家《西周銅器斷代》（三）附記曾叙及，今重作釋文如下：

　　　　六月丙寅，王才豐，令大保省南或（國）。帥漢寇（殷）南，令▨侯辟，用▨走百人。

戈文共27字，記述成王在豐京令召公奭巡省南國，召公循漢水至殷疆以南，册命當地諸侯的歷史事實。銘文字小如粟，和1977年陝西周原出土的周人甲骨十分相近，可見是周人特有的傳統作風。

東周石刻，以石鼓文最爲顯赫。石鼓文是十首爲一組的四言詩，因刻在十塊鼓形石上而得名。其内容多記畋漁之事，故又名"獵碣"。石鼓舊傳於唐初在陝西鳳翔出土。出土後歷盡週折，其中《作原》一石，曾一度遺失，被人削去上端，毀作舂臼。此鼓文字今已漫滅。其餘九石也有不同程度的缺損，原石今藏北京故宫博物院。

關於石鼓文的年代，學術界尚無一致看法。剛發現時，曾有人主張是宣王所作，太史籀所書，是周宣王時代的作品。近代學者羅振玉、馬叙倫主張秦文公時（公元前765～前716年），馬衡主張秦穆公時（公元前650～前621年），郭沫若主張秦襄公時（公元前777～前766年），唐蘭主張秦靈公時（公元前424～前415年），李學勤同意唐蘭所指出的石鼓文晚於秦公鐘、秦公簋的看法，但不主張會晚至戰國，認爲石鼓文是春秋中晚期的作品。③

就字體而言，石鼓文勻稱規整，結體稍涉繁複。其中"嗣"、"鼎"、"關"、"尌"等字的結體，與《説文》籀文相吻合。從古漢字形體發展序列看，應該是西周晚期金文到秦小篆的中間過渡階段的字體。石鼓文出土於秦地，文字帶有濃厚的秦系文字特點，屬於秦刻石看來是毫無疑義的。

晚於石鼓文的秦刻石，有詛楚文。

---

① 參見鄭若葵：《安陽苗圃北地新發現的殷代刻數石器及相關問題》，《文物》，1986（2）。
② 王大隆：《陶齋古玉圖》，84頁，成都，巴蜀書社，1984。
③ 李學勤：《東周與秦代文明》，186頁，北京，文物出版社，1984。

詛楚文共有三石，均爲宋代出土。一件爲巫咸文，宋嘉祐間得之於陝西鳳翔開元寺土下，原有326字，殘缺磨滅者34字；另一件爲亞駝文，原藏洛陽劉忱家，325字；還有一件爲大沈厥湫文，宋治平中得之於陝西渭水朝那湫旁，318字。

詛楚文三石久已亡佚。原石究竟是什麼形狀，已無從得知。將來或許還有重新面世的機會。現在我們看到的詛楚文拓本，都不是宋代的原拓，而是宋、元以後的翻刻本。如郭沫若《詛楚文考釋》一書所收的拓本，就是據元代至正年間中吳刊本摹刻的，至於其間曾經幾度翻刻，現在已經無法推考了。

現在傳世的絳帖本和汝帖本字數不同。絳帖本35行384字，合巫咸、大沈厥湫兩文而成；汝貼本21行213字，亦合巫咸、大沈厥湫兩文而成，只是其中已有不少刪節。這兩種本子均收入容庚《古石刻零拾》一書。

據考證，詛楚文是在秦惠文王後元十三年（公元前312年），即楚懷王十七年作的，是惠文王向巫咸、大沈厥湫和亞駝三位神靈詛告楚懷王罪狀的文辭。其格調頗類似於《左傳·成公十三年》呂相絕秦書。三石的內容基本相同，只是詛祝的神靈對象名稱不一樣（參見選讀153）。

戰國詛楚文、春秋石鼓文和秦統一以後的小篆文字互有異同。試比較下列各字：

石鼓文	詛楚文	小篆	石鼓文	詛楚文	小篆

不難看出，"以"、"之"、"不"、"君"諸字寫法基本相同，沒有明顯的區別；而"子"、"及"、我、則、是、亞諸字石鼓文與詛楚文非常接近，和小篆則有一定的差異。小篆的形體不像前者那樣複雜難寫。由此可見，三者雖然同屬一個體系，但在未經人爲改造的春秋戰國時代的秦文字一直是在自然地向前發展，變異不甚顯著。秦統一六國，李斯等人造小篆，在原有秦文字的基礎上作了一些省改的功夫，從文字上可以看得出來。

戰國時代文字較多的小件石刻有兩種，一是河光石刻，一是玉製行氣銘。

河光石刻，石高 90 釐米，在河北省平山縣出土。上面刻有 17 個字的銘文：

[印] 罟又臣公乘得，守丘丌（其）白狀（將）曼，敢謁後尗賢者。

石刻文字爲三晉系六國古文。從出土地看，應屬於古中山國遺物。石刻文字涉及到兩個人名："公乘得"和"曼"。前者爲臣，後者爲將。因見其中有"守丘"二字，說者多以爲《周禮》冢人、墓大夫之屬，但並不能說明爲什麼要刻石並埋於地下。依我們的看法，河光石刻不會是日常實用之物，它有可能如同吐魯番出土的桃人木牌一樣，是一種立於塋丘附近、鎮守墓舍的物件。銘文中所提到的人物，生時爲管理墓地的職官，死後則被奉爲守墓的神靈，即後世墓志銘中常常提到的丘神、墓伯之類。

玉製行氣銘的銘文刻寫在一件玉製十二面棱柱體上，中空而頂端未透，側面有一孔。以往不清楚它的用途，有人說是玉佩，有人說是玉劍珌，還有人說是玉刀珌，經今人研究應是玉杖首。原器現藏天津市文物管理處。銘文 45 字，內容是講行氣的方法和原則的（參見選讀 155）。行氣屬於氣功的一種。我們的祖先早在兩千多年以前就總結出如此成熟的氣功理論，確實是值得稱道的。

玉製行氣銘文字屬於典型的三晉字體。河光石刻是中山國的作品。戰國時期，中山地處燕、趙之間，其文化面貌受到兩國的影響。從文字上看，中山基本上屬於三晉體系，但也雜糅了一些燕文字的色彩。

以上我們討論了刻石文字。此外，春秋晚期還有一種用毛筆書寫在玉石片上的古文字資料，這就是春秋末年晉國的盟書。

1965～1966 年，在山西侯馬秦村以西的古晉國盟誓遺址，出土盟書 5000 餘件，其中能够辨別字跡的有 600 多件。盟書係用玉石片寫成，形狀不一，有圭形、璋形和璜形，也有形狀不大規則的。文字多用朱書，少數墨書。

盟書是古代盟誓的誓詞。《周禮·司盟》注云："盟者，書其辭於策，殺牲取血，加書於上而埋之，謂之載書。"古人爲了達到某種目的，往往要舉行盟誓儀式，借助鬼神的力量相互約束。盟書是在盟誓之後放在牲體之上一同埋掉的，故又稱"載書"。出土的盟書多是玉質，所以也有人名之爲"玉簡"。

侯馬盟書根據盟辭內容，大體可分爲六類，即宗盟、委質、納室、詛咒、卜筮和其他。其中爲數最多的是宗盟類和委質類，內容大多雷同，參盟者在盟辭中表示要"剖其腹心以事其主"，聽從趙嘉（又稱子趙孟）的指揮，永遠不幫助趙尼及其同夥返回晉國（參見選讀 156）。趙嘉和趙尼究爲何人？學界的看法尚不能一致。一說主盟人趙嘉即趙桓子，而趙尼則是被逐的獻子趙浣。一說趙嘉是趙鞅（趙簡子），而趙尼則是被簡子殺死的趙午的兒子趙禝。

另外，20世紀40年代初在河南沁陽也曾出土過盟書。這批盟書出土後大多散佚，從僅存的幾件標本（現藏中國社會科學院考古研究所）看，習用語匯如"閈（剖）其腹心"、"自今以往"、"明亟覹（視）之"、"麻夷非是"等與侯馬盟書大多相同，區別主要是參加盟誓的人名絕大多數不同。沁陽盟書裏出現了不少韓姓人物，反映了春秋末年晉國韓氏宗族內部的分化和斗爭。[①]

20世紀80年代初，與沁陽相鄰的溫縣又發現大批墨本盟書，據報導，發掘面積594平方米，發現土坑124個，其中16個埋有書寫盟辭的石片，數量總計達萬片之多。[②]

盟書的文字，一律爲毛筆的手寫體。字體方正，揮灑自如，用筆十分自然流暢。文字筆畫平直，字體近方而略長，與楚簡字體風格判然有異。戰國時代典雅秀麗的三晉字體，應該就是盟書字體風格的繼承和發展。

許慎在《説文解字·叙》中曾經指出戰國時期"言語異聲，文字異形"的現象，從出土盟書文字看，文字異形的趨嚮早在春秋末年即已漸趨形成。張頷歸納侯馬盟書文字混亂現象爲：（1）偏旁隨意增損。（2）部位游移，繁簡雜側。（3）義不相干，濫爲音假。（4）隨意美化，信筆塗點。[③]戰國陶、璽、貨幣文字循此繼進，愈演愈烈，終於釀成爲我國漢字發展歷程中空前混亂的一個階段。

三　古璽類

璽印的使用，在我國具有悠久的歷史。傳世和出土的古代璽印，包括了由戰國乃至明清兩千年的作品。先秦古璽絕大多數是戰國時代的遺物。

先秦古璽的數量很大。羅福頤主編的《古璽彙編》一書共著錄各類官私璽印5700餘方，是研究先秦時代歷史、地理、官制和文字的一宗重要文字資料。

秦代以前，"璽"是印章的通稱。中央、地方以及私人使用的印章均稱"璽"。秦統一以後，規定皇帝所用爲"璽"，一般只能稱"印"。從此"璽印"

[①][③]　參見張頷：《侯馬盟書叢考續》，《古文字研究》第一輯，北京，中華書局，1979。
[②]　河南省文物研究所：《河南溫縣東周盟誓遺址發掘簡報》，《文物》，1983（3）。

二字便被打上了封建等級制度的烙印。

古璽如何分類？值得研究。《古璽彙編》一書把古璽分爲官璽、姓名私璽、複姓私璽、吉語璽和單字璽五類。存在的問題是，兩類私璽不當分列，吉語璽中有一部分是屬於箴言的，如"正行亡私"、"士信"等，應該同"富昌"、"千秋"之類的吉語印分開，另立門類。至於單字璽，内容比較複雜，有的是地名，有的是人名，有的是吉語或箴言的省語，應視情況歸併到相應的門類中去。我們主張古璽分爲四大類：

1. 官璽

（1）地名　如：洵城　坪阿

（2）職官　如：司馬　大賓　序嗇夫　行士之鉨　戠飤之鉨

（3）地名＋職官　如：左邑發弩　襄平右广　武隊大夫

2. 私名璽

（1）單姓人名　如：肖齒　王敦狐　宋棄疾　富迷

（2）複姓人名　如：司馬佗　公孫寅　空侗聞　命狐買

（3）單字人名　如：秦　駘　逆

3. 吉語璽　如：安官　長生　千歲　善　禄　得衆

4. 箴言璽　如：悤言　正行　明上　恒　必正　日敬

除以上四類專刻文字的以外，還有一種刻有鳥獸或人物形象，世稱肖形印。肖形印也有兼刻文字的，數量極少，可以算作是肖形印的附類。

各類璽印用途不一，但主要是用於捺印封泥、封緘文書和其他物品。《釋名·釋書契》："璽，徙也。封物使可轉徙，而不可發也。"又："印，信也。所以封物爲信驗也。亦言因也，封物相因付也。"明確說明璽印的封緘作用。古人把加印封泥的簡書稱爲"璽書"。《國語·魯語下》："襄公在楚，季武子取卞，使季冶逆，追而予之璽書。"注："璽書，印封書也。"傳世封泥遺物，秦漢的居多，先秦時代的較少，大概是泥質不堅，歷久容易粉碎的緣故。[①]

璽印的另一個重要用途是施印於陶器。出土的陶文有一些是刻劃的，還有相當數量是在燒製之前用璽印鈐上去的。

[①] 河南新蔡縣新蔡古城址曾出土一批戰國楚封泥（參見周曉陸、路東之《新蔡故城戰國封泥的初步考察》，《文物》，2005年1期）；1995年陝西西安相家巷出土大批秦封泥資料（參見《秦封泥集》，西安，三秦出版社，2000），等。

戰國中晚期中原各國普遍實行"物勒工名"的產品考核制度，陶工及與製陶生產有關的官員，在陶器上壓印冠以籍貫或職官的名章，較比逐個刻劃無疑省事得多。《古璽彙編》一書所收白文官印：

    陳窶立事歲，安邑亳（搏）釜   （0289）

    陳楠三立事歲，右稟（廩）釜 （0290）

該印就是齊國地方、倉廩製陶業官長專用的陶印。黃賓虹曾對陶文和璽印做過比較研究，在他所揭舉的實例中，有的是兩者文字相同而寫法略異的，有的則是兩者完全相同的。對璽印用途無疑是極有力的證明。黃氏在實物考察之後指出："古璽文字前人莫明其所用，今以陶器證之，有可確知其爲款識之模型而無疑義。"① 這種方法在秦統一以後仍然沿用。據報導，秦都咸陽的亭里陶文，多係陽文印章捺壓而成，故呈凹下的白文。

  派作特殊用場的古璽，以往也時有發現。羅福頤曾據《貞松堂集古遺文》一書所著錄的漢代"靈丘騎馬"烙印，推知前人印譜著錄的"邦駘"、"常騎"爲古人烙馬用印，並指出大型古璽"日庚都萃車馬"爲戰國烙馬印。② 另外，《古璽彙編》一書所收"南門出鈢"（0168）和"勿正關鈢"（0295）性質一樣，是已納市賦者運貨出城的證件。③ 許慎《說文》"卪"字下所說"貨賄用璽卪"，應該就是指此類璽印而言的。由上可見，古璽用途不止一端，更多的方面仍有待於今後深入探討。

  先秦古璽的國別，也是值得討論的問題。大家知道，運用古璽材料研究古代歷史和文化，區分和確定國別是十分重要的。這個問題過去研究得不多，近年頗有進展。

  古璽國別的考訂，要考慮到多方面的因素，其中主要的是形制和字體。出土情況也是不能忽視的一個因素。

  所謂形制，是指鈕式、印面形狀、邊框界格及款識等方面的情況。各國璽印的形制往往各具特點，掌握其中的規律有助於璽印國別的考訂。

  根據學者們的研究，四面呈階梯形的臺鈕均屬秦印；長條形璽面而鈕呈柱狀者多爲燕印，上海博物館所藏"大司徒長勹乘"璽是其典範作品；方形印面

---

  ① 黃賓虹：《陶璽文字合證·序》。
  ② 羅福頤：《近百年來古璽文字之認識和發展》，《古文字研究》第五輯，北京，中華書局，1981。
  ③ 湯餘惠：《楚璽兩考》，《江漢考古》，1983（2）。

而有一邊凸出作凸形者，如"遷盟（？）之鈢"、"齊立邦鈢"，"易都邑（？）聖遷盟之鈢"均爲齊印。另外，先秦官璽中有一種璽面呈正方形而有田字形界格的白文印，如"敀（造）寶（府）之鈢"、"正官之鈢"、"計官之鈢"、"襄官之鈢"、"連官之鈢"、"軍計之鈢"等，均爲楚國官印。

從文字的風格和結體特點鑒定璽印的國別，方法簡便，但要掌握這種方法並不容易。需要對已有的各種戰國文字資料作通盤的考察，從中找出各系文字帶有規律性的特點，再運用所取得的知識，悉心觀察分析每一方璽印的每一個字、每一個偏旁，如此方能對其國別做出合於客觀實際的判斷。

根據以往的研究，戰國文字大體可以分爲五系，即：三晉（周、衛、中山附）、秦、齊、燕、楚（吳、越、曾附）五系。五系文字的差異主要表現在風格和結體的不同。

一系文字的風格體現爲筆勢、間架上的若干共同特點。一般說來，三晉文字端莊整飭，用筆細膩纖巧。官璽中的朱文小璽，如"陽州左邑右朱司馬"、"疋苓司馬"、"高志司寇"、"文夵（臺）西疆司寇"，皆爲典型的三晉風格。秦文字大多筆畫屈曲柔弱，構形繁密，箴言印"日敬毋治（怠）"（參見選讀130），"私鉩"白文印和"富貴"長方形吉語印，是其代表作。[①] 目前已被確認屬於先秦時代的秦人璽印，數量遠不如其他各國之多。原因可能是秦漢的篆書和晚周秦文字差別不大；哪些是秦代以前的，哪些是秦代以後的，不易分辨。私名印中有一種小型長條印，白文，多帶有日字形界格，通常皆以爲秦漢印，其實很可能其中有不少是晚周秦人的作品。

齊、楚、燕三系文字地域性風格特點比較濃厚。齊文字體式修長，筆畫勻稱，喜用繁飾，"東武城攻（工）市（師）"、"易都邑（？）聖遷盟（？）之鈢"、"子栗子信鈢"、"卑醫匠夠信鈢"（參見選讀123）具有代表性。楚文字恣肆豪放，疏闊遒勁，用筆圓轉流暢。"南門出鈢"（參見選讀121）、"大賓"（參見選讀120）、"行寶之鈢"、"高寶之鈢"（參見選讀122）是其典型作品。燕文字方正規整，筆畫僵硬流於呆板，"東易洀（海）澤王勹鍴"、"左市"、"外司聖鍴"體現了燕文字的風格。

五系文字特殊的結體，是判定璽印國別的顯著標志。燕文字"長"字寫作 ，特點是下方的"人"旁直筆右戾，並於右側加點飾。凡如此作的非燕莫

[①] 參見《古璽彙編》，421頁4623號，404頁4424號。

屬。據此，可以發現《古璽彙編》一書所收200多方"長"氏私名璽印，其中有30餘方是燕人的作品。同樣道理，我們根據楚文字"五"寫作🝅，可以把該書3084"五易"訂爲楚人印鑒。驗之於古璽文字，亦無不合。

依據上述方法，我們曾對《古璽彙編》一書所收楚、齊、燕三國各類璽印做過初步的鑒別，[①] 可供進一步研究的參考。

古璽國別的考訂，往往和文字考釋緊密相關。先秦官璽有"連尹之鉨"，其中"之"、"鉨"二字寫法帶有典型的楚文字特點。結合典籍，《左傳·宣公十二年》楚有連尹襄老，又《襄公十五年》楚大夫屈蕩爲連尹，《昭公二十七年》楚有連尹奢，證明"連尹"爲楚國職官。這樣，考訂此璽的國別就有了雙重的佐證。

古璽又有"相陵莫嚻"白文官印，羅福頤在《近百年來古璽印研究之發展》一文中指出：

> 《左傳·桓公十一年》："楚屈瑕將盟貳、軫，鄖人軍于蒲騷，莫敖患之。"杜注："莫敖，楚官名，即屈瑕。"又《莊公四年》楚屈重，《襄公十五年》楚屈到，又《二十二年》楚屈建，又《二十五年》楚屈蕩，均稱莫敖。按《桓公十一年》楚莫敖，《漢書·五行志》作莫嚻，《淮南子·修務訓》亦作莫嚻。《爾雅·釋訓》釋文説："敖本作鰲，又作嚻，同。"因是知璽文莫嚻即莫敖。

莫嚻爲楚官，於文字也可印證，"陵"以及"嚻"字中"百"旁寫法都具有楚文字的特點。判定此璽爲楚物是無可懷疑的。

古璽文字的考釋，近幾年來成績很大。《古璽文編》和《古璽彙編》兩書的問世，把分散的古璽印材料集中到一起，爲璽印文字的排比考索創造了極爲方便的條件。在此基礎上學者們糾正了以往的不少誤釋，並識出了一大批新字，如：百、制、受、檸、豕，以及從虐的字、從韋的字、從襄的字、從堯的字、從告的字、從戒的字、從孫的字，等等。這些大多已被學術界所公認。但是也應看到，古璽文字如同他種戰國文字一樣，形體變化多端。同一形體往往存在若干種釋法的可能。加之璽印（尤其是私名璽）大多無文義、文例可循，不容易得到辭義方面的驗證。所以有些在文字形體上似乎説得過去的看法，一

---

① 詳見湯餘惠：《略論戰國文字形體研究中的幾個問題》，《古文字研究》第十五輯，北京，中華書局，1986。

時還難以被人們接受。將來出土的古文字材料多了，或許可以得到驗證。認識到這一點，有助於克服考釋文字時最容易犯的武斷的毛病。

四　陶文類

陶文在各種器物銘文中，算得上是最古老的一個門類。

在陶器上刻劃文字符號，最早可以推溯到新石器時代的晚期。前文談漢字的起源問題時，我們已經提到，在西安半坡仰韶文化遺址、山東城子崖龍山文化遺址以及山東莒縣陵陽河大汶口文化晚期遺址以及其他遺址中，發現了不少刻在陶器口沿部位的符號和文字。有趣的是，此種單個出現的符號和文字始終綿延不絕。商代殷墟小屯出土的陶文中有 、、、田 等形體，與甲骨文的"木"、"中"、"奉"、"田"完全相同，視爲文字應該是不會有多大問題的。這種陶文大約是陶器製造者或使用者的名字，但也可能是某種其他的標誌。

不過，陶文真正用於記事，還是西周以後的事。近年出土的西周陶簋殘片銘文云："器訤，書成爲用。"大意是說，這件陶簋的名字叫訤，刻字之後即付使用（參見選讀144）。這件陶文的字體和同時代的西周金文酷肖，似是目前所見到的用陶文記錄語言最早的一例。

東周以後的陶文，以齊、燕兩國爲最多見，秦、三晉次之，周、楚、邾、滕偶有出土。

齊國的陶文，大多出土於山東齊臨淄故城。大量的是用戳記捺印的陶文，也有一部分是刻款。齊陶文字有大體固定的程式，可分爲四類：

第一類　用某人"立事"記年，如：

1. 王孫陳棱立事歲，左里敀亳區。　　　　　　　　（《季木》83.6）
2. 華門陳棱䣞，左里敀亳區。　　　　　　　　　　（《季木》79.8）
3. 昌檣陳囨，南左里敀亳區。　　　　　　　　　　（《季木》80.9）
4. □□陳□䣞，左里□亳豆。　　　　　　　　　　（《季木》79.12）
5. 陳棱，敀亳。　　　　　　　　　　　　　　　　（《季木》80.4）

1辭的"立事"即涖事，指任督造官長。2辭的"華門"和3辭的"昌檣"，是立事的地點。齊陶言"某某立事歲"，一語雙關，既以紀年，同時也說明督造者爲何人。"立事歲"，即立事的第一年，2辭和4辭里的"䣞"，是"䣞立事

103

歲"的省語，即立事的第三個年頭。2辭和5辭在人名之後不注年歲，疑與言"立事歲"者同，即指立事之當年。5辭只四字，可能是1辭的省語（參見選讀148）。

第二類　標記王卒身份，如：

王卒左敀牐圖廠里土　　　　　　　　　　　　　　　（《季木》62.1）

在陶工的籍貫和姓名之前，附記"王卒"二字，有人認爲這種陶工是以王卒身份參加官營製陶手工業的。

以上甲、乙兩類或刻督造者名或刻王卒字樣，此種陶器應屬官府手工業製品。

第三類　巷①里陶文。此類文字繁簡不一。繁者巷、里、工名皆具，簡者省略巷、里名或工名，最簡者只記工名。如：

    緐巷吞匋里奠　　　　　　　　　　　　　　（《季木》42.1）
    緐巷瞉里　　　　　　　　　　　　　　　　　（《季木》41.1）
    西酷里陳何　　　　　　　　　　　　　　　　（《季木》37.3）
    豆里賧　　　　　　　　　　　　　　　　　　（《季木》34.9）
    闗里馬柊　　　　　　　　　　　　　　　　　（《季木》34.5）
    北里五　　　　　　　　　　　　　　　　　　（《季木》33.8）
    楚　　　　　　　　　　　　　　　　　　　　（《季木》6.12）
    波　　　　　　　　　　　　　　　　　　　　（《季木》14.3）
    賻　　　　　　　　　　　　　　　　　　　　（《季木》8.8）

巷里陶文爲數最多，一般認爲屬於私營製陶業產品。

第四類　公量陶文，如：

    吞坿（市）區鎣　　　　　　　　　　　　　　（《季木》72.12）
    公釜　　　　　　　　　　　　　　　　　　　（《季木》22.3）
    公區　　　　　　　　　　　　　　　　　　　（《季木》72.3）
    主豆　　　　　　　　　　　　　　　　　　　（《季木》22.4）
    主區　　　　　　　　　　　　　　　　　　　（《季木》72.3）

此類器名之前冠以"市"、"公"、"主"之類字樣，說明是國家爲地方官府或市

---

① 該"巷"字舊釋"鄉"、"遷"、"鄙"等，此從李學勤釋。參見李學勤：《秦封泥與齊陶文中的"巷"字》，《陝西歷史博物館館刊》第八輯，西安，三秦出版社，2001。

亭製造的標準量器。

燕國的陶文大部分出土於河北易縣燕下都遺址。其文字大多是用璽印鈐出來的。最常見的銘文格式是稱"陶工某",省稱為"陶某"。或"某",如:

缶攻上	(《季木》27.1)
缶攻乘	(《季木》28.4)
缶攻癸	(《季木》28.8)
窑攻迮	(《季木》27.8)
窑攻昌	(《季木》28.1)
缶午	(《考古》) 1962 (1)
奇	(《考古》) 1962 (1)

"缶"、"窑(寶)"假借爲"陶",以"攻"爲"工",是燕文字的習慣作法。燕陶的另一種格式是稱"左宮某"或"右宮某",如:

左宮癰	(《季木》29.9)
右宮郫(?)	(《季木》29.10)
右宮恆	(《季木》29.7)

此類多是正方形印記,款式極有規矩,當係官陶所爲。其"宮"字下半作上下相連的兩個倒三角形,爲燕文字特有寫法。左、右宮疑是燕官府作坊名稱。燕國陶文還有記年的一種,如:

十年八月,右匋肖倕㐌(看),㪯賀。　　　　　(《季木》61.7)

二十二年□月,左匋肖左匋□昜,㪯□。　　　(《季木》61.9)

年月之後還記有陶尹和㪯的名字。據考察,這類燕陶工匠名每每相同,可能是同一王世的作品,或以爲即燕王喜時的器物。[①]

三晉的陶文,20世紀50年代在洛陽、鄭州兩地均有出土,其中採用刻款的綦母綱陶盆是引人注目的一件(參見選讀145)。

近年來在河南省鄭州、滎陽、新鄭、登封等地的考古發掘中得到的陶文資料,絕大多數屬於戰國時期韓國的東西。過去人們對齊、燕陶文比較熟悉,而對三晉瞭解得不多,韓國陶文資料的出土,在一定程度上彌補了這方面的缺憾。

據報導,河南登封陽城遺址出土的陶文以陰文爲主,陽文少見;以鈐印者

---

① 參見李學勤:《戰國題銘概述(上)》,《文物》,1959 (7)。

居多，刻劃的爲數較少。鈐印的文字多在豆盤内或柄上，刻記的則以陶盆爲主。陶文的字數，一字的爲常見，多的也不超過四個字，如：倉、公、朱、朱器、折、沱、陽城、陽城倉器，等等。

新鄭出土的陶文有：廥序、吏、私官、胅、嗇夫等字樣。另一些係刻劃符號。

鄭州、榮陽兩地出土的陶文，據報導多數是印製的。文字以一、二個字的居多，如：亳、制、壘、昃京、昃、里、巽、羌亳，等等。

韓陶文字略多的，有"十一年以來"戳記，發現於鄭州商城區内。此外，又有"格氏"、"格氏左司工"、"格氏右司工"等圓形戳記陶文，或以爲"格氏"即《路史·國名紀》的葛鄉城，其地在今新鄭縣西北。

綜觀韓國陶文，以下幾點值得注意：

1. 喜歡用共名"器"代表器物的專名。如：朱（厨）器、陽城倉器。
2. 多記器物置用的場所名稱。如：倉、朱（厨）、廥序、私官。
3. 地名印記，如：折（制）、陽城、亳、格氏等，大抵均爲陶器的產地。
4. 職官印記，如：左司工、右司工、嗇夫等，應是器物的監造者。
5. 部分單字印記，如：巽、沱、壘等，很可能是陶工的私名。總之，韓陶款式比較自由，不象齊、燕陶文那樣形成比較凝定的款式。

趙國的陶文 20 世紀 50 年代末發現於河北武安縣午汲古城窰址之中，大多數也是戳記陶文。文字有：不孫、爰吏、郵鞁、郭疾巳、倗吏、邯亭等。文字大多爲陰文，鈐印於盆、罐等陶器的器底或口沿部分。① 武安戰國時爲趙地，地近趙都邯鄲。圓形印記"邯亭"，當即邯鄲市亭。由此可以推知，武安的製陶業可能隸屬於邯鄲市亭的管轄之下。

秦國的陶文以咸陽出土的爲最多。公元前 350 年，秦孝公自櫟陽徙都於咸陽，此後一直爲秦都，所以這裏出土的陶文有相當一部分是秦統一之前的遺物。

秦陶大多數是方形印記，陰文居多，陽文少見。多係陽文印捺壓而成。秦陶文據研究一般均當採用竪讀法，即兩行先右後左，自上而下直讀。秦陶完整的辭例一般是六個字，如：

咸亭廊里絫器
咸亭郐里丹器

---

① 河北省文管會：《河北武安縣午汲古城中的窰址》，《考古》，1959（7）。

咸亭右里道器

亭，即旗亭，是管理市場的機構。里，是基層行政單位。《漢書·食貨志》："在野曰廬，在邑曰里。五家爲鄰，五鄰爲里"。器，這是陶器的共名。秦陶"器"字之前一字，有人以爲是工匠名，其實很可能是"器"的限定成分，即説明陶器的類屬或用途的。如"絫器"似應讀爲"盝器"，表明器屬盂類。至於"道器"、"丹器"等，具體涵義如何，仍待研究。

秦陶四字陶文也很多，如：

咸鄽小有

咸鄽里駔

咸高里喜

咸巨陽禺

咸完里夫

等等。"咸"爲咸陽省稱，其下爲邑里名和陶工名。陶文之前冠以"咸"或"咸亭"，表示印有這種印文的陶器是在市場上出售的，其產品已經得到市亭的批準。

秦國的陶文，除上述印在實用器物上的以外，另有一件瓦書，是秦惠文王四年分封采邑的文書。内容記載分封右庶長歜采邑的經過，全文共120多字（參見選讀154），是陶文中的精品。

先秦陶文中，楚、邾、滕的作品也偶有發現，但數量不多，銘文的内容及款式特點尚待研究。

五 貨幣類

鑄有文字的金屬貨幣，始見於春秋時期的空首布。

空首布是由原始的鏟形布幣發展而來的。所謂空首布，就是有銎的布幣。它是由金屬布幣的前身——農具錢鎛蜕變而來的。

空首布一般均有文字。大型平肩空首布面文均一字，如：

一　五　六　八　甲　午　戌　雲　雨　土　工
金　貝　王　禾……

這些文字的性質尚難確定，有人以爲是地名，也有人認爲是鑄造時施加的記號。小型空首布大體可分爲平肩與斜肩兩種，所鑄文字都是地名。據考證，面文"王"指王城（郟鄏）；"叁川釿"的"叁川"，即三川，西周時指涇、渭、洛（見《史記·周本紀》注），春秋以後指河、洛、伊，即函谷關以東的豫西地區；"鄸釿"的"鄸"，即古書中的費，春秋時爲滑國都城，漢代爲緱氏縣；"東周"空首布的"東周"，在河南鞏縣。1959 年山西侯馬牛村古城南郊，發現十二枚空首布，其中一枚面文六字，可辨識的只有"黄釿"二字，或説即衡斤、當斤之義。這是空首布鑄文最多的一件，是難得的稀世珍品。

考古發掘證實，空首布是春秋時期在周、鄭、衛、晉等國流通使用的金屬貨幣。

春秋時期，地處東方的齊國使用刀幣。刀幣是由工具銅削演化而來的。據《周禮·考工記》記載："築氏爲削，長尺，博寸，合六而成規。"有人拿齊刀幣做過實驗，用六枚齊刀幣首尾相接，正好是一個圓形，可見兩者之間的密切關係。

齊國早期刀幣主要有四類六種，面文分別是：

1. 齊返（？）邦諅呑厎
2. 節䦷之呑厎
   節䦷呑厎
3. 齊之呑厎
   齊呑厎
4. 安昜之呑厎

"呑厎"舊釋"法貨"，意思是標準貨幣（參見選讀 141），吳振武釋爲"大厎"[①]。齊刀的"齊"，指齊都臨淄。"節䦷"[②] 即"即墨"，是齊國的重要城邑。"安昜"，或以爲即原莒國"五陽地"的安陽。

齊刀幣背面也有文字，如：日、上、工、刀、大昌等等。表示何種意義，尚待考定。至於即墨刀幣背文的安邦、闢邦，當有特定的涵義。

另有一種"簹邦"殘刀，1930 年出土於山東章丘古城遺址，曾先後著録於方若《藥雨古化雜咏》及丁福保《古錢大辭典》等書。舊釋爲"簞邦"，以爲古譚國之物，殊誤。裘錫圭釋爲"簹（莒）邦"，是可信的。

另一個以使用刀幣爲主的國家是北方的燕國。燕以"明"刀爲主幣，形制

---

① 吳振武：《戰國貨幣銘文中的"刀"》，《古文字研究》第十輯，北京，中華書局，1983。
② "䦷"同"墨"，從勹（伏）。何琳儀認爲，勹爲加注的音符。

可分爲兩種：一種刀背圓折，時代較早；另一種刀背方折，時代較晚。早期的明刀，明字寫作⊙形，晚期寫作⊙，文字上有顯著的區別。或釋爲"眀"字、"易"字，均不可據。

大約是受了齊、燕刀幣的影響，以使用布幣爲主的趙國也開始鑄行刀幣。趙國的刀幣，形制較小而體式略顯平直。面文爲"白人"、"甘丹"和"閔"的刀幣，分別是趙國柏人、邯鄲和藺的鑄幣。圁陽則鑄行面文"言易刀"、"言易亲刀"和"言刀"等的刀幣。

戰國時期，布幣鑄行的範圍最廣。除齊、秦兩國以外，韓、趙、魏、燕和楚國皆使用布幣。

韓國的布幣主要是方肩方足方跨布，如"平陽"、"屯留"、"長子"、"宅陽"、"零"、"同是"等都是這種形式。

趙國的布幣以方肩尖足布爲主。"兹氏"、"新城"、"閔"、"閔半"、"甘丹"、"北兹釿"、"晉陽半"，都屬此類。此外還有圓首圓肩圓足布，如"閔"、"離石"等。後者是由前者演化而來的，一般認爲其時代晚於前者。

魏國的布幣主要是圓跨方足布，如"安邑一釿"、"安邑二釿"、"梁亢釿五十當寽"①、"梁亢釿百當寽"②、"梁正幣百當寽"、"梁半幣二百當寽"等數種。"梁"即魏都大梁。梁惠王九年（公元前361年）魏遷都於此。"釿"和"寽"都是貨幣單位。

魏國的布幣還有"陰晉半釿"、"陰晉一釿"、"甫反一釿"、"⻊半釿"、"⻊一釿"等數種。

燕國的布幣屬於小型方肩方足布，面文有"安易"、"恭昌"、"平易"、"纕坪"數種。另外有一枚面文爲"右明幸冶"四字的燕式小型方足布，是在河北易縣廢銅堆中揀選得到的，其中"明"字作⊙，和燕"明"刀的寫法很相近。李學勤認爲"明"似與鑄造職官有關，③爲理解"明"刀面文的意義提供了新綫索。

楚國的布幣形制狹長，有大、小二式。大型布面文"枳比堂忻"，背文"七偵"；小型面文"四比"，背文"堂忻"。我們曾經指出，"枳"即"橈"字

---

① 陳劍：《試說戰國文字中寫法特殊的亢和從亢諸字》，《出土文獻與古文字研究》第三輯，復旦大學出版社，2010。
② 李家浩：《戰國貨幣文字中的"𣥺"和"比"》，《中國語文》，1980（5）。
③ 李學勤：《東周與秦代文明》，317頁，北京，文物出版社，1984。

古文（參見選讀 140）。橈比，猶言大幣。圻，又見於蟻鼻錢，舊釋爲"釿"頗可疑。據實測，楚大布重 31～37 克，小布重 7.5 克。一枚大布約當小布四枚。

戰國鑄幣中有一種圓肩圓足圓跨布，幣首和兩足各有一孔，世稱"三孔布"。三孔布面文有"上邮陽"、"下邮陽"、"安陽"、"余"、"上專"、"下專"、"妬邑"、"上芥"、"北九門"、"平臺"、"邔與"等三十餘種。

三孔布的國別，一直有爭議，有人主張是秦幣，也有人主張是中山幣。裘錫圭考訂爲趙國晚期貨幣。他認爲"安陽"爲戰國趙邑安陽，"余"即代邑，"妬邑"即石邑，"上芥"即上艾，"北九門"即《史記·趙世家》的九門，"下專"即下博，此外"平臺"、"邔與"亦均爲趙國城邑。①

三孔布的背文有"兩"、"十二朱"兩種。"朱（銖）"、"兩"作爲重量單位（亦爲貨幣單位）出現，爲其國別的判定提供了新綫索。或以爲"朱"、"兩"是秦國的重量單位，其實趙國也用"朱"、"兩"。內蒙古西溝畔匈奴墓出土銀節約，據考是趙國少府的製品，上面的記重銘文有"二兩十二朱"、"二兩十四朱"。"兩"字寫作𠕋，與三孔布背文合，而與秦文字作𠕋有異。三孔布定爲趙幣是可信的。

戰國的貨幣還有圜錢，使用的範圍較廣，除秦國專用圜錢以外，齊、燕、趙、魏及東、西兩周也均有圜錢行世。

秦國的圜錢圓孔而無廓，以"兩"爲單位，面文爲：

　　一珠重一兩　十二
　　一珠重一兩　十三
　　一珠重一兩　十四

近年陝西咸陽還發現一種圜錢石範，面文爲：

　　一珠重一兩

通行的看法是秦稱圜錢爲"珠"，"珠"即"圓"的意思，也有寶貴珍物的含意。②末尾數字是鑄錢範次的標識。秦圜錢顯著的特點是不記地名，貨幣單位用"兩"，表明秦國幣制具有統一性。《史記·六國年表》記載秦惠文王二年（公元前 336 年）"初行錢"，此"錢"有可能就是由王室統一鑄造的一兩型

---

① 裘錫圭：《戰國貨幣考（十二篇）》，《北京大學學報（哲社版）》，1978（2）。
② 蕭清：《中國古代貨幣史》，75 頁，北京，人民出版社，1984。

圜錢。

周王室除鑄行布幣以外，也鑄行圜錢。其面文有"東周"、"西周"兩種，分別是東周君和西周君的鑄幣。從形制看，東、西兩周圜錢均圓孔而有廓。

魏國的圜錢特點是圓孔無廓，貨幣單位用"釿"。面文有"共"、"共半釿"、"共屯赤金"、"襄陰"、"垣"、"漆垣一釿"等數種。共，即古共國，春秋時爲衛邑，戰國屬魏，在今河南輝縣境内。垣，即王垣，戰國魏邑，在今山西垣曲縣西（參見選讀143）。

戰國晚期，以刀幣爲主的齊、燕兩國，也開始使用圜錢。齊國的圜錢面文有"賹化"、"賹四化"和"賹六化"三種，皆方孔有廓。賹，通"鎰"，原爲重量單位，用爲齊圜錢名稱。① 1960年山東濟南五里牌坊出土一瓮古代鑄幣，其中有齊刀59枚，三種賹化圜錢601枚和燕"一化"圜錢2枚。這種共存關係，似乎可以説明戰國晚期這三種貨幣是並行於世的。

燕國的圜錢已發現的有三種：一種面文爲"明刀"，方孔無廓；一種面文爲"一刀"，方孔有廓；一種面文爲"明㚸"，比較罕見。戰國晚期的燕圜錢是繼"明"刀之後産生的一種鑄幣。

前文已經提及，戰國時期南方的楚國鑄行大小異制的兩種布幣。此外，楚國還使用銅貝②和金版。

銅貝略呈鴨蛋圓形，體式扁平，上有一穿。已知面文有"巽"、"忻"、"圣朱"、"君"、"全"、"行"、"𩰫"等多種，其中"巽"字貝出土數量最多，每枚"巽"字銅貝的重量相差很大。1963年湖北孝感野猪湖出土此種銅貝5000餘枚，總重量達21.5公斤。平均每枚約重4.37克，重的5.4克，輕的3.5克。戰國晚期出土的"巽"字貝，重量已减到3.5克以下，一般2.5～3.5克，最輕的僅重0.6克。

楚國作爲貨幣使用的金版，據説是仿自龜殻形，猶如銅貝之仿自海貝。這種金幣先是在方形或圓形金版上打上帶銘文的印記，然後再切開來用天平稱量使用。銘文多是方形印記，少數是圓形。文字以"郢爯"③爲多，"陳爯"次

---

① 一説"賹"通"益"，地名，益都故城在今山東省壽光縣西北。或説"賹"通"易"，交换、兑换之意，可信。
② 楚國的銅貝舊稱"蟻鼻錢"，又名"鬼臉錢"。
③ 楚金幣的"爯"字舊誤釋作"爰"。參見安志敏《金版與金餅——楚、漢金幣及其有關問題》，《考古學報》，1973（2）。

之，另有"専爯"、"鄘爯"、"鹽金"、"▢"等文字。郢，即楚都城之郢，楚文王元年（公元前 689 年）始都郢城（今湖北江陵紀南城）。陳，即今河南淮陽。楚頃襄王二十一年（公元前 278 年），遷都於此。郢爯和陳爯是王室所鑄的金幣。戰國時期的金版均出自楚，換言之，楚國是唯一使用金版爲貨幣的國家。這一事實當然和古代黄金主要產自南方有關。

先秦貨幣上的文字，多出自鑄幣工人之手。文字的簡率急就，較之同一時期的他種器物銘文，實在是有過之而無不及。貨幣文字的苟簡草率，往往出人意料。如"城"字寫作▢、▢、▢，"斗"（料）字寫作▢、▢，孤立地看，很不容易辨識。更有甚者，戰國貨幣文字往往隨意省略合體字所從的某一個偏旁，如："雺"省作"雨"，"陰"省作"阜"，"都"省作"者"，等等，竟致把兩個根本不同的字混同爲一。在釋讀貨幣文字時，這種情況必須留意，就字論字，郢書燕説，是很容易出錯的。

六　兵器類

最早的兵器銘文，見於商代晚期的青銅兵器。其銘文圖像性很强，跟同時代的彝器銘文十分相似。例如商代晚期銅戈銘文：

1. ▢（《三代》19.1.1）　　2. ▢（《集成》10674）
3. ▢（《集成》10744）　　4. ▢（《集成》10637）
5. ▢（《集成》10686）

例 1 即"伐"字，像以手持戈擊人。兩旁的刀形左右對稱，似爲裝飾性圖案。例 2 即《説文》"䀠"字的古寫，從二目。例 3 即"亯"字，甲骨文屢見，族氏亦即方國名。字不從"囗"（wéi），舊釋爲"啚"是不對的。例 4 即"交"字，像人交脛形。例 5 即"系"字繁文，從二系左右相對。康丁卜辭有系方，或以爲䜌（蠻）方，殊誤。

讀商代的兵器銘文，我們注意到：一、大多爲族氏銘文即作器者的族氏徽號，似未見作爲個體出現的人名。除上舉銅戈以外，各種雜兵如刀、矛、斧、鉞之類莫不如此。二、文字大多保持其原始形態，這和原始社會遺留下來的圖騰崇拜觀念有關。三、文字兩旁每以圖案式的文字爲飾，喜歡追求對稱美。

商代兵器中比較特殊的例子，是鑄有祖、父、兄廟號的三件銅戈。我們知道，商戈大多無胡，銘文一般是在内上，而這三件戈的銘文却在援上，戈銘排列的格式如下：

1. 大且且且且且且
　　且
　　曰 曰 曰 曰 曰 曰 曰　　（《集成》11401）
　　己 丁 乙 庚 丁 己 己

2. 且大大中父父父
　　　父父父
　　曰 曰 曰 曰 曰 曰 曰　　（《集成》11403）
　　乙 癸 癸 癸 癸 辛 己

3. 大兄兄兄兄兄
　　兄
　　曰 曰 曰 曰 曰 曰　　（《集成》11392）
　　乙 戊 壬 癸 癸 丙

這三件銅戈銘文，我們認爲與《庫方》1560片記載先祖曰某某子曰某，某弟曰某的家譜刻辭的性質相類。對於研究商代的親族婚制具有重要意義。郭沫若據此指出商代末年實顯然猶有亞血族群婚制存在。[1] 另外，三件戈銘的祖曰某、父曰某、兄曰某的稱謂顯然和卜辭金文通常所見的祖某、父某、兄某是一回事。商人廟號來源於日干，於此得到了確證。

　　西周以後，伴隨族氏銘文的日見衰替，兵器上的族氏徽號也漸漸被作器者的私名所取代。1973年陝西隴縣曹家灣南坡六號西周墓出土的銅戈銘文"矢中（仲）"，武王之弟康叔所作的銅斧銘文"康侯"（《集成》11778），即是具有典型性的例子。

　　大約從西周中期起，兵器銘文開始出現由單純的人名向成句銘文過渡的趨嚮。1956～1957年陝西三門峽上村嶺西周虢國墓地發現了帶有"元"字的一戈、一矛和銘文爲"虢大子元徒戈"的一件銅戈。三件兵器無疑是一人所作。後者銘文六字，不僅有人名、器名，還標明了作器者的身份。

---

[1] 郭沫若：《中國古代社會研究》，251頁，北京，科學出版社，1960。

春秋時代的兵器銘文，繼承了西周中晚期兵器銘文的體例而有所發展。如：

1. 蔡侯☐之行戈。　　　　　　　（《集成》11140）
2. 攻敔王光自作用鐱（劍）。　　（《集成》11620）
3. 攻敔王夫差自作其元用。　　　（劍，《集成》11639）
4. 子孔擇其吉金鑄其元用。　　　（戈，《集成》11290）

例1與西周虢大子元戈同一辭例，兩者的因襲關係顯而易見。例2、例3和例4都是完整的一句話，帶有明顯的記事性質。

這一時期，南方的吳、越、楚等國盛行鳥蟲書，或宛曲筆畫，或以鳥形爲飾，銳意追求銘文的形式美。新中國成立以後發現的越王句踐劍、越王州句劍、楚王孫漁（？）戈和王子于戈，無一不是鳥蟲書中的精品。

春秋兵器銘文往往包含較多的叙事成分，如郘大叔斧銘文：

郘大弔（叔）以新金爲貳（貳）車之斧十。　　　　　　　　（《集成》11788）

新金，疑指新獲的青銅料。貳車，即副車，古時稱大夫所乘之車爲副車。斧十，是講一次所作兵器的數量。銘文將作器者、所用的原料、兵器的用處以及名稱和數量記述得清清楚楚。又如20世紀50年代末安徽淮南市發現的工獻太子劍銘文：

工獻大子姑發晉反（返），自乍（作）元用，才（在）行之先。
雲用雲隻（獲），莫敢御余。余處江之陽，至于南行西行。

在行之先，意謂出征之前。《爾雅·釋言》："征，行也。""行"與"征"義同。所謂南行西行，也是南征西征的意思。銘文大意是：吳太子姑發晉返，作了這柄劍。用它去戰鬥，有不可阻擋的威力。我身處長江北岸，不久即將南征西征。劍銘叙事完整，後半用韻，長達35個字。

從上舉各例可以看出，春秋兵器銘文多以記述爲主，內容一般包括器主名、兵器名、作器的目的、原委等等，而不涉及兵器生產者的情況。這是春秋與戰國中晚期兵器銘文的根本區別。

當然，戰國前期也還保留着春秋式記事兵器銘文的孑遺，如中山王鉞就是一例。該器是公元前378年中山復國之君中山侯㤩的兵器，銘文作：

天子建邦，中山侯㤩乍（作）丝（兹）軍𫓧（斧）以敬氒衆。

銘文體例與春秋兵器銘文基本一致。不過戰國兵器中，此類銘文并不多見。

戰國中晚期兵器銘文繁簡不一，少則一字，多則二三十字，大抵皆與兵器的生產有關。下面按秦、三晉、燕、楚、齊的順序作扼要的介紹。

秦國的兵器最簡式僅具督造者名，如大良造鞅戈銘：

  大良造鞅之造戈。   （《集成》11279）

大良造，秦爵第十六級。鞅，即商鞅。此戈是秦孝公時由商鞅督造的一件兵器。繁式的秦兵銘文除督造者外，同時刻有主造者、生產者的名字，如：

  1. 二十一年，相邦冉造，雍工帀（師）葉。 （戈，《集成》11342）
  2. 四年相邦樛游之造，櫟陽工上造閒。 （戈，《集成》11361）
  3. 五年相邦呂不韋造，詔事圖，丞鼓，工寅。 （戈，《集成》11396）

上引三件銅戈都是由相邦督造的兵器。造，指督造。督造者並不參加生產實踐，而是兵器生產的最高負責人。秦國兵器生產的主持者是工師，與三晉各國的稱謂相同，但銘文寫法有異，區別是三晉合書，秦析書。[①] 工，是兵器的製造者，即冶鑄工人，相當於三晉的"冶"。

三晉的兵器，出土數量較多。從銘文看，有由地方長官縣令監造的，也有由中央相邦或司寇監造的。[②]

如《集成》11556 著錄的銅矛銘文：

  元年，相邦春平侯，邦右庫工帀（師）肖（趙）瘁，冶韓開執齊（劑）。

春平侯，即趙國的春平君，見於《史記·趙世家》。庫是貯藏兵器的地方，庫內有工師和冶，說明其中設有冶鑄兵器的手工業作坊。執劑的意思是掌管銅錫鉛合金（青銅）的配方。這個詞僅見於三晉兵器銘文。

如七年宅陽矛銘文：

  七年，宅陽命（令）隝䥯，右庫工帀（師）夜疾，冶起歔（造）。
               （《集成》11564）

戰國時宅陽曾屬韓、魏。從"造"字的寫法看，這是一件由韓國宅陽縣令監造的兵器。

三晉兵器銘文也有不刻製造者名而僅記地名府庫的，如 1971 年河南新鄭出土的韓國兵器銘文：

  1. 奠（鄭）右庫。   （矛，《集成》11507）

[①] 李學勤：《戰國時代的秦國銅器》，《文物參考資料》，1957（8）。
[②] 黃盛璋：《試論三晉兵器的國別和年代及其相關問題》，《考古學報》，1974（1）。

  2. 奠（鄭）圭庫。   （戈，《集成》10993）

  3. 奠（鄭）武庫。   （戈，《集成》10991）

鄭，韓國都城，在河南新鄭。右庫、圭庫和武庫均是韓都城內府庫名稱。

  燕國的兵器早年已有著録。1973年4月河北易縣燕下都第23號遺址出土了燕人的銅戈100餘件，更增進了我們對戰國時期燕國兵器銘文的認識。燕國兵器絕大部分都有燕王名，如燕下都第23號遺址出土的銅戈銘文：

  1. 郾王職乍𪪺萃鋸（正面）。㵼埊都緎（背面）。

             （《集成》11304）

  2. 郾王戎人乍改鋸。   （《集成》11276）

  3. 郾王喜䇂改鋸。   （《集成》11278）

  郾王，即燕王。古器物銘文只作"郾"，而不用"燕"字。燕王是兵器名義上的督造者，同時也表明是在哪一王世鑄造的。見於兵器銘文的燕王名，除上引三例的職、戎人和喜之外，還有朘、𩵧和詈，共六王。其中燕王職、𩵧和燕王喜見於史書記載，其餘三王究為何王尚待考。

  不具燕王名、非燕王督造的兵器銘文體例不一。如：

  1. 左行議率戈。   （《集成》11111）

  2. 左攻（工）冐（尹）。 （弩牙，《集成》11923）

  3. 右攻（工）冐（尹）   （弩牙，《集成》11920）

  4. 八年右伯，攻（工）冐（尹）五大夫青，丌（其）攻（工）淖。

             （弩機，《集成》11931）

此外，燕下都出土的兩件九年將軍張戈（參見選讀116）、《雙劍誃吉金圖録》卷下20左軍戈和《集成》11916二十年尚上距末銘文內容都比較特殊，值得深入研究。

  這一時期楚國的有銘兵器不多。1977年湖南益陽戰國墓出土的楚王戈銘文作：

    敓（奪）乍楚王戈。

             （戈，《集成》11092）

"奪"是為楚王作兵器的人。另有三件銅戈和一件銅矛，銘文作：

  1. 鄀（鄀）之新郜（造）。 （戈，《集成》11042）

  2. 長壐。   （戈，《集成》10914）

  3. 武王之童䵼。   （戈，《集成》11103）

4. 宜章。　　　　　　　　　　　　（矛，《集成》11474）

例1的新造，疑楚工官名。《左傳》楚大夫有新造盩，當是以官爲氏者。例2的"壓"可讀爲沙，長沙是地名，文字屬楚，與例4的宜章均爲楚地。《錄遺》578著錄的陳旺戟，亦爲楚兵器，銘文八字：

陳旺之戗，佸（造）寶（府）之戗（戟）。

紀年用語頗類齊器之某某立事歲。造府，又見於楚國官璽，可能是主管器物製造的官署。

從上引楚國兵器銘文看，戰國楚兵器銘文一般比較簡短，內容主要是刻記製造者名、製造之地或監造者之名，沒有相邦、守相、司寇、工師、工之類的官職名，可能尚未形成嚴格的程式化的銘文體例。

田齊的兵器多見於以往的著錄，近年出土的不多。從銘文看，大體可分三類：

第一類　邑里兵器。如：

1. 平陽高馬里鈬（戈）。　　　（《集成》11156）
2. 成陽辛城里鈬（戈）。　　　（《集成》11154）

戰國時齊、趙和秦均有平陽。從"戈"字的寫法看，從金的"戈"字僅見於齊，秦、趙等國無此寫法。例1的平陽當屬齊，春秋時爲魯邑，在今山東新泰縣西北。例2的成陽，即城陽，見於《漢書‧地理志》，在今山東鄄城附近，戰國亦爲齊邑。高馬里和辛城里均屬邑里名稱，即這兩件戈的生產地。

第二類　地方工官兵器。如：

1. 是立事歲，闌（莒）右工鈬（戈）。　　　（《集成》11259）
2. 平陸左戗（戟）。　　　（《集成》11056）
3. 陵右銬（造）戗（戟）。　　　（《集成》11062）
4. 高密戗（造）戈。　　　（《集成》11023）

從文字、地名和用語看，上舉四件兵器均爲齊國之物。由齊習用語"某某立事歲"推考，例1的"是"，應爲人名，即該器的監造或主造者。右工，疑即右工室的省稱。雲夢秦簡有工室，是管理官營手工業的機構，漢代封泥有"左工室丞"、"右工室丞"，見於《封泥彙編》。例2的"左"和例3的"右"疑與左工、右工是一回事，都是指左工室、右工室而言。齊地方工官設有左工、右工，正如秦國有東工、西工。① 以上四器銘文裏的地名均爲戰國齊邑，其地皆在今山東省境内。莒，即今莒縣；平陸，在今汶上縣北；陵，即今陵縣；高密，故城在今高密縣西南。

第三類　田齊中央政權鑄造的兵器。如：

1. 陳侯因𰻞鋯（造）。　　　　　　（戈，《集成》11081）
2. 陳侯因咨造。（戈内）
   夕易右。（戈援）　　　　　　　（《集成》11260）
3. 陳卯鋯鈇（戈）。　　　　　　　（《集成》11034）
4. 陳麗子窀（造）鈇（戈）。　　　（《集成》11082）

例 1 的因𰻞與例 2 的因咨均指齊威王嬰齊。齊王顯然是這兩件兵器名義上的督造者。至於例 3 的陳卯和例 4 的陳麗子均不見於經傳，可能都是田齊的宗族。如果我們的看法不誤，似乎可以認爲，田齊中央鑄造的兵器是以齊王或王室人員爲督造的。

以往學術界對齊國兵器所作的探討不多，兵器生產的情況所知甚少，黃盛璋的《燕齊兵器研究》② 一文可參看。

---

① 于豪亮：《四川涪陵的秦始皇二十六年銅戈》，《考古》，1976（4）。
② 載《古文字研究》第十九輯，北京，中華書局，1992。

第四章　考釋古文字的方法

衆所週知，研究古代歷史和文化，地下出土的古文字資料是第一手的珍貴史料。然而要想把它當成史料來使用，首要的任務是識字，要能讀得懂，否則一切將無從談起。考文識字是古文字研究的一項基礎工作。古文字考釋跟其他工作一樣，如果期望獲得顯赫的成果，就不能不講求必要的方法。只有在科學的理論和行之有效的研究方法的指導下，才能克服盲目性、主觀性，把古文字考釋工作變成一門真正的科學。

方法問題，過去有不少論著都談到過。許多頗有造詣的古文字學者，如王國維、陳夢家、郭沫若、唐蘭、于省吾、楊樹達、徐中舒等都有過專門論述，但不免見仁見智，互有側重。本章擬綜合各家之長，並結合我們自身的體會，分爲基本方法和輔助方法兩節來討論。

第一節　考文識字的基本方法

文字是記錄語言的工具。形之於書面的文字所代表的是語言中的詞。文字的本質是以筆畫構成的形體代表詞的音和義。文字是形、音、義三者的統一體。古文字屬於表意文字體系，其初形和本義密合且具有讀音，所以古文字研究者，一般情況下總是先從字形入手，在辨析字形的基礎上，再探討文字的音和義。

辨識字形的基本方法是什麼呢？是對比。把未識的字和已識的字放在一起對照、比勘，如果相合，那麼不識的字也就可以認識了，我們現在已經認識的甲骨文約有一千，西周金文二千個左右，其中大部分是這樣認識的。初學者對釋字感到有些神秘，其實懂得了對比的方法，則"思過半矣"。

漢字形體的發展是一個漸變的過程。幾千年來始終沒有徹底改變表意文字的性質。隸變是漢字發展史上引人注目的重大變革，但隸變以後的漢字仍然是不表音的表意文字。即使在現行的漢字裏也不難找到古漢字的影子。我們曾做過一次有趣的測驗，寫一些簡單的甲骨文讓從未接觸到古文字的人看，不少人都能識出一、二、三、大、天、日、月、人、口之類古今形體變化不大的常用字。他們的依據就是現行漢字，所用的方法正是對比的方法。漢字形體的穩定性，乃是對比釋字法所以行之有效的前提。

當然，疑難字的考釋並不都如此簡單。用現行漢字作對比的材料，所釋出的字畢竟數量有限。若想識出更多的字，那就非得借助於他種材料。其中最主要的就是對照《説文》。人們把散氏盤銘文的⿱爻子字釋爲"教"，是因爲《説文》古文"教"是這樣寫的；把南疆鉦銘𣪘釋爲"敗"，因爲它與《説文》籀文寫法相合。此外，金文𡚬、𡚽、𠊱、立、𡘲、交、老、布，也都是因與《説文》小篆寫法大體相同的緣故。宋代的金石著作如《金石録》、《考古圖》之類，釋字大多是憑借《説文》。《説文》保存了大量古代文字形、音、義的材料，即使在今天，仍不失爲考釋文字的得力武器。

儘管這樣，光憑《説文》還是遠遠不夠的。早在20世紀20年代，羅振玉就曾指出："由許書以溯金文，由金文以窺書契，窮其蕃變，漸得指歸。"① 這無疑是很好的經驗。凡古器物銘文都不妨拿來對比。時代接近的，當然最好；時代遠的，如秦漢的隸書、唐寫本文書，只要運用得當，也會有所收獲。在這方面，唐蘭援引漢《燕然銘》、《楊著碑》考證甲骨文"秋"字，羅振玉用隸書以證甲骨文"戎"字，都是比較精彩的例子。

古漢字裏獨體字僅佔一小部分，更多的是合體字。用對比的方法於合體字的偏旁，便是所謂"偏旁分析"。清末著名學者孫詒讓善於運用偏旁分析方法釋字，在他所著《名原》一書中有不少用偏旁分析法考釋古文字的典型例證。唐蘭作《古文字學導論》，歸納孫氏的方法是：

> 把已認識的古文字，分析做若干單體——就是偏旁，再把每一個單體的各種不同的形式集合起來，看它的變化；等到遇見大衆所不認識的字，也只要把它分析做若干單體，假使各個單體都認識了，再合起來認識那一個字。

偏旁分析的實質，是把合體字拆開來，進行局部的對照。用已知的合體字偏旁

---

① 羅振玉：《增訂殷虛書契考釋·序》。

與未知的合體字偏旁對照，用已知的獨體字（或合體字偏旁）與未知的合體字偏旁（或獨體字）對照，都屬於偏旁分析的範圍。

舉個例子來說。戰國文字有䚷、𣎆、䖒、𤯌、𨥁、𣛮等字，過去均不識，癥結就在𠂆旁。後來我們發現《說文》古文"堯"字寫作𡘽，又《六書通》下平聲"蕭"部引古文奇字"堯"作𡘽，而引《希裕略古》作𡙈，從兩者的對應關係中可以看出𠂆和𡘽單複雖有別，但毫無疑問都是"堯"字的古文。𠂆即小篆𡙈字的省體。這個偏旁搞清了，前舉各字便迎刃而解，分別可以釋爲譊、獟、憢、隢、鐃和橈。①

又如：甲骨文有𤴁字（《合集》32885）是一個人名（亦族氏名），戰國私名璽姓氏又有𤴁字（《璽彙》2241），均爲以往所不識。我們根據侯馬盟書"鑿"字寫作𥯌、𥯍，推知上引甲骨文爲"鑿"字的初文，字像以鏨鑿之類工具打鑿孔眼、物屑四濺之形，古璽增邑旁用爲姓氏。

偏旁分析是考釋古文字最常使用的方法。運用得好，一個偏旁解決了，往往一下子便可以識出一連串的字。

還有一種形體對比的方法，我們稱之爲序列排比，是把不同時代的同一個字的各種形體蒐集在一起，按時代先後排列比較，從中探索演變的軌跡。遇到一個大家都不認識的字，覺得有可能是這個演變序列中的一個環節，那麼就把它放進這個序列的相當的位置上去，如果形體上順適無礙，預先的想法便得到了證實。

利用排比法考釋的古文字，由於符合字形演變的規律，所以一般都具有較強的說明力。例如：陶文𪊽，舊釋爲"鹿"是對的。其形體演變的序列是：

𪊽《甲》3821（商）——𪊽命簋（西周）——

𪊽《石鼓文·田車》（春秋至戰國）——𪊽《香録》10.1（戰國）

又如：甲骨文有𠀒字，于省吾釋"气"，確不可易。"气"字的演變序列是：

𠀒《前》7.36.2（商）——𠀒天亡簋（西周初）——

𠀒齊侯壺（春秋）——𠀒玉製行氣銘（戰國）——𠀒《說文》（秦）

---

① 詳見：湯餘惠《戰國文字形體研究中的幾個問題》，《古文字研究》第十五輯，北京，中華書局，1986。

古文字演變的現象往往不是孤立的。一個字有的，在另一個字也可能發生。同時把兩者臚舉出來，進行雙重排比，更會加強論證的可信程度。

于省吾關於甲骨文"巫"字的考證，堪稱雙重排比的典範。他說：

> 甲骨文有［］字（《天》80），唐蘭同志云："疑巫字所從出。"按甲骨文［］與［］互作（《簠雜》130），文皆殘缺。［］即巫之初文，無須致疑。《說文》："巫，敏疾也。從人、從口、從又、從二。二，天地也。"按：班簋"作四方巫"之巫作［］，較甲骨文上部多一橫畫，如正之作［］亦作［］，辛之作［］亦作［］，是其證。毛公鼎亟字作亟，已由［］形孳乳為亟，此與周代金文敬字，由［］形孳乳為敬，其例正相同……①

另外，鄭州商城東北隅出土的戰國陶文有"［］亳"方形戳記，另例作［］，我們曾指出即"羌"字，並以"望"、"聖"、"年"、"兒"等字演化序列進行多重排比，用序列綫表示為：

［］《粹》1113——［］保卣——［］《說文》

［］《乙》5161——［］師望鼎——［］齊侯鎛

［］《佚》54——［］頌鼎——［］王孫鐘

［］余義鐘——［］倪伯盉——［］《璽彙》2127

［］《後上》283——［］䲷羌鐘——［］、［］陶文

兩例陶文"羌"與甲骨文及䲷羌鐘所組成的序列與"望"、"聖"、"年"、"兒"序列應是同類情況，此字釋"羌"似無疑義。該字或釋為"丘"，讀為"亳丘"，與文字形體不合，不可信。"羌亳"即古書的"景亳"，疑即今河南鄭州，出土地點可證，故書以為在河南偃師似不確。

下面談談地域對比。

春秋末葉及戰國時代，周王室力量衰微，諸侯不統於王，在各國之內逐漸形成了獨特的政治、經濟和文化面貌。反映在文字上，即表現為五系文字的分化。燕、齊、三晉、秦、楚五系文字風格各異，結體多有不同。掌握五系文字的地域性特點，不僅有裨於有銘器物的分國、斷代，而且為文字考釋提供了重要綫索。

---

① 于省吾：《甲骨文字釋林·釋［］》，北京，中華書局，1979。

戰國時期齊國文字有一種尾形飾筆，一般多加於斜畫或橫畫的末端，如"族"字作〓，"爲"字作〓，"客"字作〓，"匋"字作〓、〓，"遏"字作〓，等等。由齊國文字的此種地域性飾筆，我們曾指出齊陶〓字（《季木》57.8）應釋爲"敊"。

又如，燕文字寫在下面的廾旁多作〓。例如，"兵"作〓、"尊"作〓、"興"作〓、"棄"作〓，等等。它是由廾——〓——〓嬗演而來的。根據這個綫索，我們曾把1965年河北易縣燕下都出土的第73號銅戈銘文裏的〓字釋爲"具"，"畜（厩）具府"可能是燕國貯藏和製造畜厩用具的府庫，驗之於銘文完全可以講通。

燕人私名璽有"喬〓"（《璽彙》1238），次字舊不識，我們根據燕文字廾旁的地域特點，並結合春秋銅器齊侯鎛"戒"字兩見均寫作〓的實例，指出其結構原理是從戈、從〓會意，加〓、〓均爲繁飾，應是"戒"字的繁文。

運用地域對比方法，只適用於同一地域的文字。換言之，只能在有文字共存關係或出土等情況證明確屬同一地域的前提下才能使用。當然，地域相同並不限於同國，鄰近的國家屬於同一文字體系也可使用。

湖北江陵馬磚五號楚墓，發現一件吳王夫差矛，銘文作：

吳王夫差自乍用〓

末尾一字，有人認爲右半從"乍"，釋爲"鉇"，即"𥎦"字。還有人認爲右半似"於"，爲矛形兵器專名。我們認爲其字的右偏旁的確是"於"，亦即"烏"字。字形與"乍"不同，銘文本身的"乍"字並不這樣寫。戰國楚文字中的"烏"略繁的寫作：

〓 （鄂君啓節）

〓 （信陽竹簡）

稍簡的寫作：

〓 （長沙帛書）

〓 （楚鄖客銅量）

矛銘右旁與後兩例是一致的，可知應釋爲"鎢"。這件吳王矛通長29.5釐米，在同類兵器中是形制較大的一件。《方言》卷九："錟謂之鈹"，郭璞注："今江東呼大矛爲鈹。"從字音考察，"鈹"古音屬歌部，"鎢"屬魚部。魚、歌二部

123

古多通轉。"鎢"字當是"鈹"的轉注字。"鎢"之爲"鈹",猶如"吾"之爲"我",其義本相同。後世字書訓"鎢"爲小釜,又解爲温器,乃是清代學者所謂託名標幟字,其本義應以訓大矛爲是。

吳王夫差矛時代屬於春秋晚期,其文字與戰國相近。由地域和文化看,應屬楚文字系統。矛銘"鎢"字的寫法與楚文字具有相同的特點是合乎情理的。

形體比較法所以能在古文字考釋中獲得很大的成功,原因就在於漢字是主形的,不同的字各有不同的寫法,同一個字寫法則基本相同。這正是形體比較法賴以存在的前提。但是古漢字並不完全是這樣,時常會有例外。所以運用形體比較法釋字時,必須注意以下兩個問題:

1. 同字不同形。

形體不同的常常仍是一個字。古文字中異體字的產生有下面幾條途徑:

(1) 筆畫或偏旁省略。如:"曼"(得)字作🗌(子禾子釜),"爲"字作🗌(鄂君啓節),"嬭"字作🗌(鄭侯簋),"寶"字作🗌(舀母姞鼎),"敬"字作🗌(毛公鼎)等。省略之後形體與原來不同。

(2) 筆畫或偏旁增繁。如:"朱"字作🗌(公朱鼎),"㠯"字作🗌(猷鐘),"帥"字作🗌(录伯簋),"長"字作🗌(中山王鼎),"保"字作🗌(十年陳侯午敦),"其"字作🗌(子可戈)等。形體與原來亦有不同程度的改變。

(3) 字形訛誤。如:"對"字作🗌(同簋),"車"字作🗌(鄂君啓節),"弗"字作🗌(中山圓壺),"擇"字作🗌(雍子甗)等。形訛之後,或全體或局部類似於別的字。

(4) 義近形符或音近聲符互作。如:"純"字作🗌(中山王壺),"恐"字作🗌(中山王鼎),"環"字作🗌(師遽方彝),"幾"字作🗌(幾父壺),"盂"字作🗌(蔡侯鼎),"戀"字作🗌(帥鼎)等。互作導致合體字偏旁的改變和重新組合。

(5) 合體字偏旁位置移易。如:"婦"字作🗌(婦簋),"步"字作🗌(兆域圖),"季"字作🗌(書也缶),"祭"字作🗌(鄭侯簋)等。

(6) 造字原理不同。如:"子"字作🗌(利簋),"孫"字作🗌(邾訧鼎),

"恩"字作▯（克鼎），"乘"字作▯（鄂君啓節）等，或者在造字方法上，或者在取義角度上與原字均有較大差異。

(7) 附加形形色色的繁飾。包括·一二〻，八ハ〓廿之類。如："人"字作▯（《遯盦》），"王"字作▯（《璽彙》0575），"吠"字作▯（《璽彙》2362）、▯（《璽彙》2358），"相"字作▯（中山方壺）、▯（庚壺），"向"字作▯（登封陶文），"祀"字作▯（中山壺），"及"字作▯（中山王鼎），"成"字作▯（《璽彙》5326），"愧"字作▯（《璽彙》1924），"帀"字作▯（《璽彙》3203），"孟"字作▯（鑄公簠），"求"字作▯（《璽彙》4048），"後"字作▯（《季木》3.4）等。無論哪種繁飾都只起填補或美化作用，而不具有"六書"意義，萬萬不可當作文字的基本筆畫看待。分析比較文字形體必須排除此種因素的干擾。

2. 同形不同字。

大體有兩種情况：

(1) 形體相近造成書寫的錯誤。如："涅"字從日，貨幣文往往寫成從口，古璽從魚的字寫成從焦，從日的字寫成從田，等等。"孚"字西周金文正確的寫法作▯、▯，從爪、從子。師寰簋作▯，"子"旁中間斷開，與從受、從·的"寽"字混同。①

(2) 同一文字形體在不同的文字裏表示不同的意義，甚至同一形體卻代表兩個不同的字。周人甲骨文"巢"字作▯，字上從甾乃鳥巢形，與"其"字義無關。金文"番"字作▯（番生簋），字下從田，像獸掌之形，而與田地之"田"無關。西周金文"小子"二字合書作"▯"，與戰國中山王鼎少長的"少"字構形相同。▯在商周古文爲"才"字，戰國兵器中都戈銘文中却是"中"字。▯在西周金文中爲"在"字，戰國中山方壺則是士大夫的"士"字。

同字異形、異形同字現象的存在，提醒我們在運用形體比較法釋字時，要對這些特殊情况給予足够的注意，否則便會作繭自縛，陷入膠柱鼓瑟的窘白。

綜前所述，考文識字的基本方法就是對比，即通過已識字和未識字形體的比較，達到辨識新字的目的。它包括整體對照、局部對比、序列排比和方域比

---

① 《說文》"寽"字條謂"從受、從一"，一即金文·形的變體。

125

勘四種具體方式。使用對比方法時，要注意同形異字和異字同形兩種特殊情況，不要讓它擾亂了我們的視綫。採用何種對比方式，應因字而異，視所釋文字的具體情況靈活決定；可以單用一種，也以兼施並行。無論採用哪種方法，都必須有可資比對的已識字形，否則無從比較，這是先決條件。在某種意義上説，手中掌握的字形材料越豐富，識字成功的可能性就越大，兩者適成正比。所以平時注意積纍字形材料是十分重要的。

第二節　釋讀古文字的輔助方法

在没有現成的已識字形可供對比的情況下，可酌情採用以下幾種輔助方法。

1. 文義推勘。

這是通過上下文辭義的綫索推考文字的一種釋字方法。甲骨文研究的初期，人們没有識出干支字裏的"巳"和"午"，羅振玉仔細研究了甲骨文的干支表，在有規律的干支組合中，發現ꉒ即"巳"字，ꉓ即"午"字。戰國中山圓壺有ꉔ字，銘文"日ꉔ不忘"，這個字如用局部對比法來考察，應是從夕、從火，古文字和字書裏都没有這個字，用對比法行不通。從文義上考察，與"日"相對的應該是"夜"，據《説文》"夜"字"從夕、亦省聲"，古文字亦作ꉕ，可知"火"即ꉕ形之省，於是這個字便被確定爲"夜"字。

可以看出，文義推勘法只適用於成句的銘文，無文義可循的單文孤字是用不上的。這種方法憑借文義幫助，可以把被考字限定在一定範圍之内，但最終仍然不能不從字形考慮。所以稱之爲輔助方法，原因正在於此。

2. 循音定字。

考釋文字，字音是一個不可忽視的重要綫索。許多不見於後世字書的字，由其表音的部分——聲旁推考並參考其他方面的因素，常常會得到解決。

中山王鼎有"棗棄群臣"一語，首字不見於《説文》及後世字書，從形體分析當是從日、棗聲的字。"棗"與"早"音通，雲夢秦簡日書"利棗不利莫"，以"棗"爲"早"字。由此可知，這個字應是從日、棗聲，是"早"字的古文異體。

戰國兵器、貨幣和璽印等文字資料中，常見一個從山從每的字，寫作ꉖ、

"[图]"、"[图]"等形，分析字形應是從山、每聲的形聲字。這個字除璽印用爲姓氏以外，多是作地名用的，但多單用。《集成》11347 著錄一戈，此字與"陽"字連用，因知單用者爲"每陽"之省。再從音讀的綫索考察，《說文》緐字，從糸每聲；繁字從糸，敏聲；敏，從攴，每聲。可知"每"、"緐"和"繁"歸根結蒂都是從"每"得聲的形聲字。另外，地名古文字多從邑，但也可以從山，如"邠"或體作"豳"，"邸"或體作"岐"，等等，均見於《說文》。這樣看來，"每"字應該就是金文"鄹"字的異體，是魏邑繁陽的專字，（按：周波釋該字爲"魏"①）。

戰國楚器邾陵君銅豆銘文有"以祀皇祖，以會父佳"的話，後面的"佳"字不見於字書。同出的邾陵君銅豆又寫作"俔"。細繹文義，或釋爲"兄"，無疑是正確的。其由來當是"兄"增義符作"俔"，"兄"古讀同"生（往）"，更換聲符則作"佳"。"佳"從人、生聲，是"兄"字的古文異體。

循音定字不能孤立地進行，正確的形體分析是必不可少的，其次是準確地判斷聲旁。古漢字的形旁和聲旁在形體上没有任何標志，準確的判斷一方面要憑借個人的經驗，另一方面要結合文義、辭例等作綜合考察，如此得出的論斷才能符合客觀實際。

3. 辭例比較。

通過與古書或器物銘文辭例的參驗互證來考釋文字，也是釋字的一條途徑。

金文有"[图]"字，形體繁省不一，銘文多與"壽"字相連，如"以祈～壽"、"～壽萬年"、"～壽無疆"等等。從辭例推敲，與《儀禮·士冠禮》"眉壽萬年"、《詩·豳風·七月》"以介眉壽"的"眉"字相當。古文字有"眉"字，與此形相差懸殊，因知不會是"眉"的本字，而很可能是與"眉"音相同或相近的另一個字。遵循這一綫索再結合文字構形綜合考察，才知道是"沬"字的古文，假借爲"眉壽"的"眉"。

中山圓壺有"[图]"字，銘文"方譽（數）～里"在中山王方鼎中作"方譽百里"。由辭例比較可知"[图]"當是用作"百"字。驗之於戰國璽印及它種器物銘文，無一不合。但形體與"百"字殊異，不少研究者多方揣測，始終未得

---

① 周波：《中山器銘文補釋》，《出土文獻與古文字研究》第三輯，上海，復旦大學出版社，2010。

其解。據我們考察，這個字很可能是"白"字的變體。中山兆域圖銘文有"執🝆宮"，我們曾指出，🝆即"白"字繁文，字下增一爲羨畫。"白"讀爲"帛"，執帛爲孤卿的別稱。《史記·曹相國世家》："楚懷王以沛公爲碭郡長，將碭郡兵。於是乃封參爲執帛，號曰建成君。"如果用序列表把戰國文字中出現的"白"字的各種形體串連一起，應是：

| 兆域圖版 | 邨字《璽彙》2152 所從 | 《璽彙》4745 | 兆域圖版 | 中山圓壺 |

白、百音近字通，中山圓壺的"方數白里"當即"方數百里"。

　　辭例比較所提供的信息，對釋字具有重要的參考作用。但是滿足於此，不在字形上作深入的探討，也將是功虧一簣。

　　4. 實物對比。

　　"六書"中有一種是所謂"依類象形，隨體詰詘"的象形字。由於這類字是依照實物的外形造出來的，所以其中不少從字形便可以窺見它們的本形和本義。如人體器官名、常見動物名、大自然山川星雲之類。但也有一些由於物形改易，文字形、音、義變遷等種種原因，使得本形、本義湮晦。在這種情況下，利用古器物與古文字進行形體對照，往往可以得到有益的啟發。

　　甲骨文有"歲"字，作𢦒、𢦏、屮等形，古文字學家多以爲象斧鉞形，但不懂字上的兩點是什麼意思。于省吾根據商代斧鉞的形體特徵，指出"歲"字所從的兩點，乃取像於斧刃兩端向內卷曲所形成的透空處，不加者爲省形，[①] 從而解決了多年未能解決的"歲"字構形的疑點。

　　又如"臣"字，許慎《說文》訓爲"頤也"，意指面頰。清代學者王筠在其所著《說文釋例》一書中進一步加以推闡："臣當作𦣝，左之圓者頤也，右之突者頰旁之高起者也，中一筆則臣上之紋，狀如新月，俗呼爲酒窩。"但是考之於古文字全然不合。甲骨文"姬"字從臣作𡚽，跟面頰殊難瓜葛，究爲何形，令人費解。于省吾援據《說文》"笸，取蟣比也。從竹，臣聲"、《廣雅·釋器》"笸，櫛也"的義訓，又引羅振玉《殷虛古器物圖錄》23 骨製梳比的圖形作𦥑者爲證，指出"臣"字本是梳比的象形字。[②] 其說殆無可易。

---

① 于省吾：《甲骨文字釋林·釋歲》，北京，中華書局，1979。
② 于省吾：《甲骨文字釋林·釋臣》，北京，中華書局，1979。

本形、本義的探討，是古文字研究中的一個難題。上面舉的例子說明，只要留心考古發掘，細心觀察，熟諳典籍名物注疏，有些疑難還是可以圓滿解決的。運用古文字形與古代實物相互對比的方法，必須慎重。以今度古，恣意妄說，不僅於事無補，反而會製造混亂。

5. 異族文書對比。

漢字屬於表意文字。古漢字與古代的埃及文、巴比倫文、腓尼基文以及國內的納西族象形文等等，屬於同一文字體系，不少字的構形原理大體相同。尤其是象形字，如日、月、山、水、目、口、魚之類，寫法大同小異。納西族象形文字與古漢字相同之處尤多，如："弓"字作▯，"矢"字作▯，"射"字作▯，"星"字作▯，"門"字作▯，"齒"字作▯，與甲骨文簡直是一家眷屬。此類與古漢字形體大致相同的字在不同民族語言中，讀音各異，但造字原理、字形和字義均有共通之處。比較研究，常常會得到預想不到的啟示。

在這方面，于省吾利用納西象形文考出"亞"字象隅角之形、"阿"爲"亞"的後起字，[①] 給我們留下了一個很好的範例。

古漢語中用作否定詞的"弗"，是十分常見的一個字。但是構形原理如何，古往今來有不少學者進行探討，説者紛紜，莫衷一是。我們曾經指出，"弗"字本是"栅"的象形文。甲骨文"弗"字通常寫作▯、▯，繁則寫作▯（《前》5.34.1）、▯（《佚》588），與納西象形文"栅"字作▯，[②] 構形基本相同。直畫像栅籬的立木，▯像編連立木的繩索。由此可知，古漢字"弗"本爲栅籬形，本義爲栅籬。長期借作否定詞使用，本形、本義湮滅，於是另造出樊、籬、笭等字來充當。"弗"是語根，樊、籬、笭等則是"弗"的孳乳字，與"弗"字不僅字義相同，而且具有聲韵上的關聯。

"它山之石，可以攻玉"。借助異族表意文字資料，研究古漢字的形和義，事實證明不失爲一種有效的方法。

6. 借助於通例。

古文字有形通，有義通，有音通。研究古文字必須曉得與之相關的種種通例。從音、義的角度上説，假借例、引申例、轉注（孳乳）例是必須通曉的；從字形的角度上説，增繁例、簡化例、互作例、訛誤例、合文重文例也是一定

---

① 于省吾：《甲骨文字釋林・釋亞》，北京，中華書局，1979。
② 方國瑜：《納西象形文字譜》，302頁，昆明，雲南人民出版社，1981。

要懂的。這些方面，前人有過研究，積纍了不少寶貴經驗，需要認真學習理會。但有的方面，還顯得很薄弱，有待我們親自動手，作出科學的總結。

譬如，戰國文字於基本形體之外，往往加上一些點飾，如"人"字作🦴，"祀"字作🦴，"求"字作🦴，"縈"字作🦴，等等。種種點飾無論其形式如何，均與文字的基本構形無關，是文字繁化的一種表現。因此在分析晚周文字構形時，正確判斷字中用點的性質，往往至關重要。又如晚周文字中的"又"有的加點飾作🦴、🦴等形，曾有人直釋爲"有"，大概未曾注意到支旁從又間或加點的事實。如果僅從形式上看，加點的"又"倒很象"寸"，但晚周文字當"寸"字用的連一例都沒有，可見不過是繁文。分清點畫的性質，往往是正確識讀戰國文字資料的關鍵。

私名璽有🦴（《璽彙》3276）字，舊不識，我們曾指出應是"繁"字的古文。其形體演化的序列是：

顯而易見，🦴🦴是附加的飾筆。又望山二號墓出土的遣策常見"靈🦴"一詞，從語法地位看，都是用作隨葬品名稱之前的形容詞語，以往學者們都把"靈"後一字釋爲"漆"。其實諦審其形，字上從火，字下從人（如鄂君啓節"見"字作🦴），加🦴🦴爲飾筆，應釋爲"光"。"光"字夫差戈作🦴，吳王光劍作🦴，吳王光鑒作🦴，中山王鼎作🦴，可證。人旁兩側不加飾筆，加🦴🦴形或🦴🦴形飾筆都是一回事。

由此聯想到"胤"字。過去我們不明白何以金文作🦴（秦公簋）而中山圓壺卻寫作🦴，現在這個問題可以迎刃而解了。《説文》解説"胤"字構形"從肉、從八，象其長也。從幺，象重累也。"現在看來，胤字當是從幺從肉會意，🦴或🦴皆爲飾筆，許説不可據。

古文字考釋不易，戰國文字尤爲難識，大抵是此類因素作怪。掌握各種通例，無異於得到了一把把開啓未知之門的鑰匙。希望有更多的人來做創通條例的工作。

7. 讀破假借。

同讀古書一樣，閱讀古文字資料也常常會碰到假借現象。假借的本質是同音或音近字的代用。假借以"本無其字，依聲託事"的造字假借爲正例。本字見存而另借別字充當的，世稱通假。假借和通假的存在大大增加了古文字資料識讀上的困難。遇到這種地方，就必須讀破假借，弄清本字。

近年陝西扶風縣出土的西周銅器師同鼎銘文有"羊百韧"一語。"韧"本是契刻的"契"本字。照本義理解，銘文講不通。我們根據典籍中契、挈、絜、挈相互通假的事實，曾指出"韧"是"絜"的假借字，① 意爲繫縛。羊百絜，即一百隻繫縛起來的羊，在銘文中是可以講得通的。

戰國文字資料中此類例子更爲習見。商鞅量有一句銘文講該量的容積："爰積十六尊五分尊壹爲升"，學者們指出"尊"爲"寸"的假借字是十分正確的，意思是積算十六又五分之一立方寸爲一升。古音尊在精紐、文部，寸爲清紐、文部，這兩個字疊韵，又同屬齒音，音讀本來很接近，先秦古文字資料裏沒有"尺寸"的"寸"，借"尊"爲"寸"當屬本無其字的假借。

玉製行氣銘末尾一句話説："巡則生，逆則死。"前三個字和後三個字意思恰相反對。"逆"的反面應是"順"，因知"巡則生"當讀爲"順則生"，"巡"和"順"同從川聲，② 聲類相同，"巡"是"順"的通假字。

長沙楚帛書乙篇："青木、赤木、黃木、墨木之精（精）。"商承祚謂："墨可讀黑，墨黑詞義相同。"③ 這兩個字古音同屬之部，是疊韵字。《説文》："墨，書墨也。從土、從黑，黑亦聲。"又"默，犬暫逐人也。從犬，黑聲。讀若墨。"黑和墨不僅義近，而且音通，自然可以通借。

由以上各例可以看出，釋讀古文字資料識字固然重要，但字識得文義卻不見得講通，還要有讀破假借的工夫。做到這一點，要留心積纍古書和古文字資料中的通假例，具有聲韵通轉的基本修養。這樣，面對一篇古器物銘文，才能左右逢源，不乏解決古文字難點的辦法。

以上討論了釋讀古文字的基本方法和輔助方法。掌握了科學的方法，固然有益於我們的研究工作。然而實際做起來，並非易事。楊樹達在論述古文字研

---

① 陳世輝：《師同鼎銘文考釋》，《史學集刊》，1984（1）。
② 順，從頁，川聲，見徐鍇《説文繫傳》。
③ 商承祚：《戰國楚帛書述略》，《文物》，1964（9）。

究方法時說："首求字形之無悟，終期文義之大安，初因字以求義，繼復因義而定字。義有不合，則活用字形，借助於文法，乞靈於聲韵，以假讀通之。"①可見研究古文字，文字、聲韵和訓詁三方面缺一不可。此外，文獻學、考古學和歷史學也是古文字研究的必修課。王國維在《毛公鼎考釋序》中有一段十分中肯的話，他說：

> 文無古今，未有不文從字順者。今日通行文字，人人能讀之能解之。《詩》、《書》、彝器亦古之通行文字，今日所以難讀者，由今人之知古代不如知現代之深故也。苟考之史事與制度文物以知其時代之情狀，本之《詩》、《書》以求其文之義例，考之古音以通其義之假借，參之彝器以驗其文字之變化。由此而之彼，即甲以推乙，則於字之不可釋義之不可通者，必間有獲焉。然後闕其不可知者以俟後之君子，則庶乎其近之矣。②

王氏所指出的研究古文字的正確方法和應有的態度，即使在今天，仍然值得學習和借鑒。

---

① 楊樹達：《積微居金文說·序》，北京，中華書局，1959。
② 王國維：《觀堂集林》卷六，第一册，294頁，中華書局，1959。

下 編

古文字資料選讀

一　甲　骨　文

1　《合集》9950 正①

（1）丙辰卜，㱿貞②：我受黍年③？

（2）丙辰卜，㱿貞：我弗其受黍年④？四月⑤。

①賓組卜辭。兩條卜辭同刻在一塊龜腹甲上。正反對貞，分別從正反兩方面占卜黍子的年成。

②㱿，武丁時期貞人。

③我，指商王國。卜辭用爲複數第一人稱代詞，相當於"我們"。黍，商代主要農作物之一，籽粒似粟，去皮爲黃米。

④年，與"稔"通，豐收。

⑤四月，記載該卜的月份。一期卜辭通常刻寫在辭末。

2　《合集》5203①

（1）翼癸亥王步②？

（2）王寡劦③？

（3）于翼甲子步④？

①賓組卜辭。骨版。占卜商王外出及舉行劦祭兩件事。

②翼，甲骨文像鳥類的翅膀形。卜辭讀爲翌日的"翌"。《説文》："昱，明日也。"爲翌日的本字。翼、翌均爲"昱"的假借字。但卜辭言翼者，並不限於次日。(1)辭的"癸亥"和(3)辭的"甲子"均可稱"翼"是其明證。王，指商王武丁。步，出行。

③寡，讀爲"儐"。導神爲儐，泛指祭祀。劦，祭名。《説文》："劦，同力也。"又"協，衆之同和也。"劦，即"劦"、"協"的初文。殷人祭祀後世先王連帶合祭前代先王，稱之爲劦。劦祭是殷代重大祀典之一，

圖 2　《合集》5203

135

圖1 《合集》9950 正

相當於西周及後世的祫祭。《說文》："祫，大合祭先祖親疏遠近也。"

④甲子，即（1）辭癸亥的後一天。占卜之日應在癸亥的前一天壬戌。(1)、(3) 兩辭占卜的是同一件事：王在癸亥和甲子這兩天中以哪一天出行爲好呢？

3 《合集》6086①

（1）貞：舌方出隹我业乍囚②？
（2）不隹我业乍囚？
（3）貞：不允出③？
（4）允出？

①賓組卜辭，骨版。本版四條卜辭兩兩對貞，占卜敵國舌方的軍事動態。

②舌方，陳夢家謂"舌"即"邛"，邛方在太行山西北。隹，通"惟"。乍，通"作"。囚，"兆"之初文，通"咎"，禍殃。作囚，猶言爲害。出，指出兵侵擾。业，用爲"有"字。王引之《經傳釋詞》："有，猶或也。"又"或之者，疑之也，不盡然。"表疑問語氣，無義。(1) 與 (2) 對貞，卜問西北的舌方會不會出兵寇邊。

③允，語首助詞，無義。用法與《尚書》"允迪厥德"（《皋陶謨》）、"允釐百工"（《堯典》）略同。允出的主語也是舌方，因 (1)、(2) 兩辭而省略。

4 《合集》6096 正①

壬子卜②，旁貞③：舌方出，王萑④？五月。

①賓組卜辭，骨版。貞卜商王與舌方的戰事。

②卜辭干支字的"子"和"巳"同爲"子"字異體，前者作 ㄓ（晚期作 兇），後者作 孚，兩種寫法各有所當。前者即《說文》籀文"子"——𢆉之所從出。

③旁，即"賓"，古今字。旁爲武丁時貞人。

④萑，"雚"字的省體，從"叩"者爲加注的聲符，楊樹達主此說（參見《卜辭求義》寒部第六"萑"字條）。本辭假借爲"壁上觀"之"觀"，《正字通》："遠視、上視曰觀"。王觀，謂王親臨前綫窺探舌方的虛實，臨視其行踪。

圖3 《合集》6086

137

圖 4 《合集》6096 正

5 《合集》6168①

(1) 貞：于大甲②？
(2) 貞：昇人三千乎伐舌方，受业又③？
(3) 貞：勿乎伐舌方？

①賓組卜辭，骨版。祭祀與征伐是古代的兩件大事，故卜辭有關祀與戎的內容最爲豐富。本版（2）、（3）兩條卜辭是武丁時期發動對舌方戰爭的重要史料。

②大甲，即《史記・殷本紀》之太甲，太丁之子，殷代第五王。于大甲，即實行某種祭典於大甲，動詞省略。

③昇，孫詒讓釋爲"登"。登人，即進人，意思是徵集。三千，二字合書，卜辭恒見。乎，即"評"，今通作"呼"。乎伐，猶令伐，卜辭乎與今義近。业又，讀爲有祐。全句的意思是貞問商王武丁徵集三千人衆討伐舌方，能否得到祖先神靈的祐助。

圖 5 《合集》6168

6　《合集》6201①

癸酉卜，争貞②：王勿逆舌方③，下上弗若④，不我其受□⑤？

①賓組卜辭，骨版。占卜與舌方的戰事。
②争，武丁時期貞人。
③逆，逆伐的省語。《合集》6202："癸酉卜，争貞：王勿逆伐舌方，下上弗若，不我□"可證。逆，迎。逆舌方，迎擊來犯的舌方。
④下上，兩字合書，泛指天地神祇。若，順。弗若，等於説弗祐。
⑤以卜辭句例推之，缺文當是"又（祐）"字。

圖6　《合集》6201

7　《合集》6409①

丁酉卜，㱿貞：今㗊王廾人五千正土方受屮又②？三月。

①賓組卜辭，骨版。占卜商王武丁對土方發動的戰爭能否得到天帝的祐助。
②今㗊，讀爲今兹，近指時下（今按，㗊字不可確識。或釋"條"，或釋"者"等等，表示的是一個時間名詞）。廾人，意謂集合師旅。廾，同"拱"，古今字。正，即"征"。土方，陳夢家謂即杜方。西周時有祁姓的杜國，在今陝西西安東南。殷代的土方當亦在這

一地區。

圖7 《合集》6409

8　《合集》6610正①

(1) 貞：屮于且乙，告②？
(2) 戉：屮蔑羌③？
(3) 貞：桒戉于且乙④？

①賓組卜辭，骨版。

②屮，讀爲"侑"。《周禮·天官·膳夫》："以樂侑食"，注："侑猶勸也"。卜辭侑祭大概是以鐘鼓酒食勸享祖先的一種祭祀方法。且乙，即仲丁之子中宗祖乙。告，通"誥"。告事於祖先，祈求祖先的護祐。《説文》："誥，告祭也。"《玉篇》："誥，禱也。"全句的意思是，是否要對中宗祖乙實施侑祭，並告以某事。

③戉，國族名或人名。蔑，與"滅"通。《國語·周語》"而蔑殺其人民"韋昭注："蔑猶滅也。"羌，殷西北游牧民族，居住在晉南地區。屮，通"有"，語中助詞。戉屮蔑羌，意思是戉能否將某地之羌人消滅掉。

④桒，祈事之祭。與（2）辭聯繫起來看，桒戉于祖乙，當是爲了戉滅羌一事而桒祭於中宗祖乙，期望戉方能得到祖先的佑助而獲勝。其時，殷和戉當屬友邦關繫。

圖8 《合集》6610正

9　《合集》293①

壬子卜，殸貞：叀今夕用三白羌于丁②？用☒。

①賓組卜辭，骨版。占卜以羌俘爲犧牲祭祀祖先。

②白，假借爲"百"。同期卜辭又有"三百羌于丁"(《合集》294)、"三百羌用于丁"(《合集》296)、"羌三白"(《合集》297)等語，或用本字，或用借字。丁，商王祖丁的省稱；一説釋"方"，讀爲"祊"，門内祭。《説文》："祊，門内祭先祖，所以徬徨。從示，彭聲。《詩》曰：祝祭於祊。祊，祊或從方。"

圖9　《合集》293

10　《合集》923 正①

(1) 貞：不ナ②？

(2) 貞：㞢于且乙五伐③，卯五宰④？

(3) ☒㞢☒乙？

①賓組卜辭，骨版。占卜侑祭祖乙。

②ナ，即左，通"差"，意思是差錯。所問之事省略，疑與選讀(8)辭侑祭祖乙有關。

③伐，名詞。祭祀使用的人牲稱伐。五伐，指五具人牲。

④卯，用牲之法，王國維疑是"劉"的假借字。《爾雅·釋詁》："劉，殺也。"一説讀爲"刎"。《玉篇》："刎，力九切，割也。"宰，從羊，卜辭爲圈養之羊的專稱。本辭貞問是否可用五具人牲和五頭殺死的羊牲侑祭祖乙。

11　《合集》6484 正①

(1) 辛酉卜，㱿貞：今☒王比望乘伐下☒受㞢又②？

(2) 辛酉卜，㱿貞：今☒☒勿比望乘☒下☒弗☒㞢又③？

(3) 貞：㞢犬于父庚④，卯羊？

圖10　《合集》923 正

141

圖11 《合集》6484 正

（4）祇以之疒齒⑤，鼎嬴⑥？

（5）貞：王比沚馘⑦？

（6）貞：王勿比沚馘？

（7）辛酉卜，㱿貞：王叀沚馘比？

（8）辛酉卜，㱿貞：王勿隹沚馘比⑧？

（9）疒齒嬴？

（10）不其嬴？

①賓組卜辭，大龜腹甲。本版（1）和（2）、（5）和（6）、（7）和（8）、（9）和（10）均爲對貞卜辭，先正而後反，正貞刻於龜甲的右側，反貞刻於左側，序例井然。

②比，聯合。王比，意思是商王聯合某某。望乘，商王武丁時名將。下𢦏，國族名。或釋𢦏爲危，或釋爲兒。

③本辭三處未拓出，可據對貞的（1）辭補足，依次應是王、伐、受三字。

④㞢，讀爲侑祭的侑。父庚，指南庚。

⑤祇，不識，或釋爲"祝"。字像人跪禱於神前，與祝、禱義近。疒，"疾"字初文（丁山釋）。疾齒，牙齒生病。

⑥鼎，讀爲"當"，能願動詞。嬴，舊釋爲"龍"、讀爲"寵"，殊誤。此字卜辭習見，繁寫或作𧊗（《戩》5.15）、𧊗（《巴》15），與金文"嬴"字所從略同。字像一巨口蜷身之動物，本義待考。卜辭或用爲方國名稱，疑即嬴姓國族生息繁衍之地；用於卜疾之辭，應讀爲"嬴"，意指病情加重。《淮南子·時則訓》："孟春始嬴"注："長也。"《廣雅·釋詁一》："嬴，益也。"這條卜辭大意是説，商王武丁因患齒疾而祈禱於神靈，其病情當不致於加重吧？

⑦沚馘，武丁時期名將之一，屢次率兵征伐殷邊方國。

12 《合集》1520①

（1）甲戌②

（2）甲戌卜，貞：翼乙亥㞢于且乙三牛，𠦪見尸牛③？十三月④。

（3）丁丑

（4）己卯

①賓組卜辭，骨版。四條卜辭均有干支記日，由此可知本版卜辭的次序應該是由下而上依次刻寫的。占卜用夷方所獻的牛爲犧牲祭祀祖先。

圖12 《合集》1520

143

②本辭僅記干支，貞卜内容省略。(3)、(4)兩辭同例。卜辭往往因占卜内容與它辭相同而省刻，如"干支卜王"之例。(1)、(3)、(4)三辭所省刻的内容，初疑與(2)辭相同，但(2)辭所卜的乃是次日乙亥的祭事，至丁丑和己卯已時過境遷，顯然不可能是同一件事。其内容已無從稽考。

③翼，通"翌"。翌乙亥，即甲戌的次日。皋，族名或人名。見，讀爲"獻"。尸，與"夷"音近字通，尸牛即夷牛。同期卜辭有"尸其臣商"（《京津》1220）的記載，可見夷方當時尚屬殷之與國。《左傳·文公六年》："晉蒐於夷"，杜注："夷，晉地。"本辭用於侑祭祖乙的三牛，有可能就是從所貢獻的夷牛里揀選出來的。

④十三月，閏月。殷人年終置閏。

13　《合集》19809①

庚辰卜，王②：余酻钾于上甲③？八月。

①自組卜辭。

②王，王貞之省。

③余，人稱代詞，指商王。钾，即"御"，讀爲"禦"。《説文》："禦，祀也。"攘除疾病及災難之祭。上甲，先公。酻，酒祭。

圖13　《合集》19809

14　《合集》10228 正①

己未卜，亘貞②：逐豕隻③？

①賓組卜辭，骨版。占卜畋獵。

②亘，武丁時期貞人。

③隻，從又持隹，"獲"的本字。豕，指野猪。逐，專指逐獸。卜辭於人言"追"，於獸言"逐"，用詞有別（楊樹達説）。

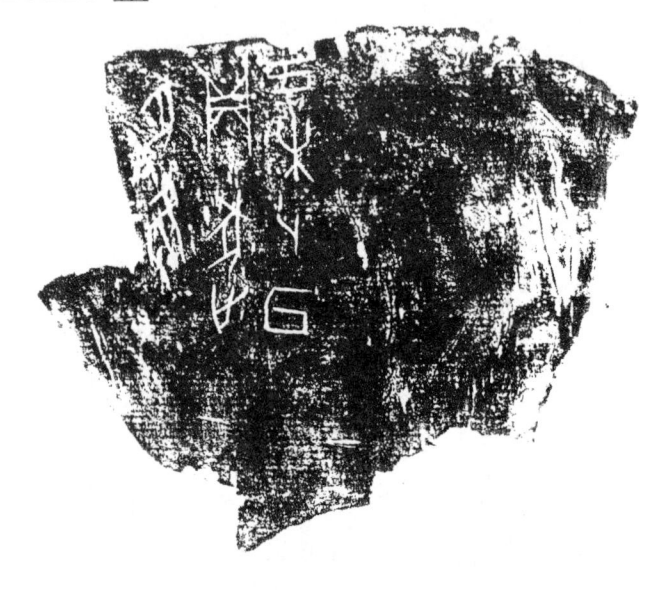

圖14　《合集》10228 正

15 《合集》20348①

(1) 乙亥卜：生四月妹㞢史②？
(2) 弗及今三月㞢史③？
(3) 乙亥卜：㞢史？

①自組卜辭。文字筆畫纖細，㞢字作𡉚，與同期賓組卜辭風格不同。

②生四月，與（2）辭的今三月爲對文，指未來的四月。卜辭生某月之辭習見，均指下一個月。妹，地名。《書·酒誥》："明大命於妹邦"，《僞孔傳》："妹，地名。紂所都朝歌以北是。"在今河南省淇縣北。

③㞢史，即有事。先秦典籍言有事，多指祭祀之事。本辭非用此義。殷人祭祀頻繁，幾無不祀之月，故不該有此卜。本辭"有事"當如《易·震卦·爻辭》："無喪有事"之"有事"，謂意外之事（屈萬里說）。及，通"繼"。《荀子·儒效》："周公屏成王而及武王"，注："及，繼也。"本辭的意思是，今三月以後不會再有事了吧？（1）辭的"及今三月"與（2）辭的"生四月"是一致的。以往訓"及"爲"至"，殊不辭。

圖15 《合集》20348

16 《合集》21065①

(1) 己亥卜，王：余弗其子帚姪子②？
(2) 壬午卜：來乙酉雨不雨③？
(3) 庚子卜：㞢父乙羊九④？

①自組卜辭。（1）辭占卜的內容與古代舉子制度有關。

②王，王貞之省。帚，通"婦"，商王的配偶。帚姪，商王武丁法定配偶之一。子帚姪子，前一個"子"字爲意動

圖16 《合集》21065

用法，後一個"子"字爲名詞。這條卜辭的意思是，商王武丁是否應該讓帚姪把她剛剛生下來的孩子養育成人。古人出於某種迷信觀念，如果認爲初生的嬰兒將不利於父母家門，便可以棄之不養。《史記·孟嘗君列傳》記載：孟嘗君田文以五月五日出生而見惡於其父田嬰，"嬰告其母曰：勿舉也。其母竊舉生之。"

③來乙酉，占卜之日壬午後的第三天。卜辭較近的未來稱"翌"，較遠的未來稱"來"。

④出，讀爲侑祭的"侑"。

17　《合集》22214①

(1) 戊辰卜：其尞匕庚♀友牡②？
(2) 戊寅卜：又匕己羊、豕③？
(3) 于乙亥用④？
(4) 癸巳卜：今夕奴責杞⑤？

①自組卜辭。大龜腹甲。

②尞，同"燎"，祭名。《吕氏春秋·季冬紀》："乃命四監收秩薪柴，以供寢廟及百祀之薪燎。"高誘注："燎者積聚柴薪，置璧與牲於上而燎之，升其烟氣。"♀，祭品名，字不識。友，通"與"，連詞。牡，公羊，今通作"牡"。

③又，通"侑"。

④用，指殺牲爲祭。

⑤責，通"積"。《左傳·僖公三十三年》："居則具一日之積。"注："積，芻米菜薪。"這裏指貢賦。杞，方國名，姒姓，夏代的後裔。《列子·天瑞》釋文引《世本》："殷湯封夏後於杞，周又封之。"商代有"杞侯"（《後》下37.5），見於武丁時期卜辭。祖庚、祖甲時卜辭也有"王其田亡災在杞"，"王其步自杞"（《後》上13.1）的記載。商代和周初的杞國在今河南杞縣，後來遷往山東。奴責杞，意思是商王武丁是否要向杞國徵收貢納。

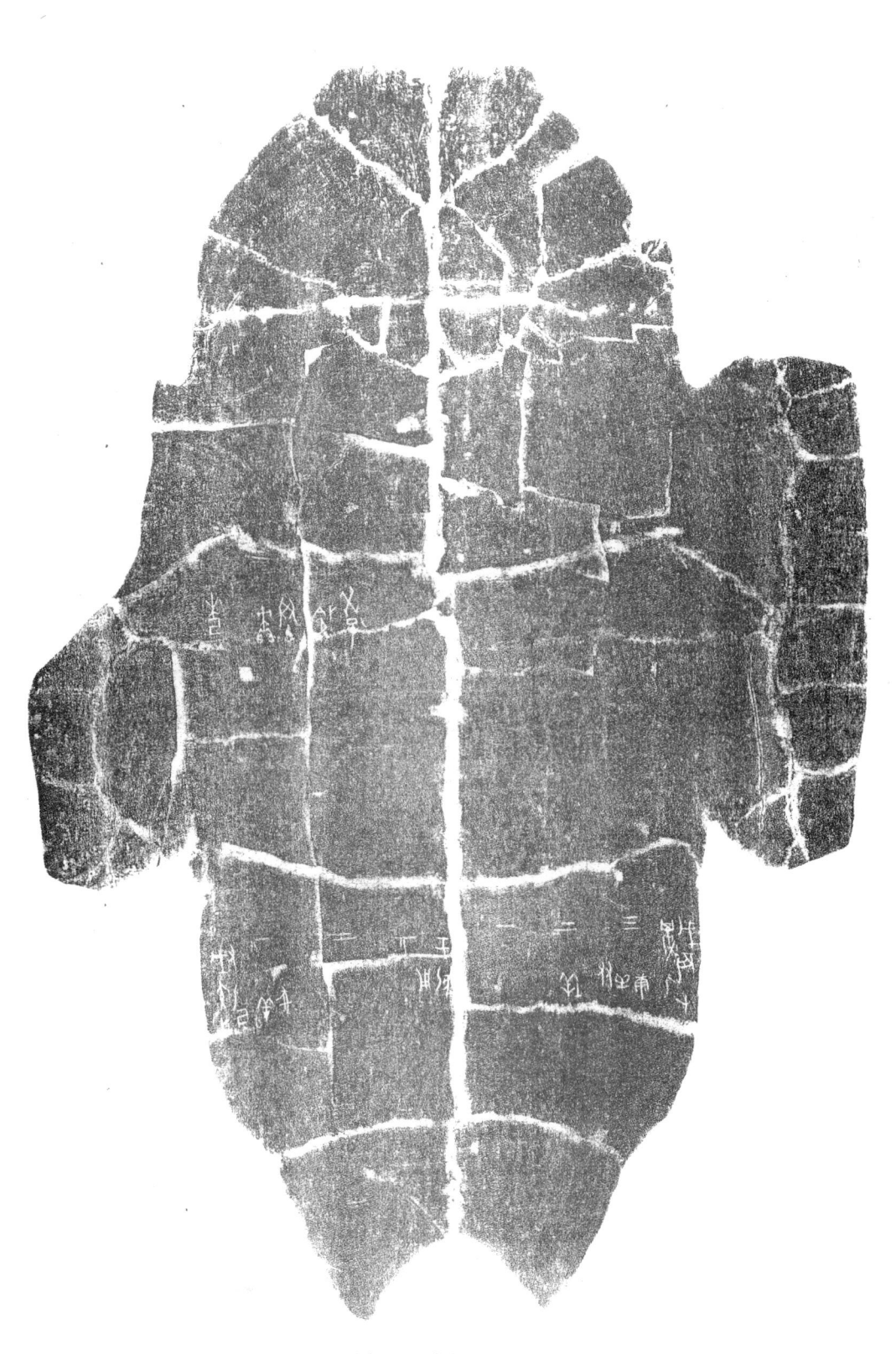

圖 17 《合集》22214

18　《合集》5600①

（1）貞：兹旬雨②？
（2）貞：不其受年③？
（3）貞：小臣⑪得④？
（4）二告⑤。

①賓組卜辭。（1）辭貞問雲雨，（2）辭貞問受年，可以看出殷人對農作物的收成已很重視，而且注意到自然現象對年成的影響。

②兹，同"兹"。雨，動詞，意思是降雨。

③其，猶"殆"，表示擬議不定的語氣。

④"小臣⑪"三字合書。小臣，職官名，商王近臣。《禮記·喪大記》鄭玄注："小臣，君之近臣也。"⑪，"牀"字初文，這裏用爲小臣私名。

⑤二告，兆辭。除二告以外，卜辭還有三告、四告和小告。告，疑指卜兆顯示吉凶。《詩·小雅·小旻》："我龜既厭，不我告猶。"

圖18　《合集》5600

19　《合集》10349①

（1）甲子卜，殻貞：王疒齒隹易②？
（2）壬申卜，殻貞：圃罕麋③？丙子陷④，允罕二百又九⑤。

①賓組卜辭，龜版。占卜齒疾及擒麋兩件事。

②疒齒，即疾齒。易，輕，指病情緩和，平復。

③圃，林苑。罕，即"禽"、"擒"的初文。

④陷，設阱捕獸。商代常用的狩獵方法之一。

⑤丙子陷，允罕二百又九。此句是占卜後應驗的記錄，即驗辭。

圖19　《合集》10349

148

20 《合集》10178①

（1）貞：我不艱②？一月。

（2）其艱？

（3）不🯄黽③。

①賓組卜辭，龜版。占卜災禍。

②我，指商王國。艱，讀如《書·大誥》"有大艱於西土"之"艱"，指災難。

③不🯄黽，兆辭，含義待考。一說讀爲"不悟冥"，意思是卜兆清晰，不晦暗。或釋第三字爲"蛛"。

圖20 《合集》10178

21 《合集》16191①

貞：沉十羊十豖②？

①賓組卜辭，骨版。占卜以沉牲的祀典，祭祀山林川澤。

②沉，用牲法。甲骨文作🯄、🯄，像沉牛、羊於水中。《周禮·春官·大宗伯》："以貍（埋）沈（沉）祭山林川澤。"《淮南子·說山》"齋戒以沈諸河"，高誘注："祀河曰沈"。豖，通"梀"、"斀"，像豕去勢形。十豖，十隻去勢的豕。

圖21 《合集》16191

149

22　《合集》17393 正[①]

庚子卜，㱿貞：王夢白牛隹囚[②]？

①賓組卜辭，骨版。殷人迷信，幾乎無事不卜，本辭占卜夢幻吉凶。

②王，指商王武丁。夢，動詞，猶言夢見。囚，讀爲"咎"，義爲災殃。《吕氏春秋·侈樂》："棄寶者必離其咎"，高誘注："咎，殃也。"

圖 22　《合集》17393 正

23　《合集》17451[①]

（1）庚辰卜，貞：多鬼夢不至囚[②]？

（2）☐卜☐囚？

①賓組卜辭，骨版。卜夢幻吉凶。

②多鬼夢，可以作兩種理解：一種是屢次作鬼夢，一種是夢見多鬼，均可通。至囚，猶言降災。

圖 23　《合集》17451

24　《乙編》6664①

(1) 丁亥卜，㱿貞：翼庚寅㞢于大庚②？

(2) 貞：翼辛卯㞢于且辛③？

(3) 丙申卜，㱿貞：來乙巳酻下乙④？王固曰⑤：酻隹㞢希⑥，其㞢𠂤⑦。乙巳酻。明雨⑧。伐，既雨⑨，咸伐亦雨⑩，钦卯鳥星⑪。

(4) 丙午卜，爭貞：來甲寅酻大甲⑫？

(5) 㞢于甲⑬？

圖24　《乙編》6664

①賓組卜辭，大龜腹甲，刻兆。大字（3）辭填朱，小字（1）、（2）、（4）、（5）四辭填墨。本版第三辭與《丙編》209第三辭爲成套卜辭，文辭内容完全相同。其中關於鳥星的記載可以和《書·堯典》相互印證。

②大庚，《史記·殷本紀》作太庚，大甲之子。

③且辛，《史記·殷本紀》作祖辛，中宗祖乙之子。

④酻，酒祭。下乙，指祖乙。

151

⑤占，視卜兆而作出判斷。《周易·繫辭上》："極數知來之謂占"。

⑥希，通"祟"，禍祟。

⑦𢦏，不識。或隸爲"𢦏"，或以爲"設"字。卜辭屢見，均指某種不祥的徵兆。

⑧明，旦明之時。明雨，意思是天剛亮時落雨。

⑨伐，這裏指殺人砍頭的用牲法。

⑩咸，皆，盡。咸伐，伐祭完了。亦雨，又雨。前文云明雨，故此處云亦雨。

⑪改，甲骨文像以樸擊蛇，血滴外濺之形。卜辭中作爲一種用牲法，專指剖腹殺牲。改字《說文》作攺，典籍或作"胣"、"施"。改卯鳥星，謂剖牲而割裂之，用於祭祀鳥星。《書·堯典》："日中星鳥，以殷仲春。"胡厚宣指出星鳥即鳥星，爲南方七宿（今按，楊樹達認爲卜辭"星"應讀爲"晴"。李學勤認爲"鳥星"之"星"也應如是讀，"鳥"可讀爲"倏"。可備一說）。

⑫争，與㱿同版占卜，均爲武丁時貞人。來甲寅，占卜之日丙午後第八天。

⑬甲，指殷之先公上甲微。

25　《通纂》539①

（1）乙☐②

（2）丁卯卜，貞：周其㞢囧③？

①武丁時期卜辭，師賓間組（《合集》8457）。占卜周方國是否有殃咎，表明當時周方還是殷商的與國。

②本辭不完，僅剩一個"乙"字，從（2）辭丁卯看，或即前兩天乙丑日所卜。

③周，即周方。西周的先世，后稷封於邰，公劉居豳，至古公亶父始遷於歧下。據近人考證，邰、豳均在山西，即晉南的萬榮、稷山一帶。武丁時期的周方，地望當在此。

圖 25　《通纂》539

26　《通纂》540①

貞：盾弗戔周②？十二月。

①師賓間組（《合集》6825）。骨版。占卜周方與盾方的關係。

②盾，方國名。戔，《說文》："傷也。"戔周，猶言伐周。今按，陳劍《甲骨金文"戔"字補釋》一文釋"戔"爲"翦"，翦伐之意。

圖 26　《通纂》540

27　《合集》7084①

貞：令卓伐東土②，告于且乙于丁③？八月④。

①賓組卜辭。骨版。占卜伐東土。

②卓，武丁時期重要軍事將領之一。東土，等於説東國。《史記·魯周公世家》："寧淮夷東土，二年而畢定，諸侯咸服宗周。"商代和西周初年的東土，指東方的徐、奄、熊、盈、薄姑諸國。

③告，告事之祭。且乙，即殷中宗祖乙。丁，指祖丁。

④八月，本辭的占卜月份。早期卜辭附記月份通常是在文末，言"某月"或"在某月"。

28　《丙編》93①

(1) 戊辰卜，爭貞：其雨？

(2) 貞：不雨？

(3) 庚午卜，内□②：屯乎步？八月。

(4) 庚午卜，内貞：王勿乍邑杏丝③，帝若④？

(5) 庚午卜，内貞：王乍邑帝若？

(6) 貞：王乍邑帝若？

(7) 貞：勿乍邑帝若？

①賓組卜辭（《合集》5775）。小龜腹甲。

②内，與"爭"同版並見，爲武丁時貞人。

③乍，通"作"。作邑，築城。殷周時代恒語。《詩·大雅·文王有聲》："文王受命，有此武功。既伐於崇，作邑於豐。"杏丝，同"在兹"。杏，舊不識，當是"才"字繁文，增口旁爲羨符。

④帝，上帝，殷人所崇拜的至上神。若，順。帝若，等於説帝祐。

圖27　《合集》7084

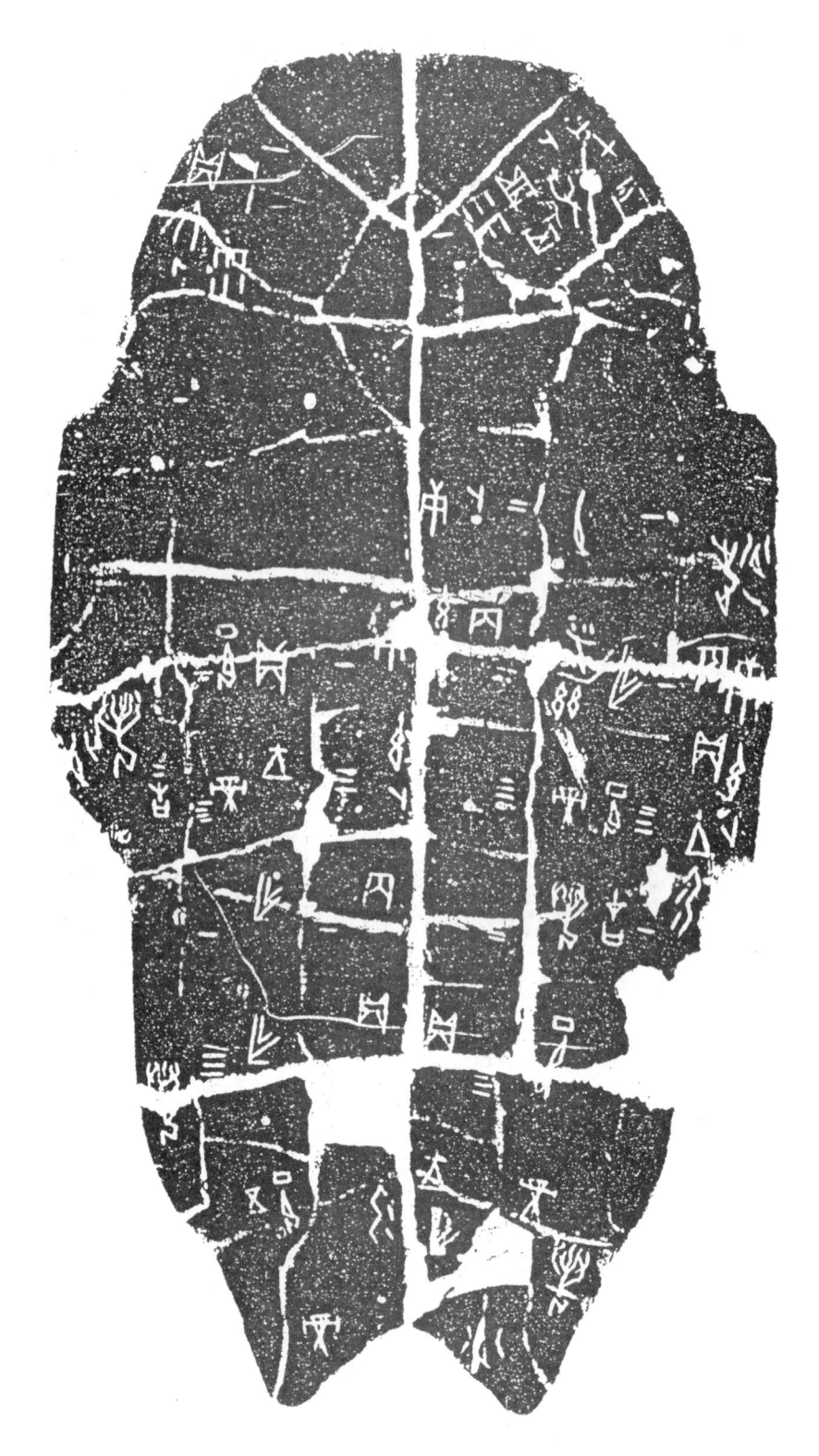

圖 28 《丙編》93

29　《丙編》147①

（1）壬子卜，爭貞：我其乍邑，帝弗ナ②，若？三月。
（2）癸丑卜，爭貞：勿乍邑，帝若？
（3）□丑卜，爭貞：我宅兹邑③大甲宁帝若④？三月。
（4）癸丑卜，爭貞：帝弗若？

①賓組卜辭（《合集》14206）。張秉權用十三片碎甲（《乙》1026＋《乙》2256＋《乙》6662＋《乙》6788＋《乙》7106＋《乙》7171＋《乙》7307＋《乙》7496及五片編餘碎甲）綴合而成。占卜營造城邑。

②ナ，同"左"。弗左，這裏的意思是不會以爲不便。《左傳·昭公四年》："且冢卿無路，介卿以葬，不亦左乎？"杜預注："左，不便。"

③宅，居。宅兹邑，句法與《書·堯典》的"宅嵎夷"、"宅南交"、"宅朔方"相同。

④宁，通"儐"。《集韵》："儐，必刃切。導也，相也。"儐帝，意思是配享於帝。後世稱王死爲儐天。

30　《丙編》81①

（1）庚戌卜，㱿貞：王立黍，受年②？
（2）貞：王勿立黍，弗其受年？
（3）貞：王立黍，受年？一月。
（4）☑勿立黍，弗其受年？
（5）貞：妻來牛③？
（6）貞：妻弗其來牛？
（7）貞：妻來牛？
（8）弗其來牛？

①賓組卜辭（《合集》9525）。張秉權用《乙》2217＋《乙》6964綴合，爲一版完整的龜腹甲。八條卜辭兩兩對貞，正貞刻於右側，反貞刻於左側。占卜商王視察種黍及妻方獻牛兩件事。

②立，通"涖"。《爾雅·釋詁》："涖，視也。"《周禮·地官·鄉師》鄭玄注："立讀爲涖，涖謂臨視也。"今作"莅"。黍，動詞，種黍。王立黍受年，大意是：王親臨視察種黍，秋後會不會獲得豐收。

圖 29 《丙編》147

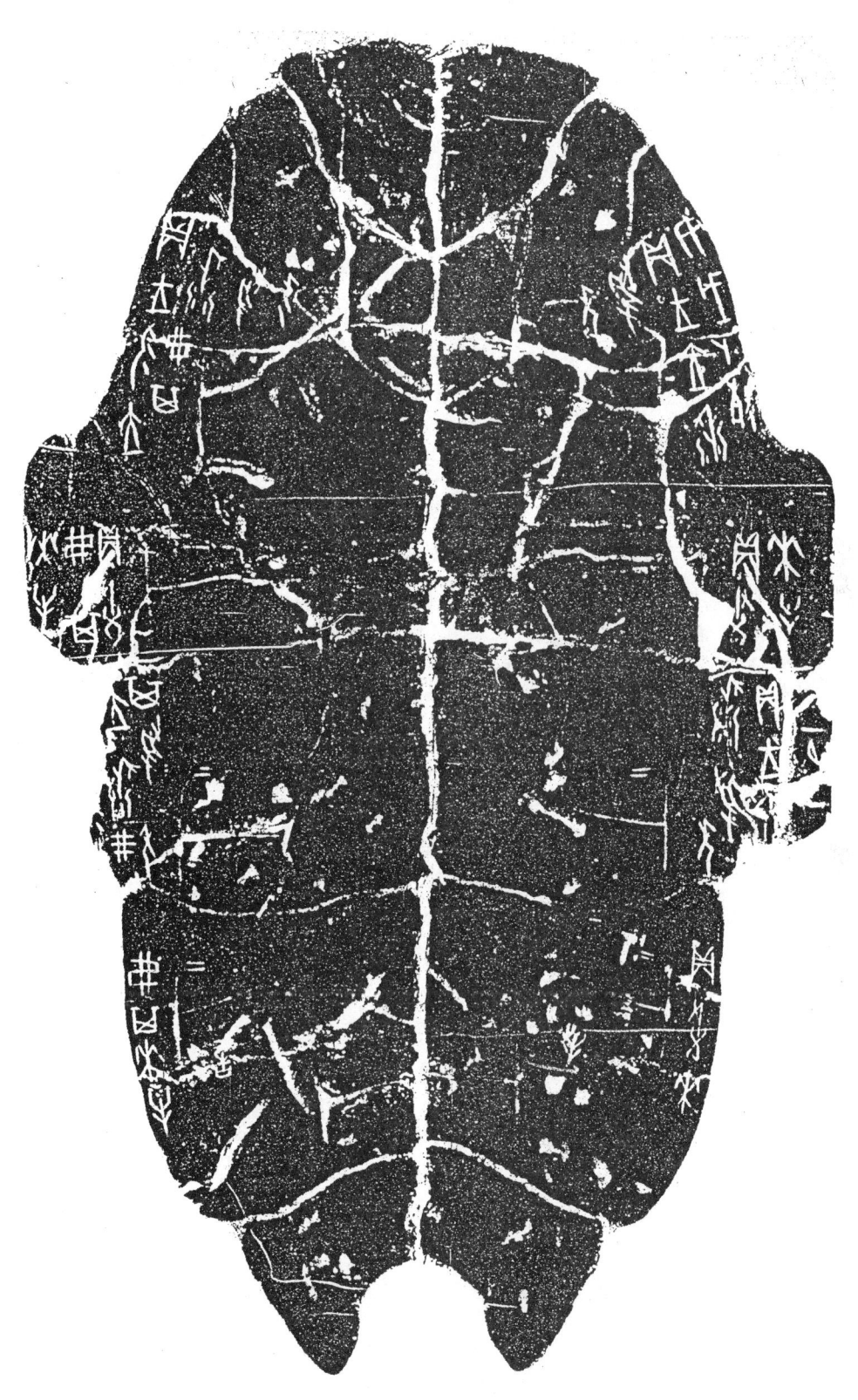

圖 30 《丙編》81

③妻，方國名。來，自外曰來，指貢納。來牛如同説獻牛。

31　《丙編》3①

(1) 己未卜，争貞：王亥希我②？

(2) 貞：王亥不我希？

(3) 叀子不乎陷③？

(4) 勿隹子不乎④？

(5) 叀子商乎⑤？

(6) 勿隹子商乎⑥？

(7) 叀王往⑦？

(8) 勿隹王往？

(9) 貞：王于龏𠂤⑧？

(10) 勿于龏𠂤？

(11) 貞：我其㞢𡆥⑨？

(12) 貞：我亡𡆥⑩？

(13) □王往？

(14) 勿隹王⑪？

(15) 今夕雨⑫？

(16) 今夕不其⑬？

(17) 斬⑭？

(18) 勿于⑮？

(19) 己未卜，㱿貞：我于雊𠂤⑯？

(20) 貞：勿于雊𠂤？

(21) □□卜，㱿貞：□𦍌□

(22) 貞：𦍌弗其□⑰？

(23) 叀王⑱？

(24) 勿隹⑲？

①賓組卜辭（《合集》7352），大龜腹甲，由《乙》2215＋《乙》5403綴合而成。整版12組24條卜辭，由上至下兩兩對貞，正貞在右，反貞在左，以"千里路"爲中綫，每一組的兩條卜辭左右對稱，排列井然有序。

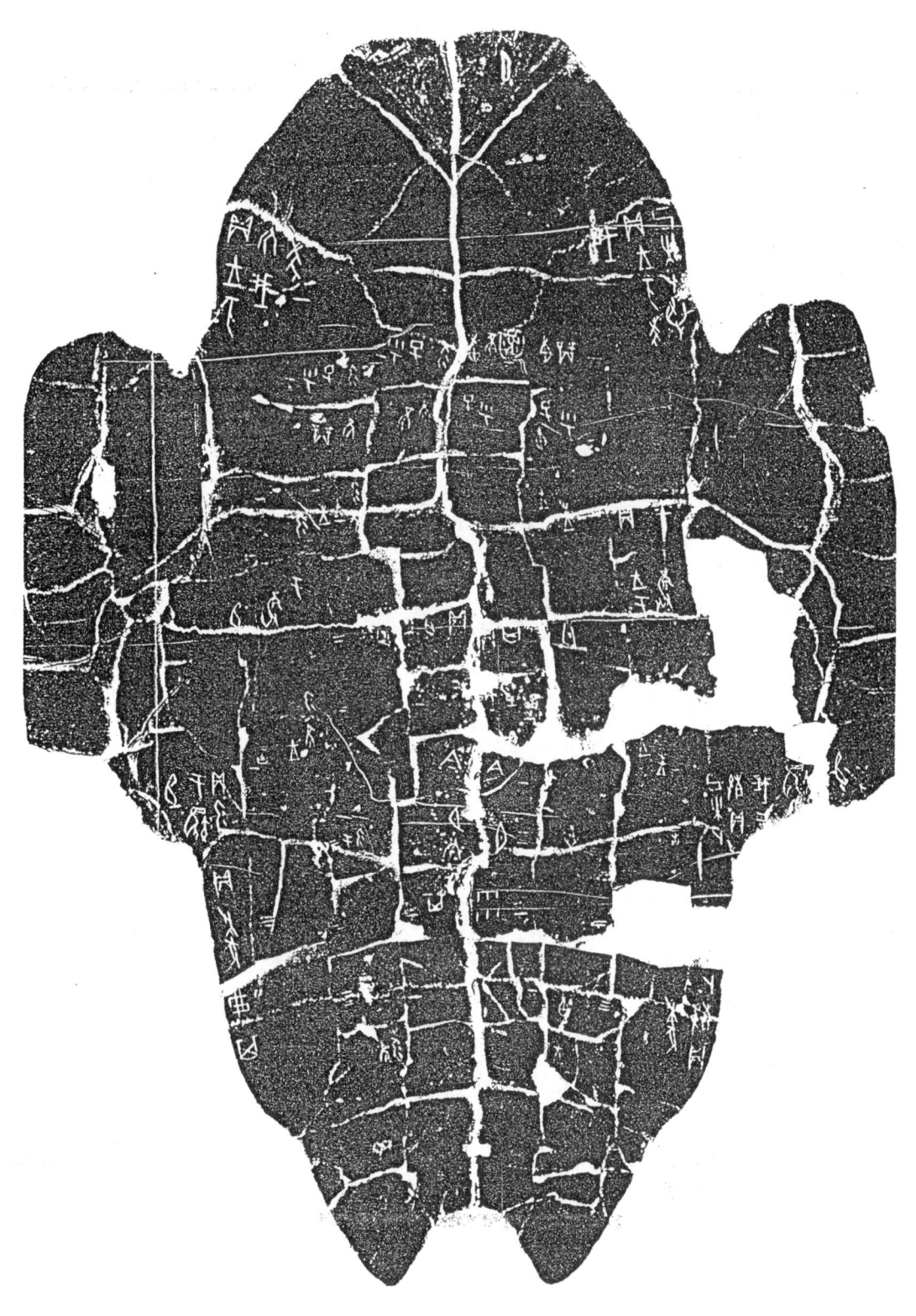

圖 31 《丙編》3

②王亥，卜辭又稱高且亥。殷人的遠祖。據王國維考證，王亥即《史記·殷本紀》"冥卒，子振立。振卒，子微立"的"振"。希，通"祟"。《說文》："祟，神禍也。"這裏用爲動詞，意思是作祟。

③子不，人名，武丁諸子之一。陷，設阱捕捉野獸的狩獵方法。乎，同"呼"。主語"王"省略。全辭大意是貞問商王要不要令子不設阱擒獸。

④隹，跟正貞的"叀"通，均用作"惟"。

⑤子商，人名，武丁諸子之一，與子不身份相當。

⑥子商乎，賓語"子商"前置。

⑦王往，等於說王出。

⑧于，動詞。《詩·周南·桃夭》"之子于歸"，《毛傳》："于，往也。"自，卜辭通"次"，又通"師"。這裏用作"次"，指駐軍的營地。龏，同"共"，地名，王國維以爲即《左傳·隱公元年》"大叔出奔共"之"共"，地在今河南輝縣。

⑨我，指商王國。

⑩亡，通"無"。亡囗，義猶無咎。

⑪勿隹王，"勿隹王往"的省語。

⑫夕，夜。

⑬今夕不其，承前辭而"其"後省略雨字。

⑭斬，地名，後世作"蘄"，王國維謂在今安徽省宿州市境內。本辭"斬"是"于斬"的省語。

⑮勿于，承前辭而省斬字。

⑯雈自，亦爲軍營所在地，與龏自類同。

⑰𦣻，不識，字像以手持網掩豕之形，這裏是人名或國族名。

⑱叀王，和（24）辭的"勿隹"都是省語，通觀整版卜辭，應即本版"叀王往"和"勿隹王往"的省語。

32　《丙編》284①

（1）貞：翼辛亥王出②？

（2）囗𡉚？

（3）翼戊午焚𡉚③？

（4）戊午卜，㱿貞：我獸敏𡉚④？之日獸，允𡉚⑤。隻虎、鹿四十、狐百六十四⑥、麑百五十九⑦。𦣻赤屮友，二赤小囗三囗⑧。

160

①賓組卜辭（《合集》10198），由《乙》2908＋《乙》5500＋《乙》6552 綴合，龜版。字畫內填墨。占卜商王出行及狩獵兩件事。

②翼，通"翌"。出，指出行。

③𢦏，同"擒"。焚𢦏，古時狩獵方法之一種，應即《禮記·王制》"昆蟲未蜇，不以火田"的火田。《左傳·定公元年》："魏獻子屬役於韓簡子，及原壽過而田於大陸，焚焉。"大概是一種縱火燒林，乘禽獸驚恐逃竄之機，布設網羅擒獸的方法。

圖32 《丙編》284

④獸，通"狩"。敏，地名。獸敏，在敏地狩獵。

⑤之日，是日，即占卜的同一天。允𢦏，果然有所擒獲。

⑥隻虎，捕到一隻虎。

⑦麑，鹿子。甲骨文像幼鹿尚未生角的形狀。

⑧𡇈字不識。這句話有缺文，語義不明。

161

33　《乙編》7731①

（1）甲申☐帚好冥妨②？王固曰：其隹丁冥妨，其隹庚冥引吉③。三旬虫一日甲寅冥不妨，隹女④。

（2）甲申卜，㱿貞：帚好冥不其妨？三旬虫一日甲寅冥允不妨。

①賓組卜辭（《合集》14002），龜版。兩條卜辭反正對貞，占卜生育。

②帚好，武丁之妃，商代著名軍事將領之一。冥，通"娩"，生孩子。妨，通"嘉"。

③丁，丁日。庚，庚日。引，大。引吉如同說大吉。

④三旬虫一日甲寅，指占卜之後第三十一天甲寅。隹女，生的是女孩。前言"不妨"，後面補説"隹女"，可以看出至少在生育上，殷人存在着重男輕女的觀念。

圖33　《乙編》7731

34　《合集》14294①

（1）東方曰析，鳳曰劦②。

（2）南方曰因，鳳曰凯③。

(3) 西方曰𣂑，鳳曰彝④。

(4) 北方曰□，鳳曰殴⑤。

①賓組卜辭，骨版。這版的文字記載四方方名及四方風名。所記與《山海經》、《書·堯典》、《詩經》、《爾雅》等古籍多相契合。這版甲骨文字自出土以來，各家多有考證。胡厚宣作《甲骨文四方風名考證》（見《甲骨學商史論叢初集》第二册），楊樹達作《甲骨文中之四方風名與神名》（見《積微居甲文説》卷下）均饒有發明。

②鳳，甲骨文作鳳鳥形，假爲"風"。析，東方的專名。《山海經·大荒東經》："東方曰折。"《書·堯典》："厥民析。""折"爲"析"字的誤寫。《金璋》472："卯于東方析三牛，三羊，尞三？"另外，卜辭又有禘祭四方的記載，楊樹達據以論定方名應是神名，但卜辭禘祭有時可以對一個方向或一個地方舉行，如"帝于東"、"帝于條"之類，未必一定是神名，張秉權已指出。劦，東方風名。《山海經·北山經》："母逢之山，北望雞號之山，其風曰颲。"《國語·周語》："瞽告有協風至"，又《鄭語》："虞幕能聽協風。"劦，即"協"字初文，通"颲"。

圖34 《合集》14294

③因，南方風名。字作𡘇，舊釋"夾"或"莢"，均不似。按，"因"西周早期金文或作𡘇（蠻鼎），信陽楚簡作𡘇，從大，像人有所依傍之形。《山海經·大荒南經》："南方曰因"。《書·堯典》："厥民因"。㞢，"微"字初文。《詩·邶風·凱風》："凱風自南，吹彼棘心。"《毛傳》："南風謂之凱風。"《吕氏春秋·有始覽》："南風曰凱風。"《淮南子·地形篇》："南風曰愷風。""㞢"與"凱"古音均在微部，音近通假（今按，林澐釋卜辭南方風名爲"髟"，説見《説飄風》，載《于省吾教授百年誕辰紀念文集》）。

④𣂑，字見《説文》："艸木垂華實也。從木马，马亦聲。"本辭用爲西方方名。《書·堯典》："厥民夷。"《山海經·大荒西經》："有人名曰石夷"，"夷"即"𣂑"誤寫。彝，西方風名。《爾雅·釋天》："西風謂之泰風。"《山海經·大荒西經》："來風曰韋。"與卜辭用

163

字的分歧待考。

⑤缺文僅存右半部，作𠂉。胡厚宣釋"宛"，曹錦炎釋"勹"，爲北方方名。《山海經·大荒東經》："北方曰鵷。"勹、宛、鵷均可通。殴，左旁從卩，右從殳，字不識，用爲北方風名。《爾雅·釋天》："北風謂之涼風。"與卜辭不合。

35　《粹編》1043①

（1）辛亥卜，㱿貞：于乙門令②？

（2）辛亥卜，㱿貞：勿于乙門令

（3）辛亥卜，㱿貞□

（4）乙卯卜，㱿貞：今日王往于臺③，之日大采雨④，王不步？

①賓組卜辭（《合集》12814），骨版。

②乙門，宗廟諸門之一。卜辭中所見的門不下十餘種，如宗門、南門、乙門、丁門、宧門等等。武丁時期卜辭屢見"于乙門令"、"勿于乙門令"的記載，乙門大概是商王武丁經常發佈命令的地方。

③臺，即"敦"字，地名。

④之日，等於説今日，指占卜之當日乙卯。大采，上午八時左右。武丁卜辭一日之内記時用語有旦、明、大采、大食、日中、昃、小食、小采、夕等。陳夢家以大采爲上午八時，小采在下午六時。

圖35　《粹編》1043

36　《通纂》778①

（1）乙丑卜，出貞②：大史必酚③，先酚其㞢匚于丁三十牛④？七月。

（2）□卜，出貞：大□酚，先□㞢匚□牛？七月⑤。

①出組卜辭（《合集》25937）。骨版。由《鐵》226.2＋《前》4.34.1綴合，占卜由太史主持的祭祀。

②出，祖庚時期貞人。

③大史，史官之長。亦見於西周金文，職掌文書起草、策命諸侯

圖36　《通纂》778

卿大夫、管理國家文獻、製定曆法及主持宗廟祭祀等事。必，即"柲"字初文，像戈柲形（裘錫圭説），本辭用作大史的私名。大史必彰，意思是由太史必來主持肜祭。

④先，前。先肜，在肜祭之前。匚，通"報"。卜辭先公上甲六示中的三匚，《史記・殷本紀》均作"報"。本辭"匚"爲祭名。《國語・魯語》"有虞氏報焉"注："報，報德之祭。"這條卜辭的大意是：大史必主持肜祭之前是否要用三十頭牛先行侑、報之祭於祖丁。

⑤本辭有缺文，很可能與（1）辭是同文卜辭。

37　《通纂》44①

（1）辛亥□貞：王□叔□

（2）甲寅□貞：王□歲□亡□

（3）乙卯卜，行貞②：王宾毓且乙歲宰亡尤③？才九月。

（4）乙卯卜，行貞：王宾叔亡尤④？

①出組卜辭（《合集》23144），骨版。

②行，祖甲時期貞人。

③毓，通"后"、"後"。毓且乙，即後且乙，指祖甲的祖父小乙。祖甲的祖輩裏小乙是最後一個以"乙"爲諡號的。歲，通"劌"，用牲法。《廣韻》："劌，割也。"宾，通"儐"，泛指祭祀而言。亡尤，即無尤（丁山釋）。尤，災異。《説文》："尤，異也。"《公羊傳・定公元年》："異，大乎災也。"

④叔，王國維釋"叔"，引《説文》"楚人謂卜問吉凶曰叔"。于省吾讀爲"塞"，《漢書・郊祀志》："冬塞禱祠"，顏師古注："塞謂報其所祈也。"

圖37　《通纂》44

38　《粹編》224①

丙辰卜，旅貞②：翼丁巳劦于中丁，卒亡䖏？才八月。

①出組卜辭（《合集》22865）。占卜祭祀中丁。

②旅，祖甲時期貞人。

③劦，合祭的專名。卜辭祭某王，同時合祭前代先王稱"劦"。本辭主要祭祀的對象是中丁，同時兼祭中丁以前各代先王。中丁，《史記・殷本紀》作"仲丁"。丁巳劦于中丁，殷代自祖甲以後周祭祀典，祭某王必於某日，故在丁日祭中丁。䖏即"害"字，裘錫

圭釋，亡蚩即無害。

圖38 《粹編》224

39　《通纂》40[①]

（1）乙卯卜，即貞[②]：王窜毓且乙、父丁歲亡尤[③]？
（2）□窜□亡尤？

[①]出組卜辭（《合集》23143），骨版。
[②]即，祖甲時期貞人。
[③]毓祖乙，指小乙。父丁，指武丁。歲，通"劌"，宰割牲體的用牲方法。這句話的大意是：王用宰割牲體的祭法祭祀小乙和武丁，會不會有災禍。

40　《屯南》624[①]

（1）辛亥卜，翌日壬旦至食日不□[②]？大吉。
（2）壬旦至食日其雨？吉。

圖39 《通纂》40

166

（3）食日至中日不雨③？吉。

（4）食日至中日其雨？

（5）中日至章兮不雨④？吉。

（6）中日至□兮□。

①無名組卜辭，骨版。占卜一日之内的天氣狀況。

②𦥑，即"翼"，增注聲符"立"，通"翌"。壬，指次日壬子。旦，旦明。食日，武丁卜辭稱大采、大食。食日在"旦"與"中日"之間，約當上午八、九點鐘。不□，缺文由（2）辭可知，當是"雨"字。

③中日，即日中，正午。

④章兮，陳夢家釋爲郭兮，在昃與昏中間，約當下午四、五點鐘。

41　《屯南》2623①

（1）壬子卜，其用丝⚌，𡙕□②

（2）弜用黑羊亡雨③？

（3）叀白羊用，于之又大雨④？

（4）□宼□又𢻻？

①無名組卜辭，骨版。占卜用牲祈雨。

②用，指用牲於祭祀。⚌，疑爲牲名，字不識。𡙕，求祈之祭。

圖40　《屯南》624（局部）

167

③弜，通"弗"。張宗騫説。

④叀，通"惟"。之，通"兹"，《廣雅·釋言》："兹，今也。"又，通"有"。殷人尚白，由本辭可見一斑。

42　《合集》27503①

（1）甲午卜：召其至匕己且乙爽②，又正③？吉④

（2）弜至⑤？

（3）其召匕甲且辛爽，又正？

①無名組卜辭，貞卜叠祭先妣。

②召，"叠"字省體。或釋爲"舌"，合祭之名。爽，于省吾釋，指先公先王的配偶。匕己且乙爽，即祖乙之配偶妣己。至，叠祭的對象不止一人，言至某人，謂截止至某人。

③又正，卜辭習見，涵義不明。一説，"正"爲祭名。

④吉，占辭。是對卜兆所示吉凶的判斷。甲骨文占辭有吉、引吉、大吉等，均指兆璺吉凶而言。

⑤本辭與（1）辭爲對貞卜辭。弜，"弼"字初文，像弓檠，用爲否定詞，與弗、勿均通。弜至，因（1）辭的"召其至匕己且乙爽"而省略，其賓語也應該是祖乙的配偶妣己。

43　《合集》28093①

（1）癸□

（2）弜用？

（3）羌方由其用，王受又②？

（4）弜用？

（5）□其用羌方□于宗，王受又③？

圖41　《屯南》2623

①無名組卜辭，骨版。貞卜用羌方人頭於宗廟祭祀。

②由，頭。《説文》："由，鬼頭也。"用，指用爲祭品。又，讀爲"祐"。《説文》："祐，助也。"

③本辭與（3）辭對貞，缺文可以對照補足。前一個應是"弗"字，後一個應是"由"字。宗，指宗廟。用羌方由于宗，意思是以斬獲的羌人頭顱爲祭品，用於宗廟祭祀祖先。

圖 42 《合集》27503   圖 43 《合集》28093

169

44 《合集》26936①

（1）弜②
（2）其冊十牢又羌③？
（3）二十牢又羌？
（4）三十牢又羌？

①歷無卜辭，骨版。
②弜，因它辭而省，辭義不明。
③冊，《説文》："告也。"一説冊若干牲，謂記牲數於册獻告於神；一説"冊"從"册"聲，古讀"册"如"删"，與"刊"音近字通，俗作"砍"，指砍斷其肢體。又羌，即又一羌。

45 《粹編》935①

戊辰卜，才淺②：犬中告麋③，王其射亡戈④？禽⑤。

①無名組卜辭（《合集》27902），骨版。占卜射麋。
②才，通"在"。淺，地名。
③犬，殷代職官名。職掌狩獵，相當於《周禮》的跡人。楊樹達謂"犬知禽獸之跡，司犬之人亦因犬而知禽獸之跡，故能有告麋之事。"（《積微居甲文説·釋犬》）。中，人名。
④射，這裏指射獵。亡戈，如同説無災。《説文》："戈，傷也。"
⑤禽，即"擒"，用在句末，可能是驗辭。五期乙辛田獵卜辭辭末往往在占辭"兹御"之後，刻記獲禽獸若干，兩者可能屬於同類性質。

圖44 《合集》26936

圖45 《粹編》935

46　《粹編》1332①

（1）甲寅卜，王
（2）甲寅卜，王
（3）乙卯卜，王
（4）乙卯卜，王曰貞②：翼丙辰王其步，自隻③？
（5）乙卯卜，王曰貞：于丁巳步？

①骨版，出組卜辭（《合集》24346）。五條卜辭次序自下而上，前三條僅刻"干支卜王"四字，餘皆省略，内容不得而知。（4）（5）兩辭卜王出行。

②王曰，如同説王令。王曰貞，意思是王命令卜人卜問某事。由此可知卜辭習見的"王貞"很可能就是"王曰貞"的省語，並不是王親自貞問，而是令卜人貞問某事。

③步，指出行。

圖46　《粹編》1332

47　《合集》31983①

丁酉卜：亞皋以衆涉于囧②，若？

①歷組卜辭，骨版。

②亞，職官名。西周金文有亞旅（臣諫簋），亦見於《書·牧誓》。地位在三有司之下，師氏、千夫長之上，應是僅次於三有司的内服職官。殷代卜辭屢見多亞、多馬亞，商代晚期金文又有"王飲多亞"（《三代》6.49.1）之語，屈萬里以爲武官之稱，近是。皋，人名。以，使，派遣。于，往。囧，即"窗"，《説文》古文作⊗，地名。涉，趟水過河。若，順利。

圖47　《合集》31983

48　《通纂·別一·何氏》12①

(1) 癸未卜：習一卜②。

(2) 習二卜。

(3) 王其鄉③，才宁④？

(4) 弜鄉？

①骨版，無名組卜辭（《合集》31672）。習卜的記載關係到殷代的占卜制度。

②習一卜，重貞第一卜的内容。習，重複，反復。古人占卜往往一件事要反復占卜若干次。《書·金縢》："乃卜三龜，一習吉。"《論衡·知實》："乃卜三龜，三龜皆吉。"是古人一事數卜之證。另外，從卜辭本身看，出於同一貞人之手的同文卜辭（即所謂成套卜辭）以及對貞卜辭實質也都是占卜相同的内容。本辭的"習一卜"和第二辭的"習二卜"，

代替了一卜和二卜的内容而不再重複刻寫，應是一種簡便的辦法。

③鄉，通"饗"。指宴饗。

圖48 《通纂·別一·何氏》12　　　　　圖49 《粹編》88

④𠩺，即"廷"、"庭"的初文。古代寢廟的中央叫廷。詳王國維《明堂廟寢通考》。

49　《粹編》88①

（1）其告龜上甲②，二牛？大吉③。

（2）三牛？吉。

（3）四牛？

①骨版，無名組卜辭（《合集》28206），占卜告秋。

②龜，字像有翅有足有觸角的昆蟲，或以爲蝗蟲，近是，假借爲"秋"。告秋，祭名。農作物豐收之後，祭告於祖先，叫告秋。《說文》："秋，禾穀孰也。"《爾雅·釋天》："秋爲收成。"從卜辭看，殷人告秋的對象是先公，所用的祭品是牛牲。

③大吉及（2）辭的吉，均爲兆辭，是視兆之後所作出的吉凶判斷。

50　《合集》30398①

（1）叀☑用，王□又？

（2）舌且乙②，祝叀且丁用③，王受又？

（3）叀高且夒祝用④，王受又？

（4）叀册用⑤？

①骨版，無名組卜辭。占卜祝祭祖先。

②舌，祭名。本辭祝祭祖丁同時舌祭其先世祖乙。

③祝，祭名。《書·洛誥》："逸祝册"，《疏》云："讀策告神謂之祝。"祝叀且丁用，即叀且丁祝用的倒語。

④夒（náo），即"猱"。"猱"與"嚳"古音同部。王國維謂高祖夒即帝嚳。

⑤册，通"策"。古時祝祭要誦讀簡策，稱之爲策祝。

圖 50　《合集》30398　　　　　　　　　　圖 51　《合集》32718

51　《合集》32718①

(1) 于旦②？
(2) 于南門？
(3) 父丁鬻三兕③？
(4) 其五兕④？
(5) 不雨？

①骨版，無名組卜辭。占卜即將用牲的時間、地點。

②旦，日初昇時。于旦，占卜時間，(2)辭"于南門"卜地點，皆跟祭祀有關。

③鬻，煮牲爲祭。《詩・周頌》："我將我享，維羊維牛。"借用"將"字。兕（唐蘭釋），即犀牛。

52　《合集》32384①

乙未，酉兹品②：上甲十，匚乙三，匚丙三，匚丁三，示壬三，示癸三③，大乙十，大丁十，大甲十，大庚七，小甲三，☐三，且乙☐④。

①歷組卜辭。此片由《後》上8.4＋《戩》1.10＋《善》277 三塊碎骨綴合。占卜酉祭殷先公先王，於殷代世系的研究至關重要。王國維、郭沫若等先後有作，均有發明（今按，臺灣學者林宏明綴合了《屯南》4050 與《小屯南地甲骨補遺》244，説明它與《合集》32384 同文，對於商王世系、甲骨斷代均有重要價值。説見《從一條新綴的卜辭看歷組卜辭的時代》，載《古文字研究》第二十五輯）。

②酉，酒祭。兹，即"系"字。卜辭"酉系"、"酉品"每連言，表明"系"、"品"是與酉祭密切相關的兩種祭祀方法。《禮記・少儀》"問品味"《疏》云："品味者，殽饌也。"下文的數字，或三或十或七，可能均指用以盛貯肴饌的食器的數量。王國維謂指牲牢之數，但卜辭記寫用牲，從無省略牲名而單説數字的例子，其説似不可信。系，饒宗頤謂系玉帛以祭。

③上甲六示的順序和用字，卜辭和《史記・殷本紀》互有異同。本辭作甲、匚乙、匚丙、匚丁、示壬、示癸，《殷本紀》作微、報丁、報乙、報丙、主壬、主癸。甲，上甲之省，謚號；微，上甲之名，同指一人。匚，《説文》讀若"方"。方、報古音一音之轉。示、主爲一字分化。《殷本紀》報丁排在報乙、報丙之前，當從卜辭乙、丙、丁的順序加以校正。

④上甲六示之後，大乙、大丁、大甲、大庚、祖乙均屬直系先王，只有小甲是旁系；從祭品數量上看前者用十或七，後者用三，豐殺至爲明顯，表現出重直系輕旁系的傾嚮。

175

圖 52-1 《合集》32384　　　　　　　　圖 52-2 《屯南》4055 與《屯南補遺》244

53　《屯南》2772①

（1）叀□豕□用？

（2）其甹鳳雨②？

（3）庚辰卜：辛至于壬雨③？

（4）辛巳卜：今日甹鳳？

（5）生月④雨？

①歷組卜辭，骨版。占卜寧風雨之祭。

②甹，《說文》作"甹"，"定息也。從血，甹省聲。讀若亭。"甹，通"寧"、"停"，有安定、止息之義。鳳，借爲"風"。《周禮·春官·小祝》："寧風旱"。周代寧風之祭顯然是因襲殷人的舊制。

③辛，指次日辛巳。壬，指第三天壬午。

④生月，指下一個月。

54 《粹編》1453①

(1) 癸□貞：□亡□②？

(2) 癸未貞：旬亡囚③？

(3) 癸巳貞：旬亡囚？

(4) 癸卯貞：旬亡囚？

(5) 癸丑貞：旬亡囚？

(6) □亥□：旬□囚？

①歷組卜辭（《合集》34825），骨版，貞旬卜辭。

②本辭及（6）辭的干支各缺一字。由（2）、（3）、（4）、（5）的干支紀日，可知每次占卜的間隔都是十天，查干支表（1）辭當是癸酉，（6）辭當是癸亥。殷代一旬十天，跟今天的涵義相同。

圖 53 《屯南》2772　　　　圖 54 《粹編》1453

③占卜旬亡囚，皆在癸日。即在一旬的第一天，占卜這十天的吉凶事變殷人以癸日爲一旬的開始，參見馬漢麟《關於甲骨卜旬的問題》，《南開大學學報》，1956（1）。

55　《粹編》148①

（1）于大甲②？

（2）辛巳卜：其告水入于上甲③，祝大乙一牛，王受又④？

（3）□牛，王□受又？

①無名組卜辭（《合集》33347），骨版，占卜水患與祭祀。

②大甲，成湯之孫，大丁之子。于大甲當是施行某種祭祀于大甲，動詞省略。

③告水入上甲，意思是將洪水泛濫的事祭告於先公上甲。水，指洹水。入，指入商邑。

④𢓊，即祝字的省寫，應釋爲"祝"。祝，祈禱告事之祭。

圖 55　《粹編》148　　　　圖 56　《粹編》194

56　《粹編》194①

（1）癸丑卜：又于伊尹②？
（2）丁巳卜：又于十立伊又九③？
（3）□卯卜□

①歷組卜辭（《合集》32786），骨版，占卜侑祭伊尹。
②伊尹，成湯的股肱臣。卜辭又省稱爲"伊"。春秋器叔夷鎛："伊小臣唯楠（傅）"，《墨子·尚賢下》："故昔時堯有舜，舜有禹，禹有皋陶，湯有小臣……"，小臣、伊小臣均指伊尹其人。
③又于十立伊又九，郭沫若疑是"又于伊十立又九"的倒文，陳夢家疑讀作"又于十立：伊又九"，是以伊尹與其他九臣爲十位。于省吾主張是"又于伊十立又九"，即殷先世功臣十又九位加入祀典，而以伊尹爲首。立，通"位"，指宗廟神主之位。

57　《合集》33296①

（1）丁未貞：桒禾于岳②，寮三小宰，卯三牛③？
（2）丁未貞：桒禾自上甲六示牛④，小示几羊⑤？
（3）□酉卜：其歲？

①歷組卜辭，骨版，祭祀祖先以求農作物豐收。
②桒禾，祈求禾穀豐收。岳，殷先公名。
③寮、卯，均用牲法。
④上甲六示，指殷先公的上甲、匚乙、匚丙、匚丁、示壬、示癸。自上甲六示，包括上甲六示及廩辛康丁以前的各代直系先王。
⑤小示，指旁系先王。大示用牛牲，小示用羊牲，足見殷人重直系輕旁系的宗族觀念。

58　《合集》34081①

（1）庚□貞：□
（2）辛巳貞：其桒生于匕庚、匕丙牡、羘、白豭②？
（3）□貞：□桒生于□匕丙羘、豼③？

圖57　《合集》33296

①歷組卜辭，骨版，占卜祈求生育之祭。

②奉生，求生育之祭。《詩·大雅·生民》"克禋克祀，以弗無子"《毛傳》："弗，去也。去無子，求有子。"《箋》云："弗之言祓也……乃禋祀上帝於郊禖，以祓除其無子之疾而及其福也。"是古代本有奉生求子的祭祀，只是殷人並不像周人那樣祀上帝，而是祭先妣。匕，通"妣"。匕庚，示壬、且辛、小乙之配均謚妣庚，本辭不知當何屬。匕丙，大乙的配偶。牡，公牛。牡，公羊，今通作"牡"。白豭，白色的公豬。本辭大意是：是否應當用公牲（一牡、一牡和一隻白豭）對匕庚、匕丙兩位先妣舉行奉生之祭。

③羘，牝羊。豶，牝豕。本辭占卜用母牲（一羘、一豶）爲祭，和（2）辭是對貞卜辭。

圖 58 《合集》34081

59 《屯南》867①

(1) 辛☐

(2) 其告秋于上甲，一牛②？

(3) 壬午卜，其祼秋于上甲③，卯牛？

①歷組卜辭，骨版。

②告秋，祭名。告一歲收成於祖先。《說文》："秋，禾穀孰也。"

③祼字作🅱，像祼器形，有柄有流。卜辭或從示作，舊多以爲"福"字，大誤。祼，通"灌"，祭名。祼以鬱鬯獻神。《禮記·郊特牲》："灌用鬱鬯"《疏》："灌，猶獻也。"

60 《粹編》20①

(1) 丁亥☐令？

(2) 于小丁钟②？

(3) 于𡨚钟③？

(4) 于亳社钟④？

(5) 癸巳貞：钟于父丁其五十小宰⑤？

(6) ☐貞：钟于父丁其百小宰？

①歷組卜辭（《合集》32675），骨版，占卜御祭先祖。

②钟，通"御"、"禦"，攘除災禍之祭。小丁，即祖丁。商王武丁之前有大丁、中丁

圖59 《屯南》867　　　　　　　圖60 《粹編》20

和祖丁，以大中小爲序，祖丁自是小丁。

③🉐，殷先公名。大乙以前的先祖稱先公。

④亳社，亳地的社壇。亳，成湯所居。歷來有北亳大蒙、南亳谷熟、西亳偃師等說。王國維主北亳說，以爲即西漢時山陽郡的薄縣，春秋時爲宋國的宗邑，在今山東曹縣。

⑤父丁，指康丁。

61　《屯南》930①

（1）貞：其䄠龜于帝五丰臣，于日告②？

181

（2）甲申，龜夕至③，珥用三大牢？

（3）☐入商？ナ卜囟曰：弜入商④。

（4）己☐

（5）珥于滴？

①歷組卜辭，骨版。

②珥，通"寧"、"停"。參見53之注②。龜，卜辭多借爲"秋"，這裏"珥龜"與珥風、雨同類，大約是指某種蟲類。珥龜，疑即除蝗災之祭。帝，上帝。丯（gài），通"介"、"個"。五丯臣，指上帝的五個臣僚。日，白天。告，祮祭。參見8之注②。

③夕，夜。龜蟲夕至，必須先期有事於上帝的五丯臣，故（1）辭卜日告。

④ナ，即"左"。囟，即"囿"、"占"。入商，卜辭每言王入商，但參照（5）辭的珥滴，可知當指洪水，而不會是指商王。

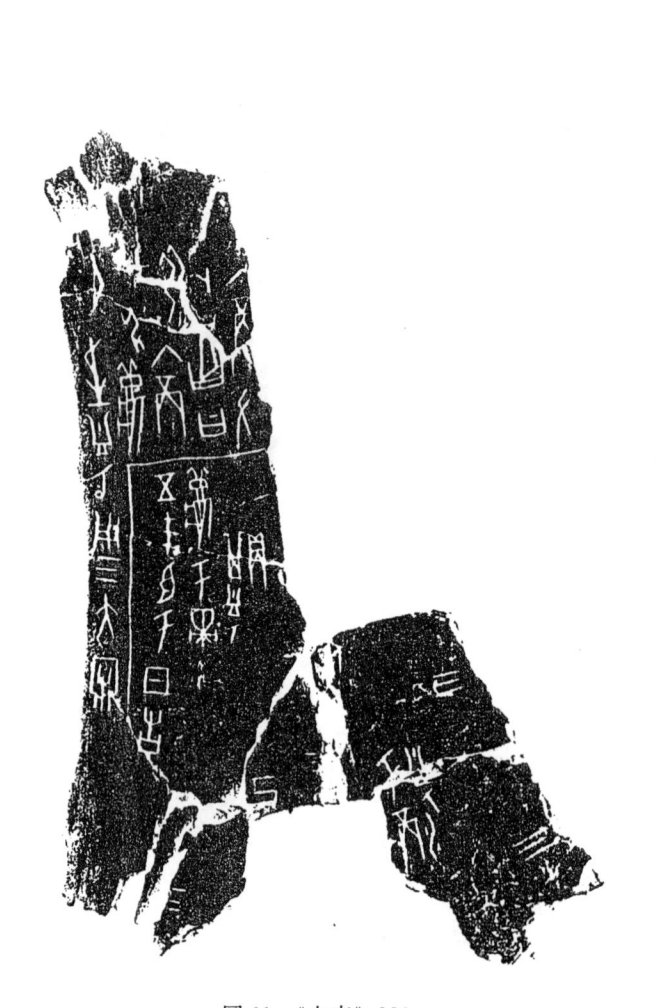

圖61 《屯南》930　　　　　　　　　　　　圖62 《合集》35347

62　《合集》35347①

(1) 其雉衆，吉②？

(2) 中不雉衆③？王固曰：引吉。

(3) 其雉衆，吉？

(4) 左不雉衆④？王固曰：引吉。

(5) 其雉衆，吉？

①黄組卜辭。占卜衆人的吉凶。

②雉，又作"雡"，即"雉"，假借爲"夷"。雉衆，如同説喪衆。衆，商代社會的基本成員，是農業和軍事征伐的主要承擔者。本辭"衆"爲軍旅人員。

③中，指中師。殷有三師，《粹》597："王乍三自：又、中、左"。

④左，指左師。

63　《合集》35361①

(1) 己卯卜，貞：王宭且乙爽匕己䚵②、䢃二人，殷二人，卯二牢，亡尤？

(2) 甲申卜，貞：王宭且辛爽匕甲，䚵、䢃二人，殷二人，卯二牢，亡尤？

①黄組卜辭，占卜用女性祭祀先妣。

②爽，指配偶。䚵，或釋"姬"。䢃，"婢"字的初文，詳于省吾《甲骨文字釋林·釋䢃》。䚵和䢃用爲人牲，其性質可能是家内奴隸。

③殷，見《説文》，與"剮"通。《廣雅·釋詁》："剮，裂也。"即"剎"的本字。

64　《合集》36426①

(1) 丁丑王卜，貞：其遏旅，征迡于盂，往來亡災②？王固曰：吉。才囗。

(2) 囗卜囗于囗災？

①黄組卜辭。骨版，占卜振旅。

②迡，卜辭中指出行。盂，即盂方。在河南省濮陽縣東南。遏，通"振"。遏旅，即振旅。《左傳·隱公五年》："三年而治兵，入而振旅"注云："治兵，始治其事。入曰振旅，治兵禮畢，整衆而還。振，整也。旅，衆也。"

圖 63　《合集》35361　　　　　　　圖 64　《合集》36426

65　《合集》36511①

丁卯王卜，貞：今囚巫九备，余其比多田于多白征盂方白炎②，叀卒③翼日步④，亡左自上下于祭示⑤，余受又又，不茚戋⑥？☐于兹大邑商⑦，亡蚩才欰⑧，☐引吉。才十月，遘大丁翼⑨。

①黃組卜辭，占卜商王與多田、多伯征伐盂方。

②田通"甸"，白通"伯"，均爲殷商外服諸侯的爵稱。多，猶衆、諸。多田與多白均爲集合名詞。炎，盂方伯私名。郭沫若說，盂方即《左傳·定公十四年》"太子蒯聵獻盂於齊"之"盂"，今河南濮陽東南有斂盂聚，即其地，地在殷之東部。

③卒，終卒。

④步，出行。

⑤上下，指天地神祇。于，通"與"。上文多田于多白，于字用法同。祭示，疑指先公先王。亡左，如同說不左。左，差錯。亡左自上下于祭示，是指上文所提到的征伐盂方和出行等事來說的。

⑥茚，葉玉森釋薔，讀爲"蒙"。不茚戋，意思是不受災咎。本條卜辭的今囚巫九备和不茚戋都是乙辛時期卜辭的常見辭語，前者意義不能確考。

⑦《通纂》592是一片五期征人方卜辞，語句與本片有相同之處。該片"不茁戋"下面接"囧告于大邑商"，可知本片"于兹大邑商"之前的缺文，也應是"囧告"二字。郭沫若《通纂》592釋文在囧字下讀斷，作"不茁戋囧，告于大邑商"，似可從。

⑧茁，同"蚩"。臥，郭沫若讀爲繇辭的"繇"可信。亡茁才臥，意思是占卜之後查閱占書繇辭，没有看到不吉利的話。

⑨遘，指迎神，用法略同於王賓之"賓"。翼，通"翌"，祭名。遘上丁翌，用翌祭的祀典迎接大丁降臨。

圖65 《合集》36511

66　《合集》36522①

庚寅王卜，才䈞貞②：余其皀才丝上魯③，今龜其辜④，其乎(徹)示于商⑤，正，余受又=⑥？王固曰：吉。

185

①黄組卜辭，骨版，占卜出征之前對神靈的祝禱。

②銍，地名，地望無考。

③余，商王自稱。皀，"自"之繁文，通"次"，行軍舍止爲次。《左傳·莊公三年》："凡軍一宿爲舍，再宿爲信，過信爲次。""余其次在兹上魯"與《書·泰誓》"王次於河朔"語例大體相同。上魯，地名，郭沫若考爲浙江上虞。

④臺，即"敦"，義爲征伐。

⑤乎，通"呼"，祭名，叫呼而請事，與"祝"、"禱"同類。 示，疑爲殷人祖先稱謂。

⑥又₌，即"又又"的重文寫法，讀爲"有祐"。但也可能是又字的繁文，"王受又₌"即"王受祐"。

67　《合集》36975①

圖 66　《合集》36522

（1）己巳王卜，貞：□歲商受□②。王固曰：吉。

（2）東土受年③？

（3）南土受年？

（4）西土受年？

（5）北土受年？吉。

①黄組卜辭，骨版。占卜商本土及四方的年成。

②貞辭有缺文，揆其文意，所缺二字應是今、年二字。商，指商本土。

③東土與以下各辭的南土、西土、北土，指本土之外、商王國統治之下的廣大地區。四土即四方。

68　《粹編》896①

癸丑卜，貞：今歲受禾②？引吉。才八月，隹王八祀③。

①黄組卜辭（《合集》37849），骨版，占卜年成。

②歲，年。《爾雅·釋天》："夏曰歲，商曰祀，周曰年，唐虞曰載。"殷代卜辭表示年歲之義用歲，也用祀，歲取義於歲星每年運行一週，祀取義於周祭遍祀先祖先妣一次（相當於一個回歸年）。禾，五穀的總名。受禾，意思是五穀豐收。一說"禾"爲"年"省，受禾，即受年。

圖 67 《合集》36975　　　　　圖 68 《粹編》896

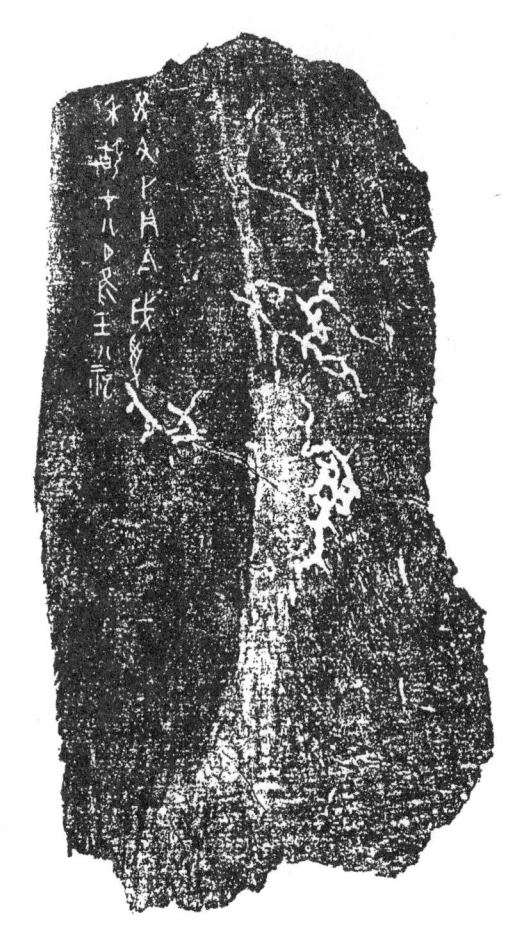

③引吉，兆辭。才八月，隹王八祀，殷人紀時通例，先月後年。

69　《西周》27（H 11∶3）①

衣王田至于帛②，王隹田③。

①陝西岐山鳳雛村出土，周人卜辭。記載武王滅商以前，殷王與周方伯會獵的事實。

②衣王，即殷王，卜辭有衣無殷。田，通畋，狩獵。帛，地名，地望不明，殷代第五期卜辭有"癸酉卜，在帛貞"（《前》2.12.4）的記錄，兩者當指一地。

③王，對殷而言是方伯，周人自稱則叫作王。田，指與殷王會獵。

187

圖 69-1 《周原》27（H11：3）　　　　　　圖 69-2 （摹本）

70　《西周》29（H 11：113）①

辛未，王其逐虘兕②，亡告③？

①陝西岐山鳳雛村出土，周人卜辭。占卜獵兕。

②王，指周王，可能是古公亶父、王季或文王。逐，狩獵方法之一。殷商卜辭逐豕、逐鹿、逐兕之辭習見，是預先敷設網羅，然後驅趕野獸入網的一種捕獸方法。虘兕，虘地的兕（犀牛）。

③告，《廣雅》："過也，災也。"亡告，如同說無災。

圖 70-1 《西周》29（H11：113）　　　　　　圖 70-2 （摹本）

71　《花東》449①

（1）辛未卜：白或弄册②，隹丁③自正卲④。
（2）辛未卜：丁弗比⑤白或伐卲。
（3）鼎：子妻爵⑥且乙，庚亡莫。
（4）癸酉卜，鼎：子刹爵且乙，辛亡莫。
（5）癸酉卜：且甲侃子⑦。
（6）甲戌：歲且甲羊，伐鬯。
（7）乙亥：弜巳叙盥龜⑧于室。用。
（8）乙亥：歲且乙，[雨]卸，舌彡牢牝一⑨。

①1991年出土於河南安陽殷墟花園莊東地，性質屬於"非王卜辭"，具體年代在武丁時期。此片爲完整的龜腹甲。

②白或，即或伯，"伯"爲爵稱。弄，整理者認爲，"甲骨文之弄，象以手提物之狀，本意爲舉起"。

③丁，學者多以爲商王武丁。裘錫圭讀"丁"爲"帝"，與嫡庶之嫡有密切關係，"應該是強調直系繼承的宗族長地位之崇高的一種尊稱"，説見《"花東子卜辭"和"子組卜辭"中指稱武丁的"丁"可能應該讀爲"帝"》。

④自，親自。正，通"征"，征伐。卲，即"刀方"、"召方"。征伐召方的軍事行動又見於歷組卜辭"伐刀方"、"伐召方"，如《合集》33034、33020等。由此也説明花東卜辭的時代應在武丁晚期。

⑤比，聯合、配合。此句貞問是否聯合白或征伐召方。

⑥爵，動詞。學者對卜辭中"爵"的用法有爭議，比如李孝定以爲"以爵位加人"，饒宗頤引《荀子·王制》"宰爵知賓客、祭祀、饗食、犧牲之牢數"以爲"侑爵"之義。丁驌釋爲"以爵祀"，近是。

⑦侃，原釋爲"永"，此從裘錫圭改釋，使某某喜樂之意，説見《釋"侃""衍"》，載《魯實先生學術討論會論文集》。

⑧盥，地名。盥龜，盥地出產的龜。

⑨"卸"即"禦"，祭名，參見13之注③。舌，祭名，參見《甲骨文字釋林》167～172頁。

圖71 《花東》449

二 金 文

72 天黽父乙鼎①

天黽②父乙③

①商代晚期銅器。銘文4字（見《集成》1554）。

②天黽，舊釋"天黿"，今從于省吾説釋爲"天黽"，作器者的族名。文字圖像性强，爲原始社會氏族圖騰徽號的孑遺。

③父乙，諡號。作器者之父，本器祭奠的對象。天黽父乙，意思是天黽族的某個成員爲其父父乙作器。動詞及賓語均省略。

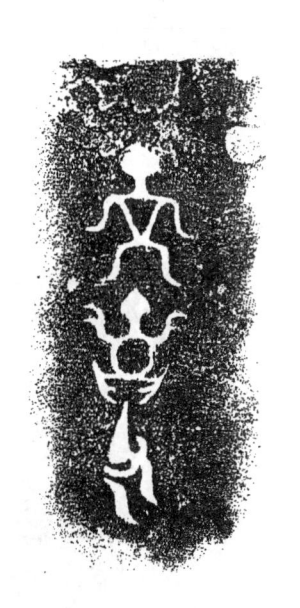

圖72　天黽父乙鼎　　　　　　　　　　圖73　魚父癸鼎

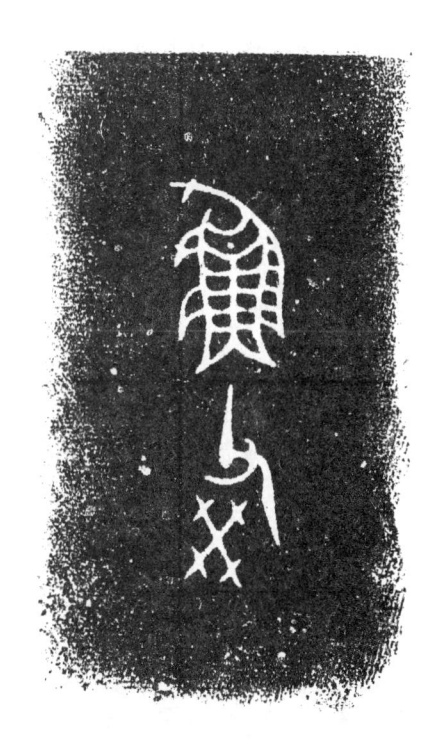

73　魚父癸鼎①

魚父癸②

①商代晚期銅器。銘文 3 字（見《集成》1686）。

②魚，族名。父癸，作器祭奠的對象。魚父癸，意思是魚族成員某人爲其父父癸作器。

74　乍父甲鼎①

乍父甲䧹彝②

①商代晚期銅器，銘文 5 字（見《集成》1999）。

②乍，通"作"。䧹，不見於《説文》及後世字書。從阜，尊聲，徐同柏讀爲"宗"，引《説文》"宗，尊也"爲證，可從。䧹彝（他器又作尊彝），宗廟用器的通稱。乍父甲䧹彝，動賓結構完整，但主語不具，不知道作器者究爲何人。

圖 74　乍父甲鼎

75　乍父乙卣①

羉乍父乙彝②

①商代晚期銅器（見《集成》5148）。

②羉，作器者的族名。舊釋"析子孫"，其實是一個字，商代金文習見，或省子旁，或省㫃旁，繁簡不一，殷代武丁時期甲骨文作羉，用爲族氏名，于省吾釋爲"舉"字初文，近是。彝，祭器通稱。

76　乃孫乍且己鼎①

乃孫乍且己宗寶②，䊷鸎匚丂③。

①商代晚期銅器，銘文 11 字（見《集成》2431）。

②乃孫，重孫。乃，通"仍"。《周禮·春官·司几筵》："凶事

圖 75　乍父乙卣

仍几"鄭玄注："故書仍爲乃。"《爾雅·釋親》："晜孫之子爲仍孫"注："仍亦重也。"宗，祖廟。寶，指彝器。乃孫乍且己宗寶，意思是後世仍孫爲其先祖謚號祖己者作宗廟祭器。

③肴，美。䉈，鼎中菜肴。又作"蔌"、"餗"。《詩·大雅·韓奕》："其蔌維何，維筍及蒲"。匚，通"報"，祭名。匚旁，猶言報祭。

圖76　乃孫乍且己鼎　　　　　圖77　乙亥父丁鼎

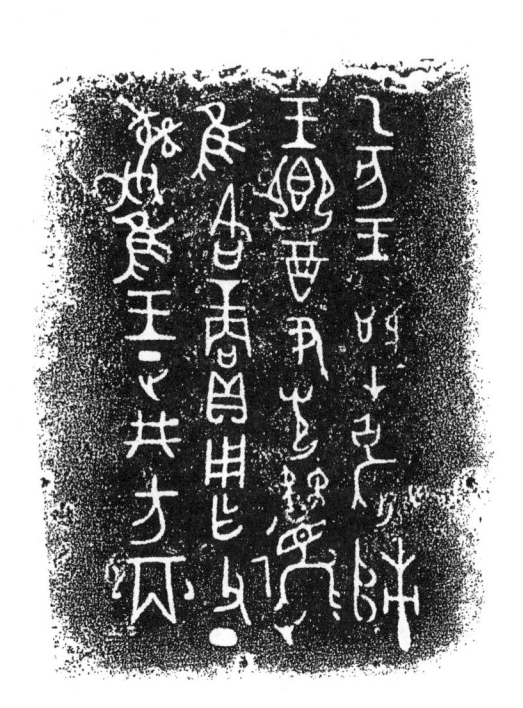

77　乙亥父丁鼎①

乙亥，王囗才囗帥②。王鄉酉③，尹光邐④，隹各⑤，商貝⑥。用乍父丁彝。隹王正井方⑦。囗⑧。

①殷代晚期銅器。銘文4行28字（見《集成》2709）。

②帥，通"次"，駐軍地。

③鄉酉，即"饗酒"，謂以酒祭享鬼神。商代卜辭云："隹大乙眾且乙鄉"（《合集》46）、"大乙事王其鄉"（《合集》2038），均指祭享祖先。

④由尹光充任助手。尹，長官，可能是作册尹或内史尹的省稱。邐，通"麗"、

193

"儷",匹耦。

⑤隹各,即"惟格",指神靈降臨。《詩·小雅·楚茨》:"神保是格,報以介福。"

⑥商,通"賞"。

⑦正井方,即征邢方。井方又見於商王武丁時期卜辭。《史記·殷本紀》:"祖乙遷於邢",《索隱》:"邢音耿。近代本亦作耿,今河東皮氏縣有耿鄉。"或說井方即耿方,在今河南省溫縣東。

⑧𢀖,尹光的族氏徽號。

78 乍册般銅黿①

丙申,王祕于洹隻②。王一射,□射三③,率亡廢矢④。王令寢馗兄⑤于乍册般曰:"奏于庸作,毋寶。"⑥

①本器中國國家博物館於2003年入藏,商代銅器,有銘文4行32字,選自《中國歷史文物》2005(1)封二。此處參考了朱鳳瀚、裘錫圭等學者的釋讀意見。

②祕,甲骨文習見,出行之意(往往還含有回到出發地之意)。洹,洹水。隻,"獲"字初文,此處爲名詞,所獲。該句省略了結構助詞"之"。

③□,字不識,可能是王所帶隨從中的某個人名。王發了一矢,□發了三矢。

④亡(無)廢矢,即全部射中。或說"率"字屬上讀,《詩經·假樂》箋:"循也。""三率"即射了三循矢。

⑤兄,突出表現了人伸出的手形,應釋爲"祝",義近於"告"。

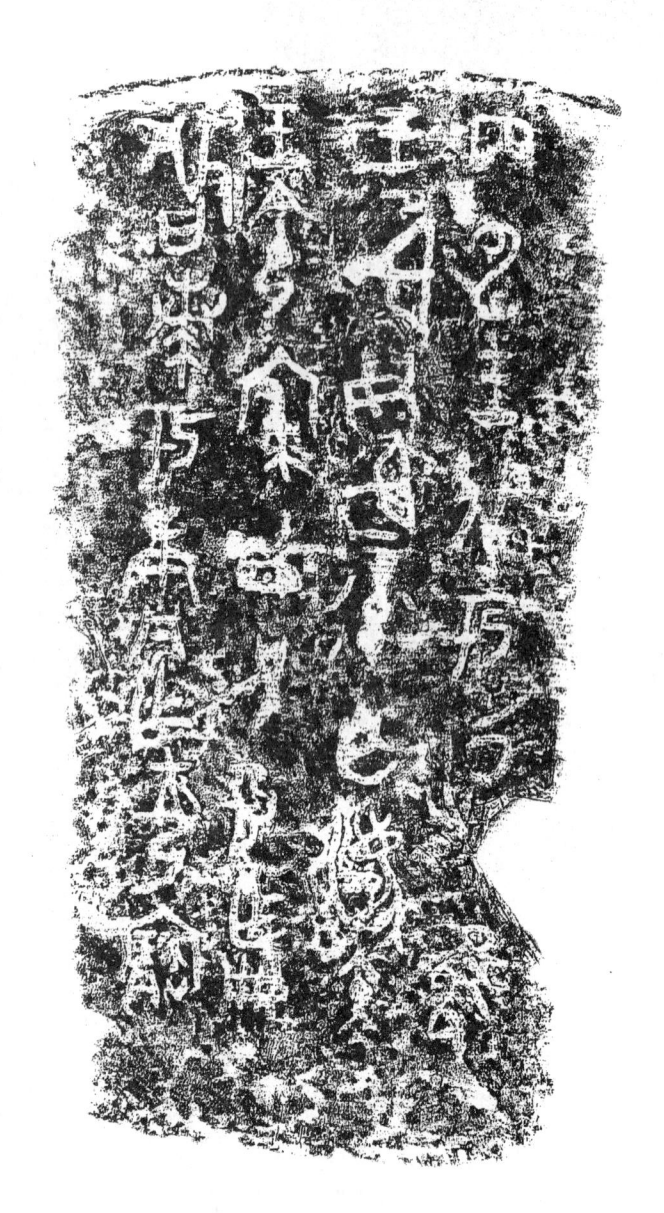

圖78 乍册般銅黿

⑥庸,即西周金文中"僕庸"之"庸"。奏,可訓"進"。奏于庸作,即送進庸徒作

坊。"毋寶"是指不用把黿的甲殼保存下來當做寶物。

79 利 簋①

珷征商②。隹甲子朝③，歲鼎克④，昏夙又商⑤。辛未⑥，王才㝬⑦，易又事利金⑧。用乍䣄公寶䔶彝⑨。

①1966 年 3 月陝西臨潼零口公社西段大隊出土。銘文 4 行 32 字（見《集成》4131）。

②珷，同"武"。周武王的王號專用字。

③甲子朝，甲子之日清晨，武王伐紂的時間。《史記·周本紀》："甲子昧爽，武王朝至於商郊牧野，乃誓。"所記伐商的時間與簋銘正合。

④歲，歲祭。鼎，假借爲貞卜的貞。歲貞，是利所主持的兩項伐商的準備工作。克，指克商。一說"歲"爲歲星，"鼎"讀爲"當"。歲當，指歲星在鶉火（周之分野）。《國語·周語下》："昔武王伐殷，歲在鶉火"，韋昭注："歲，歲星也；鶉火，次名。周分野也。……歲星所在，利以伐人。"

⑤昏夙，等於說"朝"或"昧爽"。《周本紀》："二月甲子昧爽"，《集解》引孔安國云："昧，冥也。爽，明，蚤旦也。"昏夙指天剛剛放亮，日將出而夜未盡之時。又，通"有"，取得。有商，指佔有商地。

⑥辛未，甲子後的第七天。

⑦王，指武王。㝬，或作"䕪"，即"管"，地名。《逸周書·大匡解》、《文政解》均記"王在管"，在今河南鄭州（今按，從《新邑鼎》銘文記載周王從洛陽的"新邑"歷時"二旬又四日"才抵達㝬地，以及《坂鼎》銘記載商王乙未日到殷地祭祀後當天返回"㝬"地來看，該地應在殷都朝歌附近）。

⑧易，通"賜"，賞賜。又事，疑即大盂鼎"畍正厥民，在雩御事"的御事，爲內服職官的泛稱。利，私名，作器者。金，指青銅。

⑨䣄公，按金文通例，當是作器者利的祖考之名。

圖 79 利 簋

195

80 天亡簋[①]

乙亥，王又大豊[②]。王凡三方[③]。王祀于天室[④]，降。天亡又王[⑤]，卒祀于王。不顯考文王[⑥]，事喜上帝[⑦]。文王監才上，不顯王乍省，不緜王乍庸，克气卒王祀[⑧]。丁丑，王卿大宜。王降，亡助爵復（？）囊[⑨]。隹朕有慶，每揚王休于隣簋[⑩]。

①清末道光年間與毛公鼎同出關中，現藏故宮博物院。銘文 8 行 77 字（見《集成》4261）。周初武王時期銅器。據研究，當作於武王東土度邑定宅洛邑之後，參見劉曉東《天亡簋與武王東土度邑》，《考古與文物》1987（1）。

圖 80　天亡簋

②大豐，即大封之禮，古代封建諸侯的儀式。《周禮·春官·大宗伯》："大封之禮，合衆也。"又"王大封則先告后土"《疏》云："謂封建諸侯也。"《詩·周頌·賚序》《毛傳》："大封，武王伐紂時封諸臣有功者"。

③凡，通"瞂"，環顧。《説文》："瞂，轉目視也。"三方，指東都雒（洛）邑的南、北、西三面。《逸周書·度邑》："我南望過於三涂，我北望過於嶽鄙，顧望過於有河。宛矚於伊雒，無遠天室。"

④天室，即太室，山名。舊以爲宗廟太室，誤。太室山在西周東都洛邑東。王祀於天室，是説武王在太室山舉行祀天活動。

⑤天亡，作器者名。又，通"佑"，佑助，這里指助祭。

⑥卒祀，"卒"訓"既"。不顯，即丕顯。周人恒語，是頌揚祖先的懿美之詞。丕，大。顯，明。

⑦事喜上帝，以酒食祀上帝。喜，通"饎"，酒食。《詩·大雅·天保》："吉蠲爲饎，是用孝享。"

⑧監，監視。文王死於克殷之前，故言文王監在上。不顯王，指文王；不緐王，指武王。乍，通"則"。省，視。𩫨，通"賡"，繼承。克气卒王祀，意思是能夠完成對文王的祭祀活動。气，同"乞"，古本一字。"乞"與"訖"通，意思是終止。卒，即完成。

⑨卿，同"鄉"，古文形體像二人對坐而食，即"饗"之本字。宜，妥適。降，指神靈降格。這裏是動詞的使動用法。亡助爵復囊，大意是説天亡助祭有功，見賜於武王。

⑩朕，第一人稱代詞，天亡自稱。慶，指賞賜。每揚，同"敏揚"，猶他器之言"對揚"。

韻讀：豐（東）方（陽）降（冬）王王王上省𩫨卿（陽）降（冬）囊慶（陽）（陽東、陽冬合韻）

81 何　尊①

隹王初𨾚宅于成周②，復□武王豐祼自天③。才四月丙戌，王誥宗小子于京室④，曰："昔才爾考公氏克逨玟王⑤，肆玟王受茲□，隹武王既克大邑商，則廷告於天⑥，曰：余其宅茲中或，自之辥民⑦。烏虖！爾有唯小子亡戠，眂于公氏，有爵于天敵令⑧。敬□戋！助王龏德谷天，順我不敏⑨。"王咸啇⑩，何易貝三十朋⑪，用乍□公室隮彝。隹王五祀⑫。

①本器爲1963年陝西省寶雞縣農民取土時發現，1965年寶雞市博物館徵集得到。銘文在內底部，原有12行122字，因有破孔一處。損傷三字，現存119字（見《集成》6014）。何尊銘文證實了西周初成王確實東遷成周。本器作於成王五年。

②遷，同"遷"。宅，居。成周，即洛邑。漢代以後稱雒（洛）陽，在今河南省洛陽市白馬寺東。

③豊，通"醴"，甜酒。武王豊，指祭祀武王所用的醴酒。祼（guàn），灌祭，字像雙手奉灌器以祭之形，舊釋"福"誤。

④王，指成王。䇂，同"誥"，這裏指成王對下屬的訓誡。宗小子，指王室子弟。作器者何當時也在其中，其身份可知。何與成王同宗，當是姬姓，"何"爲私名。京室，宮室名，疑即成周宗廟之太室。

⑤速，同"迹"，與《説文》籀文構形相同。或釋爲"仇匹"之"仇"。爾考公氏，指姬何之父。父死爲考。

圖 81　何　尊

⑥廷告，猶言正告。廷，通"庭"，義爲正。

⑦中或，即"中國"。"或"爲"國"字初文。古人説中國，意思是中土，指洛邑。《逸周書·作雒解》："周公敬念於後，曰：'予畏周室克追，俾中天下。'及將致政，乃作大邑成周於土中，以爲天下之大湊。"從銘文武王生前所説的這句話裏，可以看出武王在世時已有遷都洛邑的想法。成王時周公營建東都洛邑，在一定意義上説也是爲了實現武王的遺願。辥民，治理百姓。

⑧有唯，語中助詞，無義。小子，即"少子"，猶今言年輕人。亡戠，即"無識"。"戠"與"識"通。覛於公氏，意謂以乃父爲榜樣。覛，同"視"。有爵於天敽命，意思是有勞於天命，爲周王朝做出貢獻。

⑨這句話的意思是，你們要恭謹儆戒啊！我恪遵天命，你們要緊緊地跟隨我才是。龏，通"恭"。谷，通"欲"，義謂敬慕。不敏，即"敏"。不，語助詞，無義。

⑩咸享，訓戒之後。咸，皆，盡。

⑪何易貝三十朋，即易何貝三十朋。賓語"何"前置。

⑫五祀，指成王五年。據史書記載，周公居攝五年營成周，六年制禮作樂，七年致政成王。但何時東遷，未見明確記載。由尊銘可知，遷都洛邑是在周公營建成周的當年，亦即成王五年。

韻讀：王商（陽）天民令天（真）

82　克　罍①

王曰："大保②，隹乃明乃心，享于乃辟③。余大對乃享④。令克侯于匽⑤。旋羌、狸、叡零馭㲎。"⑥克囟匽，入土眔厥嗣⑦，用乍寶隓彝。

①本器1986年出土於北京房山區琉璃河第1193號墓，一起出土的還有同銘之盉。銘文6行42字，西周早期成王時器。釋文參考了李學勤、林澐等學者的意見。

②太保，職官名，此處指召公奭。

③第一個"乃"爲主語，指召公奭；第二個"乃"意爲"你的"。"明乃心"即彰顯、明揚你的忠心。"乃辟"指周王。

④余，指周王。對，稱頌、稱揚。

⑤克，人名，即就國的第一代燕國君主。或以爲"克"爲助詞，訓"能"，不可信。侯，動詞，建立侯國。

⑥旋，通"使"，任使。羌、狸、叡、㲎是方國名，位於燕國的北方或東北方。零（于），訓"往"。馭，通"禦"，抵禦。此句意爲封建燕侯的任務就是使令羌、狸、叡三個方國共同抵禦㲎人。

199

⑦𡩟字不識，或釋爲"宅"。入土，即"納土"。《逸周書·作雒》："諸侯受命於周，乃建大社國中。……將建諸侯，鑿取其一方面之土，苞以黃土，苴以白茅，以爲土封，故曰受列土於周室。"

圖82 克罍

83 大盂鼎①

隹九月，王才宗周令盂②。王若曰③：盂，不顯玟王，受天有大令④。在珷王，嗣玟乍邦⑤。闢厥慝⑥，匍有四方⑦。畯正厥民⑧，在雩卸事，酓酉無敢酖，有祡烝祀，無敢擾⑨。古天異臨子，灋保先王，□有四方⑩。我聞殷述令⑪，隹殷邊侯田，雩殷正百辟，率肄于酉，古喪㠯已⑫。女妹辰又大服⑬，余隹即朕小學，女勿㇇余乃辟一人⑭。今我隹即井䘩于玟王正德，若玟王令二三正⑮。今余隹令女盂召熒⑯，敬雝德巠，敏朝夕入讕，享奔走，畏天畏⑰。

200

王曰：盂,令女盂井乃嗣且南公⑬。王曰：盂,迺召夾死嗣戎,敏諫罰訟⑲,夙夕召我一人烝四方,雩我其遹省先王受民受疆土⑳。易女鬯一卣、冂、衣、巿、舄、車、馬,易乃且南公旂用𤉢㉑,易女邦嗣四白,人鬲自馭至于庶人六百又五十又九夫,易夷嗣王臣十又三白,人鬲千又五十夫㉒,𢼸䢦自厥土㉓。王曰：盂,若敬乃正㉔,勿灋朕令㉕。盂用對王休,用乍且南公寶鼎㉖。隹王二十又三祀㉗。

①本器清道光年間於陝西郿縣禮村出土,現藏上海博物館。銘文 19 行 291 字（見《集成》2837）。周初成王時銅器。

②宗周,即鎬京。在今陝西長安縣韋曲鄉西北。武王所居。

③王若曰,王是這樣說的。策命時史官轉述王命用語。

④文王的"玟"和武王的"珷",左邊均加王旁成爲王號的專用字。

⑤乍邦,即"作邦"。猶言立邦、建國。

⑥除掉了商王紂。闢,屏除。匿,通"慝",邪惡。這裏指代紂王。

⑦匍,通"薄"、"普"。這句的意思是取紂之地,遍有天下四方。

⑧畯,同"駿",與"駿"通。《詩·大雅·文王》："駿命不易",《毛傳》："駿,天也。"正,通"定",義爲安定。

⑨雩,通"粵"、"越"。語助詞。御事,朝廷治事者,内服職官。叔酉,猶用酒。酉,通"酒"。叔,《說文》："叉取也。"醄,不識,從酉、從舌、從火,蓋有飲酒過度之義。顀,當讀爲"柴",燔薪柴之祭。羕,通"蒸"、"烝"。《禮記·祭統》："冬祭曰烝。"䵼,從夒聲,讀爲"擾"。

⑩古,通"故"。異,通"翼",庇護。灋,同"法",古今字,通"廢",《爾雅·釋詁》："廢,大也。"

⑪聝,即"聞"。述,通"墜"。墜令,謂失天命。《書·君奭》："殷即墜厥命。"

⑫邊,指郊甸。侯田,即"侯甸",諸侯爵稱。雩,通"與",連詞。殷正百辟,指外服諸侯君長。肆,習慣。自,通"師",指民衆。已,通"矣",嘆詞。

⑬意思是說盂在朝廷任職。妹辰,猶昧爽,凌晨。服,事。古人早朝,《國語·魯語下》："朝,辨色始入,吾日出而視之。"即所謂行事必以昏昕之義。或以"妹"爲地名,非是。

⑭這句話的大意是：你在公事之餘,要時常到我這裏來,我會給你一些有益的教誨,但你也要有主見,不能凡事都依賴於我。朕,成王自稱。小,稍。學,即斅,《說文》："覺悟也。"余乃辟一人,指成王。

⑮啇,效法稟承。井,通"型"。啇,疑與"稟"通,字下從㐭,舊或釋"憲",不可信。若,及,連詞。二三正,朝中執政大臣,如周公、召公之屬。

201

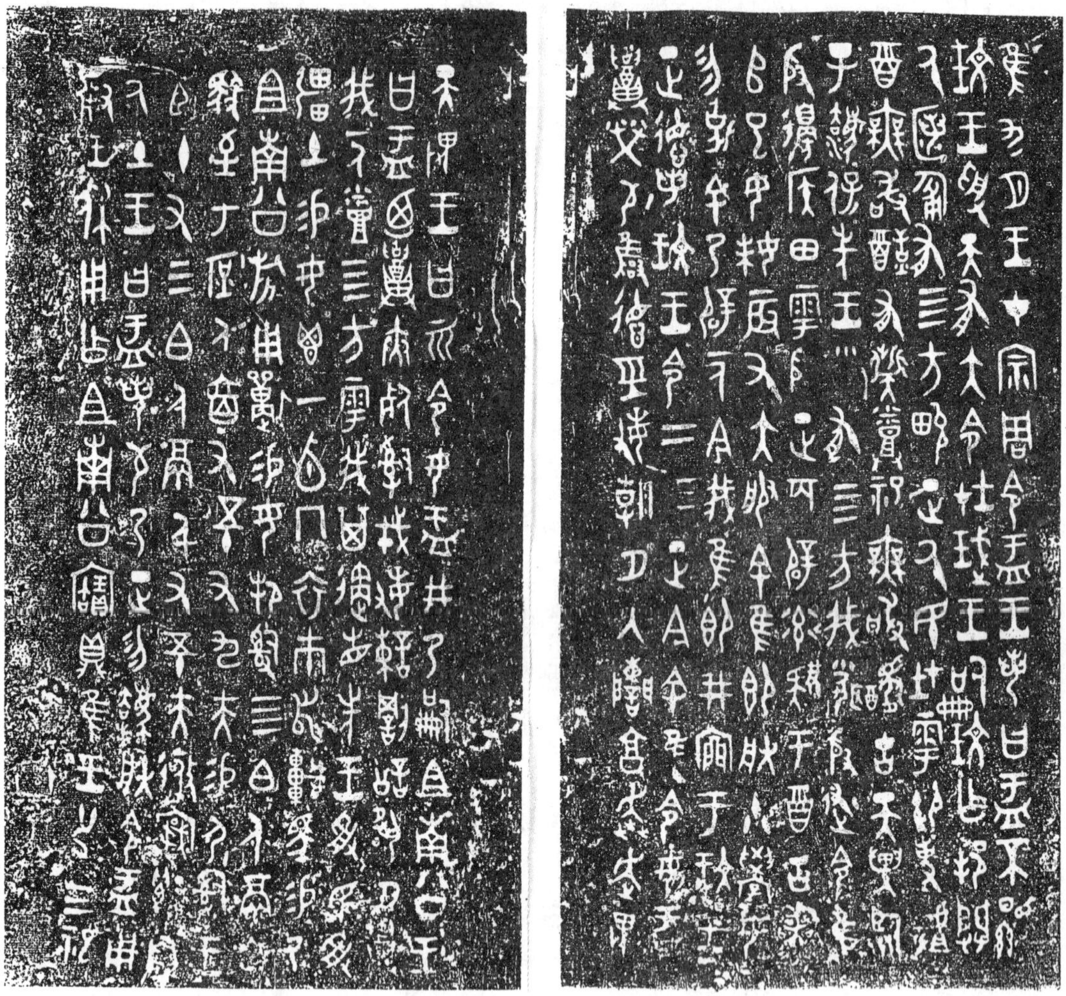

圖 83 大盂鼎

⑯召，通"詔"，輔佐。《爾雅·釋詁》："詔、亮，左右。"焂，"榮"字初文，人名，成王的近臣之一，又見小盂鼎銘文。

⑰雖，同"雍"。巠，同"經"。敬雍德經，與班簋的"敬德"涵義大致相同。諫，同"諫"。享奔走，勤於宗廟祖先祭享之事。《詩·周頌·清廟》："駿奔走在廟"。畏天畏，即畏天威。畏、威古通用。

⑱丽，舊釋爲"於"、"烏"。今按，當是"而"字。甲骨文有丽、丽，唐蘭、于省吾釋爲"而"，甚是。此與甲骨文寫法略同，自應同釋。而，《廣韵》如之切，古音與如相近。古書而、如每通用（詳見楊樹達《詞詮》"如"字條）。銘文用爲嘆詞，用法與烏、於、惡、吁類同。

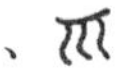

⑲迺，通"乃"，第二人稱代詞。召夾，輔助。死，通"尸"，主持職掌。戎，指軍事。敏諫罰訟，及時處理獎懲訟獄之事。古代兵刑不分，盂兼管兵馬刑獄，其職略當《周

202

禮》的司馬。

⑳玘，"烝"之省體，與"烝"通。《詩·大雅·文王有聲》："文王烝哉"，《毛傳》："烝，君也。"烝四方，意謂君臨四方。逎，通"聿"，語中助詞。受，通"授"。先王受民受疆土，即先王所授予時王的百姓與疆土。《書·梓材》："皇天既付中國民越厥疆土於先王"，語例相近。

㉑鬯，香酒。卣，盛酒器。冂，同"冕"。市（fú），蔽膝，類擬於現在的圍裙。舃，同"鵲"，借爲"屨"，今語爲"鞋"。旂，有鈴的旗。遘，通"狩"，巡守。

㉒邦司四白，國内被征服的邦族首領四人。白，通"伯"。人鬲，即徒隸，從銘文看包括馭夫及庶人等不同階層。夷司王臣，指周人統治下的夷族首領。

㉓䢔，通"亟"，急疾。鄩，同"遷"，本句的意思是賞賜給盂的種族奴隸要盡快地從原居住地遷入盂的領地。

㉔若敬乃正，順從恭敬你的上司。

㉕灋，通"廢"，敗壞。

㉖對，答謝。休，指賞賜。

㉗祀，同"年"。本銘開頭記月份，末尾紀年，爲殷式紀年法的沿續。

韻讀：王王（陽）邦（東）方（陽）〔陽東合韻〕事祀子（之）王方（陽）令田（真）巳服（之）敦（幽）德（之）〔之幽合韻〕正烄至（耕）公戎訟（東）方（陽）〔陽東合韻〕卣遷（幽）夫土（魚）休（幽）祀（之）〔之幽合韻〕

84　大保簋①

王伐录子䚏②。烎！厥反③。王降征令于大保④，大保克敬亡遣⑤。王侃大保，易休余土，用玆彝對令⑥。

①本器清道光咸豐年間在山東梁山（今壽張縣東南）出土，所謂梁山七器之一。銘文 4 行 34 字（見《集成》4140）。成王時期銅器。

②王，指周成王。录，國名。子，爵名。䚏，古"聽"字，人名。

③烎，感嘆詞。小臣謎簋："烎！東夷大反。"句式與此同。

圖 84　大保簋

④大保，指召公奭。據《史記·周本紀》，成王遷殷遺民之後，命召公爲保，周公爲師，東伐淮夷，踐奄，遷其君薄姑。

⑤召公東征敬慎周密而無過失。遣，通"譴"，失誤。

⑥侃，動詞，銘文有襃獎之義。王侃，又見乙辛時代卜辭，意爲王使大保喜樂。易，通"賜"，賞賜。余，地名，字不識。對，答謝。

85　井侯簋①

隹三月，王令熒罧内史曰②：箸井侯服③。易臣三品④：州人⑤、重人⑥、䧹人⑦。拜頴首，魯天子⑧，𠬝厥順福⑨。克奔走上下帝，無冬令于有周⑩。追考對不敢豙⑪，邵朕福盟⑫，朕臣天子⑬。用册王令，乍周公彝⑭。

①本器於20世紀30年代出土，現藏英國倫敦博物館。銘文28行68字（見《集成》4241）。周初成康時期銅器。

②熒，"榮"字初文，像繁花交錯之形。用爲人名，又見於小盂鼎等器銘文。内史，職官名，主文書策命等事。罧（jì），通"暨"，連詞。

③策封井侯以官職。箸，通"勺"。《廣雅·釋詁三》："勺，予也。"服，職事。井，即"邢"，周初所封姬姓諸侯國。《説文》："邢，周公子所封地。地近河内懷。"或説在今河北邢臺。

圖85　井侯簋

④臣，徒隸。周初多指種姓奴隸。此與大盂鼎的人鬲類同。三品，三種。

⑤州，即《左傳·昭公二年》"晋人以州賜鄭公叔段"的"州"，故城在今河南沁陽縣東南四十里。

⑥重，"重"字初文。重人，即"董人"。《左傳·文公六年》："晋改蒐於董"，地在今

山西榮河縣東。

⑦章,同"墉"。墉人,即"庸人"。《書·牧誓》:"庸、蜀、羌、髳、微、盧、彭、濮人",《僞孔傳》:"庸在漢江之南。"地在今湖北竹山縣東南。

⑧魯,嘉許。

⑨宲,通"造",致也。舟、告古音通。令簋"用鄉王逆逪","逪"用爲"造",與此類同。

⑩奔走,參見83之注⑰。上下帝,上帝與時王。冬令,即終命。意謂上帝終止對有周的護祐。

⑪考,通"孝"。豕,通"墜"。不敢墜,不敢有過失。西周恒語。

⑫邵,通"紹",承續。福盟,指祭享祖先的活動。祭享以求福祐,故云福盟。

⑬永久地臣事周天子。朕臣,猶言畯臣。克盨銘文云:"畯臣天子。"畯,古"畯"字,長久。

⑭册,書寫,用爲動詞。《廣雅·釋詁四》:"册,書也。"

86 令 鼎①

王大藉農于諆田②。餳③。王射。有嗣眔師氏、小子卿射⑤。王歸自諆田。王馭,溓中僕⑥。令眾奮先馬走⑦,王曰:令眾奮乃克至,余其舍女臣三十家⑧。王至于溓宮⑨,啟。令拜𩒨首⑩,曰:小子迺學。令對揚王休。

①銘文8行71字(見《集成》2803)。昭王時期銅器。

②藉農,耕種。甲骨文藉字像雙手持耒起土耕田之形。農與藉義近,《左傳·襄公九年》"其庶人力於農穡"注:"種曰農,收曰穡"。藉農,是並列複詞。

③餳,宴饗。《說文》作"觴"。

④射,指舉行射禮。古人饗射每相連及。

⑤有嗣,指管理籍田的有司,相當於《周禮》大、小司徒之屬。師氏,武職官員。小子,職官名。毛公鼎銘文小子、師氏、虎臣並稱,與本器略同,大約是三有司(司土、司馬、司工)的下屬。卿,通"迨"(古文會)。迨射,指有司、師氏、小子與周王同射。

⑥馭,通"御",駕車使馬爲御。溓仲,人名。西周銅器厚趠父鼎銘文有溓公。或以爲即溓仲的父兄輩。僕,專職御車的人(今按,金文中舊釋爲"溓"的字,據郭店楚簡資料應改釋讀爲"祭"(zhài),說見李學勤《釋郭店簡祭公之顧命》、吳振武《假設之上的假設》等)。

⑦令、奮,皆人名。先馬走,在車馬之前導馬引路。先馬,又稱前馬。《莊子·徐無鬼》:"黃帝將見大隗乎具茨之山,方明爲御,昌寓驂乘,張若、謵朋前馬。"《釋文》引司馬(彪)云:"二人先馬導也。"

205

⑧乃，若。假設連詞。舍，賜予。臣，隸臣。臣有家室，不同於以夫計的人鬲。《耳尊》"易臣十家"、《令鼎》"余其舍女臣十家"、《不其簋》"臣五家"、《令簋》"臣十家"，均其明證。

⑨溓宮，溓仲的宮室。

⑩𩒨，同"稽"。稽首，古人所行跪拜禮。《說文段注》𩒨字下曰："蓋𩒨首者拱手至地，頭亦至於地，而顙不必觸地，與頓首之必以顙叩地異矣。"

韻讀：首學休（幽部）

圖 86　令　鼎

87　螓簋①

隹六月初吉乙酉，才䣙自②。戎伐馭③，螓達有嗣、師氏奔追塑戎于賦林，博戎獸④。朕文母䁂敏□行，休宕厥心，永襲厥身，卑克厥啻⑤。隻馘百，執訊二夫⑥，孚戎兵：譬矛、戈、弓、箙、矢、裨、冑，凡百又三十又五钗⑦。孚戎孚人百又十又四人⑧。卒博，無眈于螓身。乃子螓拜頴首，對揚文母福剌，用乍文母日庚寶隨簋⑨。卑乃子螓萬年用，夙夜障享孝于厥文母，其子子孫孫永寶⑩。

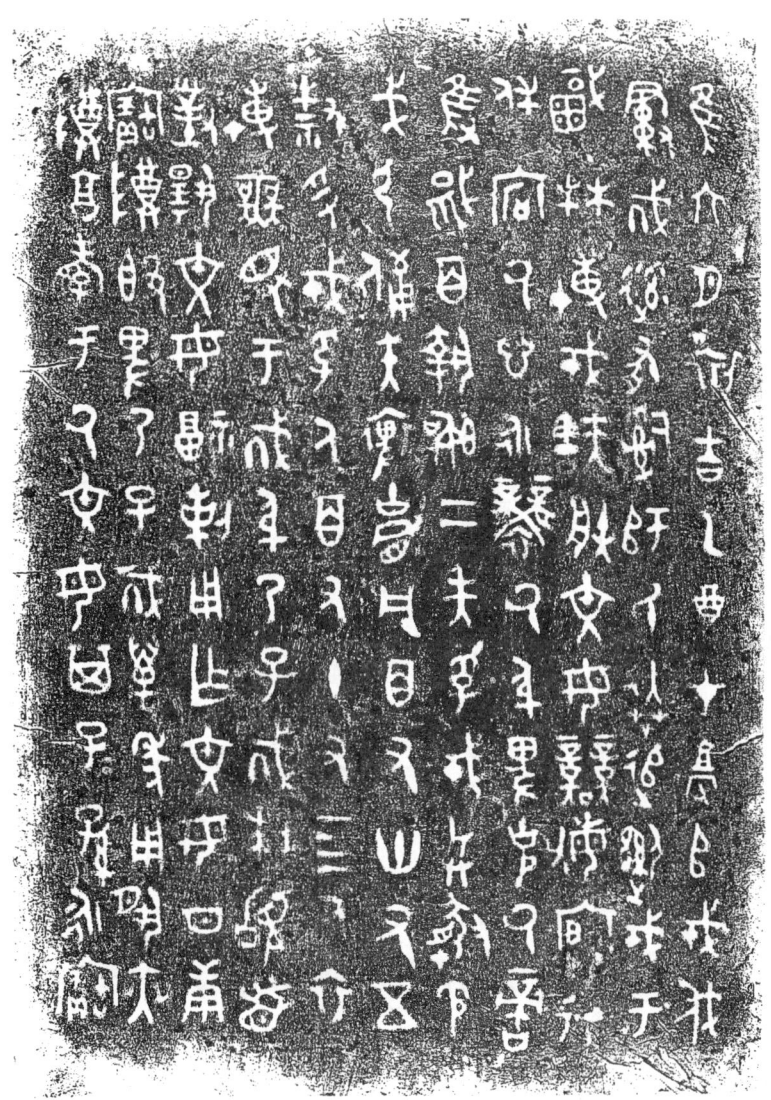

圖87　螓簋

①本器 1975 年 3 月於陝西省扶風縣法門公社莊白村西出土。銘文 11 行 134 字（見《集成》4322）。西周昭、穆時期銅器。

②㙲𠂤，西周衛戍軍駐地之一。西周金文有西六師、殷八師。此器出陝西，疑㙲師爲西六師之一。

③戎，西方少數民族通稱。馘，地名。

④達，同"率"。師氏，參見 86 之注⑤。墅，"御"字異體。𣄴林，地名。唐蘭釋爲棫林，在涇水西岸。博，同"搏"。猇，即"胡"。戎胡，泛指西北少數民族。

⑤競，同"競"，剛強。敏，機敏。宕，通"蕩"，冲激。襲，同"襲"，用爲動詞，有覆幬、庇蔭等義。"休宕厥心，永襲厥身"，涵義與威鼎（二）的"則尚安永宕乃子威心，安永襲威身"相同。

⑥馘，同"馘"。古代戰爭中從被殺死的敵人身上割下的頭或左耳，用以計功。執訊，活捉的俘虜，猶如今人所說的"舌頭"。

⑦孚，同"俘"。戎兵，戎人的兵器。下文"戎孚人"句例與此同。𥃩，即增注"豚"聲的盾字。匍，同"箙"，箭囊。裈，疑即甲衣。《禮記·樂記》"裈冕搢笏"，注："裈衣，袞之屬也。"

⑧叙，王國維釋爲"䵼"，商代甲骨文用爲祭名。此處用爲量詞。孚，同"捋"，與"擄"通。戎孚人，指被戎人俘去的内地人。《敔簋》："奪孚人四百"，孚人義同。

⑨卒博，即指戰鬥結束。無眈，即"無尤"，義與甲骨文"亡尤"同。剌，通"烈"，指功德。《淮南子·脩務》："烈藏廟堂"，注："烈，功。"福剌，福蔭後人的功勞。庚，威母的日名。

⑩卑，通"俾"。夙夜，猶言夙夕、日夜。享孝，祭享先人以盡孝心。

韻讀：林心（侵）人身（真）

88 班 簋①

隹八月初吉，才宗周②。甲戌，王令毛白更虢城公服③，𦔻王立，乍四方亟④，秉緐、蜀、巢⑤令，易鈴、勒⑥。咸⑦。王令毛公以邦冢君、土馭、戜人伐東或痟戎⑧。咸。王令吴白曰：以乃𠂤左比毛父。王令吕白曰：以乃𠂤右比毛父⑨。遣令曰：以乃族從父征，徣城衛父身⑩。

三年靜東或，亡不成⑪。𠬪天畏否畀屯陟⑫，公告厥事于上⑬，隹民亡徣才，彝志天令，故亡⑭。允才顯，隹敬德亡卣違⑮。

班拜𩒨首⑯，曰：烏虖⑰！不杯乀皇公⑱，受京宗懿釐⑲，毓文王王姑聖孫，隨于大服，廣成厥工⑳。文王孫亡弗褱井㉑。亡克競厥剌㉒。班非敢覓㉓，隹乍

圖88 班簋

邵考爽[24]，益曰大政[25]。子子孫多世其永寶。

①1972年從北京市物資回收公司有色金屬供應站的廢銅堆撿選到了這件古器的殘餘。器身大半已毀壞，但腹內銘文基本保存下來，毀損的文字約十餘個，可與《西清古鑒》印

本參看。銘文 20 行 197 字（見《集成》4341）。班簋的時代，各家看法不一。郭沫若主張成王時器，楊樹達、于省吾等主張穆王時器。按班簋銘文字體圓熟，不像周初器那樣雄渾猷勁，斷在穆王之世是合適的。

②初吉，指月初的七八天，西周時期曆法分一月爲四個時段，即初吉、既生霸、既望、既死霸，每一時段大抵七至八天（從王國維説）。

③毛白，銘文又稱毛公、毛父、班，均爲同一人，即《穆天子傳》及今本《竹書紀年》中的毛公班、毛班、毛公。更，通"賡"，繼承。服，職務。

④甹王立，即屏王位。甹，《説文》作"𠀤"，與"屏"通。《左傳·哀公十六年》："俾屏予一人以在位。"亟，通"極"。作四方極，意思是作四方諸侯的霸主。

⑤秉緐、蜀、巢令，意思是説以緐、蜀、巢爲封國，毛班秉持其國政。緐，通"繁"，即曾伯秉簠"印燮緐湯"的緐湯，古書作"繁陽"，地在河南新蔡縣北。蜀，即《春秋·成公二年》"楚侵晉至蜀"的"蜀"，在今山東泰安縣西。巢，西周時巢伯國，春秋以後爲楚國的居巢，在今安徽六安東北。

⑥鈴，鑾鈴。古時車馬用具之一，但也可能是旗上的鈴。鋤，攸勒，即馬銜。

⑦咸，既事，策命之後。

⑧邦冢君，各國諸侯。《書·召誥》："庶邦冢君"。土馭，即徒御，指步兵和車兵。《詩·小雅·黍苗》："我徒我御"，《毛傳》："徒行者，御車者"。戕人，郭沫若疑是冶鐵工人。𤉛戎，東國少數民族的一支。

⑨吴白、吕白，均爲方伯諸侯。白，通"伯"。比，輔翼。左比、右比，猶如説作左翼、作右翼。

⑩趞，疑與"遣"同字。趞令，發佈命令。族，指族人。徣，或釋"出"。這句的大意是，命令率領族人充當毛班的衛隊，保護他的安全。

⑪静，通"靖"、"竫"，安定。東國，指殷商本土東部各方國，原臣屬於殷。與"殷"對言，古書往往簡稱之爲"東"。《逸周書·作雒解》："建管叔於東，建蔡叔、霍叔於殷，俾監殷臣。"

⑫此句義不明。

⑬公，指毛公。厥事，伐東國𤉛戎之事。上，指周王。

⑭徣，通"造"。才，通"哉"。㦲，通"昧"。意思是，殷東國愚民不知天命，干不成大事，最終只能是兵敗亡國。

⑮實在是太顯明了，只有謹慎小心、老老實實的才行。卣，通"攸"。允才，即允哉。這段話是周王聽了毛公的匯報之後所發的議論。

⑯拜𩒨首，即拜手𩒨首的省語，與"𩒨首"義同。

⑰烏虖，即嗚呼。感嘆詞。

210

⑱ 不坯，即丕丕。《爾雅·釋訓》："丕丕、簡簡，大也。" 廾，或讀爲"朕"。皇公，指毛公之父。《爾雅·釋親》："公，父也。"

⑲ 懿，美。釐，祭祀餘肉。

⑳ 毓，生育的本字，讀爲帝后的"后"。王姒，即大姒，文王之妻。陾，通"登"。工，通"功"。登于大服，意思是身居要職。古人三代以下皆可稱"孫"，毛班之父既是文王和大姒的孫輩，則毛班不會是文王之子毛叔鄭，此器顯然不會是成王時器。

㉑ 裏井，即懷型，思慕效法的意思。

㉒ 沒有人能比他所創立的功業更大。《詩·周頌·執競》："無競維烈"，《箋》："不强乎其克商之功業"。

㉓ 覓，求取。非敢覓，意思是不敢奢望。這是毛班自謙的説法。

㉔ 考，對死去的父親的稱呼。毛班是在其父虢城公去世以後，接受王的策命繼承其父職位的。爽，配偶。乍卲考爽，即爲卲考爽作器。文有省略。

㉕ 益，通"謚"，名號。大政，給這件銅器命一個名，叫作"大政"。古人作器之後，有時還要給起一個名，如秦公鐘："厥名曰旾邦"，懷石磬："厥名曰裏石"，都是同類的例子。

韻讀：白（魚）服亟勒（之）公戎（東）白父白父（魚）或陟服（之）[魚之合韻] 井政（耕）。

89　雍侯視工簋①

唯正月初吉丁亥，王才糅，卿醴②，雍侯視工習③，賜玉五瑴④、馬四匹、矢三千，敢對揚天子休釐，用乍皇考武侯陴簋，用易沫壽⑤永令，子＝孫＝永寶。

① 本器係保利博物館藏品，入藏時間約在 2000 年。簋爲兩隻，西周晚期器。器、蓋同銘，銘文 6 行 53 字。器形及花紋見《保利藏金（續）》第 122、123 頁。釋文參考了裘錫圭、朱鳳瀚等學者的釋讀意見。

② 卿醴，可讀爲"享醴"。"履"及從"豊"得聲的"禮"等字，上古音都屬來母、脂部，古音極近。

圖 89　雍侯視工簋

③ 習，讀爲勸侑之"侑"（或作"宥"）。周天子設盛宴饗賓，用醴而不用酒即"卿醴"，被宴之臣與王相酬酢即"侑（宥）"。王享醴而臣侑（宥）之事也見於《集成》16·9897《師遽方彝》、8·4191《穆公簋蓋》等，《左傳》莊公十八年、僖公二十五年等文獻

211

中也有相關記載。

④瞉，從屋字《說文》古文省聲，讀爲"喔"。上古音"瞉"與"屋"、"喔"均爲屋部字，聲母分別在溪母、影母，音近可通。

⑤沬壽，舊多據《詩經》釋爲"眉壽"，此從林澐改釋。沬，可讀爲"彌"，彌壽即滿壽、長壽。

90　裘衛盉①

隹三年三月既生霸壬寅②，王爯旂于豐③。矩白庶人取堇章于裘衛④，才八十朋⑤，厥賈⑥。其舍田十田⑦。矩或取赤虎兩⑧、麀贲兩、贲韐一，才二十朋，其舍田三田⑨。裘衛廼告于白邑父、㷼白、定白、𤖕白、單白⑩。白邑父、㷼白、定白、𤖕白、單白廼令參有司⑪：司土㪔邑⑫、司馬單旗⑬、司工邑人服⑭，眔受田燹、趚⑮，衛小子𫝄逆、者其鄉⑯。衛用乍朕文考惠孟寶般⑰，衛其萬年永寶用。

①本器1975年2月於陝西岐山縣董家村出土。銘文在蓋內，12行132字（見《集成》9456）。銘文記載了矩伯用土地交換裘衛的瑾璋虎皮等貴重物品的經過，對探討西周中期的土地轉讓制度具有重要價值。西周中葉恭王時期銅器。

②既生霸，初吉之後的七、八天。

③周王在豐京建旂舉行大閱之禮。爯，通"偁"。爯旂，即商代甲骨文的立中，《周禮》所謂"建大常"。《周禮·春官·司常》："及國之大閱，贊司馬頒旗物，王建大常。"旂（qí），有鈴的旗幟。

④堇，通"瑾"，《說文》："瑾瑜，美玉也。"章，通"璋"，玉器，半珪曰璋。

⑤才，通"值"。朋，五貝曰朋。

⑥"賈"，價值（從李學勤釋）。舊釋爲"貯"。

⑦矩伯答應用十田的代價換取裘衛價值八十朋的瑾璋。舍，通"施"、"予"（從王引之說）。

⑧赤虎兩，赤色虎皮一雙。

⑨麀贲，指用麀皮做的玉繶（以韋衣板以藉玉者）。麀，獸類，不詳，疑即"麋"。贲韐，有花紋的皮蔽膝。贲，通"賁"、"斑"，紋飾。薦玉的繶上有花紋，也可以名"賁"。兩，一雙、一對。成雙成對的叫"兩"。

⑩廼告，陳述、稟告。白邑父、㷼伯、定伯、𤖕伯、單伯，均爲王朝的執政大臣。因爲諸侯所有的土地的交換，必須經過國家的允許方可以實現。

⑪參有司，即三有司，指司土、司馬、司工。

⑫司土，即司徒，職掌土地及農業生產等事的官吏。

⑬司馬，職掌軍隊的職官。

⑭司工，即司空，主管建造房屋，營建城邑和手工業生產等事的職官。邑人，楊寬認爲是近郊鄉邑的長官戰時兼爲軍隊的武官。司工邑人，兼任司工、邑人兩職。

⑮受田，即授田。主管農村土地分配的職官，相當於《詩經》中的田畯。

⑯衛，指裘衛。小子，職官名。這裏指裘衛手下的辦事人員，與散氏盤的"散人小子"性質類同。鄉，通"饗"。五名執政大臣令三有司及有關人員"饗"，實際上等於舉行了一次土地轉讓的儀式，裘衛對土地的佔有權得到了承認。這篇銘文記述了土地交換轉讓的經過，其性質相當於後世的契約。

⑰般，假借爲"盉"。元、歌對轉。

圖90　裘衛盉

91　五祀衛鼎①

隹正月初吉庚戌，衛以邦君厲告于井白、白邑父、定白、𤲞白、白俗父②，曰：厲曰，余執龔王卹工，于卲大室東逆𤇾二川③，曰余舍女田五田④。正迺訊厲曰⑤：女賈田不⑥？厲迺許曰：余睿賈田五田⑦。井白、白邑父、定白、𤲞白、白俗父迺顜⑧，事厲誓⑨，迺令參有司：司土邑人趙、司馬頌人邦、司工隋矩、内史友寺芻⑩，帥履裘衛厲田四田⑪，迺舍寓于厥邑⑫。厥逆疆眾厲田，厥東疆眾散田，厥南疆眾散田眾政父田，厥西疆眾厲田⑬。邦君厲眾付裘衛田⑭，厲弔子夙、厲有司䐊季、慶癸、燹表、州人敢、井人𠫑屖、衛小子者其鄉鈢⑮。衛用乍朕文考寶鼎，衛其萬年永寶用。隹王五祀⑯。

①本器與裘衛盉同出。銘文在器的内壁，9行207字（見《集成》2832）。記述器主裘衛與邦君厲之間的一場地產轉讓。對於瞭解西周時代土地的轉讓制度以及訴訟程序，無疑是第一手的寶貴資料。

②邦君，諸侯。白，通"伯"。井白，即邢伯。井白、白邑父、定白、𤲞白、白俗父，均爲恭王時朝廷要員，即下文所謂"正"。其中白邑父、定白、𤲞白三人見於裘衛盉。從這兩件銅器看，當時執政處理訟案的人員雖然沒有固定，但數額都是五人，這或許並非出於偶然。

③龏王，即恭王。"龏"同"龔"、"恭"。卹，憂慮。工，事。卲大室，召公宗廟太室。逆，通"朔"。東朔，即東北。𤇾，通"營"。二川，殆指爲兩條河疏通河道，治理水患。

④余，指邦君厲。舍，施、予。女，通"汝"，指裘衛。這句話是裘衛向執政長官轉述邦君厲對他的許諾。邦君厲在治理河道的過程中，由於某種原因，答應給裘衛五田。

⑤正，長官，指上文提到的井白、白邑父等五人。訊，審問。

⑥這句的意思是，你轉讓田了嗎？不，通否，語尾助詞，表反詰語氣。

⑦許，應聲、回答。睿，不識，或釋"審"。

⑧顜，通"講"，討論商議。《集韻》："古項切，音講。明也、和也、直也。"《廣韻》："講，謀也。"

⑨事，通"使"。誓，《說文》："約束也。"

⑩參有司、司土、司馬、司工，分別參見90之注⑪、⑫、⑬、⑭。内史友，内史的僚屬。同官爲"僚"，同志爲"友"，稱"友"者不一定同官。《克盨》："王令尹氏友史趛

典善夫克田人。"尹氏和史是上下級關係。

⑪帥，通"率"，循行。四田比原來邦君厲答應給裘衛的五田減少一田，這應是執政官員最終裁定的結果。

⑫舍寓，居住。寓，同"宇"。

⑬朔疆，即北疆。眾，通"及"。這句是講邦君厲給裘衛的四塊土地上的邊緣四至。其東部和南部與散田接壤，地理位置當在散田的西北，而散田見於散氏盤銘文，據考證即陝西郿縣，散氏的銅器如散伯車父諸器出土於扶風縣法門公社，所以裘衛得到的這片土田應在今陝西岐山縣的東南。

⑭眾，通"既"。

⑮厲有司，邦君厲的辦事機構。刱，通"荊"。井，通"邢"。小子，參見86之注⑯。飤，通"媵"，意謂宴饗之後以物相贈。

⑯五祀，恭王五年。

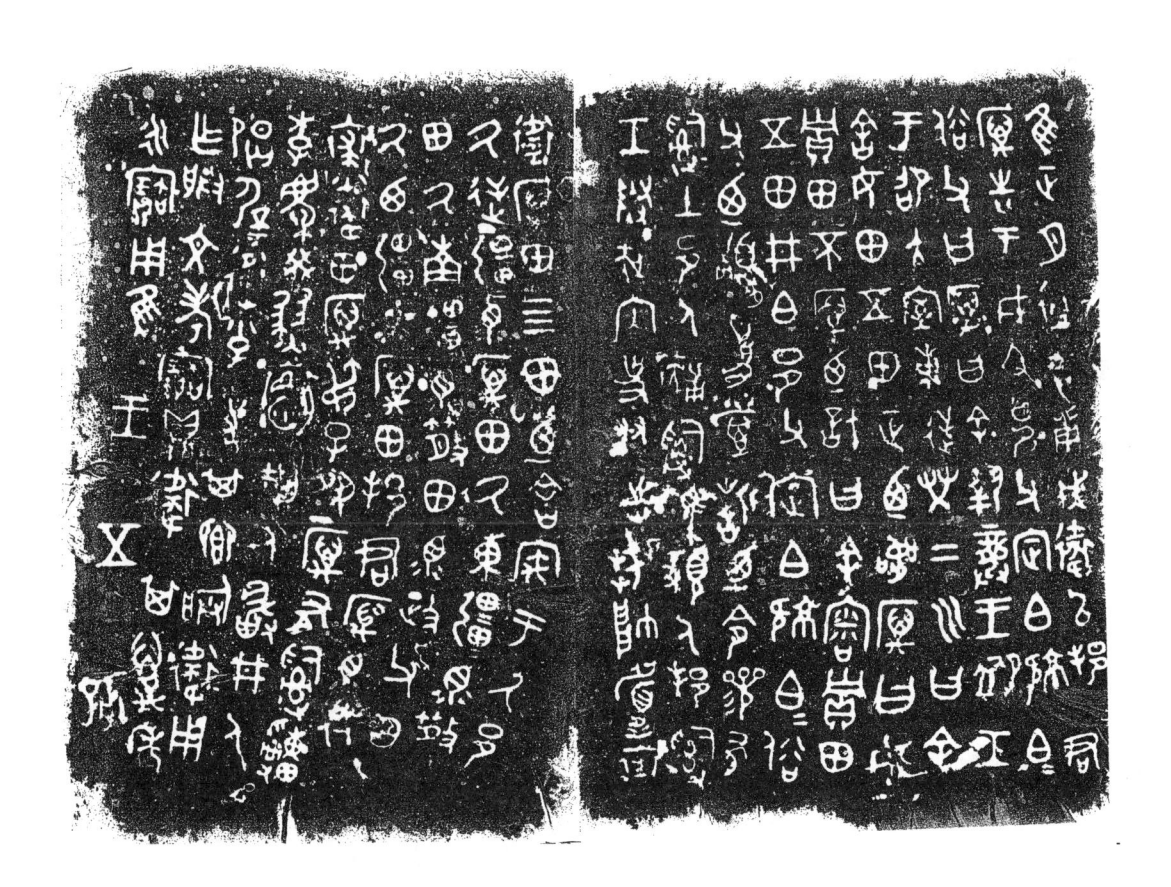

圖91　五祀衛鼎

92 史墻盤①

曰古文王②，初斆龢于政③。上帝降懿德大甹④，匍有上下，迨受萬邦⑤。𢑥圉武王⑥，遹征四方，達殷畯民⑦，永不鞏，狄虘、髟、伐尸童⑧。憲聖成王⑨，左右綬䋣剛鯀，用肇徹周邦⑩。㵆惠康王⑪，叒尹億疆⑫。宖魯卲王，廣斁楚荆，隹寏南行⑬。祇覭穆王，井帥宇誨⑭。𩁹寧天子⑮，天子圜屖，文武長剌⑯，天子沫無匄⑰。𩁹祁上下，亟獄逑慕⑱，昊炤亡斁⑲，上帝司夔允保⑳。受天子䪞令、厚福、豐年㉑，方䜌亡不罤見㉒。

青幽高且，才微霝處。雩武王既伐殷，敳史剌且，迺來見武王㉓。武王則令周公，舍㝨于周卑處㉔。㗊𤔫乙且，遷匹厥辟㉕，遠猷复心㉖。子愿諍明。亞且且辛㉗，毓髦子孫。繁啟多嫠㉘，擠角𤋲光㉙，義其禋祀㉚。害犀文考乙公㉛，遽趞㉜得屯無諫㉝，農嗇歲稼㉞。佳辟孝奉史墻㉟，夙夜不彖㊱，其日蔑歷，墻弗敢取㊲。對揚天子不顯休令，用乍寶䵼彝。剌且文考弋寏受墻爾䋣福裹豳彔㊳，黃耈彌生㊴，龕事厥辟㊵，其萬年永寶用。

①本器1976年12月於陝西扶風出土。銘文在腹底，18行284字（見《集成》10175）。銘文分爲兩段，上段陳述文、武、成、康、昭、穆及恭王的德行事跡，下段記寫作器者史墻家族的歷史，其中不少可以彌補史籍的空缺。全文層次清楚，語言精煉，叙事簡明扼要，是研究西周史的重要材料。史墻盤是恭王時期的標準器。

②曰，語首助詞，與《尚書・堯典》"曰若稽古"用法相同。文王，周文王。

③政局開始走向穩定。斆，同"斆"，與"庚"通。龢，同"和"。

④懿，美好。甹，《説文》作"甹"，與"屏"通，意爲屏藩。如：《詩・大雅・板》"大邦維屏"。

⑤文王普遍地得到天地神祇的祐助，又受到各方國的一致擁戴。匍有，經傳又作"撫有"、"敷佑"。如：《左傳・襄公卜三年》"撫有蠻夷"、《書・金滕》"敷佑四方"。迨，古文"會"。

⑥𢑥圉，迅猛强悍。𢑥，裘錫圭釋"訊"，讀爲"迅"。圉，强圉。《逸周書・諡法解》："威德剛武曰圉。"

⑦達，通"撻"，意爲征伐。畯，即"畯"，通"悛"。《國語・楚語》"有過必悛"，韋昭注："悛，改也"。悛民，等於説正民，與《書・康誥》"作新民"同義。

⑧長久地鞏固了周邦，驅逐了虘、髟等國。狄，驅赶。虘，方國名，即殷墟卜辭中的虘（叔）方，亦即《詩・大雅・皇矣》"以按徂旅"的"徂"。髟，方國名，亦見卜辭及《書・牧誓》。童，即夷童，對夷族的蔑稱。《説文》："男有罪曰奴，奴曰童，女曰妾。"據

216

《逸周書·世俘解》，武王克商後，征伐四方，"凡憝國九十有九"，"凡服國六百五十有二"，其中當包括"夷童"在内。

⑨憲聖，機敏而通達。

⑩左右，指輔佐成王的周公、召公等人臣。肇，與"兆"通，用作動詞，意爲兆域、經營。敾，同"徹"，治理。《詩·大雅·江漢》："式辟四方，徹我疆土。"

⑪㫗，同"淵"。𣂪，同"哲"。淵哲，意謂淵博而明智。

⑫尹，統治，動詞。𠭯，通"億"，安定。

⑬宖，通"弘"。魯，嘉美。廣，大。𢾭，同"懲"，詳見陳世輝《史墻盤銘文解說》、《考古》1980（5）。𡩥，通"貫"。行，道路。這句的大意是說昭王南征荆楚，打通了通往南方的道路。

⑭祇，敬慎。覭，不識，義與"顯"近。井帥，即帥井（型），效法。宇誨，指有深謀遠慮的文王、武王。宇，大。誨，謀。

⑮龖寧天子，指恭王。龖，同"申"，重複，繼續。本器銘文前代先王稱王，時王稱天子。

⑯圛，古文"滿"，與"勉"通。層，同"饙"，通"纘"，繼承。文武長剌，文王武王的萬年基業。剌（là）通"烈"，事業。

⑰沬亡匄，長壽而無病患。沬，通"眉"，"眉壽"之省。匄，通"害"。

⑱大意是說天子敬事神鬼，殫精竭慮治理國家。祁，通"祇"，恭敬。上下，天神地祇。亟，同"極"。獄，通"思"。逗，通"桓"。《詩·商頌·長發》："玄王桓拔"，《毛傳》："桓，大。拔，治"。慕，通"謀"。

⑲昊天照臨而不厭棄。翌，同"照"。

⑳仜（wāng）保，即"匡保"。

㉑受，通"授"。䵼，同"綰"，寬裕。

㉒䜌，通"蠻"。方蠻指夷狄。𩨉，通"踝"，踵繼。見，朝見。

㉓青，通"静"。敚，同"微"，地名。䘌，通"靈"，安善。伐，傷。伐殷，猶如說滅殷。

㉔舍，賜與。圅，同"宇"，居室。卑，通"俾"，使。處，居處。

㉕逑，讀爲"仇"，與"匹"同義。匹，匹配，輔翼。辟，指周王。

㉖爲之出謀劃策成爲周王心腹。㕛，通"腹"。猷，謀猷。

㉗亞且，對高且、乙且而言。亞，次。

㉘虋豰，即蔭育。一說讀爲"甄育"。虋，通"繁"。豰，同"髮"，與"福"通。𩩎，同"鰲"，與"福"同義。叔向簋"降余多福繁𩩎"與此句義同。

㉙用於祭祀的牲首兩角平齊而有光澤。樍，通"齊"，等齊。襞，通"直"。光，光澤

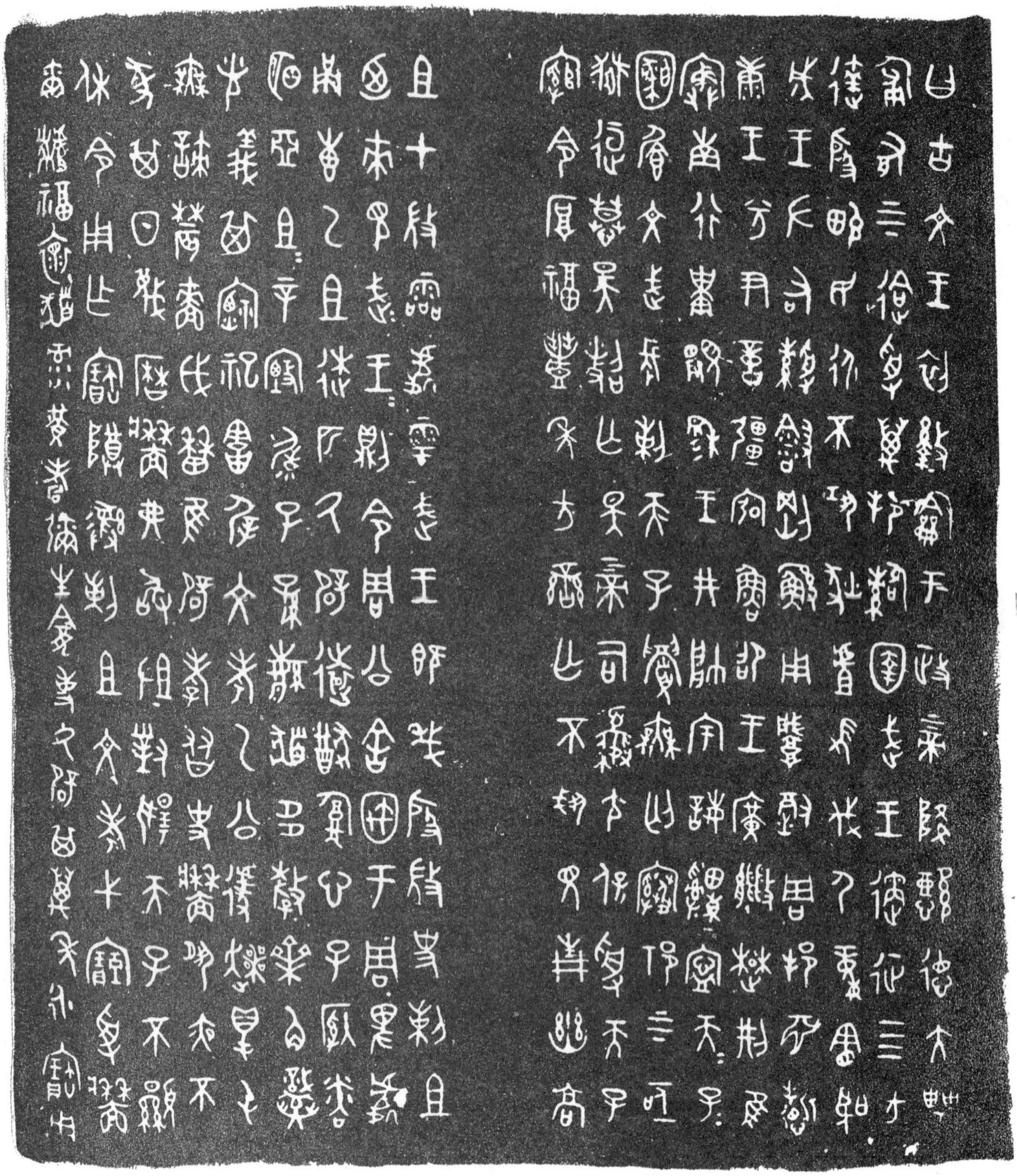

圖92 史墙盤

(從連劭名說)。

㉚用來祭祀正相宜。義，通"宜"。䆟，通"禮"。䆟祀，猶同祭祀。《書·洛誥》："則禮於文王武王。"

㉛害屖，猶舒遲，安適閑雅的樣子。

㉜遽趩，讀爲"競爽"，剛強灑脫。

㉝㝭屯，即得純。純，美。無諫，意思是沒有過失。諫，通"責"。

㉞農事年年管理得不錯。種曰"農"，收曰"穡"，參見86之注②。䎖，同"䆛"。

《說文》："厤，治也。"

㉟遵循孝友之道的史墻。辟，效法。《逸周書·祭公》："天子自三公上下辟於文武"。孔注訓"辟"爲"法"。

㊱㒸，通"墜"。或釋爲"墜"，讀作"墮"。

㊲日日黽勉自強努力作事。蔑曆，同"勉勵"。取，通"沮"，敗壞。

㊳窜受，即予授，與"授予"同。爾膚，繁盛明麗，引申有榮顯之義。福褭，幸福安定。褭，通"懷"。䘏录，大禄。䘏，"髮"字古文，當讀爲"廢"，巨大的意思。

㊴黃耇彌生，平安到老，壽終正寢。黃，指人老頭髮由黑變黃。耇（gǒu），《說文》："老人黎（梨）若垢。"黃耇，猶說長壽。

㊵龕，俗作"龛"，通"勘"。辟，君。

韻讀：政甹（耕）邦（東）王方（陽）童（東）王（陽）邦（東）王疆王行王（陽）〔陽東合韻〕誨子履匈（之）下慕（魚）〔魚之合韻〕令年（真）見（元）〔真元合韻〕且處且（魚）尞祀（之）諫䤈曆（支）令生（耕）

93 卯 簋①

隹王十又一月既生霸丁亥②，㮣季入右卯立中廷③。㮣白乎命卯曰④：䎽乃先且考死嗣㮣公室⑤，昔乃且亦既令乃父死嗣㮣人⑥。不盩⑦，取我家寏，用喪⑧。今余非敢夢先公又進㒸，余戀禹先公官⑨。今余隹令女死嗣㮣宫、㮣人⑩，女毋敢不善⑪，易女瓚章四，瑴一、宗彝一、䊷寶⑫。易女馬十匹、牛十；易于乍一田，易于㝯一田，易于隊一田，易于戠一田⑬。卯拜手頁手⑭，敢對揚㮣白休⑮，用乍寶障簋。卯其萬年子子孫孫永寶用。

①此爲簋蓋銘文，12行152字（見《集成》4327）。今蓋、器均已亡佚。銘文記載榮伯對其家大夫卯的策命。懿、孝時器。

②隹王十又一月，周曆十一月。

③入右卯立中廷，即右卯入門立中廷。㮣季，儐者名。《周禮·春官·大宗伯》："王命諸侯則儐"，注："儐，進之也。王將出命假祖廟立依前，南鄉（向），儐者進當命者，延之命使登，內史由王右以策命之。降，再拜稽首，登受册以出，此其略也。諸侯爵禄其臣於祭焉。"

④乎，即"呼"。

⑤䎽，通"哉"，當初。死司，主管。死，通"尸"，主宰。公室，指諸侯家族的政權、財產等。

圖 93　卯　簋

⑥𢇰，同"豐"，即文王所居的豐京，在今陝西長安西南洋河以西。

⑦盄，通"淑"，善。不淑，猶說不幸，指卯的先父在司禮人的任上出了某種差錯。

⑧宲，不識，涵義不明。用喪，因而丟了官。

⑨這句話的大意是：我（榮伯）現在並非要背棄先公的決定，重新任命你是爲了恢復先公任用的舊官。夢，通"蔑"。《穀梁傳·昭公十年》"自夢"《釋文》云："夢本作蔑"，義爲滅棄。進徬，同"進退"，意謂改變。再，通"侢"，舉用。

⑩𢇰宮，豐京宮室名。𢇰人，豐宮所屬百工臣妾之屬。

⑪母敢，猶言不得。母，通"毋"。

⑫瓚章，即瓚璋。瑴，同"玨"，雙玉爲玨。宗彝，宗廟祭器。

⑬乍、𡧇、隊、𢦏，均地名。

⑭頁，"𩑗"之誤字。

⑮休，參見83之注㉖。

韻讀：手休篤（幽）

94　頌　鼎①

隹三年五月既死霸甲戌，王才周康邵宮②。旦，王各大室即立③。宰引右頌入門立中廷④。尹氏受王令書⑤，王乎史虢生冊令頌⑥。王曰：頌，令女官司成周⑦賈二十家⑧，監司新寤⑨賈，用宮御⑩。易女玄衣黹屯⑪，赤市朱黃⑫，䜌旂、攸勒用事⑬。頌拜𩑗首，受令冊佩以出⑭。反入堇章⑮，頌敢對揚天子不顯魯休，用乍朕皇考龏弔、皇母龏始寶障鼎⑯。用追孝，䨷匃康𩁕屯右，通录永令⑰。頌其萬年眉壽，畍臣天子，霝終⑱。子子孫孫寶用。

①銘文與頌壺、頌簋大致相同，世稱"三頌"，15行152字（見《集成》9731）。記載周王對頌冊命的全過程，是對西周時期冊命儀式記述最爲完整的一件金文。西周中期銅器。

②周，指宗周鎬京。金文銘例一器而兼言鎬洛的則分別稱之爲宗周、成周；單稱鎬京的，往往簡稱爲周。詳見余永梁《金文地理考》。

③各，通"格"，至。大室，即太室。宗廟五室，中央爲大室。立，通"位"。

④宰引，右者名。《儀禮·覲禮》："大史是右"，注："右者始隨入於升東面，乃居其右。"古人以右爲尊，右者與被儐導者同入而立於其右，右者一般職位較高。

⑤尹氏，即尹，長官，握事者。書，指撰寫冊命的簡冊。

⑥史虢生，宣讀冊命者。史，職官名。

⑦成周，參見81之注②。

⑧二十家，指臣二十家，金文臣以家計。

⑨主管器物製造之事。寤，同"造"。

⑩以供王宫使用。御，用。

⑪玄衣，又稱玄袞衣，黑色繪有卷龍紋飾的官服。黹屯，刺繡的衣緣。屯，通"純"。《廣雅·釋詁二》："純，緣也。"

⑫市（fú），同"韍"，即蔽膝。黃，通"珩"、"衡"，玉佩。《詩·小雅·采芑》："有

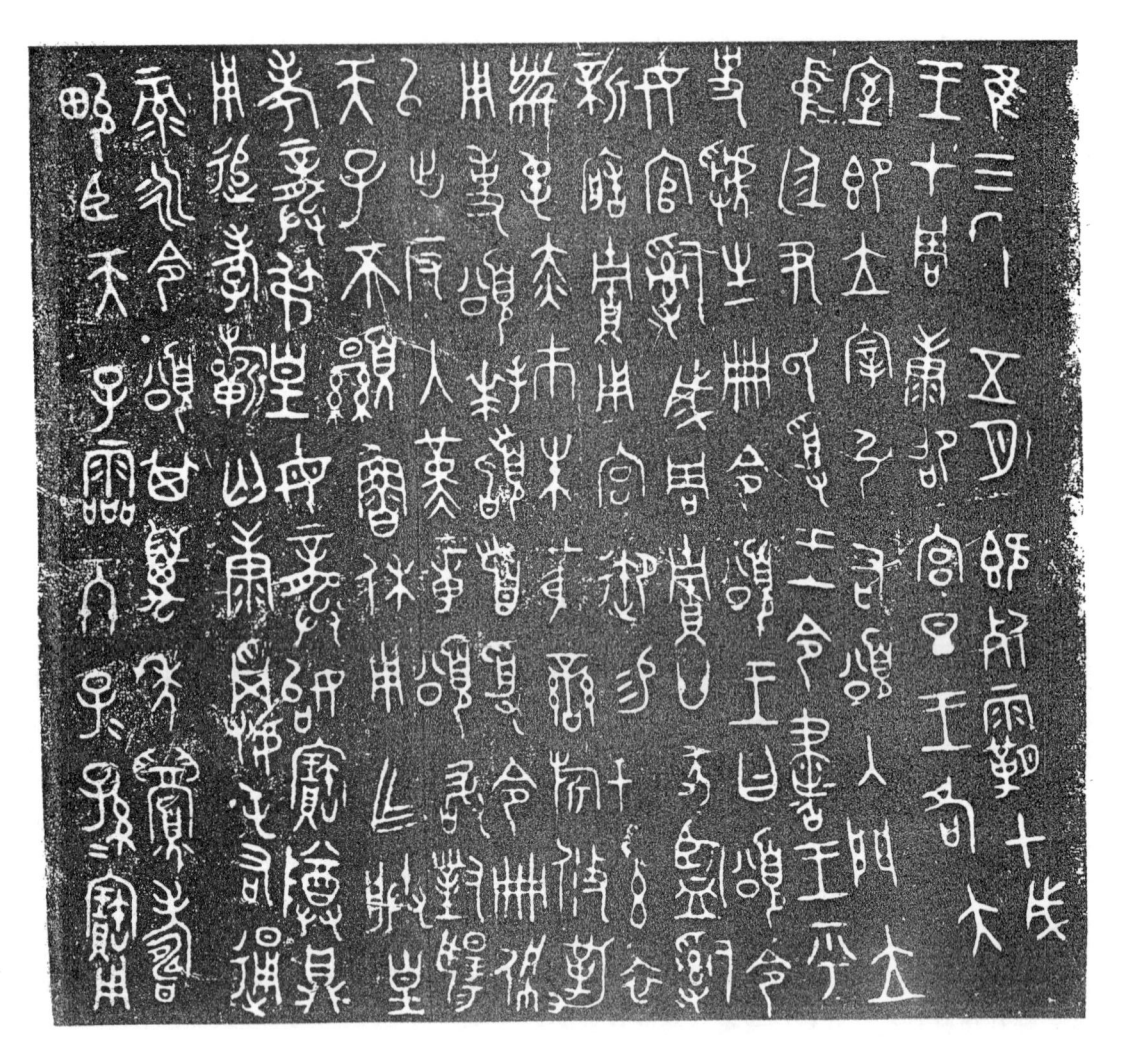

圖 94 頌 鼎

瑲蒽珩"。

⑬鑾旂，有鈴的旗。鑾，通"變"。攸勒，馬絡頭和馬銜。用事，使用。

⑭令册，即命册，書寫王命的簡册。

⑮意思是爲酬報賞賜而獻納瑾璋於有司。反，猶言報。《國語·晉語》："反使者"，注："反，報也。"《召伯虎簋》："報璧琱生"。

⑯龏，同"恭"。弔，通"叔"。姞，通"姒"。

⑰追考，追念孝心。考，通"孝"。匄匃，祈求。匄，同"旂"，與"祈"通。屯右，即純祐。純，大。通录，永久的福禄。录，與"禄"通。

⑱畡臣天子，永遠地臣事天子。畡，同"畯"，長久。霝終，善終。霝，通"令"。

韻讀：首休孝（幽）右（之）壽（幽）子（子）〔幽之合韻〕冬（冬）用（東）〔東冬合韻〕

222

95　獄簋①

　　獄肈乍朕文考甲公寶䵼彝，其日夙夕䵼香②臺示于氒百神③，亡不鼎④；幽夆⑤䵼香，則羴于上下⑥；用匃百福、邁年，俗丝百生亡不㝢氒臨夆魯⑦。孫=子其邁年坴寶用丝彝，其諜母望⑧。

　　①2005 年 9 月上海"海外回流青銅器觀摩研討會"上展出有西周中期銅器簋。銘文 7 行 68 字。釋文參考了吳振武、吳鎮烽、裘錫圭等學者的意見。

　　②䵼從耶聲，可讀爲馨。馨香指有馨香之氣的祭品，《左傳·僖公五年》："若晉取虞，而明德以薦馨香，神其吐之乎？"

　　③臺示，即瘨簋銘文的"敦祀"、"厚祀"的意思。百神是指器主一族的衆多先人，這從西周金文多記載作器以祭祀先人並向他們祈福也可以看出來。

　　④鼎，可讀爲"正"。《詩經·雨無正》及甲骨卜辭有"亡不正"等語，可參考。

　　⑤幽夆可讀爲"芬芳"，《楚辭·思美人》："妒佳冶之芬芳兮，嫫母姣而自好。"簋銘的"芬芳馨香"大概語帶雙關，兼指器主舉行的祭祀及其德行的芳馨之氣。

圖 95　獄簋

⑥舝，通"登"，升也。上下，指天地。這句話是說芳馨之氣升聞於天上、地上的衆多神明。

⑦㝬從林聲，可能是"廩"的異體字，上古音均在來母、侵部，音近可通，銘文中讀爲"禀"，受也。俗，讀爲"欲"。臨，視護之意，猶今之"照看"、"照顧"。禀厥臨，就是受到這些神明的視護。

⑧母朢，可讀爲"毋忘"。

96　散氏盤①

用矢𢦏散邑，迺即散用田②。履③：自瀗涉以南至於大沽④，一封⑤。以陟⑥，二封⑦，至于邊柳⑧。復涉瀗⑨，陟𩁹𢓜𡔹𨺈⑩，以西封于𣏾城楮木，封于芻逨，封于芻道⑪。內陟芻登于厂湶，封剢柝、陵陵、剛柝⑫。封于𣏾道，封于原道，封于周道⑬。以東，封于𣏾東疆，右還封于履道。以南，封于𣏾逨道，以西至于雍莫⑭。履：井邑田自桹木道左至于井邑封⑮。道以東一封，還以西一封，陟剛三封⑯。降，以南封于同道，陟州剛，登柝，降棫，二封。

矢人有司履田：鮮且、𢆶⑰、武父、西宫襄、豆人虞丂⑱、录貞、師氏右眚⑲、小門人繇、原人虞艿、淮司工虎、𠭯、𠙹豐父、𣏾人有司刑、丂，凡十又五夫正履矢舍散田⑳。司土逆寅、司馬單𢦏，𨊠人司工䭷君、宰德父。散人小子履田戎、𢆶父、效𣏾父㉑。𠭯之有司𣏾、州𢆶、悆選罍，凡散有司十夫。

唯王九月，辰才乙卯，矢卑鮮且、𢆶旅誓曰㉒：我既付散氏田、器㉓，有爽，實余有散氏心賊㉔，則爰千罰千㉕，傳棄之㉖。鮮且、𢆶旅則誓㉗。迺卑西宫襄、武父誓曰：我既付散氏溼田、牆田㉘，余有爽鐚㉙，爰千罰千。西宫襄、武父則誓。厥受圖矢王于豆新宫東廷㉚，厥左執緐史正中農㉛。

①傳世品，早年出土，現藏故宫博物院。銘文在盤底內部，19行356字（見《集成》10176）。記載矢和散兩個諸侯國之間訴訟和勘正疆界的經過。銘文可分爲三段：首段記述訟事的起因及諸侯矢所給散氏土田的封疆情況；中段記述參加勘定疆界的人員；末段記述矢有司盟誓及授圖的情況。

②矢，古諸侯國名，與"散"毗鄰，王國維謂在陝西盩厔。散，古諸侯國名，據王國維考證，即大散關的"散"，在陝西寶鷄西南。𢦏同"撲"，侵伐。用，以、因。

③履，意思是勘正疆界。

④瀗，"瀗"字省體。瀗水，或疑即扞水，見《水經·渭水注》。沽，同"湖"。王國維謂即《水經·漾水注》的故道。

⑤封，封土爲界。《周禮·大司徒》："制其畿疆而溝封之"，注："封，起土界也。"

⑥陟，往高處走。

⑦一封、二封、三封，均指原有封土的數目。

⑧邊柳，地名。

⑨沿原道走回來，返回瀗水對岸。

⑩越過雩往原陜方面去。䍗，即"邍"，今通作"原"。叔，通"徂"，往。

⑪秋，同"散"。䨕，同"城"。楮木，樹名，兼以地名。楊樹達謂指界上封樹。

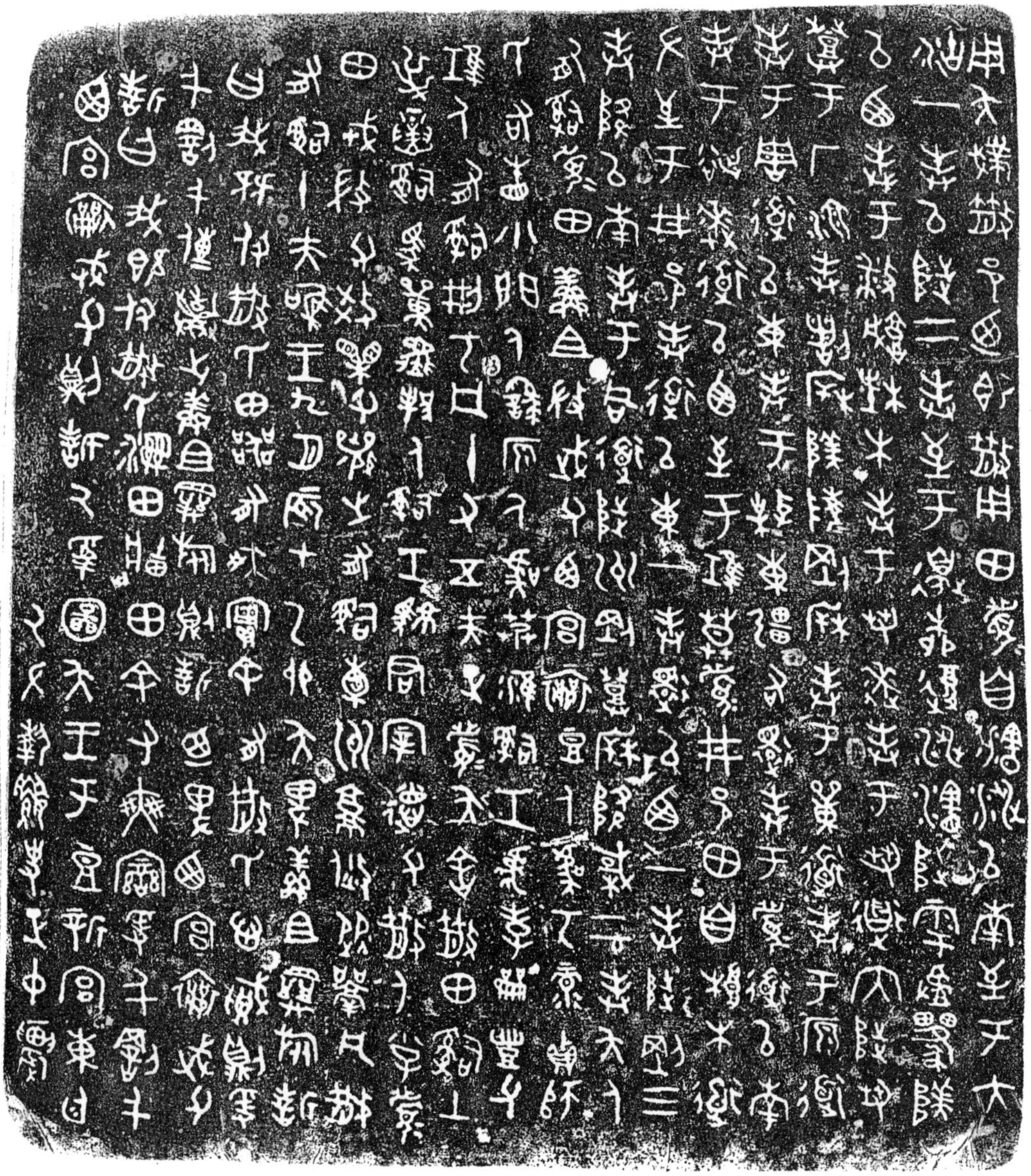

圖96 散氏盤

⑫厂，通"岸"。

⑬道，指大路。

⑭還，通"旋"，轉彎。

⑮井邑田，原屬矢國，劃歸散氏所有。

⑯道，指桹木道。還，返回。剛，通"崗"。

⑰敞，同"微"，人名，疑即下文奡旅的字。

⑱豆與下文的小門、原、隹，均爲采邑名，皆在矢國境內。虞，職官，主管林牧山澤。《周禮·地官·司徒》的下屬有山虞、澤虞。

⑲彔，通"麓"，職官，略當《周禮》一書的林衡，兼管林麓等事。

⑳隹人有司，隹邑的治事機構。正履矢舍散田，勘正矢給散土田的疆界。

㉑效，同"教"。

㉒矢，指矢侯。卑，通"俾"。

㉓器，指撲伐散邑時掠獲的器物。

㉔爽，差錯。有散氏心賊，即"有賊散氏心"的倒文。賊，害。

㉕爰，通"鍰"。罰金以鍰計。《書·吕刑》："其罰百鍰"，鄭注："鍰，六兩也。"罰，指體罰。爰千罰千，與西周𤼵匜的"鞭女五百，罰女三百寽"事例略同。

㉖傳棄，流放。傳，驛車。

㉗則誓，依照矢侯的話立誓。則，效法。

㉘溼田，低窪地。溼，猶隰。牆田，高燥田。溼田、牆田相當於《詩·大雅·公劉》"度其隰原"的"隰原"。

㉙爽䜌，差池變故。䜌，通"變"。

㉚圖，指土地的疆界圖。矢王，即矢侯。

㉛緌，通"要"、"約"，即契約。執緌，即執要，也就是執掌土地契約。史正，史官之長。中農，即仲農，史正的名字。契約的左半由史正掌管，登録入官府冊籍。

97 毛公鼎①

王若曰②：父厝③，不顯文武④，皇天引厭厥德⑤。配我有周⑥，雁受大命⑦，率褱不廷方⑧，亡不閈于文武耿光⑨。唯天䚄集厥命⑩，亦唯先正襄辥厥辟⑪，𡢘堇大命⑫。肆皇天亡斁⑬，臨保我有周⑭，不珙先王配命⑮。敃天疾畏⑯，司余小子弗及⑰，邦䚄害吉⑱？翩翩四方⑲，大從不靜⑳。烏虖！遹余小子㉑，圂湛于艱㉒，永珙先王。

王曰：父厝，今余唯肇巠先王命③。命女辥我邦我家内外④，憃于小大政⑤，嚀朕立⑥。虢許上下若否⑦，雩四方死母童⑧。余一人才立⑨，引唯乃智⑩。余非聿又䎽⑪，女母敢妄寧⑫，虔夙夕⑬，助我一人⑭，雝我邦小大猷⑮，毋慎威⑯，告余先王若德⑰，用卬卲皇天⑱，䰜圖大命⑲，康能四或⑳，俗我弗乍先王憂㉑。

王曰：父厝，雩之庶㉒，出入事于外㉓，專命專政㉔，埶小大楚賦㉕。無唯正䎽，引其唯王智，迺唯是喪我或㉖。厤自今㉗，出入專命于外㉘，厥非先告父厝，父厝舍命㉙，母有敢憃專命于外㉚。

王曰：父厝，今余唯䰜先王命㉛，命女亟一方㉜。叀我邦我家㉝，母顜于政㉞，勿雝建庶人㉟。母敢龏橐，龏橐迺孜鰥寡。善效乃友正，母敢湎于酉。女母敢家，才乃服，䰜夙夕，敬念王畏不賜，女母弗帥用先王乍明井，俗女弗以乃辟圅于囏。

王曰：父厝，已！曰，伋茲卿事寮、大史寮于父即尹。命女辪司公族雩參有司、小子、師氏、虎臣雩朕褺事。以乃族干吾王身，取貴三十爭。易女䢼鬯一卣，祼圭瓚寶、朱市、悤黄、玉環、玉琮、金車、㯱縟較、朱圅靳、虎幎熏裏、右厄、畫轉、畫輯、金甬、造衡、金幢、金豪、豹毼、金簟笰、魚葡、馬四匹、攸勒、金嘆、金雁、朱旂二鈴。易女兹奔，用歲用政。毛公厝對揚天子皇休，用作尊鼎，子子孫孫永寶用。

①又名厝鼎、毛公厝鼎。清道光末年於陝西岐山出土。現藏臺北"故宮博物院"。銘文32行499字（見《集成》2841）。字數之多爲西周金文之最，僅次於春秋叔夷鎛。銘文首先稱述文王、武王的功業，之後是對毛公厝的訓戒和册命。文辭典雅、古樸、深沉，可與《尚書》之三盤五誥相媲美。西周宣王時銅器。

②王若曰，史官傳達王命用語。王，指宣王。若，如此。

③父厝，即毛公厝。古時天子稱同姓諸侯曰父，父厝爲時王的父輩，未見古書記載，或疑即武王弟毛叔鄭之後。

④文武，文王、武王的省稱。

⑤厭，合。《國語·周語》："克厭帝心。"

⑥配，匹配，猶言助佑。

⑦雁，通"膺"，該當。

⑧率，語首助詞，無義。裒，通"懷"，安撫。不廷方，不來朝覲周王的方國。《詩·大雅·韓奕》："榦不廷方。"

227

⑨意思是無不歸附於文王、武王的統治之下。閈（hàn），《説文》："門也"，引申有限止之義。耿光，明光，這裏指文武之德。《書·立政》："以覲文武之耿光。"

⑩䗼，通"將"。集，猶言降。

⑪先正，舊臣。襄辭，幫助治理。襄，贊襄。辭，參見81之注⑦。《書·文侯之命》："亦唯先王，克左右昭事厥辟。"與此句文義略同。

⑫宧，舊釋爲"勞"，可從。堇，通"勤"。

⑬肆，故。罢，通"斁"。亡罢，意思是不厭棄。

⑭臨保，意思是關注庇護。

⑮不巩，大大鞏固。不，通"丕"。巩，鞏固、堅固。配命，配天之命，即天命。

⑯敃，通"旻"。畏，通"威"。《詩·大雅·召旻》："旻天疾威。"

⑰司，通"思"。語首助詞，無義。余小子，時王謙稱。不及，謂德行不及文王武王。

⑱害，通"曷"。

⑲䰰䰰，猶言蠢蠢、蠢蠢，動亂的樣子。

⑳從，通"縱"，紊亂。（按：陳劍釋"虞"，讀爲"嘩"，喧嘩。）[1] 静，通"靖"，安定。

㉑趨，《説文》："走顧皃。"

㉒圂，通"溷"（hún），混濁。湛，沉没。圂湛於艱，謂深陷於艱難之中。

以上爲第一段，稱頌文武之業，同時談到時王所面臨的動亂時局。

㉓肇，通"肇"。經，經度、經營，指先主遺訓。

㉔邦，邦國。家，宗族。

㉕慗，動，猶言施行。小大政，泛指諸般事務。

㉖噂，同"粤"，與"屏"通。噂朕立，藩屏朕位。

㉗虩（xì）許，小心恐懼的樣子。上下，泛指神祇。若不，猶言臧否。意思是小心地遵循神靈的意志行事。

㉘主宰四方各國。使之不發生動亂。雩，通"越"，語首助詞，無義。死，通"尸"，主宰。

㉙余一人，天子自稱。

㉚引，通"矧"，語首助詞。

㉛㪤，通"庸"。䎽，同"聞"，通"昏"。庸又昏，即昏庸。

㉜母敢，猶言不得。母，通"毋"。妄寧，同"荒寧"，意謂放縱。

---

[1] 詳見陳劍《據〈清華簡〉（五）的古文"虞"字説毛公鼎和殷墟甲骨文的有關諸字》，第五屆古文字與古代史國際學術研討會論文，2016年1月。

㉝虔，虔敬。夙夕，猶説日夜。

㉞助，幫助。我一人，猶如説余一人。

㉟雝，和，參與。《國語·周語》："非法不當雝。"猷，謀猷。

㊱不要閉口不言。咸，通"緘"(jiān)。

㊲若德，意思是有益的教誨。《禮記·内則》："降法於衆兆民"，注："德猶教也。"

㊳印，通"仰"。印邵，上助。

㊴𩛥，"滿"字古文，讀爲"勉"。𩛥𩛥，意思是繼續努力。

㊵康，安定。能，親善。《漢書·叙傳》"柔遠能邇"，師古注："《虞書·舜典》曰'柔遠能邇。'柔，安也。能，善也。"

㊶俗，通"裕"，訓導。《書·康誥》："乃裕民曰：'我惟有及，則予一人以懌'。"

以上爲第二段，委毛公厝以邦家重任，並陳述時王對毛公的殷切期望。

㊷庶，指日常政務。

㊸出入事于外，即出使于外。出入，偏義複詞。

㊹尃，通"敷"，通"布"。

㊺埶，通"藝"，治理。楚賦，猶言胥賦、租賦。

㊻不管是非唯王命是從，將危害於國家。聞，通"昏"，參見注31。

㊼從今以後。麻，通"歷"。

㊽在外頒布王命。出入，用法參見注⑬。

㊾舍命，猶言發令。《詩·大雅·行葦》："舍矢既均"，《箋》："舍之言釋也。"

㊿母有敢，猶言毋敢、不得。𢦏，通"冲"。幼冲，引申有魯莽、輕率之義。

以上第三段。進一步明確毛公的職責：出使諸侯國，頒發政令，管理租賦。特別强調頒發政令的特權他人不得參與。這應是出於避免政出多門、政令不一的考慮。

㈤𨔶，同"申"，重申。

㈤亟，同"極"。亟一方，意謂作一國之君。

㈤韔，弓袋，引申爲約束、規範、管理之意。與㉔"命女辥我邦我家内外"的"辥"字含義相似。

㈤意思是不要敗壞朝政。

㈤意思是不得侵吞庶民的財富中飽私囊，否則將侵凌鰥寡無依之民。

㈤效，通"教"。友正，指毛公的同官和僚屬。

㈤濬，不識。銘文有沉湎之義。

㈤㒸，通"墜"，指過失。

㈤服，職事。

⑥畏，通"威"。賜，通"傷"，輕傷。
⑥你要一切遵照先王之法行事。《牧簋》："女毋敢弗帥先王乍明井"，句意相同。
⑥俗，通"欲"。辟，君王。函，通"陷"。艱，艱難困境。

以上第四段。宣王册封毛公厝爲諸侯，并陳述對毛公的期望和要求。

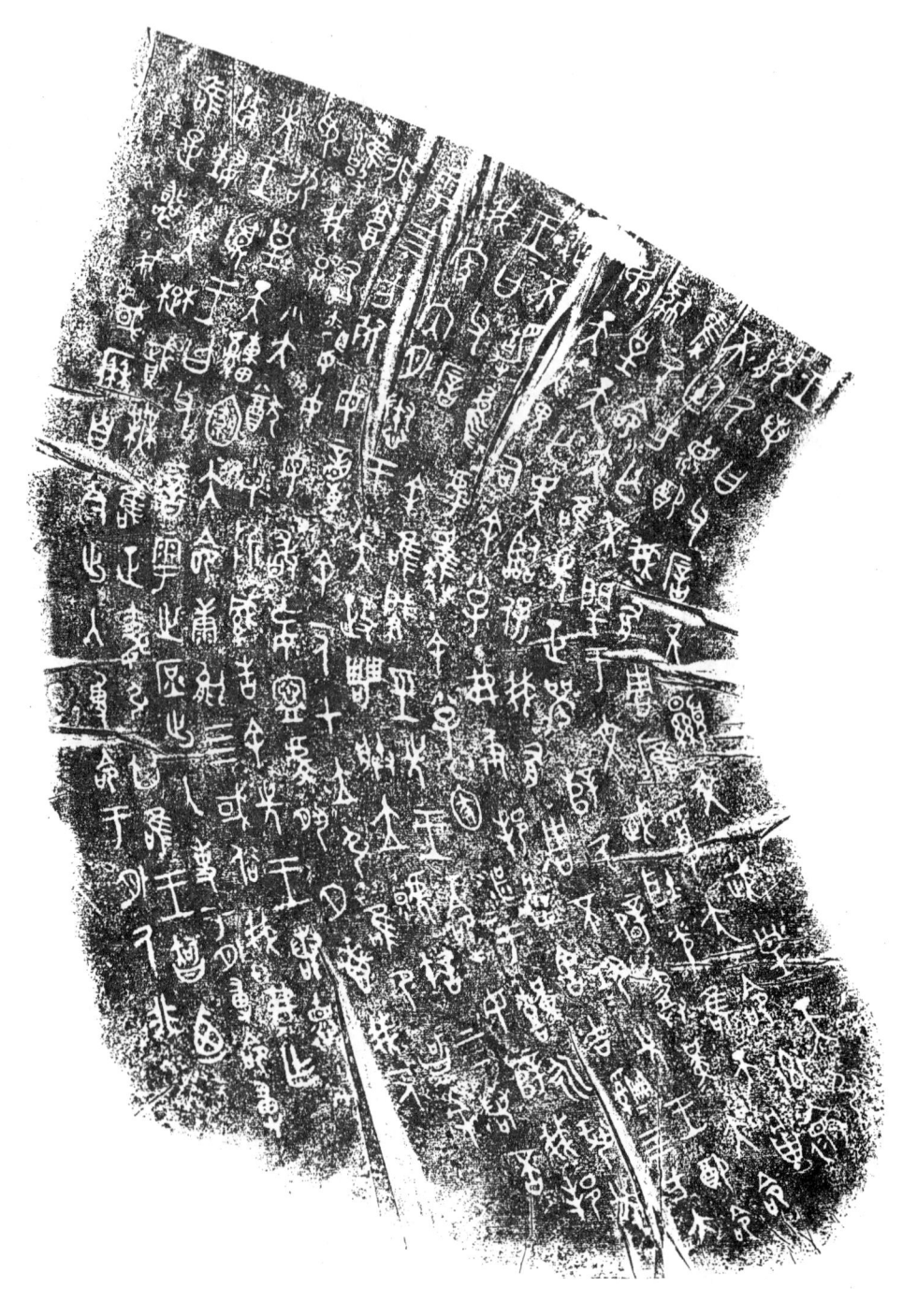

圖 97-1　毛公鼎

圖 97-2　毛公鼎

⑥③巳,感嘆詞。《書・大誥》:"已! 予惟小子。"用法與此同。

⑥④卿事寮,即卿士僚。與大史僚同爲内服官員。父,指父厝。尹,管轄。

⑥⑤䵼司,意謂兼管。公族,職官名,見於《左傳・宣公二年》,職掌公族及卿大夫子

231

弟的教育。參有司，參見 90 之注⑪。

⑥⑥小子，參見 86 之注⑤。

⑥⑦師氏，參見 86 之注⑤。

⑥⑧虎臣，即虎賁，王之禁衛。褻，通"執"。執事，指左右近臣。《左傳·襄公十年》："使下臣犒執事"。

⑥⑨干吾，讀爲"捍御"。

⑦⑩賷，字不識，可能是俸禄名稱。寽，同"鋝"，古代重量單位。舊説一鋝重六兩大半兩，據有銘戰國器物實測，當在 1250 克左右。

⑦⑪祼圭瓚，祼祭時使用的圭瓚。《詩·大雅·江漢》："釐爾圭瓚，秬鬯一卣。"《禮記·明堂位》："灌用圭瓚"，注："瓚形如小槃，容五升，以大圭爲柄，是爲圭瓚。"

⑦⑫朱市（fú），紅色的蔽膝。

⑦⑬悤黄，即蔥珩、蒼珩。青色的玉佩。

⑦⑭金車，裝有銅飾件的車。

⑦⑮賁縵較，有花紋覆冪的車較。較，同"較"。《説文》："較，車輢上曲銅。"較在車箱之上，左右各一，形制略有差異以示尊卑。賁，通"賁"、"斑"，指紋飾。縵，同"幦"，又作"幭"、"幂"，器物的覆冪。

⑦⑯朱虢䪅靳，紅色皮革作成的䪅和靳。彔伯蒾簋、吴彝等器又作"朱虢囧靳"，可知"虢"與"虢"義同。虢，通"鞹"；䪅，盛弓的囊。《説文》："鞹，革也。"靳，即"靳"。《説文》："靳，當膺也。"是駕車馬胸前的革製品。

⑦⑰虎冟，王國維謂即文茵，虎皮坐墊。熏裏，淺絳色的裏子。熏，通"纁"，淺紅色。

⑦⑱䡇，同"軛"，又作"軶"。軛在衡上，用以叉馬頸。

⑦⑲韔，又作"韜"。《集韻》："革裏車軔也。"畫韔，有彩繪的車軔皮面。

⑧⑩畫韖，有彩繪的車伏兔（車底板與軸連接的部件）下革。

⑧⑪金甬，即銅䡪，車轂中與軸相接的銅部件。

⑧⑫𨱑衡，又作"錯衡"，有文采的車衡。《詩·小雅·采芑》："約軝錯衡"，《毛傳》："錯衡，文衡也。"

⑧⑬金䡇，支撑車後車軫的銅部件。

⑧⑭豪，通"柅"，車閘，用以止車。

⑧⑮金簟弻，有銅質飾物的車箱四周的竹蔽。簟，同"簟"。弻，又作"蔽"、"茀"。《詩·小雅·韓奕》："簟茀錯衡"，《鄭箋》："漆簟以爲車蔽，今之藩也。"

⑧⑯魚葡，用魚皮做成的箭囊。《詩·小雅·采薇》："象弭魚服（箙）。"葡、箙，古今字。

⑧⑰攸勒，又作鋚勒、鋚革。帶有銅飾的馬轡首及馬銜。

⑧⑧金巇，即金鈎，翼护馬嘴的鈎狀物。
⑧⑨金雁，飾有銅件的馬大帶。雁，通"膺"。
⑨⓪朱旂二鈴，有二鈴的紅色旗。《爾雅·釋天》："有鈴曰旂"，《說文》："旂，旗有衆鈴以令衆也。"
⑨①斧，王所賜物，義不明。歲，歲祭。《墨子·明鬼》："歲於祖若考。"政，通"征"，指征伐。

以上第五段，明確毛公厝統帥的僚屬範圍，歷數天子的賜品。

韻讀：德（之）周（幽）〔幽之合韻〕方光（陽）命命命（真）命（真）政（耕）〔真耕合韻〕立智（脂）甹（真）寧（耕）人（真）〔真耕合韻〕獸（幽）德（之）〔幽之合韻〕天命（真）或（之）憂（幽）〔幽之合韻〕政（耕）甹（真）〔真耕合韻〕命（真）政（耕）〔真耕合韻〕服（之）夕（魚）〔魚之合韻〕司事（之）

98 兮甲盤①

隹五年三月既死霸庚寅②，王初各伐玁狁于䤜膚③，兮甲從王，折首執訊④。休，亡敃⑤。王易兮甲馬四匹、駒車⑥。王令甲政辥成周四方賮，至于南淮夷⑦。淮夷舊我帛晦人⑧，母敢不出其帛、其責、其進人⑨。其賈母敢不即餗、即市⑩。敢不用令，則即井撲伐⑪。其隹我者侯百生，厥賈母不即市，母敢或入䜌，妄賈則亦井⑫。兮白吉父乍般⑬，其眉壽萬年無疆，子子孫孫永寶用。

①銘文13行133字（見《集成》10174）。記載兮甲跟隨周王討伐玁狁的戰績，同時也反映了西周對南淮夷少數民族的貢賦政策及對內地與淮夷貿易往來所作的限制規定。爲研究西周與周圍少數民族的關係提供了可信的史料。宣王時期銅器。
②據王國維考證，即宣王五年三月二十六日。
③初，指首次。宣王伐玁狁有銅器銘文可徵的凡兩次，此其一。另一次是在宣王十三年，見於虢季子白盤。玁狁，同"獫狁"，西周北方少數民族。商代稱之爲鬼方，周代稱之爲獫狁，秦漢以後稱之爲胡、匈奴。䤜膚，地名，即彭衙，在洛水東北。
④折首，斬頭。執訊，捉獲俘虜。
⑤干得好，無過失。敃，通"愍"，憂傷。
⑥王賜予兮甲四匹馬、駒車一輛。
⑦主管成周週圍邦國及南淮夷的賦斂。政，通"征"，征收。辥，從㐬聲，通"辭"、"乂"，意謂治理。賮，通"積"，委積，指芻米薪禾之類實物賦稅。平時供國家往來賓客

233

使者使用，戰時用爲軍需。

⑧舊，通"久"。貟畮人，等於説貢賦承擔者。貟，金文又寫作"賮"，同"帛"。畮，同"畝"。

⑨母敢，即不敢。進人，指輸送到内地的奴隸。

⑩帥，同"次"，駐軍地。市，商品交易市場。

⑪庚伐：即撲伐（今按，或改釋爲翦伐）。

⑫内地的諸侯百姓也必須到市場上去交易，不得私入蠻夷作買賣，否則也要問罪。 宪，同"究"，奸究。井，通"刑"，用作動詞。

圖 98　兮甲盤

⑬兮白吉父，即兮甲。甲，名。白，通"伯"，爵位名。吉父，字。父，通"甫"，古代男子美稱。般，通"盤"。

韻讀：疆（陽）用（東）〔陽東合韻〕

99　虢季子白盤①

隹十又二年正月初吉丁亥②，虢季子白乍寶盤③。不顯子白，壯武于戎工④，經纘四方⑤。搏伐玁狁，于洛之陽⑥。折首五百，執訊五十⑦，是以先行⑧。桓桓子白，獻馘于王⑨。王孔加子白義⑩，王各周廟宣廟爰鄉⑪。王曰白父，孔覭有光⑫。王賜⑬乘馬，是用左王；賜用弓，彤矢其央⑭；賜用戉，用政蠻方⑮。子子孫孫，萬年無疆。

①此器清道光年間於陝西寶雞虢川司出土，現藏故宮博物院。器寬50釐米、長82.7釐米、高36.8釐米，是目前所見最大銅水器。銘文8行111字（見《集成》10173）。記載虢季子白在一次對玁狁族的戰鬥中所取得的煊赫戰果及回師成周受到周王賞賜的情況。宣王時期銅器。

②十又二年，周宣王十二年。

③虢季子白，即虢宣公子白。傳世有虢宣公子白鼎。虢季，姓氏。子白，名。

④壯，疑"牆"（醬）字異文，與"壯"通，義爲大。戎工，戰事。《詩·大雅·江漢》："肇敏戎公。"工、公、攻古通用。

⑤纘，同"維"。經維，猶言經營。

⑥搏，通"搏"。搏伐猶言撲伐、薄伐。于洛之陽，在洛水的北岸。山南水北爲陽。

⑦折首，執訊，均參見98之注④。

⑧先行，指戰爭結束之前，先期回京報捷。古代戰爭過程中，取得重大戰果，可先行報捷。《不㚒簋》："余來歸獻禽，余令女御追于西。"與本銘均是其證。

⑨桓桓，同"桓桓"，威武的樣子。馘，參見87之注⑥。

⑩孔，很，程度副詞。加，通"嘉"，贊美。義，通"儀"，威儀。

⑪宣廟，即成周宣榭。《春秋·宣公十六年》："夏，成周宣榭火。"杜預注："《傳例》云：'成周，洛陽。宣榭，講武屋，別在洛陽者。'"

⑫王曰白父，周宣王對白父說。覭，不識，方濬益謂即"顯"字異文。

⑬賜，通"賜"。乘馬，四匹馬。是用，用此。左，通"佐"，輔助。

⑭弓，彤弓的省文。古時彤弓、彤矢相配爲用，因下文而省"彤"字。央，色彩鮮明的樣子。

⑮戉，同"鉞"，《說文》："大斧也"。蠻方，即蠻方，指南方荊蠻。當時玁狁、荊蠻交

235

圖 99　虢季子白盤

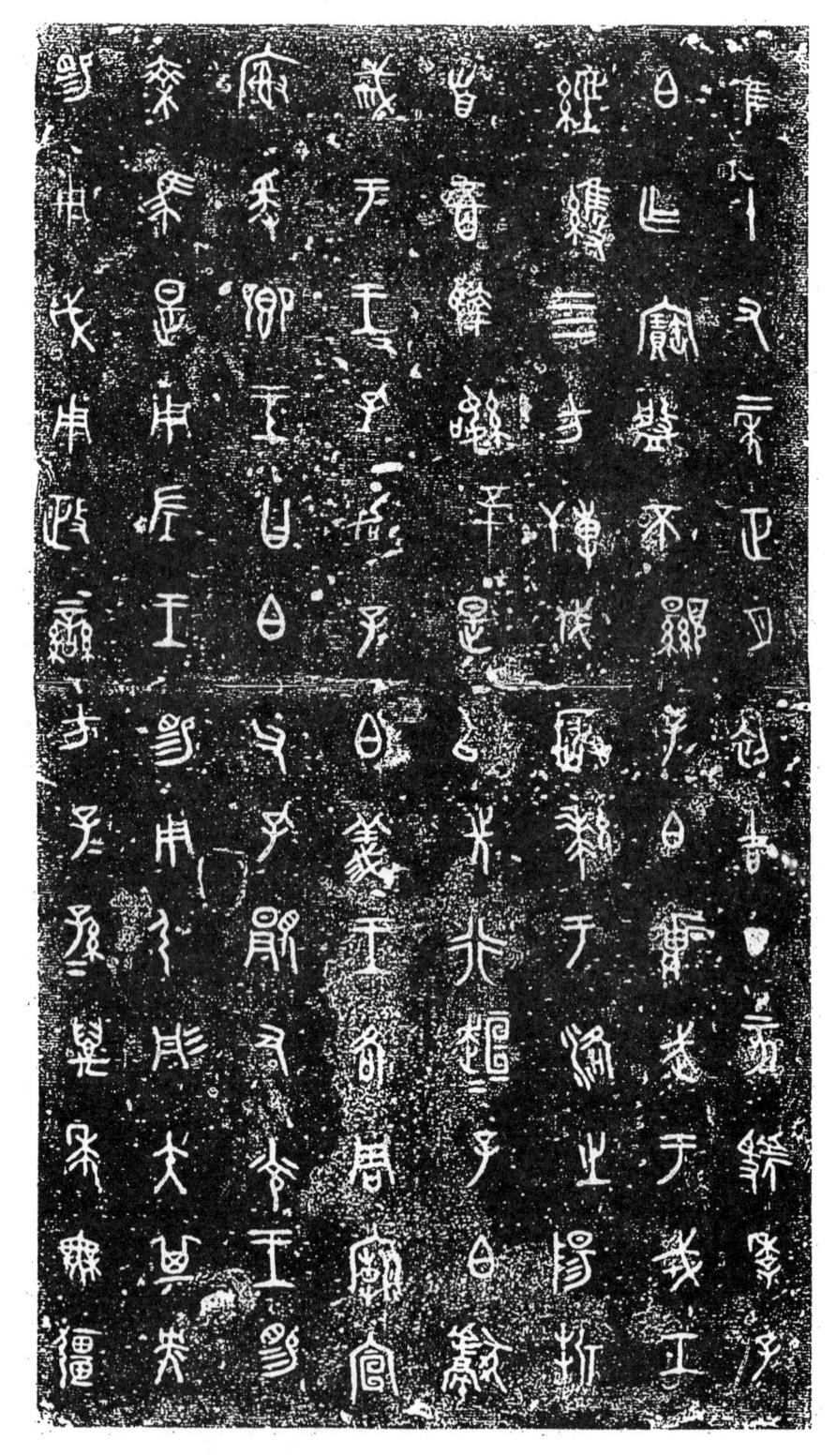

相爲患，此起彼伏，故兩者相提並論。《詩·小雅·采芑》："征伐玁狁，蠻夷來威。"諸侯賜弓矢斧鉞之事見於經籍，《禮記·王制》："諸侯賜弓矢，然後征；賜鈇鉞，然後殺。"

韻讀：工（東）方陽行王卿光王央方疆（陽）〔陽東合韻〕

100　秦公鐘①

秦公曰②：我先且受天令，商宅受或③。剌剌卲文公、静公、憲公不豢于上④，卲合皇天⑤，以虩事蠻方⑥。公及王姬曰⑦：余小子⑧，余夙夕虔敬朕祀，以受多福⑨，克明又心⑩，盭龢胤士，咸蓄左右⑪，趫趫允義⑫，龏受明德⑬，以康奠懋朕或⑭，盜百蠻，具即其服⑮。乍厥龢鐘⑯，氒音鏱鏱雝雝⑰，以匽皇公⑱，以受大福，屯魯多釐⑲，大壽萬年。秦公嬰畯龢才立⑳，雁受大命㉑，眉壽無疆，匍有四方㉒，嬰康寶。

①1978年1月於陝西寶雞楊家灣公社出土。鐘銘共兩套，甲乙兩鐘爲一套，丙丁戊三鐘爲一套，兩套銘文相同，但行款有異。銘文135字（見《集成》267）。從銘文內容看，應是春秋秦武公時期銅器。銘文頌贊秦襄公以後文公、静公、憲公等各代先王的業績，誇飾秦武王本人的功德。文辭多用套語，但在某些方面仍可補充史書的不足。

②秦公，指秦武公。

③先且，指秦襄公。周幽王被犬戎殺死以後，公元前771年襄公護送平王東遷洛邑，被賜以岐西之地，列爲諸侯。商，通"賞"。宅，《說文》："所托也。"指封地。或，即"國"字初文。

④剌剌，同"烈烈"，威武的樣子。卲，通"昭"，有顯、明等義，與"不顯"的意義用法相近。文公，襄公之子，公元前765年即位，在位長達五十年之久。静公，秦文公太子，其人死於文公四十八年，未曾繼位。憲公，《史記·秦始皇本紀》作"憲公"，與銘文合，而《秦本紀》作"寧公"，當屬字誤。憲公十歲即位，享國十二年。豢，通"墜"。不豢于上，意思是未失天命，保有江山社稷。

⑤卲，輔助。合，匹配。

⑥虩，謹慎。事，通"司"，治理。蠻方即蠻方，泛指少數民族。

⑦秦公曾經與王姬說過。及，謀及，《左傳·宣公七年》："凡師出，與謀曰及。"王姬，即秦公夫人，周天子的女兒，姬姓，適秦公，故稱王姬（從吳鎮烽說）。春秋時期周秦通婚史書未載，銘文可補其不足。

⑧小子，這裏是謙稱。余小子，等於今天說我還年輕，不成熟。

⑨夙夕，日夜，引申爲時時刻刻。

237

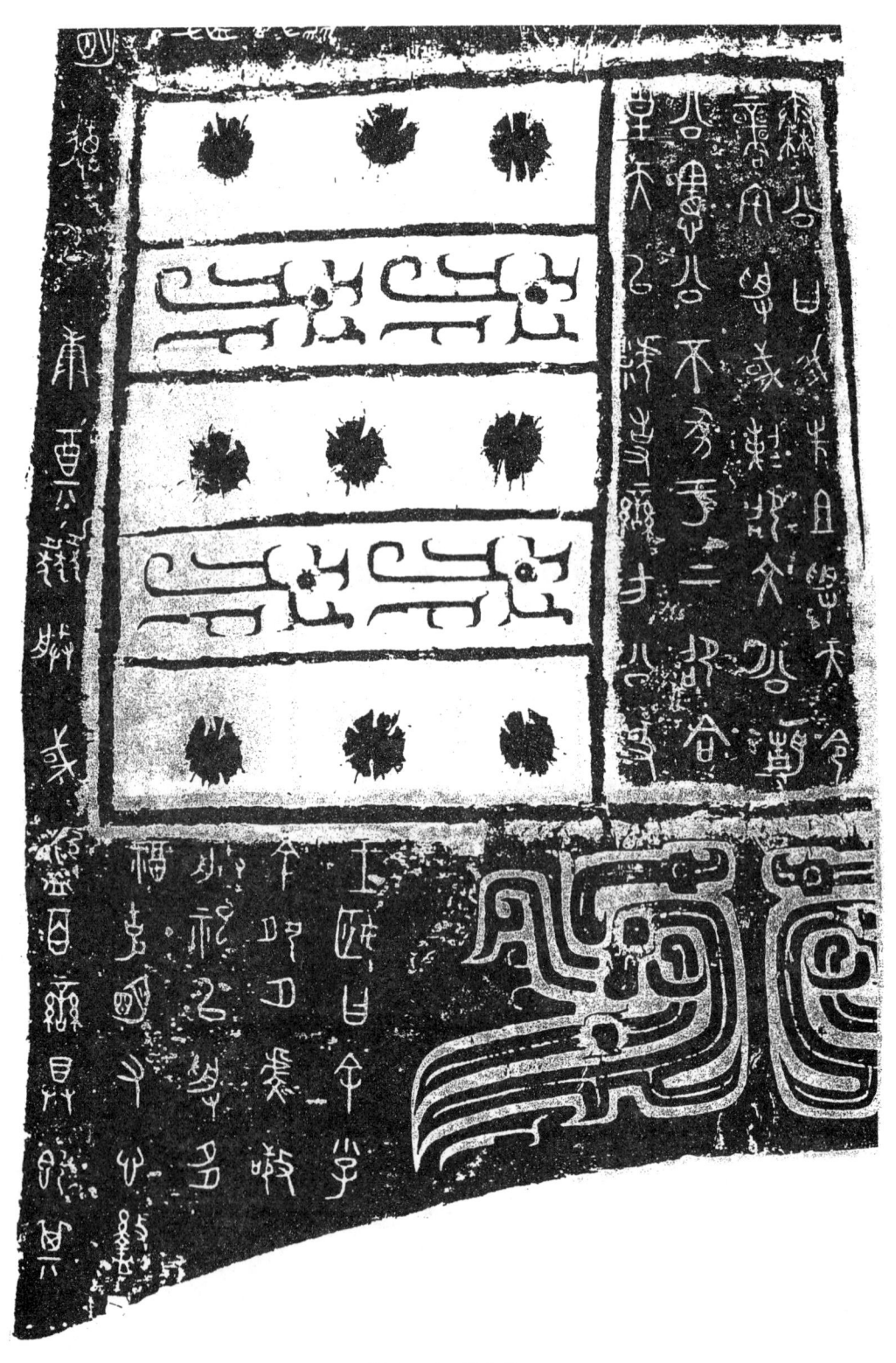

圖 100-1　秦公鐘

圖 100-2　秦公鐘

⑩又，通"于"。

⑪鰲鰲，參見92之注③。古時公、卿、大夫、世卿世祿，父子相傳，故稱胤士。《說文》："胤，子孫相承續也。"咸，盡。

⑫趩趩，通肅肅，儀態莊重恭謹的樣子。義，通"宜"。

⑬糞，同"翼"。《詩·小雅·六月》："有嚴有翼"，《毛傳》："翼，敬也。"明德，光明之德。

⑭康奠，安定。糾，同"協"，和協。

⑮盜百蠻，對周圍少數民族部落方國的蔑稱。服，職事。具即其服，意思是盡皆臣服於秦，接受了秦的統治。

⑯鰥鐘，鐘名。發出鰥音的鐘。鰥，五音之外的音階名，即"羽曾"。

⑰憑，通"靈"、"令"，美好。鎬鎬雍雍，象聲詞，摹擬鐘聲。

⑱匽，通"燕"、"宴"，樂也。使動用法。皇公，對祖考的美稱。

⑲釐，福肉，《說文》："家福也。"

⑳嬰，同"其"。畯才立，即畯在位，長久在位。

㉑雁，通"應"。大命，猶說天命。天、大古字通。

㉒匍有四方，參見83之注⑦。

韻讀：公（東）上方（陽）〔陽東合韻〕子祀福士右德或服（之）鐘雍公（東）福釐（之）年命（真）疆方（陽）

101　邵黛鐘①

佳王正月初吉丁亥，邵黛曰②：余畢公之孫，邵白之子③。余頡囧事君④，余嬰㚔武⑤。乍為余鐘，玄鏐鏞鋁⑥。大鐘八聿⑦，其竈四堵⑧。喬喬其龍，既旂恩虞⑨。大鐘既縣，玉鑣鼉鼓⑩，余不敢為喬⑪，我以享孝，樂我先且。以祈沫壽，世世子孫，永以為寶。

①清同治初年於山西省榮河縣后土祠旁河岸中，共出土13件銅鐘，銘文相同：均鼓右4行，鼓左5行，凡9行86字（見《集成》230）。據王維國考證，邵黛鐘為晉呂錡後人所作。或以為即呂錡之子晉司馬絳（魏絳）。今按，當是呂錡之另一子晉卿呂相所作。

②邵黛，作器者名。邵，同"呂"。呂黛，即呂相（魏相，呂宣子），呂錡之子。晉厲公四年（公元前578年）使秦，有《呂相絕秦書》傳世。晉悼公繼位以後，命呂相為卿，使將新軍。黛從啟聲，與"相"字義近。啟、相均有前導、開導之義，可能是一字一名。

③畢公，指周文王庶子畢公高，其後人畢萬事晉獻公，始封於魏，從其所封而為魏氏，後來魏悼子徙治霍，霍地近呂，因又稱呂氏。《元和郡縣志》河東道晉州霍邑縣下云："悼子

徒霍，或治於吕，故遂以吕爲氏。"邵白，即吕伯，魏悼子吕錡，始居霍（吕），故稱吕伯。

④頡罷，讀爲"詰曲"。頡罷事君，猶説委婉事君。

⑤罿，通"單"、"戰"。妻，同"丮"，讀爲"其"。武，武勇。

⑥玄鏐，即所謂紫磨金，爲鑄銅器的上等銅料。《水經·溫水注》："華俗謂上金爲紫磨金"。鏞鋁，優質銅料塊。

⑧聿，通"肆"，鐘磬一列爲一肆。《周禮·春官·小胥》："凡縣鍾磬，半爲諸，全爲肆。"堵，指肆之半。竈，《説文》作"竈"，與"造"、"簉"通，謂副次。鐘與磬相配爲用，鐘之副造指磬，懷石磬刻款自名"竈磬"。大鐘八肆，其竈四堵，意思是以大鐘八肆與石磬四堵相配使用。從考古出土鐘磬的情況看肆和堵均無定數。《周禮·小胥》鄭注："鍾磬者，編縣之二八十六枚，而在一虡，謂之堵。鍾一堵，磬一堵，謂之肆。"可能是漢代的制度。

⑨虡，懸挂鐘磬的架子横曰筍，豎曰虡。

⑩鐻，方濬益謂與"磬"同類，疑即《爾雅·釋樂》"大磬謂之馨"的"馨"。今按，似應讀爲"簫"。玉簫，簫有玉飾者。鼉鼓，蒙鰐魚皮之鼓。

⑪喬，通"驕"，義爲驕妄。

韻讀：子（之）武鋁堵虡鼓（魚）〔之魚合韻〕喬孝壽寶（幽）

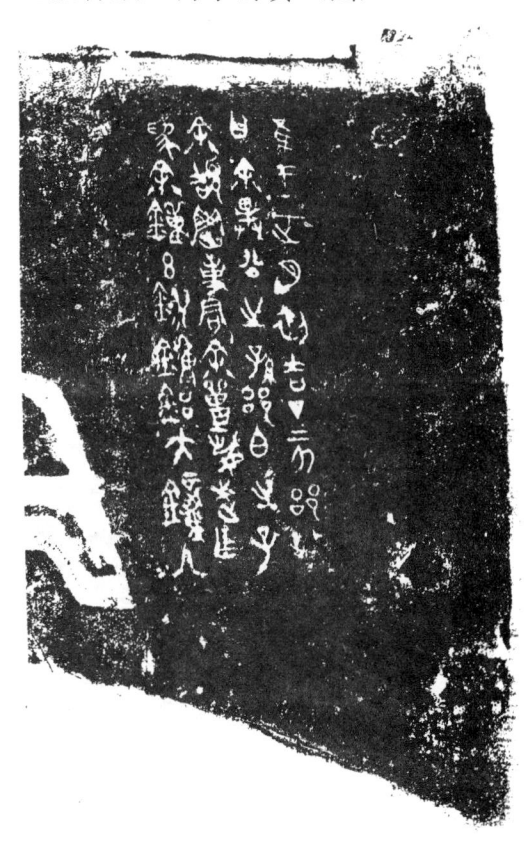

圖101　邵黛鐘

102　欒書缶①

正月季春，元日己亥，余畜孫書也②，擇其吉金，目𨤲鑄鍴，目祭我皇祖，虞目祈沫壽。欒書③之子孫，萬枼是寶。（器銘）

正月季春，元日己亥。（蓋銘）

①選自《集成》10008。從器形特征、文字寫法來看，屬於戰國早期楚系銅器。

②余，第一人稱代詞。畜，《禮記·祭統》：“順於道不逆於倫，是之謂畜。”書，作器者之名。也，句末語氣詞。這句話在主語之後省略了關係詞。舊誤以"書也"爲作器者，一度稱該器爲"書也缶"。

③欒書，作器者，舊誤以爲春秋末期的晉國樂書（見於《左傳》等）。楚國有欒氏，見於包山簡102、193號等。

圖102　欒書缶

103　競之定銅豆①

隹㱴曰②王命競之定③救秦戎，大有㓞於洛之戎④，甬乍隋彝。

圖103　競之定銅豆

242

①選自《收藏》1997年第11期。春戰之際楚器。

②式日，即《豳風·七月》的"二之日"，《毛傳》："一之日，十之餘也。一之日，周之正月也；二之日，殷之正月也；三之日，夏之正月也；四之日，周四月也。"

③競，讀爲"景"，楚國景氏。競之定爲楚景平王之後裔，李學勤認爲即見於《左傳》哀公四年（前491年）的楚昭王之兄"左司馬眅"。

④救，趙誠讀爲"勼"，聚集之意（《江漢考古》1998年第2期）。秦戎，即下文的"洛之戎"，李學勤認爲這是分別就其所自來、現居地而言。玒，讀爲"功"。豆銘的"救秦戎"、"有功於洛之戎"與《集成》1·38"荊曆鐘"（信陽長臺關楚墓出土）、《集成》1·37"救秦戎鐘"（湖北當陽季家湖楚城遺址出土）等楚器銘文所記史實有關。前者曰"唯䣈篙屈粢，晉人救戎於楚競"，後者云"秦王卑命競坪王之定救秦戎"。

104　驫羌鐘①

唯二十又再祀②，驫羌乍戎③，厥辟韓宗敦達征秦迮齊④，入張城⑤，先會于平陰⑥，武侄寺力⑦，賁敓楚京⑧。賞于韓宗⑨，命于晉公⑩，卲于天子⑪。用明則之于銘，⑫武文咸剌⑬，永葉母忘⑬。

①1928年於洛陽城東金村附近出土。同銘共五器，均刻在鉦部。前後各4行，共8行61字（見《集成》162）。同時出土的還有僅刻"驫氏之鐘"四字銘文的鈕鐘八件，都是同人所作。銘文記載了三晉對齊的戰爭。本篇銘文開頭的紀年，歷來學術界看法不一。主要有四說：一、周靈王二十二年（公元前550年）；二、周安王二十二年（公元前380年）；三、晉烈公二十二年（公元前395年）；四、周威烈王二十

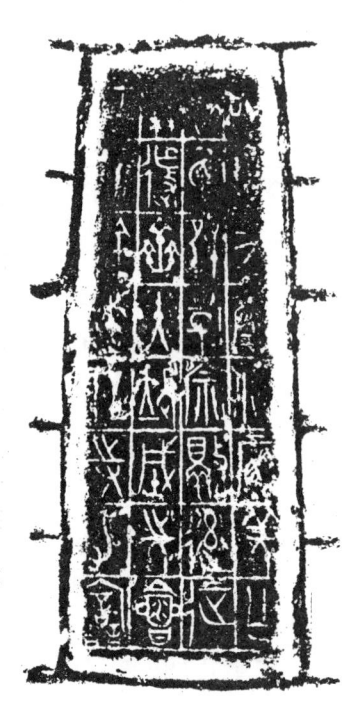

圖104　驫羌鐘

243

二年（公元前404年）。據《水經·汶水注》引《竹書紀年》："晉烈公十二年，王命韓景子、趙烈子、翟員伐齊，入長城"與鐘銘"達征秦逜齊，入長城"恰相符合，可知鐘銘的紀年應是周威烈王的二十二年。溫廷敬主此説。

②祀，年。

③屬羌，作器者，韓氏的家臣。戎，不識。舊多釋"戎"，讀爲"鏞"。唐蘭釋"伐"，朱德熙釋"戎"，讀爲"代"。屬，不見字書，《説文》有"驫"字，釋"衆馬皃"。"屬"可能就是"驫"的繁文。

④辟，君。韓宗敵，韓侯名。陳夢家以爲即韓景公虔，"敵"即"敵"，讀作"虔"。達，通"率"、"帥"。逜，通"迕"。迕齊，如同説"伐齊"。

⑤䎒，通"長"。長城，指齊國的長城。西起平陰，東至琅琊，爲齊、魯兩國的分界。

⑥平陰，古時有二：一在今河南孟津縣東，一在今山東平陰東北，此爲後者。《左傳·襄公十八年》："晉候伐齊，齊侯御諸平陰"。地處齊長城的西端，爲深入齊國腹地的必經之路，故銘云"入長城，先會于平陰"。陰，"陰"字的異體，從阜，金聲。

⑦武，武勇。侄，通"挃"，擣擊。

⑧㝬，通"嚞"。《説文》："疾言也"，當有疾速之義。敓，同"奪"。楚京，即楚丘，衛邑。《爾雅·釋丘》："絶高爲主京。"其地在今河南省滑縣東。攻占楚丘，當是在回師路上進行的（按：釋"楚京"爲滑縣楚丘，與三晉伐齊路綫不符，目前也無證據説明楚國曾參與此次戰役，楚京地望待考。）。

⑨韓宗，指韓侯。宗，宗主。

⑩命，策命，等於説封賞。

⑪《爾雅·釋詁》："昭，見也"。昭於天子，意思是受到周天子的召見。

⑫用，因。則，記載。

⑬文治武功都很卓著。剌，通"烈"。

⑭枼，通"世"。母，通"毋"。

韻讀：京（陽）宗公（東）忘（陽）〔陽東合韻〕

105　嗣子壺①

隹十年四月吉日②，命瓜君孯子乍鑄尊壺③。朿朿罟罟④，康樂我家。屖屖康盄⑤，丞受屯德⑥，旂無疆至于萬㝬年⑦，子之子，孫之孫，其永用之。

244

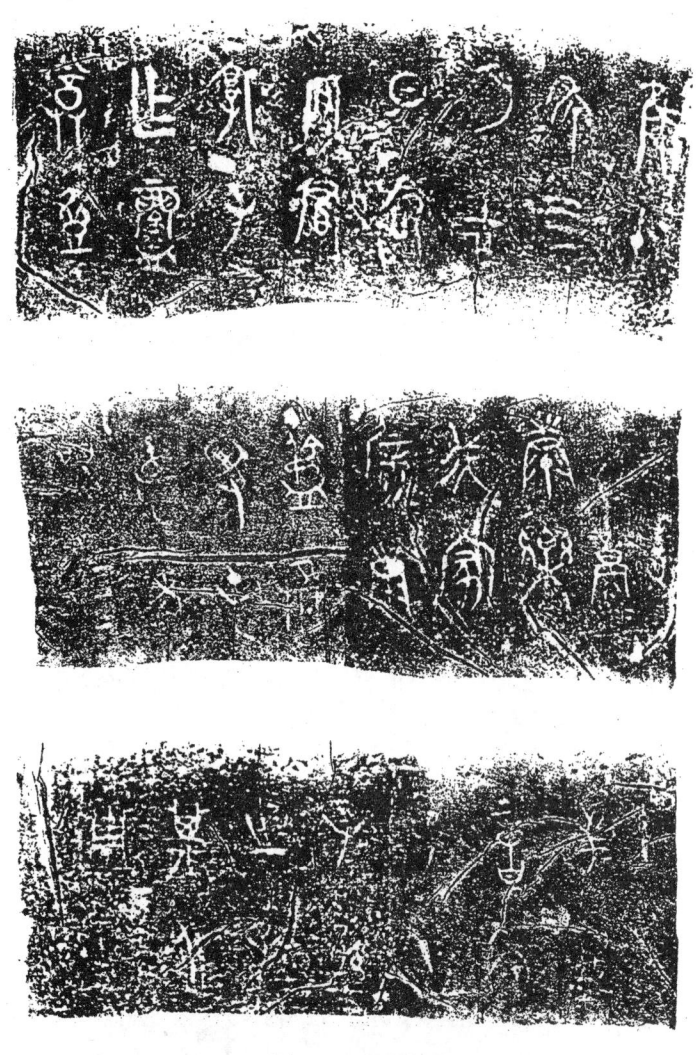

圖 105　嗣子壺

①本器與屬羌鐘同出洛陽城東金村墓。又名令瓜君壺，銘文 50 字（見《集成》9719）。戰國早期銅器。

②十年，可能與屬羌鐘同屬周威烈王世，即周威烈王 10 年（公元前 416 年，晉烈公元年）。吉，善。古人作器必擇吉日爲之。

③命瓜，即令狐。地名。《左傳·文公七年》："晉敗秦師於令狐。"令狐即猗氏，因魯人猗頓養畜致富於此而得名，故城在今山西猗氏縣西南約二十里處。君，指封君。孠，同"嗣"。嗣子，又稱冢子，爲父職的繼承人，通常爲適長子（按：郭永秉釋爲"乳子"，讀作"孺子"[1]，較釋"嗣"舊説爲優）。尊，同"隨"。

④東東曽曽，繁盛豐富的樣子。東，通"閑"；曽，通"嘽"。《廣雅·釋訓》："閑閑，

---

[1] 詳見郭永秉《從戰國楚系"乳"字的辨釋談到戰國銘刻中的"乳（孺）子"》，《簡帛·經典·古史》，上海古籍出版社，2013。

盛也。"又"暭暭，衆也。"

⑤犀，通"遲"。盉，通"淑"。犀犀康盉，指主人舉措舒徐閑雅。

⑥屯，通"純"，美好。

⑦旂，通"祈"，祈求。䚃，通"億"。此句祈字後面的賓語（眉壽、福祿之類）省略。

韻讀：壺家（魚）德子之（之）〔魚之合韻〕

106　縈陽上官皿①

十年九月②，腐嗇夫成加、史糸敄之③，少一益六分益④。（腹正面）

縈陽上官皿⑤。（腹下部）

①香港中文大學文物館藏品，戰國晚期韓器。器體呈略扁球形，高 15.9 釐米，口徑 10.2 釐米，有窄折沿；腹徑 19.5 釐米，腹面光素；低圈足。器重 1840 克，容積（至口沿）3030 毫升。器腹部有兩處刻銘（詳見《文物》2003 年第 10 期李學勤文）。

②皿銘的"十年"，李學勤認爲是韓桓惠王紀年，即公元前 263 年。學界也有人認爲是韓釐王十年，即公元前 286 年。

③成加，府嗇夫的人名。"敄"字從攴、角聲，可讀爲"校"，校量、校正之意。

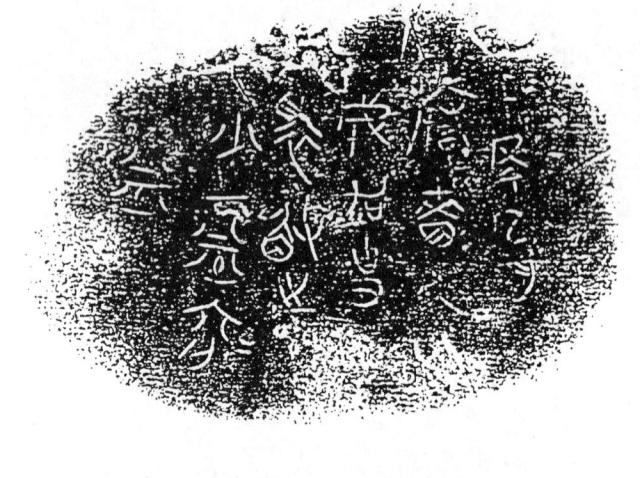

圖 106　縈陽上官皿

④少，即缺少。益，通"溢"，量制單位。據研究，韓國的"溢"相當於"升"，每溢的量值在160～169毫升。少一溢六分溢，以每溢161毫升計，即188毫升。以實測得到的皿容3030毫升加上188毫升，正好接近二斗（3220毫升）的容積。

⑤縈陽即史書中的榮陽，韓地，在今河南鄭州市北。上官，食官。此處銘文記錄的是皿的置用場所。

107　陳侯因𦕔敦①

隹正六月癸未，陳侯因𦕔曰②：皇考孝武𨟉公③，龏哉④！大慕克成⑤。其雖因𦕔揚皇考⑥，紹緟高且黃𠶷⑦，𡧛銅𨟉文⑧，朝聞者侯⑨，合揚厥德⑩。者侯寡薦吉金，用乍孝武𨟉公祭器錞⑪。台登台嘗⑫，保有齊邦。𠁩萬子孫⑬，永爲典尚⑭。

①本器是齊威王因齊爲紀念其父齊桓公田午所作的祭器。時間在齊威王在位（前356～前320）的37年之間。銘文8行79字（見《集成》4649）。

②陳侯因𦕔，即齊威王。《史記·田敬仲完世家》作"因齊"。威王在位期間任用鄒忌進行改革，國力日趨强盛，齊始稱王，爲戰國七雄之一。𦕔，同"臍"。

③孝武𨟉公，即陳侯午，田齊桓公，齊威王之父。孝武，陳侯午的諡號。𨟉公，《史記》作桓公。

④龏哉，即恭哉，是贊頌陳侯午的話。《逸周書·謚法解》："執事堅固曰恭。"

⑤大慕克成，疑指桓公午五年詿騙韓國使臣取燕桑丘一事。《史記·田敬仲完世家》："桓公午五年，秦魏攻韓，韓求救於齊。齊桓公召大臣而謀……乃陰告韓使者而遣之。韓自以爲得齊之救，因與秦魏戰，楚趙聞之果起兵而救之。齊因起兵而襲燕國，取桑丘。"慕，通"謀"。

⑥雖，同"唯"、"惟"。揚，弘揚、顯揚。

⑦紹，與"紹"通。緟，繼承。高祖，遠祖。黃𠶷，即黃帝，軒轅氏。

圖107　陳侯因𦕔敦

⑧屎銅桓文，嗣續桓文之業。屎，通"纘"。銅，同"嗣"。文，懿美之詞，同"前文人"之"文"。一説桓文指五霸中的齊桓公、晉文公。

⑨朝聞者侯，即朝問諸侯。聞，通"問"。《周禮・秋官・大行人》："凡諸侯之邦交，歲相問也。"《儀禮・聘禮》："小聘曰問。"

⑩合揚，即答揚。

⑪用諸侯來朝時所獻吉金，爲孝武桓公作了這件祭敦。鐓，即"敦"。

⑫台，通"以"。登、嘗，均祭名，典籍或作蒸嘗、烝嘗。冬祭曰蒸，秋祭曰嘗。

⑬㔷，同"世"。"世萬"爲"萬世"的倒文。

⑭典尚，法度、榜樣。尚，通"常"。

韻讀：嘗（陽）邦（東）尚（陽）〔陽東合韻〕

108　坪安君鼎①

二十八年②，坪安邦斱客③，禹四分齋④，六益半釿之冢⑤。

三十三年⑥，單父上官冢子喜所受坪安君者也⑦。

（以上鼎腹銘文）

二十八年，坪安邦斱客，禹四分齋，一益七釿半釿四分釿之冢。

三十三年，單父上官冢子喜所受坪安君者也。

（以上鼎蓋銘文）

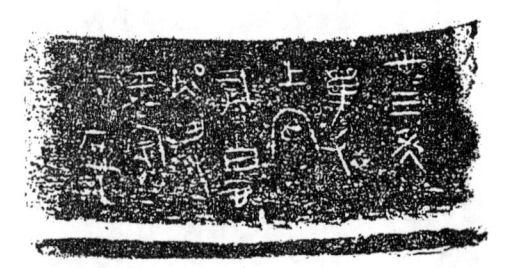

圖 108　坪安君鼎

①1978年於河南泌陽秦墓出土。是平安君移交給單父上官使用的一件銅器。鼎蓋和鼎腹各有銘文兩處，共79字（見《集成》2793）。鼎銘記載該器的容積、重量以及來源、使用者等項情況，皆關乎實用，一掃西周以後金文誇飾溢美、歌功頌德的陳詞濫調，表現出戰國中晚期金文質樸、實用的風格特點。

②二十八年，魏安釐王紀年，即公元前249年。

③坪，通"平"。斨客疑冶鑄工人稱謂（按：吳振武在"斨"字后句讀，並讀"客"爲"格"，較爲可信）①。

④肯，同"哉"，這裏用爲容載的"載"。四分，四分之一。齋，計算鼎實的容量單位，戰國時期僅通行於魏國。它與其他容量單位不存在進退位關係。一齋約合7200毫升。

⑤益，通"鎰"，重量單位，古以20兩爲一鎰。據測算，一鎰重315.85克。釿，重量單位，伞，同"料"，即"半"字。冢，通"重"。

⑥三十三年，即公元前244年。是年此鼎由平安君移交給單父上官使用。

⑦單父，地名，春秋屬魯，公元前274年前後被魏人佔領，直至秦人統一，地在今山東單縣。上官，戰國食官名稱之一。冢子，又稱嗣子。參見103之注③。

109　郾王職壺①

唯郾王職②，踐嗣承祀③，毛幾三十④，束戠□國⑤。器曰任午，克邦隆城⑥，滅齊之戎⑦。

①選自《上海博物館集刊》第八期，上海博物館藏品，20世紀末入藏。壺高20.4釐米，口徑12釐米，圈足上刻銘文一行28字，記述了戰國晚期燕昭王伐齊這一重大歷史事件。釋文參考了周亞、董珊、陳劍等學者的

圖109　郾王職壺

---

① 詳見吳振武《新見十八年冢子韓矰戈研究——兼論戰國"冢子"一官的職掌》，《古文字與古代史》第一輯，"中研院"史語所編，2007。

249

意見。

②燕王職即燕昭王（前311～前278年在位），也見於燕下都出土的多件燕國兵器刻銘。

③踐，從戔聲，讀爲"踐"。䨒，從爪，乍聲，可讀爲"阼"。"踐阼"即國君即位。"承"爲"承"之初文。"承祀"與"踐阼"連言，即承繼祭祀，指燕王職繼承國君之位統治國家。

④毛，讀爲"度"，"度機"即審度時機之意。《六國年表》趙武靈王十二年下《集解》引徐廣曰："《紀年》云：立燕公子職。"時在公元前314年，至伐齊時正好是三十年。

⑤斀，讀爲"討"。《説文解字》支部："斀，棄也。從攴，壽聲。《周書》以爲'討'。"

⑥陸，讀爲"殘"，意爲毁、滅。

⑦秌，與《汗簡》、《古文四聲韻》所收"穫"字古文形同。

110　楚王酓忎鼎①

楚王酓忎戰隻兵銅②，正月吉日窒鑄喬鼎③，以共戢嘗④。

集脰⑤。

冶帀盤埜⑥、差秦忑爲之⑦。

三楚⑧。

（以上器銘四處）

楚王酓忎戰隻兵銅，正月吉日窒鑄喬鼎之蓋，以共戢嘗。

冶帀專秦、差苛臘爲之⑨。

集脰。

（以上蓋銘三處）

①1933年於安徽壽縣朱家集李三孤堆出土。銘文66字（見《集成》2794）。楚幽王熊悍所鑄銅器。

②酓忎，即楚幽王熊悍（《史記·六國年表》誤作"熊悼"），公元前237～前228年在位。隻，古"獲"字。兵銅，指繳獲的青銅兵器。楚幽王三年（前235年），秦、魏伐楚，秦相呂不韋卒，楚軍獲勝。"戰隻兵銅"當指此役而言。

③窒，同"室"。室鑄，猶言範鑄（今按，朱德熙以爲"窒"從"至"聲，讀爲"煎"。據上博藏竹書《弟子問》等資料，"窒"可讀爲"令〈煉〉"，"煉鑄"的讀法要優於"煎鑄"）。喬鼎，長足鼎。喬，通"鐈"，《説文》："鐈，似鼎而長足。"

250

鼎蓋內

鼎蓋外沿　　　　　　　　鼎蓋內

圖 110　楚王酓忎鼎

④戠，同"歲"，祭名。嘗，同"嘗"，祭名。

⑤集脰，楚王御厨，本器置用之所。集字原銘從人，爲增注的聲符。脰，通"厨"。《廣雅·釋言》："脰，饌也。"

⑥冶帀，器物的主造者，猶三晉等國的工師。帀，通"師"。坴，古文"野"。

⑦差，通"佐"，工師的助手。

⑧三楚，銘文二字行款不一，似不可連讀。三，疑是編號。楚，可能是楚王作器的標記。

⑨專秦、苛盬，又見於其他楚器銘文，爲器物實際鑄造者的私名。

三　其他古文字資料

權　量　類

111　商鞅方升[①]

十八年[②]，齊遣卿大夫眾來聘[③]。冬十二月乙酉，大良造鞅爰積十六尊五分尊壹爲升[④]。　　　　　　　　　　　　　　　　　　　　　（左側外壁）

重泉[⑤]　　　　　　　　　　　　　　　　　　　　　　　　　　（前外壁）

廿六年[⑥]，皇帝盡并兼天下，諸侯黔首大安[⑦]，立號爲皇帝[⑧]。乃詔丞相狀、綰[⑨]：法度量則，不壹歉疑者[⑩]，皆明壹之[⑪]。　　　　　　　　（外底）

臨[⑫]　　　　　　　　　　　　　　　　　　　　　　　　　　　（右側外壁）

①本器又名商鞅量。連柄長 18.7 釐米、內壁口徑長 6.97 釐米、寬 12.48 釐米、高 2.32 釐米。容積爲 202.15 立方釐米。秦孝公十八年（前 344 年）商鞅任大良造時頒發的容積爲一升的標準量器。秦統一六國後，此器上繳檢驗，加刻始皇二十六年詔書，之後頒發到臨晉使用，是商鞅變法和秦始皇時期兩度統一度量衡的實物見證。該器現藏上海博物館。銘文 76 字（見《集成》10372）。

②十八年，秦孝公紀年，即公元前 344 年。

③眾，齊大夫私名。秦宗邑瓦書有"卿大夫辰"，同例可證。聘，訪問。《禮記·曲禮下》："諸侯使大夫問於諸侯曰聘。"

④大良造商鞅經過計算得出十六又五分之一立方寸爲一升。大良造，秦爵名，秦爵二十等之第十六等。鞅，商鞅，姓公孫氏，衛國庶子，又稱衛鞅，早年事魏相公孫痤，公孫痤死後聞秦孝公求賢，乃西入秦實行變法，後失敗被殺。爰，乃。積，猶說計算。尊，假借爲"寸"。

⑤重泉，方升始用之地，在今陝西蒲城縣東南五十里。

⑥廿六年，秦始皇紀年，即公元前 221 年。

253

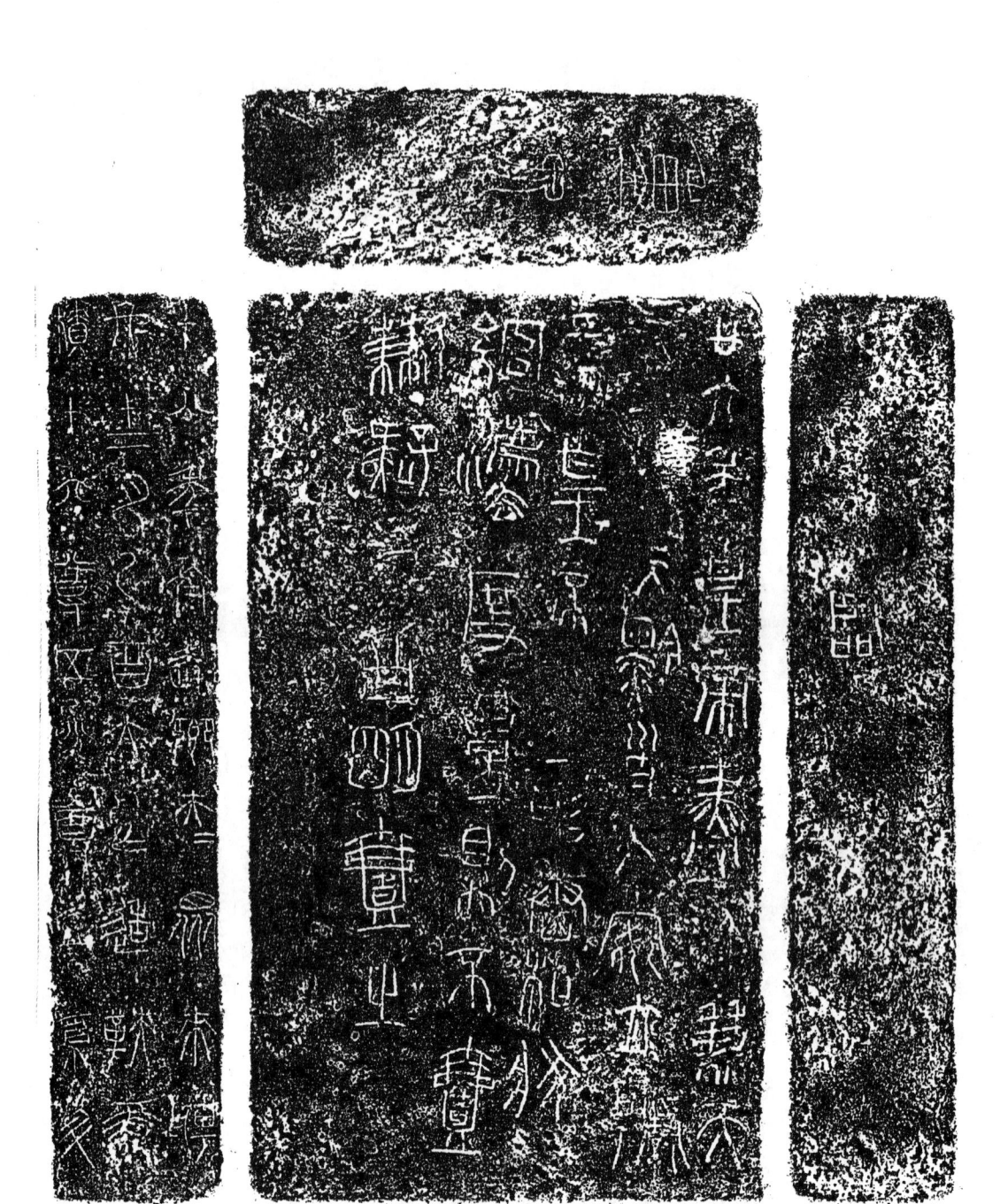

圖 111　商鞅方升

⑦諸侯，這裏指實行郡縣制後，從屬於中央的各級官吏。黔首，指黎民百姓。

⑧皇帝一名自秦始皇始。《史記·秦始皇本紀》："采上古帝位號，號曰皇帝。"

⑨詔，令。狀，即隗狀。《秦始皇本紀》作隗林，誤。綰，即王綰。

⑩法度，指量長短的器具。《漢書·律曆志上》："審法度"，注："丈尺也。"量，指計

254

量容積的器具，如升斗之類。則，秤權量輕重的器具，考古發掘所得北宋的秤權自名"銅則"。壹，通"一"。歉，通"嫌"，與"疑"同義。

⑪明壹，意思是校驗之後加刻詔書。

⑫臨，地名，"臨晉"的省稱，在今陝西大荔縣東。秦統一度量衡，此器曾上繳檢驗，之後作爲官量頒發到臨晉使用。

112　高奴銅權①

□三年②，漆工䣱③，丞詘造④。工隸臣牟⑤。禾石⑥。高奴⑦。

①銘文見《集成》10384。1964年於陝西西安市郊秦阿房宮遺址出土，現藏陝西省博物館。銘文除此而外，另一面刻有秦始皇二十六年詔書及"高奴石"三字，旁邊還刻有二世元年詔書，這裏從略。銘文先後分三次刻成，說明這件銅權起先是鑄造發給高奴使用的，秦始皇統一度量衡時曾調回檢驗，秦二世時再度調回檢驗，由於秦末農民揭竿而起時局驟變，銅權沒有來得及發還，而遺留在阿房宮。經實測，銅權重30.75千克，根據秦代衡制一石爲一百二十斤，可知秦時一斤爲256.25克。這件銅權是我們研究秦代衡制難得的寶貴實物資料。

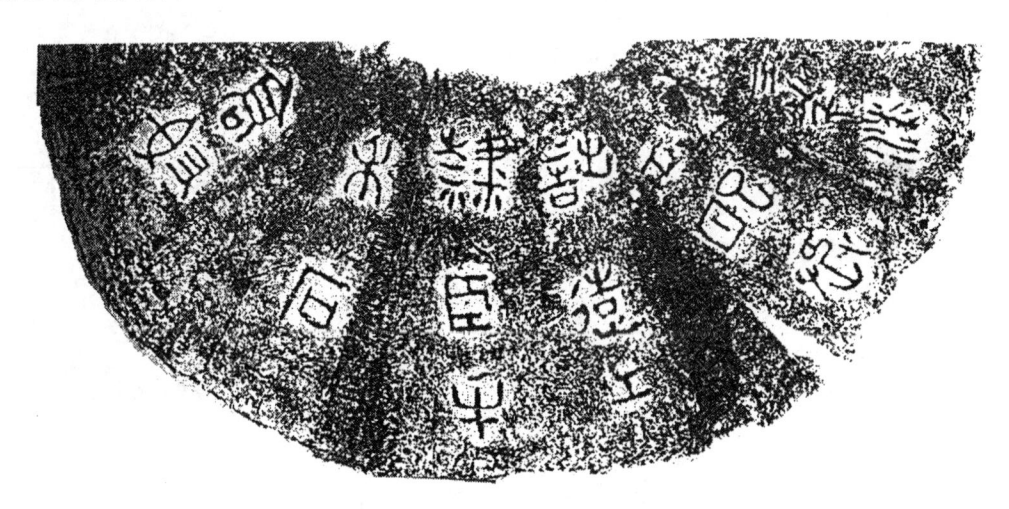

圖112　高奴銅權

②首字漫漶不清，紀年屬於哪一個王世，待考。

③漆，秦上郡屬縣"漆垣"省稱。工，"工師"簡稱。工師具有嫻熟的技術，是官府手工業工場生産的組織者和器物的主造者。

④丞，指工師的副手。

⑤工隸臣，在官府手工業工場任工匠的隸臣，即雲夢秦簡《均工》律所謂"隸臣有巧可以爲工者"。隸臣是因罪而收拿官府爲奴的男子。

⑥禾石，用來稱量谷物的一石權。秦代一石爲一百二十斤。

⑦高奴，秦上郡屬縣，銅權置用之地，在今陝西延安東北。

符 節 類

113 新郪虎符①

甲兵之符，右才王，左才新郪②。凡興士被甲用兵五十人㠯上③，會王符④乃敢行之。燔燧事⑤，雖毋會符，行殹⑥。

①銘文見《集成》12108。銅製，呈臥虎形。中剖爲二，剖面有榫卯，可以合符。銘文在背部，錯金書，4 行 40 字。銘文字體略同小篆而有異於六國古文，爲秦人遺物。製作時間當在新郪被秦人佔領以後、秦統一之前的二三十年間。銘文所記兵符的使用規定，有助於瞭解我國古代的兵符制度。

②新郪，本魏地，在今安徽省太和縣北七十里，見於《史記·蘇秦列傳》、《戰國策·魏策》。秦王政五年（前 242 年），楚徙都壽春，王國維謂秦取新郪當在此前後。

③興士被甲用兵，指有軍事行動。

④會，合。

⑤燔燧，燃烽火以報警。《漢書·賈誼傳》："斥候望烽燧不得臥"，注："張晏曰：'晝舉烽、夜燔燧'。"這裏指出現敵情。

⑥雖然來不及合符，也可以采取行動。殹，通"也"，語尾助詞，表決定語氣。

圖 113 新郪虎符

114 龍 節①

王命②：命遱③，賃一檐飤之④。

①銘文見《集成》12097。銅製，上首作龍頭形。銘文 9 字，分刻於兩半。從文字

看，爲戰國中、晚期楚國遺物。這種節是楚王頒發給爲王室服勞役的擔徒使用的，銅節當由帶隊官吏掌握。擔徒凡符合節上的規定的，便可以在沿途館驛就食。這種節實際上等於是就餐的證件，用途與一般符節不同。

②王，指楚王，何王待考。

③迵，通"傳"，驛傳。

④賃，通"任"，負任，擔荷。檐，即"櫩"，通"擔"，今作"担"，指肩挑。飤，通"食"，動詞。本句的意思是凡擔徒挑滿一擔貨物的，傳舍負責供應其飲食。

115　鄂君啓車節①

大司馬邵鄔敗晉币於襄陵之歲②，夏层之月③，乙亥之日。王尻於蔵郢之遊宮④。大攻尹脽台王命命集尹恕貉⑤、裁尹逆、裁敵歔爲鄂君啓之賡賦鑄金節⑥。

車五十乘歳䍿返⑦，母載金、革、黽、箭⑧。女馬女牛女德，屯十台籨一車⑨；女檐徒，屯二十檐台籨一車，台毀於五十乘之中⑩。自鄂市，就昜丘⑪，就邡城⑫，就象禾⑬，就栖焚⑭，就繁昜⑮，就高丘⑯，就下郜⑰，就居鄵⑱，就郢⑲。見其金節則母政⑳，母舍檀飤㉑，不見其金節則政。

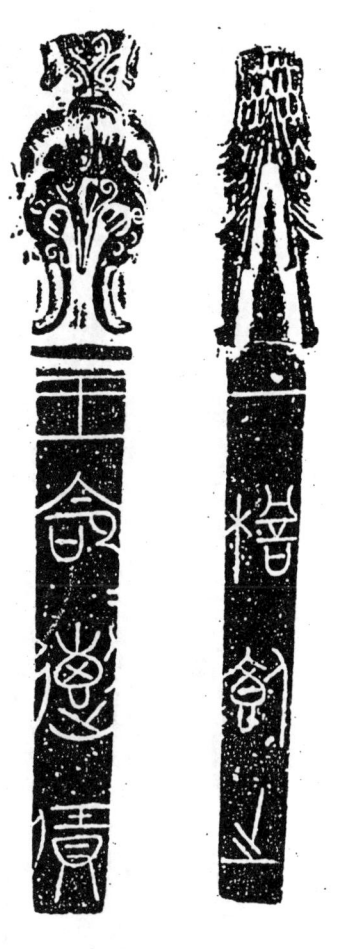

圖114　龍　節

①1957年，安徽壽縣城東丘家花園出土四枚，1960年又出土一枚，共計五枚。從内容看屬於兩套：一套是舟節，即水路通行證；另一套是車節，即陸路通行證。均鑄造於楚懷王六年（前323年）。這裏選的是車節，銘文9行154字，見《集成》12110。

②邵鄔，即昭陽，人名。曾任楚大司馬之職。《史記・楚世家》："楚使柱國邵陽將兵而攻魏，破之於襄陵，得八邑。"與節銘可以參證。襄陵，即襄陵。晉币，指魏軍。

③夏层，楚二月異名。

④尻，同"處"。蔵郢，地名，或以爲在今湖北江陵紀南城。遊宫，離宫別館。

⑤大攻尹，職官名，略相當於《周禮》一書的司空。攻，通"工"。集尹，楚官名。

⑥裁尹，即織尹。裁敵，即織令。楚有織室，見於楚官璽。織尹和織令可能是織室的長官。鄂君啓，楚封君名，或以爲即《説苑・善説》篇的鄂君子晳。賡，同"府"。

257

拓本　　　　　　　　　摹本

圖115　鄂君啓車節

⑦戠，同"歲"。䈜，通"贏"。歲贏猶言歲終。鄂君啓車隊的數量不得超過五十輛，時間不得超過一年（今按，據上博藏竹書，"䈜"在楚文字中讀爲"一"。歲一返，即一年內往返一次）。

⑧金，指青銅。革，皮革。黽箭，或説即竹箭。以上三類屬軍用物資，禁止販運。

⑨如載馬、牛和種畜，積十以當一車。德，通"犆"、"特"，指公畜。㙷，同"堂"，與"當"通。

⑩如用擔徒挑運，積二十以當一車。從五十乘的總額中減掉。毀，減損。

⑪鄂城即西鄂，在今河南南陽一帶。舊説以爲在今湖北鄂城，地望不合。就，經過。易丘，地名，地望不詳。從銘文推測，當在河南南陽、方城附近。

⑫邡城，地名，即方城，在今河南省方城縣北。

⑬象禾，地名，即象禾關，在今河南泌陽縣北。

⑭栖焚，地名，即《左傳·宣公九年》的柳棼，在今河南鄾城附近。

⑮繁昜，即繁陽，地名，在今河南新蔡縣北。

⑯高丘，地名，地望不詳，似當在繁陽、下蔡之間。

⑰下郗，即下蔡，在今安徽鳳臺縣。

⑱居鄵，即居巢，在今安徽六安東北，古巢國所在地。

⑲郢，指壽春，戰國晚期楚都城，在今安徽壽縣。

⑳政，通"征"。母征，指憑節免收關税。母，通"毋"。

㉑意思是没有銅節作憑證，驛傳館舍不承擔飲食供應。槫飤，即饌食。

兵 器 類

116　攻盧王姑䜌乌雎剑①

攻盧②王姑䜌乌雎③曰："余矞夢之子，余䖒戉郍之□弟④。䖒戉此郍命初伐郴，敗郴，隻眾多⑤。命御習，習奔。王圍□，既北既殃，不□敢靯⑥。命御鄸，雖弗克，未敗盧邦。䖒戉郍命弋爲王⑦。"罜厥吉金，自乍元用鐱。

①選自《文物》2015年第9期。2014年底蘇州博物館徵集，通長57.5釐米、寬4.8釐米，銘文鑄在一面劍脊的兩側，兩行計75字（含重文1字）。劍銘記述了餘眛的戰功及繼立爲王等，可與1997年浙江紹興魯迅路出土的銅劍（《文物》2005年第2期）銘文相對讀。

259

②攻䱷，吳國的國名，《史記·吳太伯世家》"太伯之奔荊蠻，自號'句吳'"，《春秋》經傳、《國語》等書中則記作"吳"，金文中又稱作"工獻"、"攻（工）吳"、"攻五（敔、敌）"、"敔"、"吳"、"句敔"（《宋公欒簠》，《集成》4589）等。

③姑讎烏雞，魯迅路出土劍銘作"姑義雄"，李家浩認爲即《吳太伯世家》的餘昧（《公羊傳》、《史記·刺客列傳》作"餘眛"），壽夢第三子。

④㠯夢，即壽夢，《春秋》經文作"乘"，前585年至前560年在位。戚戟鄬、戚戟此鄬，即《吳太伯世家》的"餘祭"，《左傳》中又作"句餘"、"戴吳"，壽夢次子，繼諸樊之後爲吳王。

⑤郲，或讀爲"麻"，《左傳》昭公四年（前538年）"冬，吳伐楚，入棘、櫟、麻"。按照《左傳》的記載，餘昧即位於前543年，而《史記》則以爲餘祭死於前530年，在位十七年。如以劍銘伐郲爲昭公四年的伐楚之役，則與《左傳》所記餘昧的在位時間不合。隻，即"獲"，俘獲。

⑥荊，即"荊"，楚國。鞝，讀爲"當"。

⑦弋，讀爲"代"。《說文》："代，更也。"

圖116 攻䱷王姑讎烏雞劍

117 九年鄭令矛①

九年，奠倫向佃②，司寇䜌商③，武庫工帀鑄章④，冶狋⑤。

①1971年於河南新鄭鄭韓故城遺址出土。銅矛銘文係刻款，3行18字（見《集成》11551）。戰國晚期韓桓惠王時期兵器。

②奠，通"鄭"，指韓都新鄭。倫，同"令"，縣令。向佃，鄭令名。原銘二字下方均加橫畫爲飾筆。鄭令向佃爲該兵器的督造者之一。

③司寇䜌商，該兵器督造者之一。司寇，職官名，職掌刑罰訟獄。據《周禮》記載：

"乃立秋官司寇。使帥其屬而掌邦禁，以佐王刑邦國。"戰國時期司寇一職兼管兵器製造，於矛銘可得其證。

④武庫，韓國兵器庫名。武庫內有"工師"和"冶"製造兵器，當有冶鑄作坊之設置。工帀，即工師。

⑤冶，三晉等國官府手工業冶鑄作坊工人稱"冶"，是兵器的實際製造者。狟，冶工私名。

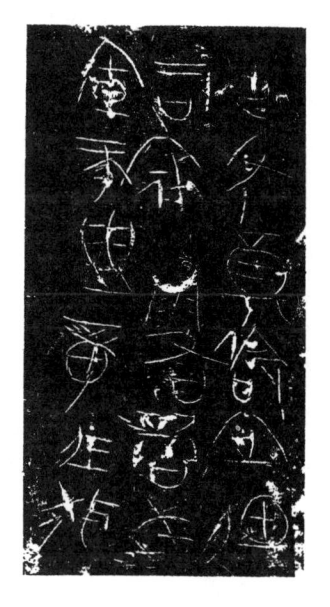

圖 117　九年鄭令矛

118　五年呂不韋戈①

五年②，相邦呂不韋造③。詔事圖④，丞戭⑤，工寅⑥。

①刻款 2 行 15 字（見《集成》11396）。戰國晚期秦國兵器。

②五年，秦始皇五年（前 242 年）。呂不韋兩次出任相職，一次是在秦莊襄王元年，一次是在秦王政元年，莊襄王在位三年而死，可知戈銘紀年當屬秦王政五年。

③相邦，《史記》作相國，秦職官名，在王之下總理國家大事。呂不韋，戰國末年政治家，衛國濮陽人，原爲陽翟巨賈，秦莊襄王時任相，封文信侯。秦始皇繼位以後任相國，後因嫪毐事發，遷蜀，自殺而死。造，指監造。

④詔事，秦職官名，不詳。圖，私名，兵器的主造者。

⑤丞，職官名，這裏指詔事的副職。

⑥工，秦官府手工業作坊工匠，相當於三晉器物銘文裏的"冶"。

261

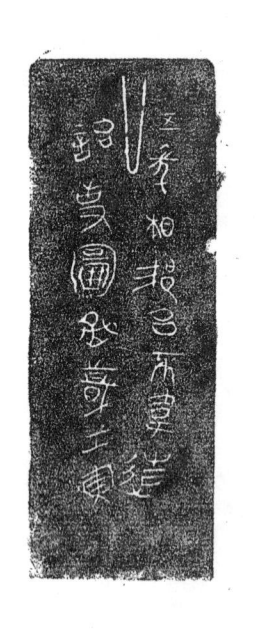

圖118　五年呂不韋戈

119　襄城公戈①

向壽之歲②，襄城公③競脽所造④。

①選自《考古》1995年第1期。江蘇連雲港地區出土的楚國兵器。

②向壽，秦宣太后外族，見於《戰國策》、秦兵器十五年上郡守壽戈等，主要活動於秦武王及秦昭王早期。"某某之歲"是楚國常見的以事（包括外國使者聘問、戰爭等）紀年的方式，戈銘"向壽"之後省略了與向壽有關的某重要事件。

③襄城公，楚國襄城縣的縣公。襄城，一度位於楚、魏交界地，在今河南襄城縣。

④競，讀爲"景"。競脽，人名。

圖119　襄城公戈

120　九年牆軍張戈①

九年，牆軍張二月剽宮②，戉丌虞③。

①河北易縣燕下都第23號遺址出土，戰國晚期燕國兵器。銘文2行12字（見《集成》11325）。刻款草率，不具燕王名字，與歷來出土和傳世的燕王兵器明顯不同。

②牆，《說文》"醬"字的古文，借爲"將軍"的"將"。將軍張，史書無載，待考。剽，《玉篇》："徒官切。截也。"借爲"傳遽"的"傳"，動詞。傳宮，謂乘傳車至宮。

③戉，指戉日，也可能是人名。丌，古文"其"。虞，即"甗"，通"獻"〔詳見湯餘惠《九年將軍張戈銘文補證》，《史學集刊》1987（4）〕。

圖120　九年牆軍張戈

121　叴具寶戈①

二年②，叴具寶受迋戠③。祐叴④。

①1965年10月於河北易縣燕下都44號墓出土，戈胡部刻款10字（見《集成》11292）。字或殘泐，學者多有誤釋。此戈是戰國晚期燕廄具府製造並頒發給右廄使用的一件兵器。

②叴具寶，即廄具府，以製造貯存車馬器爲主的府庫。叴，通"廄"。天星觀楚簡作"敂"。具，從貝從収，収旁作艹爲變體，燕文字又作艹（詳見湯餘惠《略論戰國文字形體研究中的幾個問題》，《古文字研究》第十五輯），是僅行於燕的一種特殊寫法。受，通"授"，發授。迋，通"御"，使用。此字以往多逕釋爲"御"，不確。戠，同"載"，從貝、戠省聲。

③祐叴，即右廄，疑燕王御廄之一。燕國有司多以左、右稱，如燕器銘文有左宮、右宮；左陶、右陶；左軍、右軍；左冶、右冶，等等。

圖121　叴具寶戈

122 八年弩機①

八年，右馮攻胥五大夫青②，丌攻徨③。

①銘文豎刻，2行13字（見《集成》11931）。銘文"大夫"二字合書，作"大="而不作"夫="，係燕國文字的習慣作法。戰國晚期燕人兵器。

②攻胥，即工尹，爲工官之長，相當於三晉等國的工師。五大夫，爵位名，戰國時燕、楚、魏均有，秦漢時尚存。《史記·高祖本紀》："項梁益沛公卒五千人，五大夫將十人。"《集解》："五大夫，第九爵也。"青，私名。

③丌，古文"其"。攻，通"工"，官府手工業作坊工匠，相當於三晉等國的"冶"。

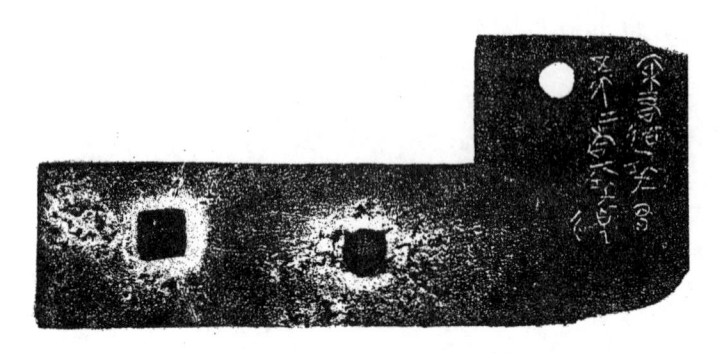

圖122 八年弩機

璽 印 類

123 亞牆軍鈢

白文四字，戰國楚璽。首字舊不識，當即"亞"字。石鼓文"亞"字作亞、戰國陶文或作亞，字中均加點飾，璽文"亞"即其變體。《古文四聲韵》卷五入聲鐸部惡字下引《古老子》作亞，實即"亞"字，寫法與璽文大致相同。

牆，與"將"通，參見120之注②。鈢，同"璽"。先秦印章稱"璽"不稱"印"。秦始皇規定只有天子才能稱"璽"，"璽"和"印"始有區別。

圖123 亞牆軍鈢

《爾雅·釋詁》："亞，次也。"亞將軍應是較將軍低一等的武官。

124　大　寶

戰國楚璽。白文二字。秦國文字"府"不從貝，從貝者均出自六國。而貝旁下面的兩斜畫與圓廓内横畫相連者，則是楚文字的特征。別國均不這樣寫。秦併六國，統一文字，廢棄不與秦文合者，"寶"便被"府"代替了。

大府，見於《周禮·天官》："掌九貢九賦、九功之貳。以受其貨賄之入。頒其貨於受藏之府，頒其賄於受用之府。"可見，大府是主管國家財政的機關。征收貢賦，貯藏、分配、管理財務，均在其職司範圍之内。戰國時期楚有大府之設，除此璽外，還見於鄂君啓舟節銘文"如載馬牛羊以出入關，則征於大府"，與《周禮》的記載是大體一致的。

圖124　大　寶

125　南門出鉨

璽文四字，疏闊雄渾，顯係楚文字風格。"出"字舊釋爲"之"，誤。古文字之、出二字均從止，但前者字下爲横畫，而後者爲曲畫，形體上有明顯區別。

南門，疑即楚京都郢城之南門。春秋戰國時代，商賈從事貿易，須向國家繳納一定數額的商業稅，即市賦、關賦和城門稅。門關市三者相互配合、互通聲氣。據《周禮·地官》記載："司關掌國貨之節以聯門、市。"鄭玄注："貨節謂商本所發司市之璽節也。自外來者則按其節而書其貨之多少，通之國門，國門通之司市。自内出者，司市爲之璽節，通之國門，國門通之關門，參相聯以檢猾商。"由此可見，門、關、市三者乃是一個統一的整體，共同職掌商稅征收事宜。不過此種稅收通常情況下是不重複的，即《管子·問》篇所謂"征於關者勿征於市，征於市者勿征於

圖125　南門出鉨

關."三者相互溝通的憑據,便是璽節。南門出璽,應該是已納市賦者運貨出城的通行證。

126　高寶之鉨

白文方璽,陰刻四字。從文字風格特點看,其國別舍楚莫之屬。

春秋戰國之際,楚國有"高府"之設,史書有明確的記載。《史記·楚世家》:"白公勝怒,乃遂與勇力死士石乞等襲殺令尹子西、子綦於朝,因劫惠王,置之高府,欲弒之。"《集解》引賈逵云:"高府,府名也。"又引杜預注:"楚別府。"高府爲楚國府庫名,當無疑義。

圖126　高寶之鉨

關於高府的具體情況,史書有一些零星的記載,明代董説《七國考》引《春秋後語》云:"吳入楚,燒高府之粟,破九龍之鼎。"是高府之内有糧粟之蓄。又《吕氏春秋·分職篇》云:"白公勝得荆國,不能以府庫分人。七日,石乞曰:'患至矣!不能分人則焚之,毋令人以害我',白公又不能。九日,葉公入,乃發太府之貨予衆,出高庫之兵以賦民。因攻之,十有九日而白公死國。"按"府"、"庫"義近,"高庫"當即"高府"。由此可知,高府乃是春秋戰國時期楚國郢都之内貯藏糧穀兵械等重要物資的府庫之一。

127　卑醬匠𢾻悹鉨

白文方印。有邊框而無闌格,是齊國璽印最習見的格局;悹(信)字從身從心,又是齊文字的特有結體,這方印當爲齊人遺物。

印文頭兩個字,爲以往所不識。今按首字當釋爲"卑",其寫法與中山王鼎略同,可以參證。次字當是"醬"字古文。《説文》"醬"字的古文作"𤖅",從酉、爿聲,此璽從酉、戕(臧)聲,聲類本相同。卑醬,當讀爲"裨將"。古有裨將一職,《史記·項羽本紀》:"於是(項)梁爲會稽守,籍爲裨將,徇下縣。"又《李斯列傳》:"(蒙恬)

圖127　卑醬匠𢾻悹鉨

爲人臣不忠，其賜死，以兵屬裨將王離。"裨將，即偏將，謂偏軍之將。舊以爲副將，不確。漢印有"裨將軍印"。不過從此璽看，裨將一職並非始於漢代，至少戰國時期已設其職了。

匠舄，人名。古人有以匠爲氏的，《風俗通義》："氏於事者，巫、卜、陶、匠是也。"春秋魯國有大匠名匠慶，見於《左傳·襄公四年》，又《成公十七年》有匠麗氏。

128　右庫眂事

朱文方璽，陽刻四字，外有邊框。

右庫，府庫名。庫爲藏物之所，古時多指武庫。《禮記·曲禮下》："在庫言庫。"注："庫謂車馬兵甲之處也。"《淮南子·時則訓》："七月官庫其樹棟。"注："庫，兵府也。"

眂事，即視事，戰國時代魏職官名。又見於三十五年鼎、信安君鼎、三十年虒令鼎及平陰鼎蓋等魏器銘文。從銘文中的地位看，視事一職多是在令之下、冶之上，大略相當於工師，爲器物的主造者。視事應是官府手工業作坊中主持器物製造的官長。戰國時代的府庫既是藏物之所，也是生產之所。職爲視事而係屬於右庫，是合乎情理的。

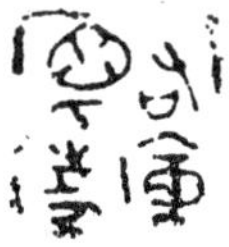

圖128　右庫眂事

視事，僅見於魏器銘文，他國未見，此印出自魏人之手是沒有問題的。

129　内　府

朱文方印，陽刻二字。

此璽首字舊不識，以至被誤歸私名璽類（《璽彙》3358）。今按丙即"内"字。古璽"内"多寫作囚，稍省作氏（《璽彙》5595），此其再省之形，省略兩側直畫，與"南"字作举（《璽彙》2563），正屬同類作法。古文"入"、"内"本爲一字，或寫作入，或寫作囚，此璽的寫法正介乎二者之間。

古代内府是王室的府庫。《周禮·大官》："内府掌受九貢、九賦、九功之貨賄。良兵良器，以待邦之大用。凡四方之幣獻之，金玉、齒革、兵器凡良貨

267

賄人焉。凡適四方使者，共其所受之物而奉之。凡王及冢宰之好賜予，則共之。"可見內府所藏皆爲貢賦中的貴重精品，是王室財富的淵藪。

內府璽的國別，從文字上可以找到綫索。六國文字府字繁簡不齊但均從貝作，惟秦文字有異。璽文"府"字的寫法與 1966 年陝西咸陽塔兒坡出土的秦國銅器脩武府耳杯相同，均不從貝，而且寸旁所從的點均作短橫寫在又旁下部。因此，此璽應是戰國時期秦內府的印信。

圖 129　內　府

130　陽城縈

朱文小璽。璽文三字，筆畫勻整，字體清秀，是典型的三晉私名璽印作風。

陽城，複姓，源於地名陽城（今河南登封東南告城鎮）。古私名璽多有以陽城爲氏者，從文字看，無一不屬三晉。

縈，人名。旁兩側各加兩點，當屬繁飾。參見湯餘惠《略論戰國文字形體研究中的幾個問題》，《古文字研究》第十五輯。

圖 130　陽城縈

131　喬　戒

長條形朱文私名璽印，爲燕人遺作。古璽之作長條形而文字直書者，其國別大多屬燕。此璽"喬"字上方作三叉形，攴旁作艹，均爲燕文字特點。

璽文第二個字釋爲"戒"，春秋銅器齊侯鎛"戒"字兩見，皆作𢦏，從攴從戈，＝爲繁飾性筆畫。此璽變艹爲艹，是燕文字的地域性習慣作法，下增口旁爲戰國文字所習用的羨符。由此可見，戰國文字之所以難識，與文字施加繁飾和地域性特點不無關係。

圖 131　喬　戒

268

132　宜　官

吉語印。朱文二字，爲三晉風格。

宜，該、當。古璽"宜又千金"，漢洗銘文"大吉昌，宜侯王"皆用此義。

圖132　宜　官

133　又千白萬

吉語印。朱文四字，三晉作品。

又千白萬，即有千百萬。戰國印文，此類内容頗多，如："宜又百萬"、"宜又千萬"、"宜有百金"，等等。反映出當時人們金錢崇拜、追求富貴的心理。

圖133　又千白萬

134　日敬毋治

箴言印。朱文四字。從文字風格看，爲秦人作品。

日敬毋治，即日敬毋怠。治、怠均從"台"聲，音同字通。敬，謹也。怠，懈也。義正相對。

商周及六國古文無"毋"字。作否定詞使用的"毋"，均借字充當。從璽文看，"毋"字的出現不自《説文》始，戰國秦文字早已有之。《説文》云："毋，止之也。從女，有奸之者。"漢代以後治小學者多宗許說，以爲指事字。今按，我國漢字在其發展過程中，每有小變一字之形而分化爲數字之例，如"老"衍生爲"考"、"老"，"子"衍生爲"子"、"孑"、"孓"，"兵"衍生爲"兵"、"乒"、"乓"，等等。"毋"字的賦形當屬此類。"母"字所從的兩點連綫一畫即成"毋"字，許氏之説殆不可據。

圖134　日敬毋治

135　自　厶

箴言印。朱文二字，三晉字體。

自厶，即自私。字未見於商周古文，晚周古璽作 O、▽、ᑕ、ᑫ 等形，當即《韓非子·五蠹》所謂"自環者謂之私"立説的張本。其實"厶"可能是"以"的分化字。金文"以"作ᑫ，與"厶"字《説文》作ᑫ者略同。"厶"，音息夷切，"以"音羊止切，相去亦不甚遠。厶、以二字乃由同源分化。後世古書以"私"爲"厶"，"私"字《説文》訓爲禾，用爲公私字乃屬假借。

《説文》釋"厶"字義爲"奸邪"，今語"自私"也是貶義詞，於古璽"自私"均無所取義。"私"字古有"愛"義，《左傳·襄公二十三年》："欒盈佐魏莊子於下軍，獻子私焉。故因之。"杜注："私，相親愛。"璽文"自私"，猶言自愛。

圖 135　自　厶

貨 幣 類

136　甘　丹

平首聳肩尖足布（見《古錢》600）。面文二字"甘丹"，均有省畫。古璽或從邑作"邯鄲"，即"邯鄲"。春秋屬晉，戰國屬趙。聳肩尖足布時代遲於空首布，但一般認爲早於方肩方足布，應是戰國早中期邯鄲城的鑄幣。

137　纕　坪

平首方肩方足方跨布。燕國布幣。面文二字（見《古錢》346）。面文"纕"同"纕"，"坪"通"平"。纕坪，《漢書·地理志》作"襄平"，屬遼東郡，戰國屬燕，在今遼寧省遼陽市。

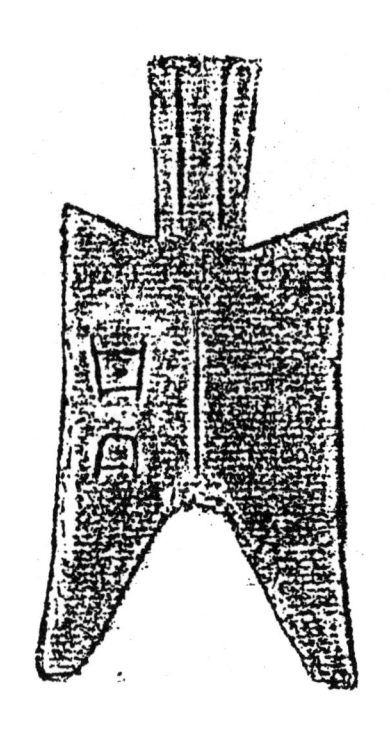

圖 136　甘　丹

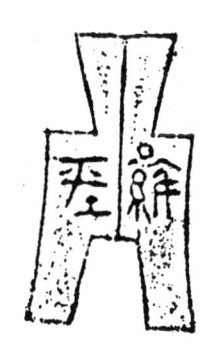

圖 137　纓　坪

138　屯　留

平首方肩方足布。面文"屯留"（見《古錢》58），春秋時爲赤狄居邑，原名"留吁"。魯宣公十六年（前593年）赤狄爲晉人所滅。三卿分晉時，晉孝公被迫居於端氏，僅有一邑之地。趙肅侯元年，奪端氏，徙晉君於屯留，此後晉君及其後嗣居此。屯留，西漢時屬上黨郡，在今山西省屯留縣南，屯留布即爲該邑所鑄。

139　平　窑

方肩方足布，面文二字"平窑"。窑，即"寶"字省體。古錢譜錄多誤釋爲"周"字，以爲魏邑平州鑄幣。今按，"寶"通"陶"。平寶即平陶，西漢時屬太原郡，戰國時爲趙邑，在今山西文水縣西南。平寶布即趙邑平陶鑄幣。

140 皮 氏

方肩方足布，面文二字"皮氏"（見《古錢》94）。皮氏戰國屬魏。《竹書紀年·顯王三十九年》："秦取我汾陰、皮氏。"《漢書·地理志》屬河東郡，在今山西省河津縣西。此布爲魏邑皮氏所鑄布幣。

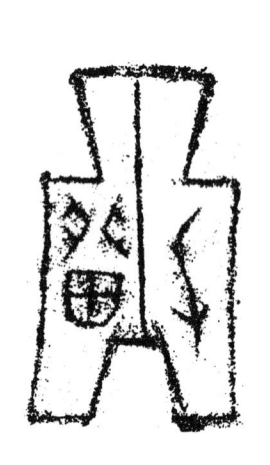

圖 138 屯 留 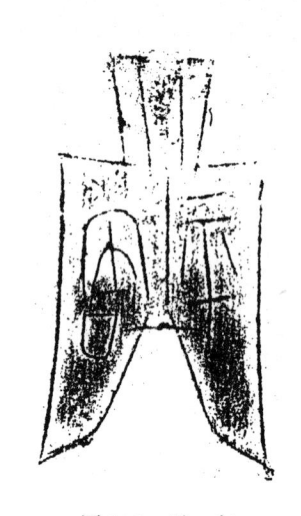　　圖 139 平 窑 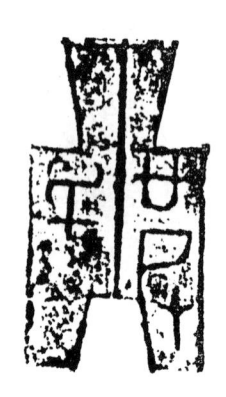　　圖 140 皮 氏

141 咎 奴

方肩方足布。面文二字"咎奴"，"咎"字省口旁（見《古錢》98）。咎奴，戰國前期爲魏邑，在今陝西延安東北。秦惠文王十年（前328年）魏獻十五縣與秦，即包括咎奴在内。入秦以後，秦人稱之爲高奴。著名的高奴禾石權就是這一時期所作的衡器。咎奴布是魏國統治咎奴時期的鑄幣。

142 每一釿

平首方肩方足圓跨布。每，即"繁"[①]，魏邑繁陽的省稱。戰國魏繁陽的器物銘文，如繁公鼎（《貞松》續上12.4）、繁下官鍾（《愙齋集古録》25.4.2）

---

① 詳見湯餘惠《戰國時代魏繁陽的鑄幣》，《史學集刊》，1986（4）。

等均稱"每"而省"陽"字。每一釿，即繁陽一釿。戰國時期，楚國也有繁陽，在今河南省新蔡縣北。從此布的文字特點、貨幣單位及形制看，當屬魏而與楚無涉。魏繁陽在今河南省內黃縣北。此布即該邑所鑄的貨幣單位爲一釿的布幣（今按，此布幣面文應改釋爲"魏一釿"，參見第四章第二節"循音定字"條）。

143　平　州

平首方肩尖足布。平州，即"平周"。古文字"州"與"周"音同字通。平周，戰國時爲魏邑，《史記·魏世家》："（襄王十三年）秦拔我曲沃、平周。"故城在今山西省介休縣西。平州布即魏邑平周所鑄行的貨幣。

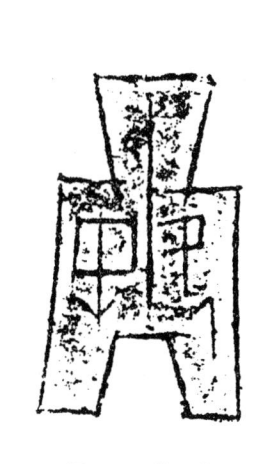

圖 141　咎　奴 　　　　圖 142　每一釿 　　　　圖 143　平　州

144　橈比当忻

橈比当忻　　　　　　　　　　　　　　　　　　　　　　（面文）
七䇓　　　　　　　　　　　　　　　　　　　　　　　　（背文）

此布體式狹長。據實測長 8.5、肩寬 3.3、足寬 4 釐米，與他種布幣寬狹比例迥然不同。面文"枕"即"橈"字（參見湯餘惠《略論戰國文字形體研究研究中的幾個問題》，《古文字研究》第十五輯）。比，通"幣"。当，同"堂"，與"當"通。忻，又見楚蟻鼻錢，字不識，舊釋"釿"不可信。橈，通"堯"、"嶢"，義爲高、

長。橈幣取名與其形制特點有關。此布爲戰國楚幣。

據上海博物館藏品實測，橈布一枚重 31～37 克。背文七俱的涵義待考。

圖 144　橈比當忻

145　齊之夻朼

齊國刀幣。舊釋面文"夻朼"爲"法化"，猶言標準貨幣，"齊法化"刀幣即齊王室所造的標準貨幣。吳振武認爲"夻化"應釋作"大刀"，爲齊國刀幣名。[①] 其説可信。

146　西　周

圜錢（見《古錢》上編 241 頁）。戰國時代，西周指河南（郟鄏、王城），東周指鞏。《史記·周本紀》："（周）考王十五年，崩，子威烈王午立。考王封其弟于河南，是爲桓公，以續周公之官職。桓公卒，子威公代

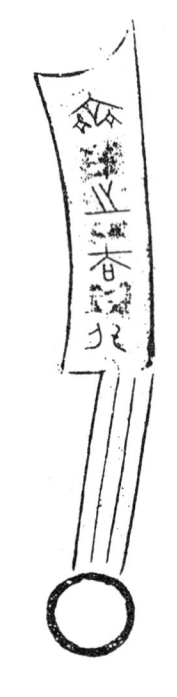

圖 145　齊之夻朼

---

① 吳振武：《戰國貨幣銘文中的"刀"》，《古文字研究》第十輯，北京，中華書局，1983。

立。威公卒，子惠公代立。乃封其少子於鞏以奉王，號東周惠公。"日本學者瀧川資言《考證》云："戰國所謂周王者，都於成周之王也。所謂東周君、西周君者，則河南之都於王城及分封於鞏者也。"按，考王封其弟揭於河南，號爲西周，時在公元前441年。所謂"西周"圜錢，爲這一時期西周桓公所鑄貨幣。戰國時期又有"東周"圜錢，爲東周君所鑄。

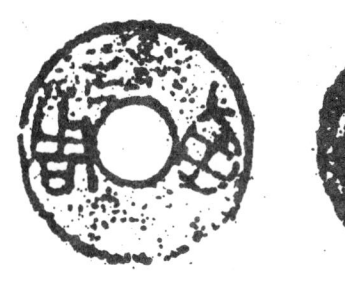

圖146 西 周

147 垣

圜錢（見《古錢》上編293頁）。垣，戰國魏邑，又名王垣，因縣內有王屋山而得名。《史記·秦本紀》："（昭襄王）十五年，大良造白起攻魏取垣，復予之。"又《魏世家》："（魏武侯）二年，城安邑、王垣。"漢代垣縣屬河東郡，在今山西垣曲縣西。此種圜錢爲戰國魏垣縣所鑄。

圖147 垣

陶 瓦 類

148　西周陶文[①]

器𡂡訞，遣成爲用[②]

①近年陝西周原出土陶簋殘片文字。

②𡂡訞，疑爲陶簋的名稱。古人作器之後，往往給它命一個名，如：班簋名"大政"，秦公鐘名"䇂邦"，懷石磬之名"襄石"，參見88之注25。

㉕遣成爲用，銘文刻成之後即付使用。遣，通"書"。用，字有省畫，或橫看，釋爲"王"，不可據。

149　綦母綢陶盆[①]

此丌母綢𡉁拳[②]

圖148　西周陶文　　　　　　圖149　綦母綢陶盆殘片

①20世紀50年代河南洛陽古城出土陶器刻文。

②丌母，複姓，又見於晚周私名鉨，古書作"綦母"。綢，私名，所從"周"旁寫法與《說文》古文"周"字合。挙，與"盞"通。《廣雅·釋器》："盞，盂也。"原器當屬盆盂類器物。或釋"挙"爲"掌"。

150 挪

近年鄭州出土單字陶文戳記。陶文此字"折"旁省書。我們曾指出，即古文"制"字。折、制並在照母、脂部，古音相同，古書及古文字中多有通用之例。如，近年出土的雲夢睡虎地秦簡"製"字作"袈"。制邑西周時屬東虢，春秋屬鄭，後歸於晉，戰國屬韓，因地勢險峻，素有巖邑之稱。其地在今河南滎陽東北。"制"字陶文在距其不遠的鄭州出土，對於古制邑地理位置的確定是很有意義的。

圖 150　挪

151　塙閭不敢

戰國時期齊國陶文。塙閭，即高閭。馬王堆漢墓帛書《戰國縱橫家書·蘇秦謂齊王》所載蘇秦致齊王書云："臣以車百五十乘入齊，貴逆於高閭，身御臣以入。"可見，高閭應是齊國都城臨淄附近地名。不敢，陶工私名。

152　陳棱敀毫

齊國陶文。參照齊陶"華門陳棱參左里敀毫區"（《季木》79.8）和"王孫陳棱立事歲左里敀毫區"（《季木》83.7），可知"陳棱敀毫"爲省語。陳棱，田齊公族，於臨淄華門董理製陶業。敀，齊、燕兩國基層職官，其詳待考。字或釋"敀"、或釋"厩"，均不可信。毫，讀爲"搏埴"的"搏"。齊陶文用在區、豆、釜等器名之前（本辭單用爲省語），義猶製作（按：吳振武釋爲"亭"①）。

---

① 詳見吳振武《談齊"左掌客亭陶"璽——從構型上解釋戰國文字中舊釋爲"毫"的字應是"亭"字》，《社會科學戰綫》2012（12）。

153　蒦圖南里人綴

齊國陶文。蒦圖，齊都臨淄城內市區之一。南里，蒦圖區所轄邑里之一。里，城邑的基層行政單位。《漢書·食貨志》："在野曰廬，在邑曰里。五家爲鄰，五鄰爲里。"古時同里的人，一般同操一種職業。齊陶文常見的豆里、西酷里、觳里等，均是製陶工人聚居之地。綴，即"綴"，下方加"口"旁爲羡符。

圖 151　塙閖不敢 　　　　圖 152　陳棱故亳 　　　　圖 153　蒦圖南里人綴

154　燕　陶[①]

二十二年正月，左缶冑、左缶攻敢[②]。　　　　　　　　　　（左側）

左缶倕湯，故國。　　　　　　　　　　　　　　　　　　　（右側）

①這件陶文係用長條形印按製而成，左側 13 字，右側 6 字，共 3 行 19 字。

②左缶冑，即左陶尹，燕官府製陶手工作坊官長。左缶攻，即左陶工。左，疑"左宮"之省。燕下都遺址出土陶文習見"左宮某"的正方形印記，稱"左宮"，當是未省之例。缶，通"匋"、"陶"。攻，通"工"。燕國器物銘文以"攻"爲"工人"的"工"。

③倕，燕職官名，地位一般是在"陶尹"之後、"故"之前，應是低於陶尹一級的官員。故，參見 148 "故"字注文。

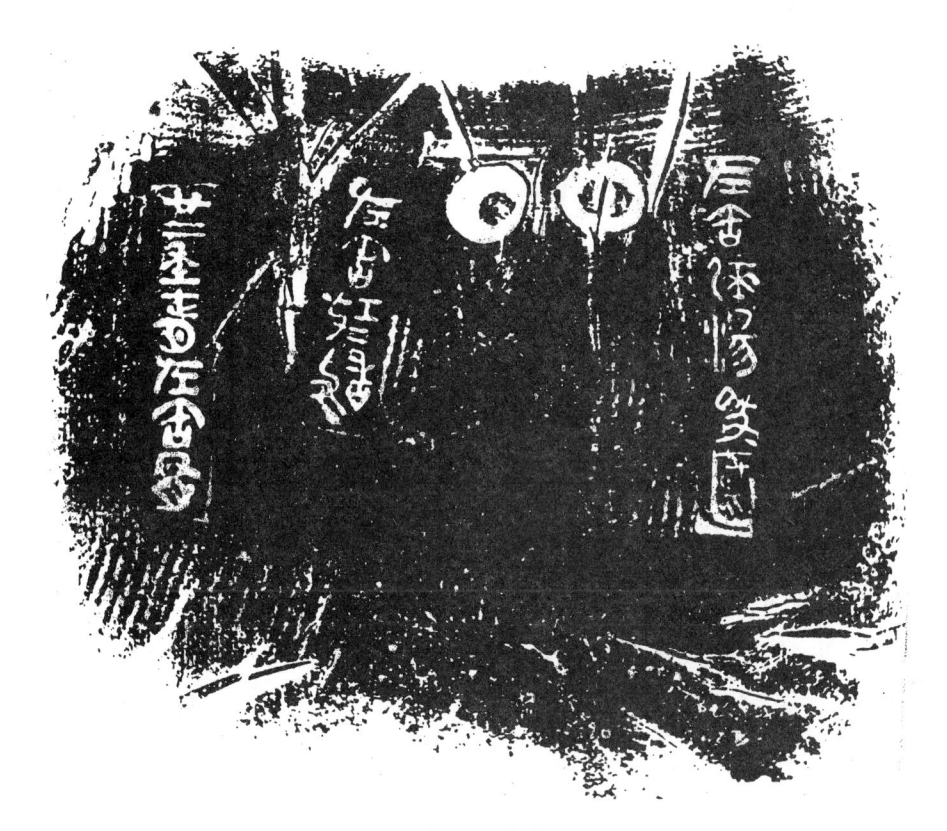

圖 154　燕陶

玉 石 類

155　石鼓文·汧殹①

汧殹沔沔②，丞皮淖淵③。鰋鯉處之④，君子漁之⑤。澫又小魚⑥，其斿趛趛⑦。帛魚皪皪⑧，其籨氏鮮⑨。黄帛其鯿⑩，又鯊又鱮⑪，其朔孔庶⑫。臠之氂氂⑬，涇涇趍趍⑭，其魚隹可？隹鱮隹鯉⑮。可以橐之？隹楊及柳⑯。

①石鼓文，唐初在天興（今陝西寶雞市）三畤原出土。它以四言詩的形式，把十首爲一組的古詩，分刻在十塊鼓形石上。內容以記述秦君游獵爲主題，具有較高的文學價值。其文字與《説文》籀文每相合，一嚮爲書法界所推重。石鼓的製作時代衆説紛紜，迄無定論。從秦文字發展的過程考察，當在春秋末至戰國初。這裏選釋《汧殹》和《吾車》兩篇。《汧殹》（參見《郭沫若全集》卷九）描寫汧水垂釣的情景。

279

②汧,水名。《說文》:"水出扶風汧縣,西北入渭。"《史記·秦本紀》記載非子好養馬,周孝王"召使主馬于汧、渭之間"。殹,語中助詞,無義。沔沔,水流充盈的樣子。

③丞,通"烝",意思是流進。皮,通"彼"。淖淵,水潭。

④鮎魚和鯉魚生活在那裏。鰋,同"鰋",即鮎魚。

⑤濺,同"漁",動詞,捕撈。

⑥溝,同"瀝",水淺的地方。《說文》作砅,"履石渡水也。"

⑦斿,通"游"。趣趣,猶"汕汕",魚游水中的樣子。《詩·小雅·南有嘉魚》:"南有嘉魚,烝然汕汕。"

⑧帛,通"白"。礜,通"皪",潔白明麗的樣子。

⑨簽,通"次",今作"涎"。指魚口沫。鮮,明好。

⑩鰯,同"魾",魴魚。《說文》:"魴,赤尾魚。"

⑪鮊,白魚。《說文》作"鮊"。

圖 155　石鼓文·汧殹

(馬叙倫《石鼓文疏記》復原本)

⑫孔，甚。庶，衆多。

⑬臠，肉塊，指釣餌。

⑭汓汓趌趌，魚兒出水的聲音。趌趌，猶"發發"。《詩·衛風·碩人》："鱣鮪發發。"《説文》引作"鮁鮁"。《風詩類鈔》："發發，魚掉尾聲。"

⑮隹，通"惟"。可，通"何"。鰋，魚名，似鮎而弱鱗。

⑯用什麽盛魚？用楊柳枝條編的魚簍。橐（按：何琳儀釋爲"橐"①），承載、盛貯。

　韻讀：汓淵（真）鯉（之）處（魚）子（之）漁（魚）〔之魚合韻〕。趣鮮鰋鯉（元）庶氐趌（魚）鯉（之）柳（幽）〔之幽合韻〕。

156　石鼓文·吾車①

　避車既工②，避馬既同③。避車既好④，避馬既駓⑤，君子員邋，員邋員斿⑥。麀鹿速速⑦，君子之求。弮弮角弓⑧，弓茲以寺⑨。避敺其特⑩，其來趩趩⑪。趩＝鋄＝⑫，即邋即時⑬，麀鹿趌趌⑭，其來大次⑮。避敺其樸⑯，其來遺遺⑰，射其豬蜀⑱。

①參見155注①。這首詩描寫狩獵的情況。

②避，通"吾"。車，指用來狩獵的車子。工，堅緻，亦作"攻"。《詩·小雅·車攻》："我車既攻，我馬既同"，《毛傳》："攻，堅也。"《廣雅疏證》卷一下："攻之言鞏固也。"

③同，指毛色同一。

④好，堅好。

⑤駓，同"駓"，馬肥壯的樣子，又作"阜"。《詩·秦風·駟驖》："駟驖孔阜，六轡在手。"

⑥員，通"云"，語中助詞。邋，同"獵"。斿，通"游"。

⑦麀鹿，母鹿。速速，衆多的樣子，同"麌麌"。《詩·小雅·吉日》："麀鹿麌麌"，《毛傳》："麌麌，衆多也。"

⑧弮弮，弓調得張弛鬆緊適度的樣子。弮，同"騂"。

⑨寺，通"持"，持射。

⑩敺，同"驅"，逐獸以供射獵。特，公牛，這裏泛指禽獸。

⑪趩趩，野獸奔跑的聲音。《説文》："趩，行聲也。"

---

①　詳見何琳儀《秦文字辨析舉例》，《人文雜志》，1987（4）。

281

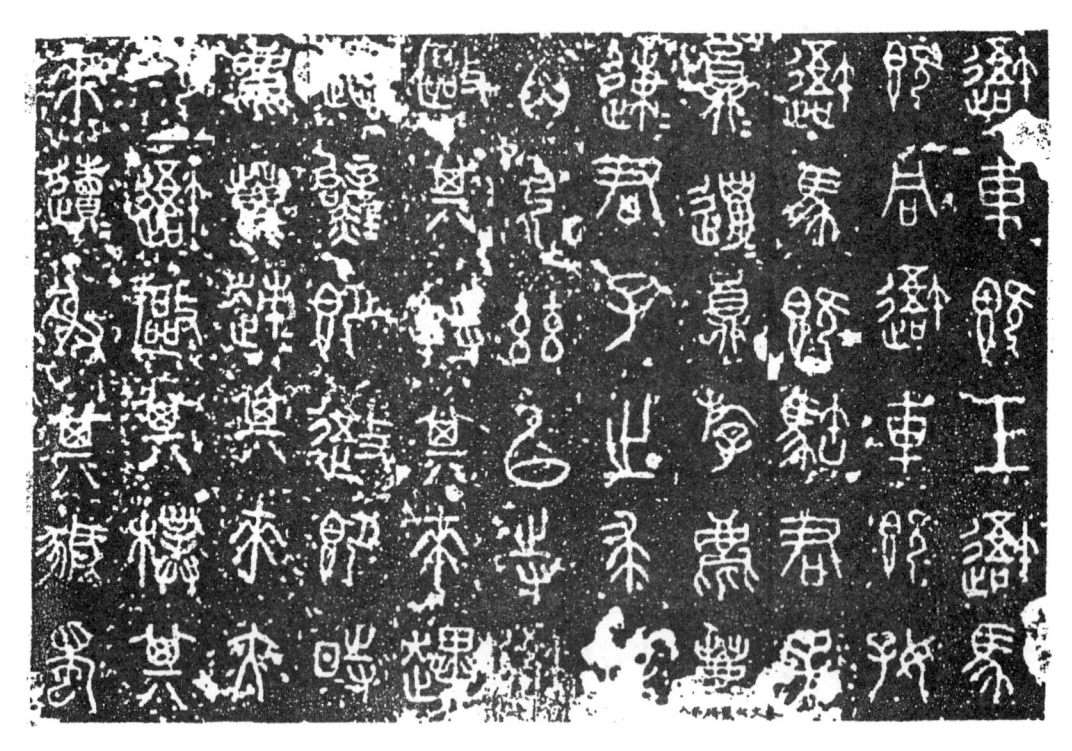

圖 156　石鼓文·吾車

(馬叙倫《石鼓文疏記》復原本)

⑫氂，同"食"，與"俟"通。俟俟，野獸行走的樣子。《詩·小雅·吉日》："儦儦俟俟。"

⑬敖，通"敁"。時，通"止"。敁、時均有止義。《詩·大雅·綿》："曰止曰時，築室於茲。"《經義述聞》卷六："時亦止也，古人自有復語耳。"

⑭越越，猶如"速速"。參見注⑦。

⑮次，通"恣"。大次，意思是數量增多。

⑯樸，通"犢"，公牛。泛指衆獸。

⑰遺（dú）遺，一批又一批的樣子。《玉篇》："遺，遺也，易也，數也。"

⑱貖蜀，年幼而體壯的野獸。貖，又作"豣"。《說文》："豣，三歲豕，肩相及者。從豕，幵聲。《詩》曰：'並驅從兩豣兮'。"蜀，通"犢"，指幼獸。"蜀"聲與"賣"聲通，《釋名·釋言語》："濁，瀆也"是其證。

韻讀：車（魚）工（東）馬（魚）同（東）車（魚）好駍求（幽）寺特趠氂時（之）速樸遺蜀（侯）

157　秦詛楚文①

又秦嗣王②，敢用吉玉宣璧③，使其宗祝卲鼛布憖④，告于不顯大神厥湫⑤，以底楚王熊相之多辠⑥。昔我先君穆公及楚成王是戮力同心，兩邦若壹⑦。絆以婚姻，袗以齋盟⑧，曰：枼萬子孫毋相爲不利⑨。親卬大沈厥湫而質焉⑩。今楚王熊相康回無道⑪，淫失甚亂⑫，宣奓競從，變輸盟剎⑬。内之則虘虐不姑⑭，刑戮孕婦，幽剎敕戚⑮，拘圉其叔父，寘者冥室椟棺之中⑯；外之則冒改厥心⑰，不畏皇天上帝及大沈厥湫之光列威神⑱，而兼倍十八世之詛盟⑲，率者侯之兵以臨加我⑳，欲划伐我社稷㉑，伐滅我百姓。求蔑灋皇天上帝及大神厥湫之郵祠、圭玉、犧牲㉒。述取吾邊城新郢及郝、長、敓㉓。吾不敢曰可。今又悉興其衆㉔，張矜恣怒㉕，飾甲底兵㉖，奮士盛師㉗，以偪吾邊竟，將欲復其䁆迹㉘。唯是秦邦之嬴衆敝賦，輶輸棧輿㉙，禮使介老將之以自救也㉚。亦應受皇天上帝及大沈厥湫之幾靈德賜㉛，克劑楚師㉜，且復略我邊城㉝，敢數楚王熊相之倍盟犯詛，著者石章，以盟大神之威神㉞。

①秦詛楚文凡三石，即大沈厥湫、巫咸和亞駝。這裏選的是大沈厥湫文（參見《郭沫若全集》卷九）。大沈厥湫文共318字。宋代治平年間，農民得之於朝那湫旁。詛楚文三石文辭基本相同，只是祈告的神名有異。據考證，《詛楚文》作於秦惠文王12年（公元前318年），是秦對楚發動戰争之前祭告神靈，聲討楚懷王罪狀的一篇詛辭。

②嗣王，繼嗣之王，指秦惠文王。

③宣，通"瑄"。璧徑六寸爲"瑄"。

④宗祝，官名，掌祭祀的祝辭，相當於《周禮》的大祝。邵鼖，意思是命有司擊鼓告神。《説文》："鼖，大鼓也。"布，宣布。憖，通"檄"，檄文。

⑤厥湫，即"湫淵"，水名，在今甘肅平涼縣境内，是秦人崇拜的神靈之一。

⑥底，致告。辠，同"罪"。熊相，楚懷王名。《史記》作熊槐，字誤。

⑦穆公，指秦穆公。戮，通"勠"。《説文》："勠，并力也。"

⑧絆，同"紲"、"幫"，幫助。袗，通"胗"，珍重。《左傳·成公十三年》晉侯使吕相絶秦，辭云："逮我獻公及穆公相好，戮力同心，申之以盟誓，重之所婚姻。"與本句相似。

⑨枼萬，即"萬枼"的倒文。枼，通"世"。

⑩卬，通"仰"，仰賴、依靠。質，通"正"，證，作證。《禮記·中庸》："質諸鬼神而無疑。"

⑪康回，回邪，猶今言虚僞。

⑫淫失，疑讀爲淫泆。甚，通"湛"。甚亂，猶淫亂。《國語·周語》："虞於湛樂。"

⑬奓，同"奢"，字見《説文》。從，通"縱"。輸，通"渝"，改變。剎，同"約"。

⑭虘，同"暴"。不姑，即無辜。

⑮幽剎，暗地里勾結。敕，同"親"。

283

⑯拘囚，監禁。寘，同"置"，儲偫。者，通"諸"，之於。

⑰冒，眩冒，狂妄。

⑱列，通"烈"。

⑲倍，通"背"，背叛。十八世，指秦穆公之後十八代君王，即康、共、桓、景、哀、惠、悼、厲、共、躁、懷、靈、簡、惠、出子、獻、孝、惠文。

⑳臨加，猶如説侵犯。

㉑刬，通"翦"。刬伐，猶如説滅伐。

㉒蔑，通"滅"。瀍，同"法"，與"廢"通。邮祠，虔誠的祭祀。祠，通"祀"。圭玉、犧牲，均爲祭品。

㉓述，遂。倍，通"吾"。新郢，地名，無考。郯，即商於。《史記・楚世家》："商於之地"，《集解》："在今順陽郡南鄉、丹水二縣。有商城在於中，故謂之商於。"長，地名，郭沫若考其地亦在丹水附近，即夷王銅器敔簋"至於伊、班、長、榜"之"長"，在今河南西部。敔，地名，即《左傳・莊公十二年》"有神降於莘"之"莘"，春秋屬西虢，在今河南省盧氏縣境内。

㉔今又悉興其衆，指楚發動師旅，爲藍田之戰作準備。楚懷王十七年（前312年）春，秦楚戰於丹陽，楚軍大敗。於是"楚懷王大怒，乃悉國兵，復襲秦，戰於藍田"（《史記・楚世家》）。

㉕矜（原文作"矝"，誤），戟柄。恧，通"部"，分布，布置。怒，通"弩"。

㉖飾，通"飭"，整治。底，通"砥"，磨礪。

㉗奮士盛師，激勵士卒鼓舞士氣。奮、盛均爲使動用法。

㉘偪，同"逼"。竟，通"境"。脁，通"兆"。速，古文"跡"。復其兆跡，猶言卷土重來。

㉙羸，瘦弱。賦，指財物。鞈輸，簡陋的甲衣。鞈，通"韐"，雙層皮革製成的甲衣。輸，同"褕"。襜褕，直裙。棧輿，粗劣的木板車。

㉚禮使，猶如説"派遣"。介，通"個"，一個。老，大夫稱老，指將兵的卿大夫。

㉛德賜，猶如説"恩賜"。

㉜剗，翦除。

㉝略，經略、巡視。

㉞數，歷數。詛，詛告之辭。著，指鑄刻。盟，通"明"。

韻讀：璧憝（支）皋壹利（脂）〔支脂合韻〕道（幽）約（宵）〔宵幽合韻〕姑（魚）婦（之）父（魚）〔魚之合韻〕稷（之）姓（耕）祠（之）牲（耕）〔之耕合韻〕衆（東）兵（陽）竟（陽）〔陽東合韻〕賦輿（魚）賜（支）師（脂）〔支脂合韻〕

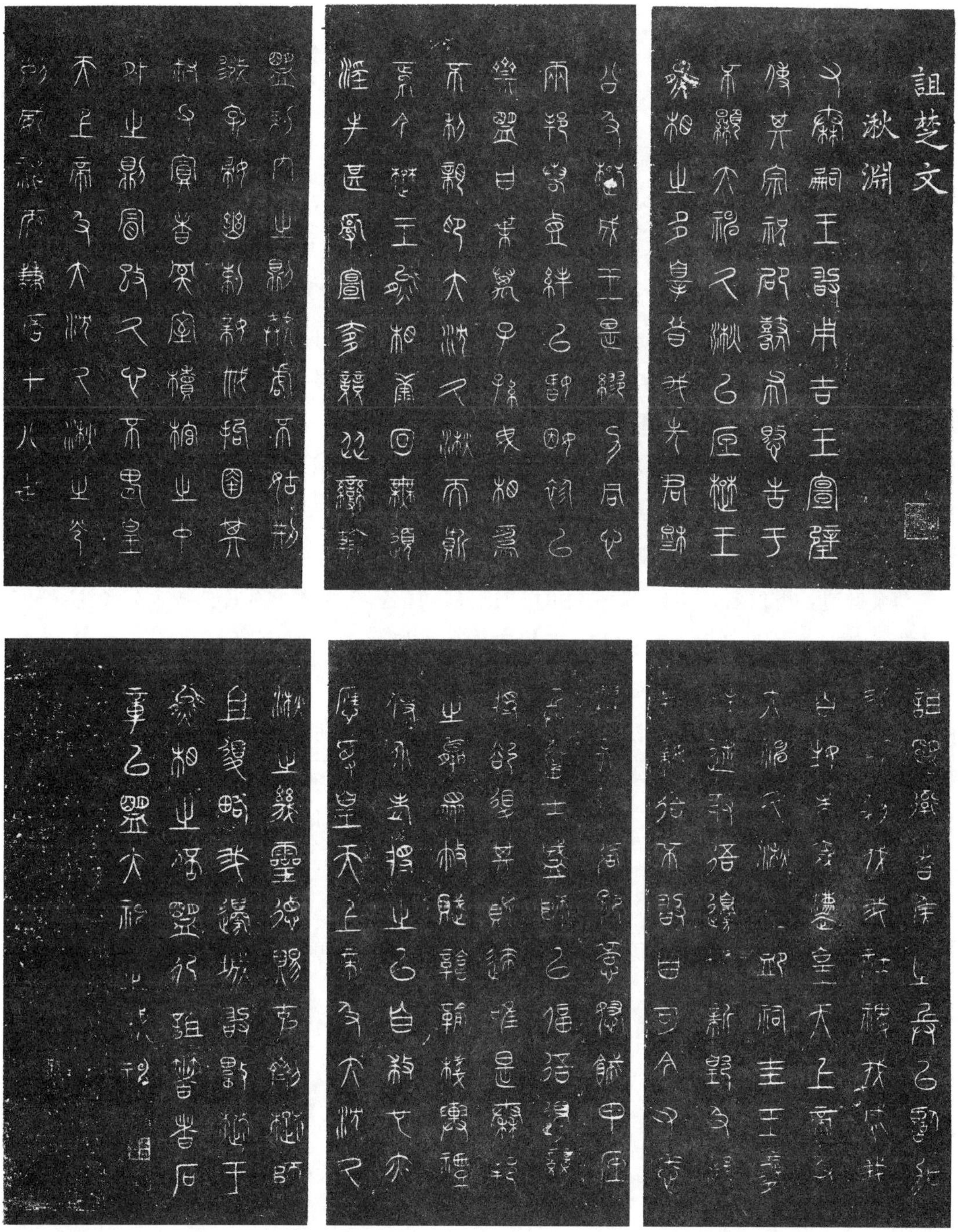

圖 157　秦詛楚文

158　秦宗邑瓦書[①]

　　四年[②]，周天子使卿大夫辰來致文武之酢[③]。冬十壹月辛酉，大良造庶長游出命曰[④]："取杜才酆邱到潏水[⑤]，以爲右庶長歜宗邑[⑥]。"乃爲瓦書，卑司御不更顝封之[⑦]，曰："子子孫孫以爲宗邑。"顝以四年冬十壹月癸酉封之。自桑陼之封以東，北到桑匽之封[⑧]，一里二十輯[⑨]。

　　大田佐敖童曰未[⑩]，史曰初[⑪]，卜螱[⑫]，史羈手，司御心，志是霾封[⑬]。

①瓦書，陶質。長24釐米、寬6.5釐米、厚0.5～1釐米。正背兩面刻字，畫內添朱。1948年出土，段紹嘉舊藏，現歸陝西師大圖書館。9行120字。瓦書記載了秦右庶長歜賜受宗邑的本末，對瞭解戰國中期秦的封邑制度，是極其珍貴的實物史料。

②四年，秦惠文王紀年，即公元前334年。

③周天子，指周顯王。致，送來。酢，同"胙"，祭祀用過的肉。文武，指文王、武王。天子致胙，對諸侯來説，意味着禮遇和榮寵。春秋戰國時期秦先後兩次受胙，一次是秦孝公二年，另一次是惠文王四年。

④大良造，爵位名，參見111之注④。庶長，官名，《漢書·百官公卿表》顔注："庶長，言爲衆列之長也。"游，即樛斿，見於秦四年相邦戈。

⑤杜，杜縣。《史記·秦本紀》："（武公）十一年，初縣杜、鄭。"杜縣，西周時爲杜伯國，故城在今陝西西安西南杜城村。酆邱，周文王所居豐京故地，在今西安市西南魚化寨至長安縣灃西公社之間。潏水，關中八川之一，發源於秦嶺，經長安縣南，流入灃河。

⑥右庶長，秦爵第十一級。歜，或謂即《史記·穰侯列傳》的"壽燭"，秦丞相觸戈銘文中的"丞相觸"。宗邑，即封邑，因是宗廟所在，故名宗邑。古代諸侯失國，失掉了封地，但宗邑一般仍可保留，並傳給子孫。

⑦司御，職官名，職掌車馬。見於雲夢睡虎地秦簡。不更，秦爵第四級。封，指封土爲疆。

⑧封，這裏用爲名詞，義爲疆界。

⑨里，古時六尺爲步，長寬各三百步爲一里。輯，地積單位，不詳，從銘文看當小於里。

⑩大田，農官，主管農事。《吕氏春秋·勿躬》："墾田大邑，辟土藝粟，盡地力之利，臣不若甯遬，請置以爲大田。"

⑪史，指大田官署中職掌文墨的小吏。

⑫卜，主管卜筮者。

⑬志是霾封，記載了封疆的經過並把瓦書埋在封土之下。霾（mái），通"埋"。

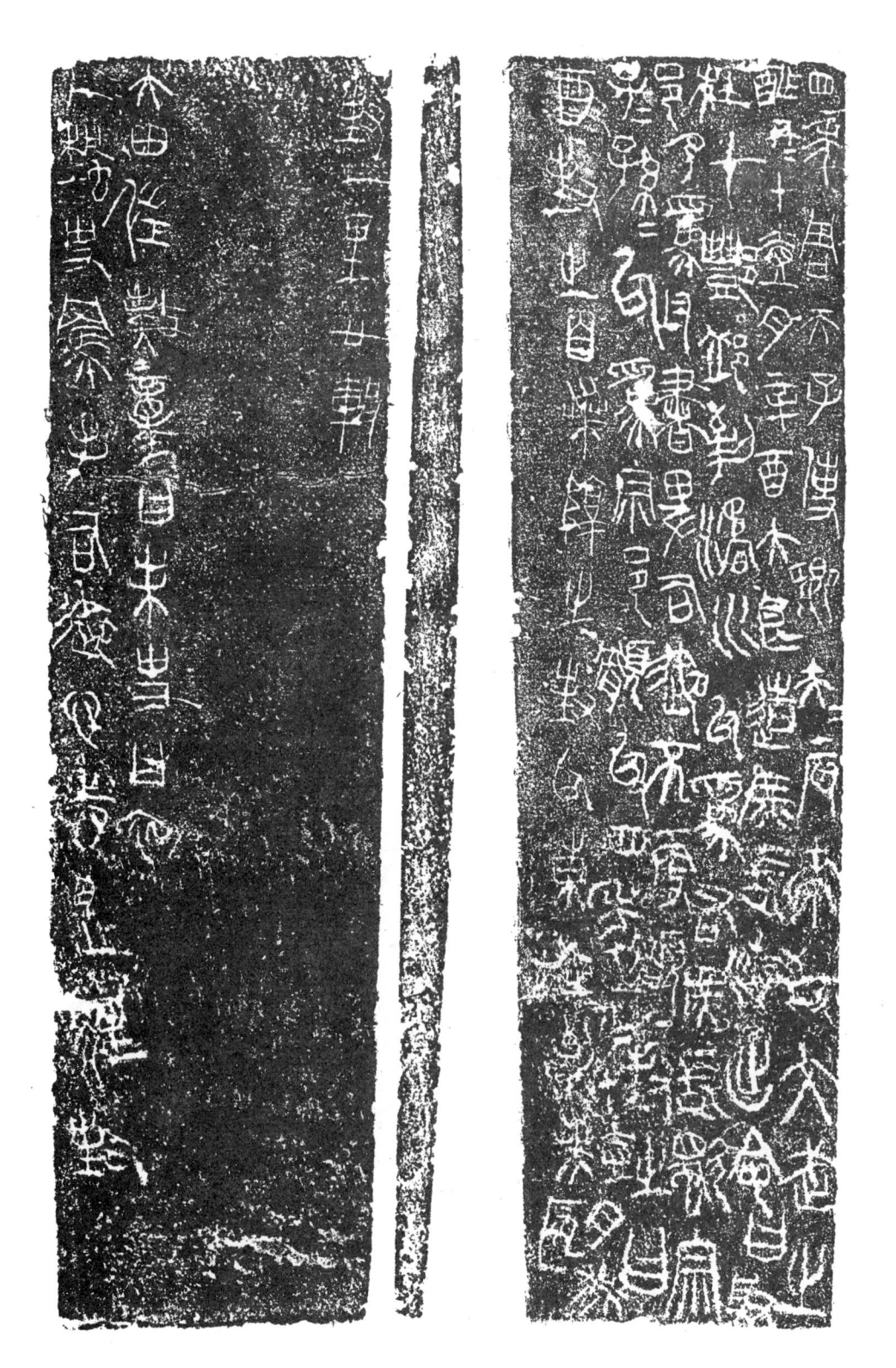

圖 158　秦宗邑瓦書

159　行氣銘①

行気②：吞則䆽③，䆽則神④，神則下⑤，下則定⑥，定則固⑦，固則明⑧，明則䧊⑨，䧊則遆⑩，遆則天⑪。天丌舂才上，墜丌舂才下⑫。巡則生，逆則死⑬。

①銘文見《三代》20.49.1，45字，其中9處重文（8處有重文符號，1處重文符號漏刻）。銘文刻在一件玉杖首上。玉杖首是一個十二面的棱柱體，中空，頂端未透。文字分別刻在十二個平面上，每行三字（重文不在內）。字體方正規整，與驫羌鐘銘文風格頗相似，當出自三晉人之手。銘文內容記載行氣的方法和原理，較之西漢初年馬王堆漢墓出土的帛書導引圖至少要早一二百年，是我國目前所見時代最早的一件有關氣功的實物資料。

②行氣，以意念導引體內的"氣"運行。気，同"氣"。行氣銘講的是行氣的方法和原理。

③吞，讀爲"吞"，指吸氣。䆽，通"蓄"，指把吸入的自然之氣蓄積於體內。

④蓄積之後便引導它向下伸展。神，通"伸"，延伸。

⑤下，引氣下行。

⑥下行之氣到達一定的部位（大約是丹田），便要停下來。定，止。

圖159　行氣銘

⑦氣定之後再使之充實、強固。後世氣功有一種方法，氣引至丹田後，要以意念引氣旋轉產生熱團，令其往復於臍、命門、會陰等部位，加強健身效果，達到"內壯"的目的。"定則固"與之可能是指同一回事。

⑧明，通"萌"。氣固之後便向上萌生。

⑨䧊，同"長"，生長，上行。

⑩遰，同"復"，指返回原處。體內之氣重新回到口鼻部位。

⑪再把返回之氣向上引致頭頂。天，"顛"的本字，即頭頂。這裏用作動詞。後世氣功家講氣貫百會，和銘文"復則天"是一個意思。

⑫舂，同"本"。

⑬巡，通"順"。意思是說，天的本根在上，地的本根在下。人體也是同樣道理，行氣必須上下通達順乎其規律，否則便會失敗。

160　侯馬盟書①

盫章自質于君所②。所敢俞出入于趙尼之所及子孫③，烒痎及丌子乙，及丌白父、弔父弟子孫，烒直及丌子孫，烒鐳、烒枦之子孫，烒諡、烒瘋之子孫，中都烒罜（強）之子孫，烒木之子孫趹及新君弟子孫，隉及新君弟子孫，肖米及其子孫，趙喬及丌子孫，郲詨之子孫，邯邢重政之子孫，閔舍之子孫，踊餛之子孫，事醜及丌子孫，重癰及子孫，邵城及丌子孫，司寇臡之子孫，司寇結之子孫，及群虜明者④，章頒嘉之身及子孫，或復人之于晉邦之中者，則永亟覒之，麻塞非是⑤。

既質之後，而敢不啎覒〔祝〕史歔⑥，觥繹之皇君之所⑦，則永亟覒之，麻塞非是。閔夌之子孫寡之行道弗殺，君丌覒之⑧。

①侯馬盟書 1965～1966年於山西侯馬的古代盟誓遺址出土，共發現5000餘件，其中文字可以辨識的有600餘件。盟書多用朱書，用毛筆書寫在圭形石上；盟書是古人盟誓的誓辭。侯馬盟書反映了春秋末年晉國趙氏家族內部所發生的權力之爭。

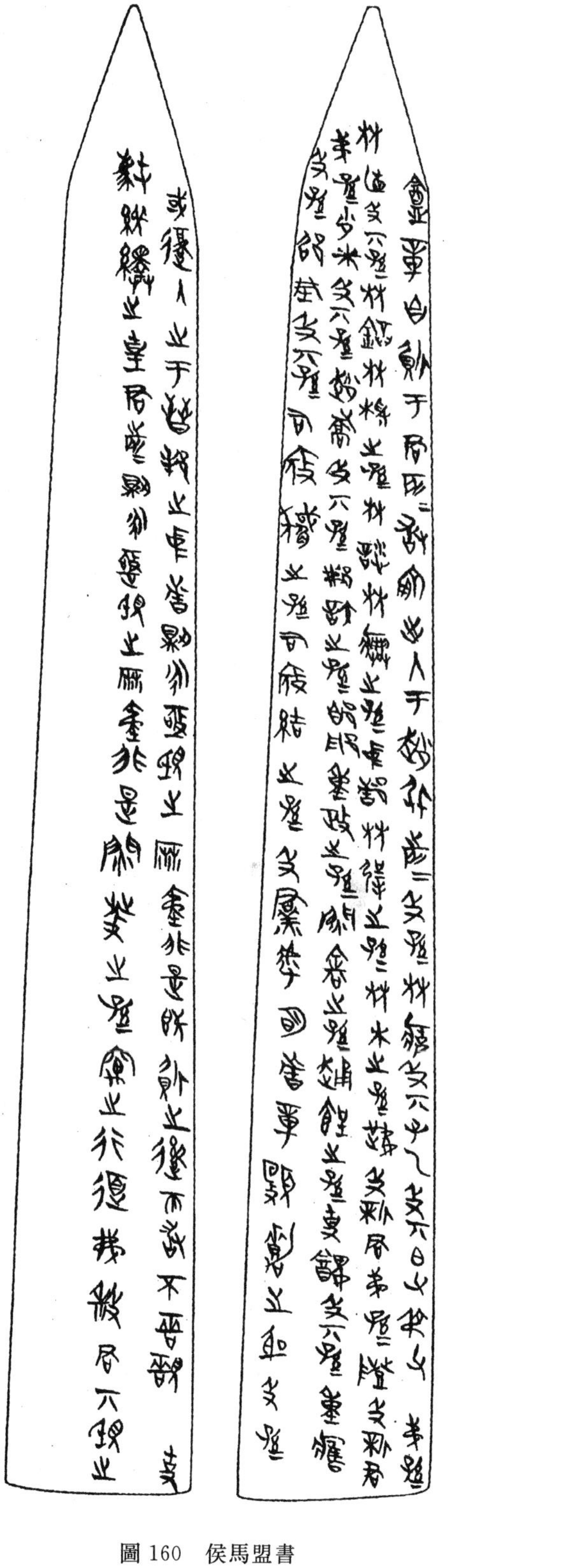

圖160　侯馬盟書

②盫章，後文又稱"章"，盟誓者之一。質，意與"盟"近。君，後文又稱"皇君"、"新君"和"嘉"。據考證，"嘉"即趙桓子。公元前424年，趙桓子逐趙獻子而自立。盫章，可能原是趙獻子的黨與或家臣，獻子被逐出境以後，歸附趙桓子，故盟於新君之所，以示忠心。

③俞出入於趙尼之所，意謂與趙尼暗中往來，相互勾結。俞，通"偷"。趙尼，被誅討的對象，或說即獻侯趙浣，《史記·趙世家》："襄子立三十三年卒，浣立，是爲獻侯。獻侯少即位，治中牟。襄子弟桓子逐獻侯，自立於代，一年卒。"

④㽵痽以下諸人名，皆爲誅討的對象。虜明，即呼盟。

⑤這句的大意是說，在嘉在世期間，盫章及其子孫，如果有誰再將趙尼等人引入晉國，將不會有好下場。亟，通"殛"。覞，即"視"。頚，通"沒"。《小爾雅·廣言》："沒，終也。"麻夷非是，古代盟誓習用語，或說當讀爲"滅夷彼氏"，即《公羊傳·襄公二十七年》的"昧雉彼視"，等於後世所說的斷子絕孫。

⑥既誓之後，不敢不遣巫覡祝史之人將盟書（副本）獻上，敬陳於君所。敵，通"薦"。晉覡，即巫覡（xí）。《說文》："覡，能齊肅事神明者。在男曰覡，在女曰巫。"

⑦綻繹，即說釋，意謂坦白、交待。盟誓者盫章在既盟之後，爲表示對新君的忠心，就不能不徹底交待以往和趙尼一伙的關係。

⑧閑㝩，大約是趙尼的同黨。閑，同"蘭"。寓，即"寓"，通"遇"。這句的大意是，在道路上如遇到蘭㝩的子孫，一定要殺掉。

簡 帛 類

161 秦青川木牘①

二年十一月己酉朔朔日②，王命丞相戊③、内史匽氏、臂更脩爲田律④：田廣一步、袤八則爲畛⑤。畝二畛，一百道⑥。百畝爲頃，一千道，道廣三步⑦。封高四尺，大稱其高⑧。捋高尺，下厚二尺⑨。以秋八月脩封捋正疆畔，及𠟭千百之大草⑩。九月大除道及阪險⑪。十月爲橋，脩波隄，利津澗鮮草⑫。雖非除道之時，而有陷敗不可行，輒爲之⑬。章手。　　　　　　　（正面）

四年十二月，不除道者：□二日，□九日，辛一日，壬一日，亥一日，辰

一日，戌一日，□一日⑭。　　　　　　　（背面）

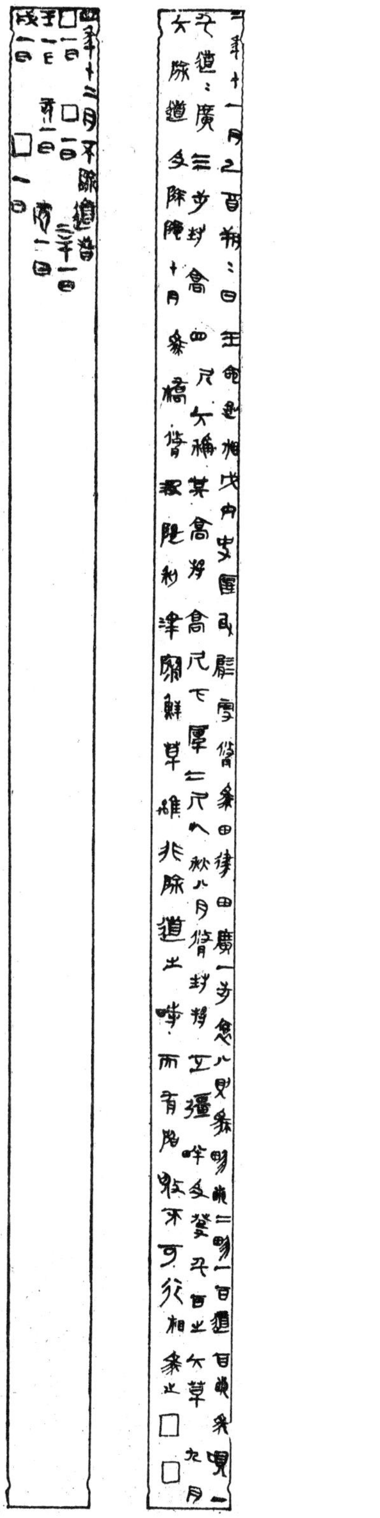

①1979年2月於四川省青川縣戰國墓出土。長46釐米，寬2.5釐米，厚0.14釐米。木牘正背兩面皆有墨書文字，共121字。記載秦武王二年左丞相甘茂等奉命重修田律的具體內容。其中關於畛、畆、頃、阡、陌、封、埒的規定，有助於對先秦時代疆場田畝制度的認識和瞭解。（按：本則釋文、注釋校訂參考了陳偉主編《秦簡牘合集》第二冊"青川木牘"紅外照片及新釋文。）

②二年十一月乙酉朔，據《歷代長術輯要》，爲秦武王二年（公元前309年）十一月初一。

③王，指秦武王。戊，通"茂"。甘戊，即秦武王時左丞相甘茂。

④內史，職官名，職掌文書策命。脩，通"修"，指修訂。

⑤步，古代長度單位，周秦時代六尺爲步。廣，《說文》："南北曰袤，東西曰廣。"廣袤，這裏指長寬。畛，田間小道。這句話的意思是，田地寬一步、長八步設一畛道。

⑥百道，即陌道。《史記·秦本紀》："爲田開阡陌"，《索隱》引《風俗通》："南北曰阡，東西曰陌；河東以東西爲阡，南北曰陌。"

⑦千道，即阡道。廣，猶寬。

⑧封，指田界上的封土堆。參見96之注⑤。大，指封土的長和寬稱，猶"等"。大稱其高，意思是封土堆的長寬與其高相等。

⑨埒，通"埒"，矮牆。崔豹《古今注》云："封疆畫界者，封土爲臺，以表示疆境也。畫界者於二封之間又爲堳埒，以畫分界域也。"下厚二尺，埒底寬二尺。不言長度，以埒在兩封之間，其長隨封距而定。

⑩正疆畔，勘察、經理田界。癹，通"拔"。癹千百之大草，拔除阡陌的大草。

⑪阪險，《呂氏春秋·孟春紀》"阪險原隰"，注："阪險，傾危也"。

⑫波，通"陂"，池塘。利，疏導。津，渡口。澗，原篆作𣵳，舊釋爲"梁"，誤，當是"澗"字，《說文》："澗，山夾水也。"篆文"澗"字從二阜、從水，與《說文》合，當是"澗"的

圖161　秦青川木牘

原始會意字。侯馬盟書人名有"愆"字，異文或作🈺（156：26），易"侃"聲爲"澗"省聲。其中"澗"旁作"阝水"，省略右邊的阜旁。

⑬除道之時，指九月。陷敗，指阡陌塌陷。這句的意思是，平時如發現阡陌塌陷影響交通，應隨即採取相應的修復措施。

⑭記載了秦武王四年十二月不宜修道的日子。記日不以干支相配，而且時而用天干（辛），時而用地支（壬、辰、戌、亥），不能一律。一月以三十天計，天干要有三次重複，地支也要有二至三次重複，這種計日法用意何在，尚待探討。

162　睡虎地秦簡（節選一）①

　　"者候客②來者，以火炎其衡厄③。"炎之可？當者候不治騷馬④，騷馬蟲皆麗衡厄鞅靷䩦鞧⑤，是以炎之。·可謂"亡券而害⑥"？·亡校券右⑦爲害。【179】"使者候、外臣邦⑧，其邦徒及偽吏⑨不來，弗坐。"·可謂"邦徒"、"偽使"？·徒、吏與偕使而弗爲私舍⑩人，是謂"邦徒"、"偽使"。【180】

①選自《睡虎地秦墓竹簡》"法律答問"。

②者候，諸侯。客，使者。

③炎，用火熏。衡厄，車轅前段駕馬的橫木。

④當，讀作"倘"。治，正、理。騷馬，即騷馬蟲，寄生在馬身上的害蟲，一説讀爲"搔馬"，指用篦子刮馬。

⑤麗，附著。靷，讀爲"靭"。《左傳》僖公二十八年"鞧靷鞅靽"，注："在背曰鞧，在胸曰靷，在腹曰鞅，在後曰靽"，均指駕馬用的皮件。

⑥可，讀爲"何"。害，危害。

⑦校券右，是供查考用的右券，相當於後

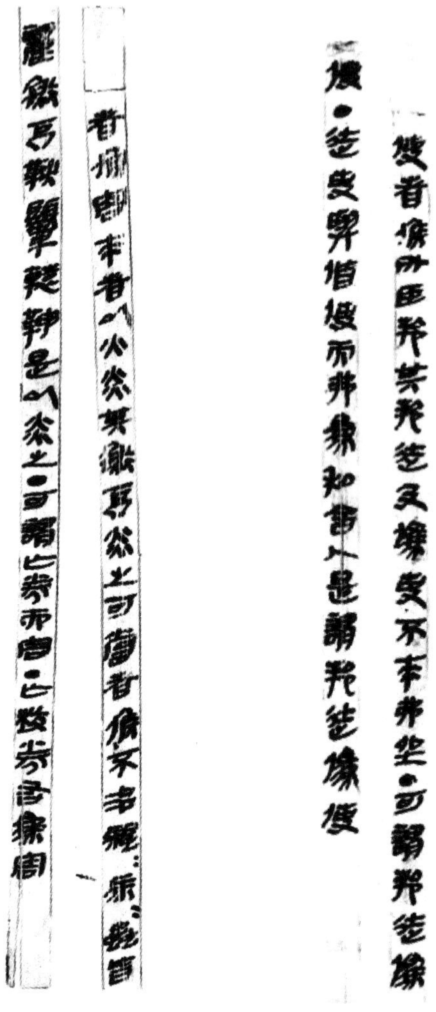

圖162　睡虎地秦簡（節選一）

世的存根。

⑧外臣邦，臣服於秦國的屬國。徒，從者。

⑨邦徒、僞使分別是指隨同出使的士卒、小吏。

⑩舍人，此處指有官府事務的隨從。

163　睡虎地秦簡（節選二）①

春二月②，毋敢伐材木山林及雍隄水不③。夏月，毋敢夜草爲灰④，取生荔麛䏿鷇⑤，毋□□□□□□【4】毒魚鱉⑥，置穽罔，到七月而縱之⑦。唯不幸死而伐綰享⑧者，是不用時。邑之紤皂及它禁苑者⑨，麛【5】時毋敢將犬以之田⑩。百姓⑪犬入禁苑中而不追獸及捕獸者，毋敢殺；其追獸及捕獸者，殺【6】之。河禁所殺犬，皆完入公⑫；其它禁苑殺者，食其肉而入其皮。田律【7】

①選自《睡虎地秦墓竹簡》"秦律十八種"。

②春二月，據《逸周書・大聚》"春三月，山林不登斧，以成草木之長。夏三月，川澤不入網罟，以成魚鱉之長"，簡文"春二月"之"二"字可能有誤，下文的"夏月"之"夏"後可能脫漏了"三"字。

③雍隄水不，阻斷水流。不，據張家山漢簡"禁諸吏民徒隸，春夏毋敢伐材木山林，及進水泉，燔草爲灰，取産麛卵鷇；毋殺其繩重者，毋毒魚"，此簡文"不"字可能是"泉"之誤。

④夜草爲灰，據上引張家山漢簡，"夜"可能是"燔"或其同義詞之誤。

⑤生荔，據上引張家山漢簡，"荔"字可能爲衍文；一說"荔"即馬荔、馬藺。麛，幼鹿，泛指幼獸。䏿，即"卵"。鷇，需要哺食的幼鳥。

⑥據上引張家山漢簡，"毋"後所缺六字可能是"殺其繩重者毋"。

⑦縱，開禁。

⑧綰享，讀爲"棺椁"。

⑨紤，讀爲"近"。皂，牛馬圈，此處指的是畜養牛馬的苑囿。禁苑，王室畜養禽獸的苑囿，禁止百姓入內。

⑩麛時，指幼獸生長之時。將，帶領。之田，前去打獵。

⑪百姓，秦統一之前對"民"的稱呼，秦王政二十六年改稱爲"黔首"。

⑫"河"讀爲"呵"，呵斥、呵責。河禁所，指設置警戒禁入的區域。

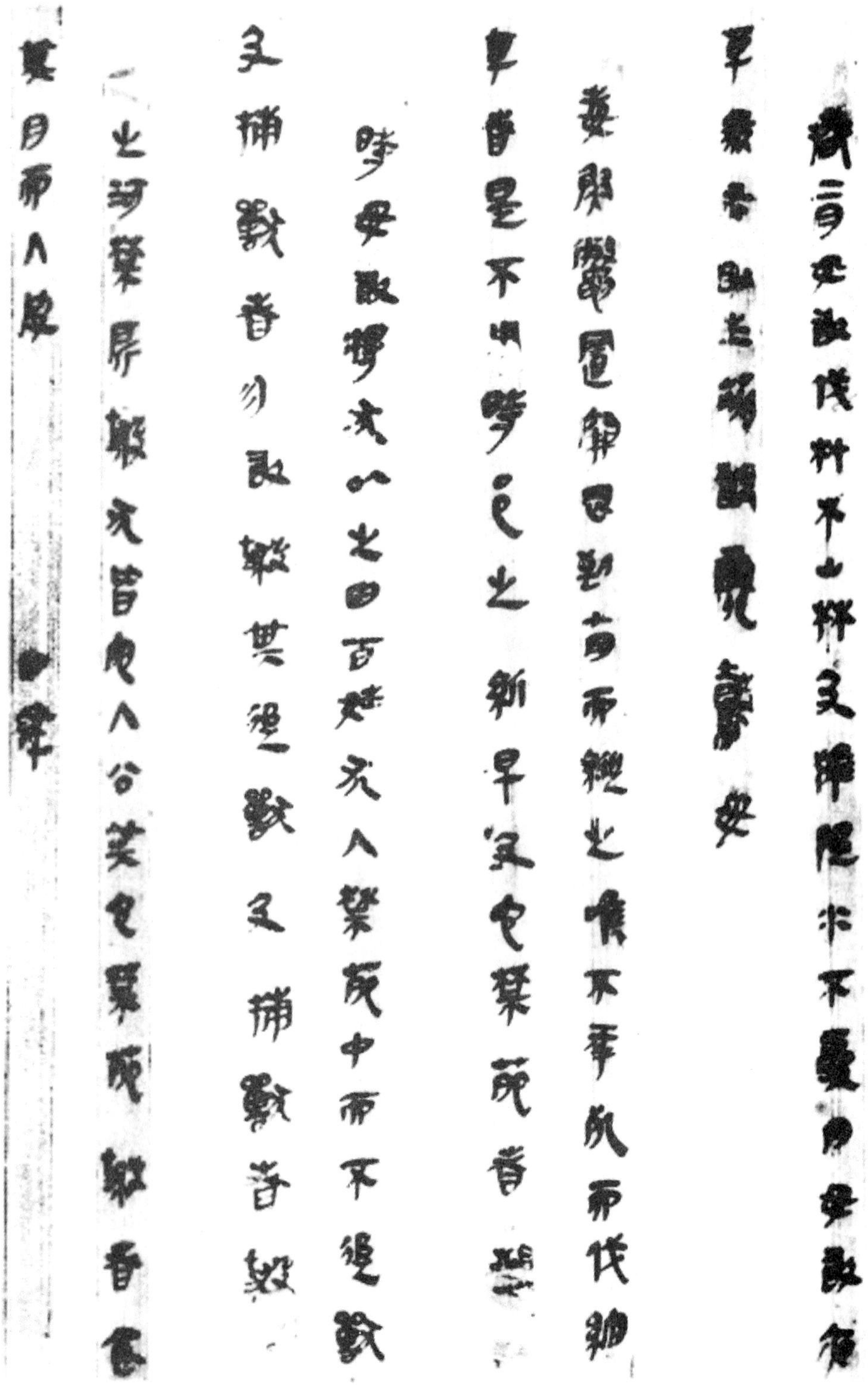

圖 163　睡虎地秦簡（節選二）

164　楚帛書（丙篇）[①]

（1）取于下[②]

曰取[③]。乙則至。不可以□殺[④]。壬子、丙子凶[⑤]。乍□，北征達又咎，武各□丌敵[⑥]。

（2）女此武

曰女[⑦]。可以出币筮邑[⑧]。不可以豢女取臣妾[⑨]。不亦得，不成。

（3）秉司春

曰秉。□畜生，分□

（4）余取女

曰余[⑩]。不可以乍大事[⑪]。少杲丌□龍□。取女爲邦笑[⑫]。

（5）𢾭出睹

曰𢾭[⑬]。賊率□得，以匿不見。月才□，不可以享祀。凶。取女□以臣妾。

（6）叡司夏

曰叡[⑭]。不可以出币，□币不□，丌敗丌復。至于□，不可以享。

（7）倉莫得

曰倉[⑮]。不可以川。大不訓于邦[⑯]，又□夭于上下。

（8）臧□□

曰臧[⑰]。不可以筮室[⑱]，不可以□币脨不復[⑲]，丌邦又大矙[⑳]。取女，凶。

（9）玄司秋

曰玄[㉑]。不可以□，可以□遏乃□。

（10）昜□義

曰昜[㉒]。不嬰事[㉓]。可□折，敔敊，不義于四。

（11）姑分長

曰姑[㉔]。利栽伐，可以攻城，可以聚衆[㉕]，會者侯，型首事，戮不義[㉖]。

（12）荃司冬

曰荼㉗。不可以攻□。

①帛書於 1934 年出土（巴納德説），地點在長沙東郊子彈庫紙源冲。帛書總共 900 多字，内容豐富，對研究戰國時期楚國的思想和文化，具有重要的史料價值。帛書由三個部分組成。甲篇講天象吉凶，乙篇講遠古傳説，丙篇講一年十二個月的休咎宜忌。丙篇分十二段，沿着帛書的四週，按月依次書寫在月神名字的外側。這裏選釋的是帛書的丙篇（詳見《長沙子彈庫戰國楚帛書研究》圖版及摹本）。

②取於下，正月的月神名。帛書四週有十二幅神物圖像，是楚人意識中每個月月神的形象。十二個月的月神名，分別寫在神像的旁邊。下文女此武、秉司春、余取女、故出睹、叡司夏、倉莫得、臧□□、玄司秋、昜□義、姑分長和荼司冬，分別是二至十二月的月神名。

③取，正月的異名，通"陬"。《爾雅·釋天》："正月爲陬。"

④乙，燕子。字見《説文》："玄鳥也。"異體作"鳦"。不可以□殺，疑指玄鳥言。

⑤壬子、㲹子，干支記日。㲹，同"丙"。

⑥達，通"率"，猶盡、皆。

⑦女，二月異名。通"如"，《爾雅·釋天》："二月爲如。"

⑧帀，通"師"，軍旅。筮，讀爲"築"，筮邑，即築城。

⑨豙，通"嫁"。與取對言，取，讀爲"娶"。取臣妾，指娶妾。

⑩余，四月異名。《爾雅·釋天》："四月爲余。"

⑪四月正是農事繁忙的季節，不宜於興師動衆。故《吕氏春秋·孟夏紀》云："是月也，繼長增高，無有壞墮，無起土功，無發大衆，無伐大樹。"

⑫笑，《廣韵》："私妙切。"《易·蒙》："勿用取女，行不順也。"與本句大意略同。

⑬故，五月的異名，通"皋"。《爾雅·釋天》："五月爲皋。"

⑭叡，六月異名，通"且"，《爾雅·釋天》："六月爲且。"

⑮倉，七月異名，通"相"，《爾雅·釋天》："七月爲相。"

⑯川，通"巡"，巡狩、巡行。訓，通"順"。意思是這個月不宜於巡行遠方，巡行將大大不利於邦國。《吕氏春秋·孟秋季》此月"專任有功，以征不義，詰誅暴慢，以明好惡，巡使遠方。"所記與帛書正相反對。

⑰月名可據神名臧字補。臧，通"壯"。《爾雅·釋天》："八月爲壯。"

⑱室，猶家。指卿大夫的采邑。《周禮·夏官·序官》注："家，卿大夫采地。"筮室，與前文筮邑涵義略同。

⑲復，返回。大意是説，如出兵伐人將全軍覆没，有去無回。

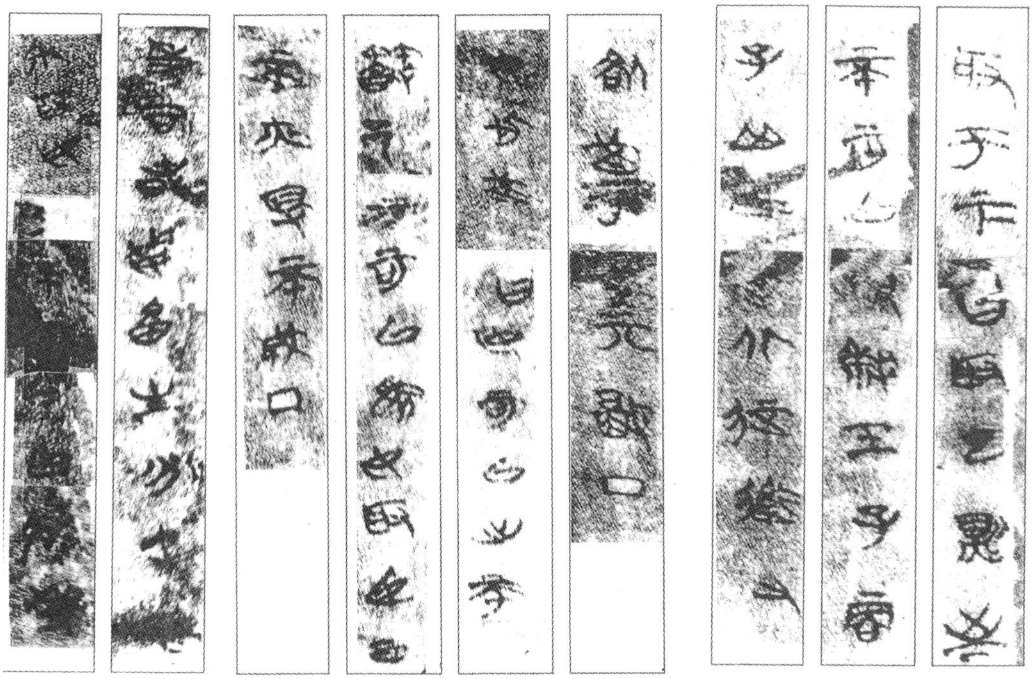

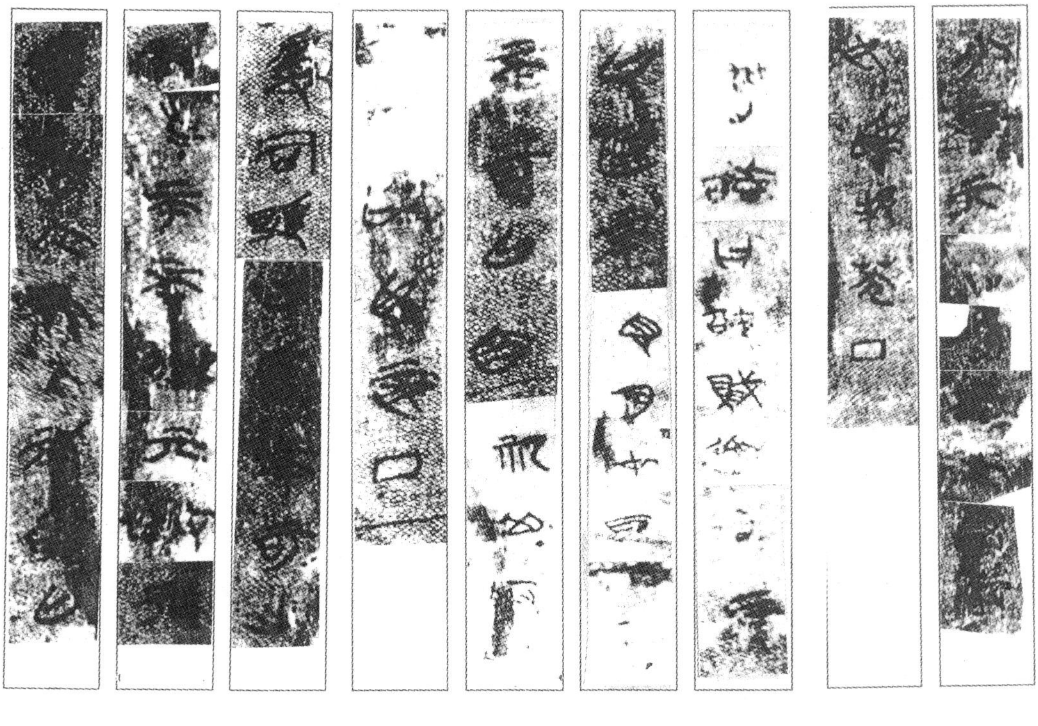

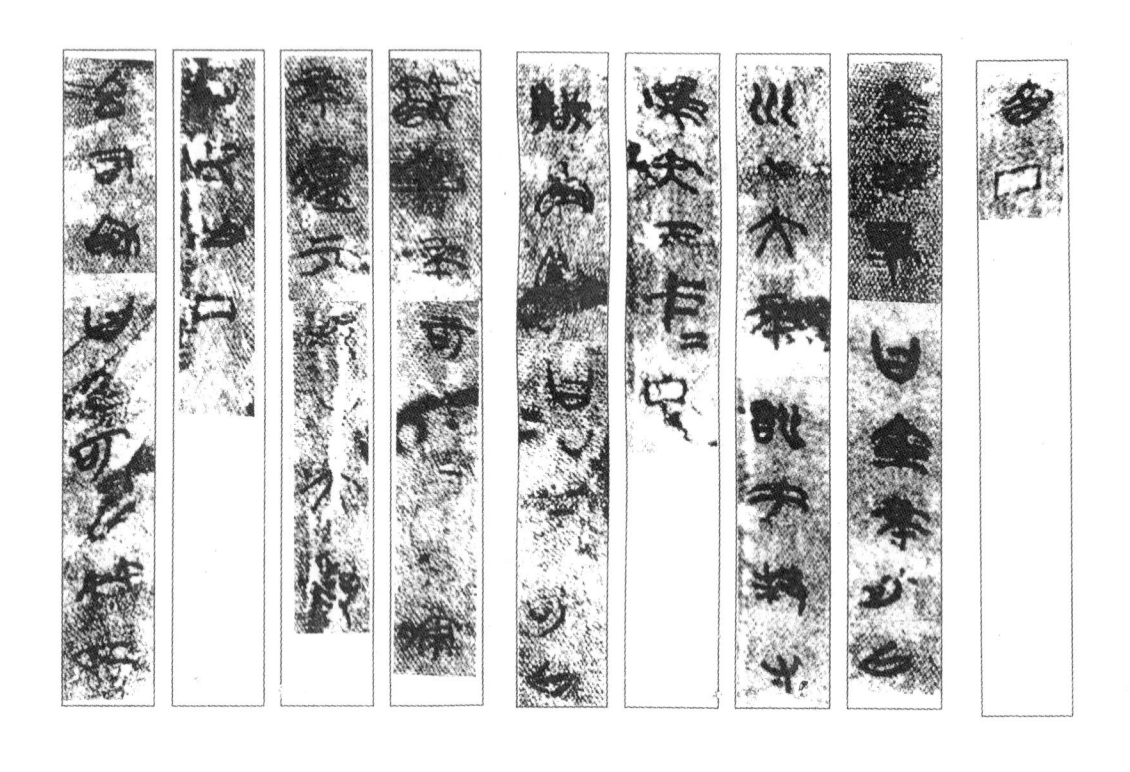

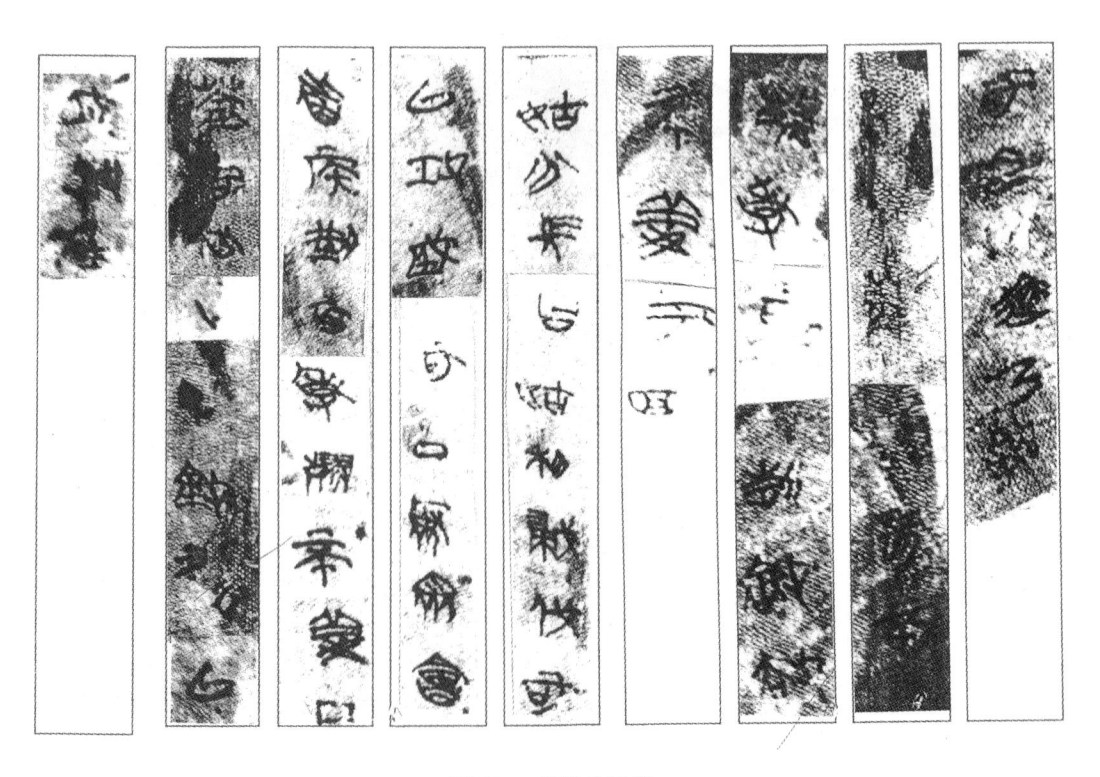

圖 164　楚帛書丙篇

⑳𤕣，同"亂"。

㉑玄，九月異名。《爾雅·釋天》："九月爲玄。"與此相同。

㉒昜，十月異名，同"陽"，《爾雅·釋天》："十月爲陽。"

㉓燹，同"燬"，與"毀"通。毀事，猶如說敗事。

㉔姑，十一月異名，通"辜"。《爾雅·釋天》："十一月爲辜。"

㉕戠，同"侵"。《呂氏春秋·仲冬季》記本月"土事無作，無發蓋藏，無起大衆"與本句"可以聚衆"不合。

㉖型，通"刑"，施刑。《易·蒙》："利用刑人，以正法也。"首事，指帶頭造反者。㹴，同"戮"，斬殺。

㉗荼，十二月異名，通"敍"、"涂"，《爾雅·釋天》："十二月爲涂。"

165　仰天湖楚簡（節選）①

何馬之綻衣②，繢純，繢緒③。　（6號簡）

鄦昜公—紡衣④，綠緸⑤。　（18號簡）

①1953年於長沙南門外仰天湖第25號楚墓出土，共43支，是一種與死者及隨葬品一同入斂的遣册。

②何馬，人名，隨葬物品的賵贈者之一。綻衣，即粗布之衣。綻，同"疏"。《儀禮·喪服》："疏衰裳"，注："疏猶粗也。"《禮記·郊特牲》："黼黻文繡之美，疏布之尚（裳），反女工之始也。"注："尚質貴本，其至如是，乃得交於神明之宜也。"疏布、疏衣是古人喪葬、祭祀不可缺少的東西。

③繢純，用五色錦製作的衣緣。繢，同"錦"。緒，或釋爲"紆"，義爲衣襟。

④許陽公所賵贈的一件綠裏夾衣。鄦，即許國的"許"本字。紡衣，即複衣，今所謂夾衣。緸，同"裏"，《說文》："衣內也。"

圖165　仰天湖楚簡

166　信陽楚簡（節選）[1]

周公戩然怔色曰[2]：易，[3]夫戔人奮上則型瘳至[4] 　　　　　　（1-01號簡）

□一司翚珥，一司齒珥，一組繡[5]，一革皆又鈎[6]。一兩緣釋縷，一兩絲紝縷，一兩卻緹縷，一兩誩縷，一兩揪縷[7]。　　　　　　　　　　（2-02號簡）

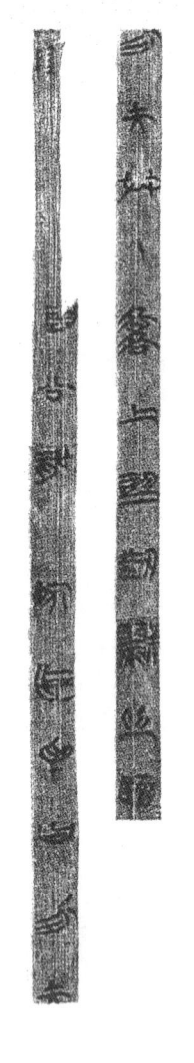

圖166　信陽楚簡

①1957年於河南信陽長臺關戰國後期楚墓出土，共117支。這批楚簡內容可分爲兩部分，一部分是抄寫的古書，另一部分是隨葬的遣册。

②馘，可讀爲"勃"。

③易，可讀爲"狄"，即申徒狄。夫，感嘆詞。

④戔，通"賤"。賤人，當指奴隸。䈞，同"各"，與"格"通。型璙，即刑戮。

⑤繻，同"帶"。組帶，用絲縷織成的衣帶。

⑥革，指革帶，"帶"字承前而省。鈎，指帶鈎。

⑦一兩，猶言一雙。縷，通"屨"，鞋子。緹，赤色。

167　郭店楚簡《老子》甲本（節選）①

丝智弃支，民利百怀②。丝玫弃利，眺惻亡又③。丝慮弃慮，民复季子④。三言已【1】爲使不足，或命之或虡豆⑤：視索保璞，少厶須欲⑥。……【2】

①選自《郭店楚墓竹簡》中的《老子》甲本第1～2號簡（【1】【2】等括弧內的數字爲原書的竹簡編號，以下同）。《老子》甲本現存39支簡，竹簡兩端修成梯形，竹簡長32.3釐米，有兩道編綫，編綫間距13釐米。第1～2號簡文相當於今本的第十九章。

②丝，像以刀斷絲之形，爲"斷"、"絶"字的古文，簡文中用爲"絶"。"支"爲"鞭"字古文的省體，可讀爲"辨"，指對美惡善的分辨。弃，"棄"字古文。怀，"倍"字古文。今本此句作"絶聖棄智，民利百倍"。

③玫，讀爲"巧"。眺，從兆聲，讀爲"盜"。簡文與今本同，但位置在"絶仁棄義，民復孝慈"一句之後。

④慮，讀爲"僞"，即違背自然的"人爲"，而非詐僞。慮，裘錫圭讀爲"慮"，即思考的意思。季子，今本作"孝慈"，整理者據此認爲"季"爲"孝"字之誤，孝子應讀爲"孝慈"。或讀爲"稚子"，猶言嬰兒，指道德純樸的本真。此句意爲斷絶有意的做作，丢棄有計劃的謀慮，民衆就會回歸原初狀態。今本作"絶仁棄義，民復孝慈"，簡本應是較早的形態。

⑤三言，指以上的三句話。使，訓治，指統治民衆。

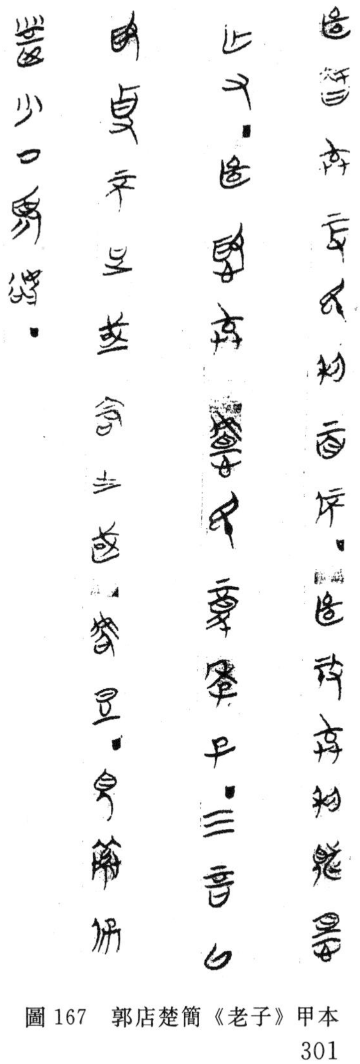

圖167　郭店楚簡《老子》甲本

301

虖，讀爲"呼"。豆，或讀爲"屬"（二字上古音分別在定母侯部、章母屋部，音近可通）。我們認爲，簡文"豆"可讀爲"住"，意爲停止、停留。此句意爲如果使用這三句話來統治民衆還不够的話，可以讓其有所停止。

⑥視，通"示"。保，讀爲"抱"，守持之意。索，讀爲"素"，白色的帛。樸，讀爲"樸"，未雕琢之木。覍，"寡"字異體。此句是説，守持或示人以素樸，保持本形，减少私心和欲望。

168 郭店楚簡《窮達以時》（節選）①

又天又人，天人又分，訞②天人之分而智所行矣。又亓人，亡亓【1】殜，唯臥弗行矣③。句又亓殜，可懽之又才。叁耕於鬲山，窑笰【2】於河茞，立而爲天子，塈堯也④。邵䚔衣胴蓋，冒絰蒙憧，【3】歔板管而差天子，塈武丁也⑤。邵宔爲牂垚澫，戥監門【4】垚陞，行年七十而睹牛於朝訶，遷而爲天子帀⑥，塈周文也。【5】关寺㿾訽龤束縛，歔杕櫋而爲者侯相⑦，塈齊迡也。【6】白里迡遒五羊，爲故數牛，歔板柽而爲畧卿⑧，塈秦穆。【7】孫㝊三躲邞思少司馬，出而爲命尹⑨，塈楚臧也。【8】善偯⑩，吕也，穿達以㿻，德行弌也。……【14】

①選自《郭店楚墓竹簡》中的《窮達以時》篇。該批竹簡1993年冬於湖北荆門郭店一號戰國墓出土，共有730餘枚有字竹簡，包括《老子》、《緇衣》等書籍。釋文及簡序調整參考了整理者及諸多學者的意見。簡文的相關内容也見於《荀子·宥坐》、《吕氏春秋·孝行覽·慎人》、《韓詩外傳》卷七、《説苑·雜言》等。

②訞，爲郭店簡《五行》第13號簡"訞"的省體，其聲旁與三體石經"踐"字聲旁幾乎相同，此處簡文中可讀爲"察"（上古音"察"在初母、月部，"戔"在精母、元部，音近可通）。考察天、人的區别，就知道怎麽行動了。

③這句話説雖然有賢才，如果趕不上時機的話，雖有賢能也難於聞達。

④懽，讀爲"難"。鬲山，即傳世文獻中的歷山。窑，讀爲"陶"。笰，從白聲，讀爲"搏"。《周禮·考工記·叙官》云："搏埴之工二"，鄭玄注："搏之言拍也。"簡文中指製作陶器。茞，從古聲，可讀爲"浦"，河濱之義。

⑤叁䚔，即咎䚔，也即皋陶。胴蓋，讀爲"枲褐"。冒絰蒙憧，即"帽蒙巾"，意爲用粗布作頭巾。衣枲褐、帽絰蒙巾，是刑徒胥靡的裝束。不過，簡文謂皋陶"佐天子，遇武丁"，據《史記·殷本紀》説的應是傅説之事。

⑥牂，可讀爲"臧"。《方言》卷三："齊之北鄙，燕之北郊，凡民男而壻婢謂之臧。"垚澫，可讀爲"棘津"，地名，在今河南延津縣北。監門，是看守大門的門徒。行年，指年

302

圖 168　郭店楚簡《窮達以時》

歲、年齡。簡文説吕望在棘津做臧堨，從事監門一類的賤役，七十歲了還在朝歌做屠夫，後來遇到了周文王，才成爲天子之師。

⑦关（"卷"字聲旁）、"管"音近可通（上古音均屬見母、元部）。虖，楚文字中的"吾"字。繇，讀爲"囚"。杙，讀爲"械"；檨，"柙"字異體。械柙是押羈囚犯的檻車。"桎"字暫不識。

⑧白里即百里奚。迅，從旦聲，讀爲"轉"。裘錫圭認爲"逍"從"賣"省聲，讀爲"鬻"。咠卿，可讀爲"朝卿"。

⑨孫昌，即孫叔敖。躲，可讀爲"釋"、"舍"，義爲"因被免而去職"。郎思，讀爲"期思"，地名，在今河南固始縣西北。傳世文獻《莊子·田子方》、《荀子·堯問》、《吕氏春秋·知分》等中有孫叔敖"三相三去"的相關記載，與簡文有類似之處。

⑩怀，讀爲"否"。《淮南子·繆稱》云："故善否，我也；福禍，非我也"，與簡文相似。

169 上博簡《緇衣》（節選）①

［夫］子曰：好頗女好紆衣，亞亞女亞衚白，則民咸〈咸〉勅而型（刑）不刺②。《旨員》："巠型文王，臺邦复卬。"③子曰：又國者章好章惡，以眎民【1】厚，則民情不弋④。《旨員》："静龏尔立，好是正植。"子曰：爲上可奀而智也，爲下可頹而痹也，則君不疑其臣，臣不或於君⑤。……【2】

圖169 上博簡《緇衣》

①選自馬承源主編《上海博物館藏戰國楚竹書（一）·緇衣》。《緇衣》簡共24支，均爲單面書寫，書於竹黃。簡的上下端均不留白；其中8支完簡，明顯有三道編痕，編綫有右契口；竹簡兩端修成梯形。上博簡《緇衣》分爲二十三章，以小短橫爲分章標識。這里選取的是第1、2號簡文。

②孯，從子丑聲，讀爲"好"。紂，從"才"聲，讀爲"緇"。咸，"咸"之誤字。勑，從力、從來，或以爲從力、從手。刺，或讀爲"頓"，今本作"試"。今本此句作"好賢如緇衣，惡惡如巷伯，則爵不瀆而民作願，型不試而民咸服"，多出了"則爵不瀆而民作願"一句。簡本優於今本。

③卩，今本作"孚"，整理者釋爲"及"，或以爲"包"之誤字，音近讀爲"孚"（上古音"孚"在並母幽部，"包"在幫母幽部），均不可信。字形待考。

④眡，從"氏"聲，"視"之古文，讀爲"示"。此句今本作"子曰：有國者章善癉惡，以示民厚，則民情不貳。"

⑤亢，從人、亡聲，在人旁兩邊增加飾筆。"類"字一般認爲所從米形爲"尣"之誤，簡文"頪"從頁、尣聲，正與今本"述"通。此句今本爲"子曰：爲上可望而知也，爲下可述而志也，則君不疑於其臣，而臣不惑於其君矣。"

170　上博簡《相邦之道》（節選）①

……先亓欲②，備亓弜③，牧亓悆④。青昌寺時⑤。時出古，古此出事，事出政。政母忘所㠯⑥，事……

①選自《上海博物館藏戰國楚竹書（四）》《相邦之道》篇。此篇共收4支簡，已有學者指出，簡文內容並不相連接。本則所錄第1號簡也非一篇的首簡。簡文的釋讀參考了整理者與裘錫圭的意見。

②意即施政應首先考慮到臣民之所欲。

③備，讀爲"服"。"服其強"是說使臣民出其強力以服上事。

④牧，讀爲"謀"，謀慮之意。悆，從心，关聲，讀爲"患"。此句意爲臣民之憂患而謀劃。

圖170　上博簡《相邦之道》

⑤青，讀爲"靜"。寺，讀爲"時"。《管子·宙合》："春采生，秋采蓏；夏處陰，冬處陽。此言聖人之動靜、開闔、詘信、涅儒、取與之必因於時也。時則動，不時則靜。"

⑥㠯，所從"台"、"司"均爲聲符，可讀爲"始"。此句意爲施政必須合乎天時。

171　清華簡《尹誥》①

隹尹既及湯咸又一惪②，尹念天之敗西邑夏③，曰："夏自蔥亓又民，亦隹氒眾，非民亡與戰邑④。【1】氒辟复悳於民=（民，民）埕之甬麗心，我戕滅夏⑤。今句善不藍?"執告湯曰："我克恊我眔。今【2】隹民遠邦迻志⑥。"湯曰："於虖=（呼！吾）可复於民，卑我眾勿韋朕言?"執曰："句亓㚔之⑦，亓又夏之【3】□玉、田邑，舍之吉言⑧。"乃至眔於白审邑⑨。【4】

①選自《清華大學藏戰國竹簡（壹）》。本篇竹簡共4支，簡長45釐米，三道編，原無篇題。《尹誥》爲《尚書》中的一篇，又稱《咸有一德》。簡文與孔傳本《咸有一德》迥異，後者顯係僞作。釋文及注釋參考了整理者的意見。

②尹，伊尹。及，同"及"。湯，成湯。咸又一惪，《禮記·緇衣》："《尹吉》曰：'惟尹躬及湯咸有壹德'"，鄭注："咸，皆也。君臣皆有壹德不貳，則無疑惑矣。"

③尹念天之敗西邑夏，《禮記·緇衣》："《尹吉》曰：'惟尹躬天見於西邑夏'"，鄭注："見，或爲敗。邑，或爲予。"

④蔥，讀爲"絕"。氒，即"厥"，讀爲"蹶"。非，讀爲"彼"。戰，讀爲"守"。《國語·周語上》引《夏書》："眾非元后何載，后非眾無與守邦"。

⑤埕，讀爲"復"，《左傳》昭公六年注："報也。"甬，讀爲"用"，以。悳，讀爲"怨"。麗，讀爲"離"。戕滅，讀爲"翦滅"。

⑥善不藍，讀爲"曷不監"。執，讀爲"摯"，即伊尹。恊，讀爲"協"。眔，即"友"。

⑦可复，讀爲"何作"。㚔，讀爲"賚"，賞賜。

⑧簡文殘缺之字，整理者以爲"金"字。舍，讀爲"予"，給予。吉言，當指政令，《尚書·盤庚上》："汝不和吉言於百姓。"這句話的意思是說，伊尹勸商湯既賞賜商眾以自夏人處所得財物、田地、城邑，復給予商眾善言（政令）相告誡。

⑨至眔，讀爲"致眾"，整理者誤以爲與《左傳》哀公二十六年"文子致眾而問焉"涵義相近，簡文是指商湯賞賜商眾田邑并使他們到亳中邑。白，讀爲"亳"。亳中邑，所指待考。

圖 171　清華簡《尹誥》（上）

圖 171　清華簡《尹誥》(下)

172　清華簡《繫年》(節選)①

周武王既克殷,乃埶三監於殷②。武王陟,商邑興反,殺三監而立**彔子**耿③。成【13】王屎④伐商邑,殺**彔**子耿,飛曆東逃於商盍氏,成王伐商盍,殺飛曆⑤,西**遷**商【14】盍之民於邾圉⑥,以御奴虘之戎,是秦先=(之先),**殹**乍周危⑦。周室即**卑**,坪王東**遷**,止於成【15】周⑧,秦中安東居周地⑨,以**獸**周之**垚**,秦以**訇**大⑩。【16】

①選自《清華大學藏戰國竹簡(貳)》。這批竹簡共 138 支,簡長 44.6~45 釐米,簡背原有排序編號,原無篇題,因篇中多有紀年,內容與體例近似於西晉時期出土的汲冢《竹書紀年》,故擬題為《繫年》。本則選讀的是其中的第三章,共四支簡。

②埶,讀為"設"。《逸周書・作雒》:"武王克殷,乃立王子祿父,俾守商祀。建管叔於東,建蔡叔、霍叔於殷,俾監殷臣",而《漢書・地理志》則說"三監"是指紂子武庚、管叔、蔡叔。《繫年》同於前一說。

③彔子耿,日本白川靜認為大保簋(《集成》4140)銘文中的"彔子耴"即《史記・殷本紀》"紂子武庚祿父",李學勤認為簡文彔子耿就是簋銘的彔子耴,即武庚。

④屎,即"屦",《說文》古文"徙"字異體,可讀為"踐"。《呂氏春秋・古樂》:"成王立,殷民反,王命周公踐伐之。"

⑤飛曆,即《史記・秦本紀》的"蜚廉",秦人先祖。商盍,即商蓋、商奄。《孟子・滕文公下》:"周公相武王,誅紂。伐奄,三年討其君,驅飛廉於海隅而戮之,滅國者五十",與《史記・秦本紀》云"周武王之伐紂,并殺惡來。是時蜚廉為紂石北方……死,遂葬於霍太山"不同。

⑥遷,即"遷"。邾圉,李學勤認為就是《尚書・禹貢》雍州的"朱圉"、《漢書・地理志》天水郡冀縣的"朱圄",在今甘肅甘谷縣西南。

⑦奴虘之戎,具體所指待考。危,讀為"衛"。

⑧卑,讀作"卑"。《國語・晉語八》"今周室少卑",韋注:"卑,微也。"

⑨秦中,即秦仲(秦襄公)。《史記・秦本紀》載:"周宣王即位,乃以秦仲為大夫,誅西戎。……有子五人,其長者曰莊公。周宣王乃召莊公昆弟五人,與兵七千人,使伐西戎,破之。於是復予秦仲後,及其先大駱地犬丘并有之,為西垂大夫。"

⑩獸,讀為"守"。垚,讀為"墳墓"。訇,讀為"始"。《秦本紀》稱:"秦仲立三年,周厲王無道,諸侯或叛之。西戎反王室,滅犬丘大駱之族",當時秦人活動於今甘肅興平市附近,即簡文所謂"守周之墳墓"。

309

圖 172　清華簡《繫年》

漆 器 類

173 八年相邦薛君、丞相殳漆豆①

八年②，相邦薛君③造，雍工帀④效，工大人⑤申。

八年，丞相殳⑥造，雍工師效，工大人申。

大官⑦。

①選自《考古與文物》2011年第2期。被盜於秦東陵，現藏陝西省文物局；木質，中爲細柄，底座呈矮圈足狀，上有一圈紅漆雲紋，底盤有針刻文字兩處，另有"大官"烙印文字一處。

②八年，秦昭襄王八年（前299年），漆器的製造年代。

③相邦薛君，即齊國的孟嘗君田文，分封於薛（在今山東棗莊市西）。《史記·田敬仲完世家》湣王二十五年"孟嘗君薛文入秦，即相秦"。

④雍，地名，在今陝西鳳翔縣。工帀，即"工師"，是冶工之長。

⑤工大人，工師的副手，地位與工師丞相當。

⑥殳，即《戰國策·東周策》的"金投"，秦昭襄王七年、八年時出任秦國丞相，《史記·秦本紀》誤作"金受"。

⑦大官，即秦漢時期的"太（泰）官"，是掌管秦王膳食及燕享事務的機構。漆豆是秦昭襄王食官之器，故由相邦、丞相共同監造。

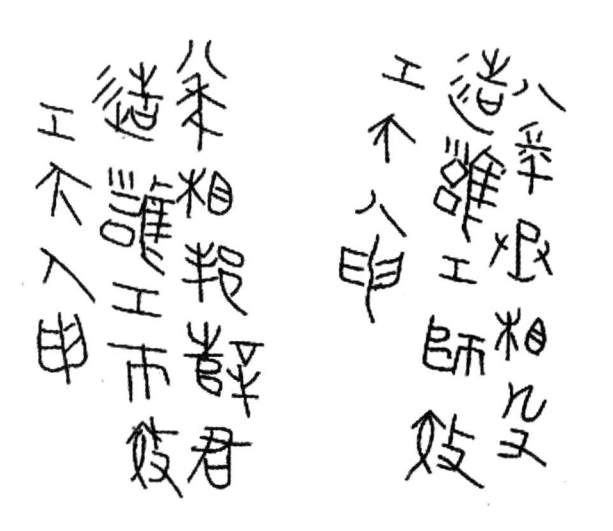

圖173 八年相邦薛君、丞相殳漆豆

引書簡稱表

劉　鶚《鐵雲藏龜》　　　　　　　　　　　　　　　　《鐵》
羅振玉《殷虛書契前編》　　　　　　　　　　　　　　《前》
　　　《殷虛書契後編》　　　　　　　　　　　　　　《後》
　　　《殷虛書契菁華》　　　　　　　　　　　　　　《菁》
　　　《殷虛書契續編》　　　　　　　　　　　　　　《續》
王國維《戩壽堂所藏殷虛文字》　　　　　　　　　　　《戩》
郭沫若《甲骨文合集》　　　　　　　　　　　　　　　《合集》
　　　《卜辭通纂》　　　　　　　　　　　　　　　　《通纂》
　　　《殷契粹編》　　　　　　　　　　　　　　　　《粹編》
方法斂《庫方二氏所藏甲骨卜辭》　　　　　　　　　　《庫方》
于省吾《甲骨文字釋林》　　　　　　　　　　　　　　《釋林》
董作賓《小屯·殷虛文字甲編》　　　　　　　　　　　《甲編》
　　　《小屯·殷虛文字乙編》　　　　　　　　　　　《乙編》
張秉權《殷虛文字丙編》　　　　　　　　　　　　　　《丙編》
陳夢家《殷虛卜辭綜述》　　　　　　　　　　　　　　《綜述》
胡厚宣《戰後京津新獲甲骨集》　　　　　　　　　　　《京津》
王　襄《簠室殷契征文》　　　　　　　　　　　　　　《簠》
商承祚《殷契佚存》　　　　　　　　　　　　　　　　《佚》
郭若愚《殷虛文字綴合》　　　　　　　　　　　　　　《合》
　　　《殷契拾綴第二編》　　　　　　　　　　　　　《綴二》
饒宗頤《巴黎所見甲骨錄》　　　　　　　　　　　　　《巴》
島邦男《殷墟卜辭綜類》　　　　　　　　　　　　　　《綜類》
中國社會科學院考古研究所《小屯南地甲骨》　　　　　《屯南》
王宇信《西周甲骨探論》　　　　　　　　　　　　　　《西周》
中國社會科學院考古研究所《殷周金文集成》　　　　　《集成》

中國社會科學院考古研究所《殷墟花園莊東地甲骨》	《花東》
鄒　安《周金文存》	《周金》
劉體智《小校經閣金文拓本》	《小校》
羅振玉《三代吉金文存》	《三代》
郭沫若《兩周金文辭大系圖錄考釋》	《大系》
于省吾《商周金文錄遺》	《錄遺》
陳夢家《西周銅器斷代》	《斷代》
容　庚《殷周青銅器通論》	《通論》
白川静《金文通釋》	《通釋》
羅福頤《古璽彙編》	《璽彙》
丁福保《古錢大字典》	《古錢》
周　進《季木藏匋》	《季木》
顧廷龍《古匋文㬝錄》	《㬝錄》

後　記

　　《古文字學概要》是二十幾年前我和湯餘惠先生應教學需要爲吉林大學考古專業編寫的一本講義，由吉林大學出版社印行，當年未在社會上發行，印數也不多，不久即告罄。隨着社會文化的發展，古文字學也日益受到重視，時隔若干年，尚有不少讀者詢問或索購此書，爲滿足古文字學習者的需求，因此再版本書的工作就被提到日程上來。

　　爲使本書能更適合教學和讀者使用，這次再版做了較大的修訂和改動：

　　一、改進過去排版和印刷等方面的不足，此次全書改用繁體字排版，並由 32 開本改爲 16 開本，以方便使用；

　　二、訂正舊著因排版所致的文字差錯，對"古文字資料選讀"中不妥和有疑義的注釋或文字另加按語說明，一些顯然誤植的字則徑改，但文獻中的通假字、異體字，諸如"殷虛"的"虛"、"象……一樣"的"象"等仍保留不改；

　　三、爲利於對讀，增補了"古文字資料選讀"的拓本或摹本、照片；

　　四、增加了一些新的重要古文字資料。

　　遺憾的是，湯餘惠先生已逝世多年，他不能爲本書再作貢獻。本次再版修訂只好由我並邀請吉林大學古籍研究所的吳良寶博士幫助完成這項工作。福建人民出版社的賴炳偉先生，爲本書的編輯、出版不辭辛苦，使本書面貌一新，在此深致謝忱。

　　本書如有不足之處，敬請同行的朋友們與愛好古文字的朋友們指正。

陳世輝
2010 年 6 月

修訂說明

《古文字學概要》自問世以來，得到了廣大讀者的關注和支持，這期間也收到一些學界朋友對本書提出的寶貴意見，在此表示衷心的感謝。

這次再版修訂，原則上保留原書的學術觀點和編寫體例，不作大的改動。修訂工作主要有以下幾方面：

一、勘正書中存在的一些文字訛誤；

二、古文字資料選讀部分的個別釋字吸收了學界近年的研究成果；

三、增補若干篇近年公佈的具有代表性、古文字字形有特點的篇章。

這次修訂工作主要由吳良寶先生和賴炳偉先生幫助完成，增補的選讀資料也由吳良寶先生提供，在此深致謝忱。

陳世輝

2017 年 4 月

圖書在版編目（CIP）數據

古文字學概要/陳世輝，湯餘惠著．--2版（修訂本）
—福州：福建人民出版社，2017.4
ISBN 978-7-211-07641-3

Ⅰ．①古… Ⅱ．①陳…②湯… Ⅲ．①漢字－古文字學 Ⅳ．①H121

中國版本圖書館 CIP 數據核字（2017）第 072183 號

古文字學概要
GUWENZIXUE GAIYAO

作　　者：	陳世輝　湯餘惠		
出版發行：	海峽出版發行集團		
	福建人民出版社	電　　話：	0591—87533169（發行部）
網　　址：	http://www.fjpph.com	電子郵箱：	fjpph7211@126.com
地　　址：	福州市東水路 76 號	郵政編碼：	350001
經　　銷：	福建新華發行（集團）有限責任公司		
印　　刷：	福建省金盾彩色印刷有限公司		
地　　址：	福州市晉安區福光路 23 號	郵政編碼：	350014
開　　本：	787mm×1092mm　　1/16		
印　　張：	20.75		
字　　數：	386 千字		
版　　次：	2017 年 4 月第 2 版第 1 次印刷		
書　　號：	ISBN 978-7-211-07641-3		
定　　價：	108.00 元		

本書如有印裝質量問題，影響閱讀，請直接向承印廠調換
版權所有，翻印必究